RAFAEL DE PINO

JOVEM NERD
ZERANDO A VIDA

TEXTO *Rafael de Pino*
TEXTO ADICIONAL *Davide Di Benedetto*
PESQUISA *Matheus Vieira*
EDIÇÃO *Ana Cristina Rodrigues e Guilherme Dei Svaldi*
FOTOS *Fabio Audi*
CAPA *André Carvalho*
PROJETO GRÁFICO *Dan Ramos*
DIAGRAMAÇÃO *Dan Ramos e Victória Cernicchiaro*
CURADORIA DAS FOTOS DE ACERVO *Miguel Souza*
REVISÃO *Camila Villalba*
PRODUÇÃO EDITORIAL *Victória Cernicchiaro*
ASSISTENTE DE PRODUÇÃO *Laura Reginin*
EDITORA-CHEFE *Karen Soarele*
DIRETOR-GERAL *Guilherme Dei Svaldi*

Rua Coronel Genuíno, 209 • Porto Alegre, RS
contato@jamboeditora.com.br
www.jamboeditora.com.br
@jamboeditora

Equipe da Jambô: Guilherme Dei Svaldi, Rafael Dei Svaldi, Leonel Caldela, Akila Gabriel, Ana Júlia Gamla, Anderson Dornelles, André Schwertz, Bruno Piñeiro, Dan Ramos, Dani Marques, Davide Di Benedetto, Elisa Guimarães, Gabriel Adam, Gabriel Menezes, Isabelle Gomes, Jacqueline Dal Bosco, Jaime de Andruart, José Cerqueira, J. M. Trevisan, Karen Soarele, Laura Reginin, Laura Souza, Leticia Mendes, Marcelo Cassaro, Marcus Vinícius, Marina Alvarez, Marlon Vernes, Matheus Rocha, Maurício Feijó, Miguel Souza, Priscilla Souza, Richelly Kotik, Samuel Anklam, Simone Rocha, Tatiana Gomes, Thaynara Melchior, Thiago Rosa, Tiago Guimarães, Tiago Orib, Vic Terra, Victória Cernicchiaro e Yasmim Borges.

1ª edição: outubro de 2025 | **ISBN:** 9788583652090

P657j Pino, Rafael de

Jovem Nerd: zerando a vida / Rafael de Pino. — Porto Alegre: Jambô, 2025.

464p. il.

1. Biografia. I. Pino, Rafael. II. Benedetto, Davide Di. III. Nerdcast. IV. Título.

CDU 929:Ottoni

Este livro possui fotografias do acervo pessoal de Alexandre Ottoni e Deive Pazos, cujos fotógrafos são desconhecidos. A editora agradece quaisquer informações relativas à autoria dessas fotos e se compromete a incluí-las em futuras reimpressões.

SUMÁRIO

Quando dei play para ouvir o primeiro Nerdcast da minha vida, não sabia o significado que esse gesto teria no futuro.

Era o episódio sobre o filme *300*, e fui pega desde os segundos iniciais, com as apresentações dos participantes que misturavam referências históricas com trocadilhos da cultura pop. Passei a acompanhar todos os episódios desde então, e isso impactou a imagem que eu tinha de mim mesma. Como era nerd, por muito tempo fiquei à margem dos grupinhos descolados da escola. Porém, finalmente eu encontrava a minha turma.

Não fui a única. Assim como eu, muitas outras pessoas descobriram o Nerdcast e se tornaram fãs. Ali, encontramos histórias divertidas, opiniões inteligentes, notícias importantes. Encontramos, acima de tudo, a companhia de pessoas como nós.

Acompanhar o Jovem Nerd é se sentir parte de algo. É acompanhar séries juntos. É jogar videogame. É se educar em história, ciência, tecnologia, economia, política internacional... e evitar desinformação. É ir doar sangue em nome do Nerd Power. É arranjar um amor no especial de Dia dos Namorados. É reconhecer uns aos outros pela camiseta e saber clicar com o botão direito para baixar o mp3. É uma subcultura. Não é à toa que a lista de prêmios que o programa recebeu o tornou "hors concours". Não é à toa que, em 2019, o Nerdcast bateu a marca de 1 bilhão de downloads.

E não para por aí! O Jovem Nerd incentivou a leitura no país, fomentou o pensamento crítico em períodos de incerteza, influenciou uma geração de RPGistas. Enriqueceu nossa cultura com novas histórias, tanto em podcast quanto em livro, HQ, RPG, audiossérie e até cinema — nenhum formato ficou de fora. Histórias simples e complexas, roteirizadas e no improviso. Obras de arte.

A partir do Nerdcast, vários outros programas foram lançados no Jovem Nerd. Mais que isso, seu impacto originou uma verdadeira onda de podcasts no Brasil. Houve um tempo em que todo nerd queria ter seu próprio programa, e praticamente todos seguiam o modelo do Nerdcast e almejavam a mesma qualidade técnica. Surgia no país a profissão "editor de podcast".

Eu fui uma dessas pessoas impactadas. Comecei com participações em programas inspirados no Nerdcast e vim a me tornar host de minhas próprias produções. Hoje meus projetos estão encerrados, mas me tornei parte do ecossistema do próprio Jovem Nerd. Já gravei podcasts, participei de streams e, o mais importante em termos pessoais, escrevi livros. *O Enigma do Sol Oculto* é um livro-jogo legacy, uma ideia maluca do Alexandre que tive a oportunidade de tornar realidade. *As Máscaras do Metamorfo* explora e aprofunda a história de Ruprest, personagem criado pelo Deive. Fiz um livro para cada um deles: é a minha forma de retribuir por todo o conteúdo que nos ofereceram ao longo dos anos.

O Jovem Nerd mudou a minha vida, mudou a vida dos criadores que nele se inspiraram, mudou a vida das centenas de pessoas que trabalharam nas produções deles e das centenas de milhares de pessoas que aproveitaram todo esse conteúdo. É um divisor de águas e o expoente máximo da cultura nerd no país.

Mas tudo isso foi feito por pessoas de carne e osso. Pessoas que vivem, se apaixonam, brigam, têm filhos, mudam-se, lidam com incertezas, questões de saúde, perda de entes queridos... e, apesar das adversidades, seguem adiante, fazendo aquilo que tomaram para si como missão. Aquilo que acreditam tornar o mundo um lugar melhor.

Neste livro, o jornalista Rafael de Pino revela a história por trás do fenômeno. Mostra Jovem Nerd e Azaghal, e também Alexandre e Deive. E vai além. Ao contextualizar os acontecimentos e abordar também a trajetória dos amigos, esposas e parceiros que ajudaram a compor o site, nos apresenta um verdadeiro panorama da cena nerd no país: o retrato de uma geração revelado através da mistura de anedotas hilárias com relatos íntimos e dramáticos.

Essa história começa muito tempo atrás, antes até da internet discada e dos tempos áureos da blogosfera e dos fóruns — ou seja, no tempo do guaraná com rolha. Então, vamos pegar nosso DeLorean e voltar para a década de 1980, quando a TV aberta era suprema e um grupo de amigos estava prestes a se conhecer e mudar o significado de ser nerd no Brasil.

—Karen Soarele, editora-chefe da Jambô

PARTE 1

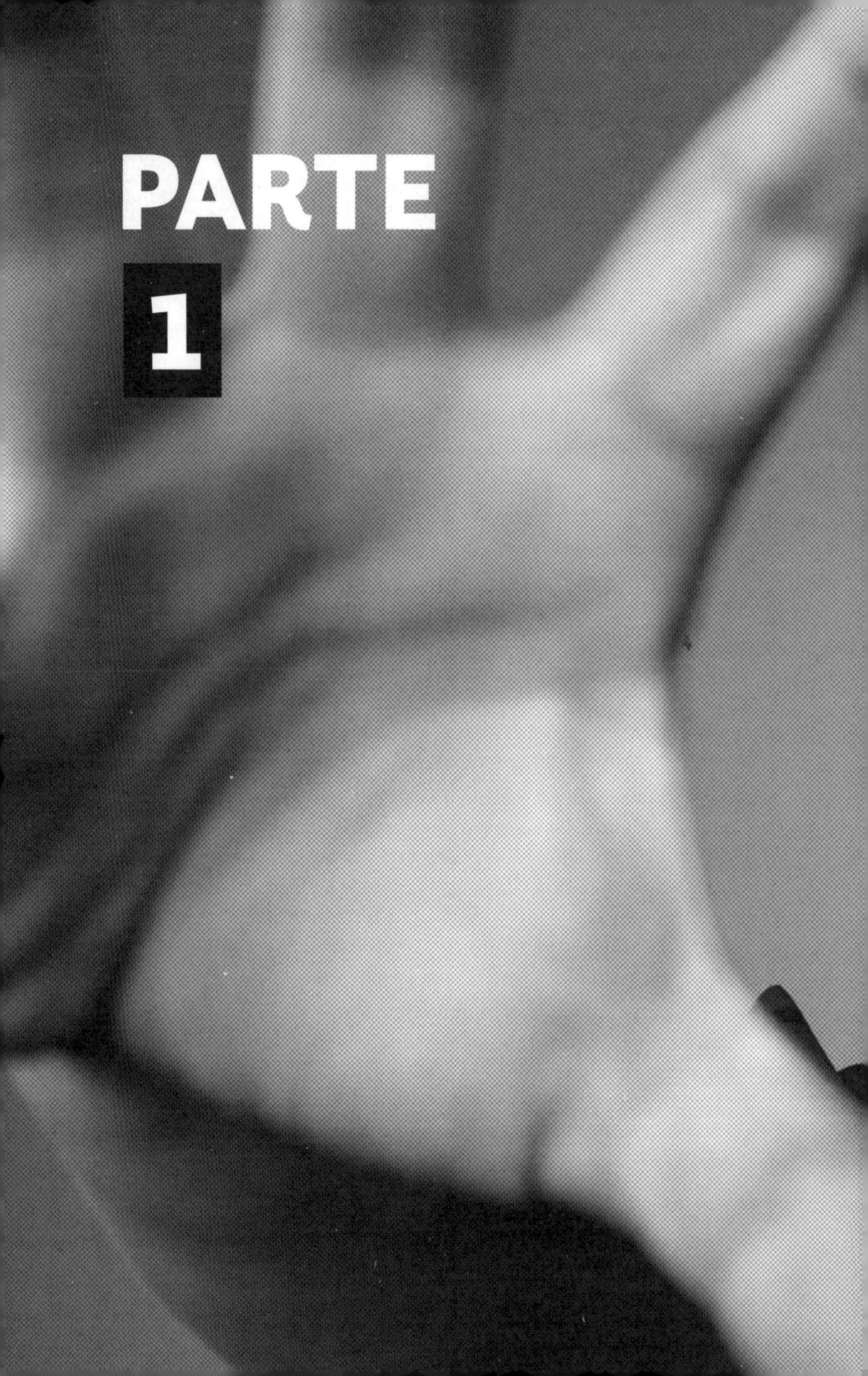

1

SANGUE, AREIA E ONDAS

Nos anos 1980, amigo de verdade não era o que separava a briga, mas o que já chegava na voadora. Era assim com Juba e Lula, foi assim com Deive e Tucano.

Nossa história começa nessa época — mais precisamente, em 1988, quando as praias cariocas eram protagonistas da cultura pop na televisão. Quem era jovem acompanhava *Armação Ilimitada*, seriado estrelado por Kadu Moliterno e André de Biase (ou Juba e Lula, rou!), e recebia padrões de como ser jovem à beira-mar: sarado, bronzeado e praticante de esportes radicais.

Deive Pazos morava em Ipanema, mas não se sentia pertencente àquele lugar. Como quase qualquer criança da Zona Sul do Rio da época, empolgou-se com a febre do bodyboard e pediu de presente uma prancha. Não qualquer prancha, mas *a* prancha: uma Mach 7-7, da marca Morey Boogie. Ganhou uma prancha no Natal, mas era uma Magic, uma marca genérica que havia copiado a fonte da Morey e enganado a mãe de Deive.

Foi só a primeira decepção.

Nosso herói caiu na água sem experiência nem aviso. Não sabia que, por prudência, precisava usar camisa para não roçar o corpo na prancha. Passou o dia inteiro usando sua Magic, mas só conseguiu pegar jacaré, sem fazer qualquer manobra. Esfolado da cintura até o pescoço, Deive saiu do mar do Rio, para nunca mais voltar.

Isso não era comum. Os pais — Ovídio, espanhol, e Dolores, descendente de imigrantes também espanhóis — superprotegiam Deive, o mais velho dos três filhos. Diego, um ano mais novo, e Tiago, três anos mais novo, eram companheiros em brincadeiras violentas. A mais frequente era com os três subindo em uma cama e disputando quem seria o último a cair dali. Deive honrava o posto de mais velho e normalmente vencia.

A vida da família era muito ligada à colônia da Espanha no Rio. Seu pai chegara da Espanha com 18 anos, sozinho e sem dinheiro algum — foi garçom e dormia no próprio restaurante. Só tinha uma muda de roupa, então quando a lavava não tinha o que vestir. Quando conseguiu juntar um valor, reuniu-se com outros seis imigrantes e construíu um motel, o Presidente. Construíu literalmente, colocando tijolo por tijolo do prédio! Até que o negócio prosperou e eles abriram outros motéis.

Quando Deive saía de casa, a principal atividade era o almoço de fim de semana no aeroporto internacional do Galeão, a quilômetros de distância. Entre a observação dos voos chegando e partindo, disputava corrida de carrinhos de mala com os filhos dos sócios do pai.

Mas a principal companhia de Deive na infância era a televisão. Assistia de tudo. Via *Armação Ilimitada* com a mesma atenção que dava aos desenhos matinais, à programação para donas de casa à tarde e aos filmes da madrugada. Mas só enquanto os quatro principais canais exibiam sua programação. Nesses tempos estranhos, sem YouTube e canais a cabo, a TV aberta desligava os transmissores na madrugada. Era prejuízo exibir imagens para tão pouca gente. Deive estava lá quando o sinal acabava, e via a programação para o dia seguinte do SBT — com direito a Hino Nacional depois da lista de atrações. Desligava a TV já sabendo que filmes veria na próxima madrugada.

De manhã, ia para o colégio. Lá, nunca andava sozinho e gostava de dar apelidos. Tal costume logo o colocaria em rota de colisão com um recém-chegado.

Fernando Russel era um surfista experiente já aos 12 anos, quando chegou para morar no Rio de Janeiro. Surfava desde os oito em Santos, onde nasceu e cresceu. Era pequeno e franzino (e talvez um pouco narigudo), mas sua experiência facilmente faria dele um adolescente integrado à estética praiana de sua nova cidade.

Assim que chegou ao Rio, Fernando pegou sua prancha e pediu para que sua mãe o levasse à Praia do Pepino, reduto recém-nascido da juventude bronzeada da cidade. Era lá que o surfista e campeão mundial de asa-delta Pepê tinha aberto seu quiosque de sucos e sanduíches naturais, pioneiro no gênero. Era a nova fronteira da cidade. Um lugar natural para Fernando fazer sua estreia em águas cariocas.

Em um fim de tarde de verão, a única plateia de sua aventura nas ondas do Rio era seu irmão e sua mãe, que acompanhavam do calçadão. Fernando pegou sua prancha e foi, destemido, em direção ao mar.

O primeiro homem a pegar onda em uma prancha no Brasil, ainda nos anos 1930, fez isso na praia de Santos. Mas as marolas de Santos nem de longe se comparavam com as ondas da Praia do Pepino. Fernando sentiu a diferença de tamanho das ondas antes mesmo de colocar os pés na prancha. A caminho da arrebentação, foi furar uma e acabou jogado para trás. A prancha bateu no seu rosto e abriu seu supercílio. Com o rosto coberto de sangue, Fernando saiu do mar do Rio, para nunca mais voltar.

Morria ali, com o trauma dessa primeira desventura, o surfista bronzeado. A praia, porém, continuaria como cenário da vida de Fernando. Isso porque o primeiro colégio dele no Rio ficava de frente para a praia do Arpoador, onde o surfe brasileiro floresceu nos anos 60 e 70. Chegar de outro estado aos 12 anos em um ambiente totalmente novo já é uma tarefa difícil. Pior quando se é baixo e franzino. Imagine somar a isso um grave desvio de septo. O nariz de Fernando era grande como uma das quilhas de sua prancha, e entrou na sala para o primeiro dia de aula muito antes do resto do seu corpo. Um menino gordinho e com bochechas rosadas, também inverossímil no cenário ensolarado e praiano, notou isso no primeiro momento.

E não deixou barato.

"Esse cara parece um tucano!", disse Deive, assim que viu o novato Fernando entrar na sala de aula, com a marra que sempre o caracterizaria. Outro amigo tentou apelidá-lo de periquito, mas — ainda bem para o atingido — "tucano" colou com a força de um nome próprio.

Fernando odiou isso tudo desde o começo. E odiou Deive. Juntou-se aos outros que vieram de fora naquele ano — um amigo de São Paulo, outro de Brasília — e fez sua própria turma. Foram dias de Guerra Fria... Mas o confronto era iminente.

O campo de batalha foi a própria sala de aula. Tucano sentou-se para fazer uma prova e colocou sua caneta em cima da mesa, marcando território como quem coloca uma peça no Sudão em uma partida de *War*. Saiu para o banheiro e, quando voltou, encontrou Deive sentado em sua cadeira.

"Eu estava sentado aí", disse Tucano. "Olha aí minha caneta."

Deive não saiu do lugar, mas pegou a sua caneta, que estava debaixo da mesa, e a colocou bem à vista.

"A minha também está aqui."

A porrada rolou solta, com empurrões, socos e cadeiras arremessadas. Os colegas de classe separaram a briga — os professores, se estavam lá, não deram muita bola. Foi cada um para um canto da sala. Ninguém sentou na cadeira disputada.

Aquela briga foi um começo. Os dois se enfrentaram e ninguém abriu mão do orgulho. Logo, Deive e Tucano se aproximaram para fazer trabalhos de grupo, o primeiro indício de paz em uma amizade que duraria décadas. Na próxima briga, algum tempo depois, os dois estariam do mesmo lado.

No colégio onde Deive e Fernando estudavam havia um projeto de *bully* chamado Gustavo, um menino grande, bobo e agressivo. Tucano encontrou com ele no banheiro quando o garoto lutava, sozinho e sem sucesso, para tirar um papel que colaram em suas costas.

"Me ajuda aí, cara!"

O santista só riu da desgraça alheia.

"Eu não... Tira você!", respondeu ao gigante.

Foi o bastante para o menino franzino ficar marcado para apanhar naquele mesmo dia, no estilo "Te pego lá fora".

Gustavo juntou quatro amigos e o circo estava armado para o espetáculo de sangue na portaria do colégio, sob o sol do Arpoador. Depois da aula, Tucano sentou sozinho na segurança dos portões do colégio, pensando em vão numa estratégia para se livrar da surra. Deive e Tucano não estudavam mais na mesma sala — estavam na mesma série, mas as freiras os haviam colocado em salas diferentes para tentar manter a paz. Quando Deive saiu da aula e passou por ele, perguntou o que tinha acontecido.

"Os caras tão querendo me pegar...", disse Tucano.

"Então vamos lá", respondeu Deive, sem pensar muito.

O plano era que só Tucano e Gustavo lutassem, mas a covardia prevaleceu. Depois de muitos dedos na cara e provocações, Tucano tentou dar o primeiro golpe, mas errou, e acabou agarrado e jogado no chão pelo algoz. Foi a deixa para os amigos do valentão atacarem também. O colégio inteiro assistiu, mas só Deive partiu para cima, distribuindo pontapés. Os dois amigos levaram uma surra honrosa, mas caprichada. Deive teve uma lesão na costela. Tucano, uma na coluna cervical.

Aquela briga de cinco contra dois foi uma prova cabal de amizade. Mesmo quebrados e tendo perdido a briga, os dois saíram ganhando: uma amizade que dura desde então.

2

CHOQUE DE REALIDADE

Se algumas amizades começaram por brigas de verdade, outras começaram por disputas mais... fictícias. Porém, não menos importantes para os envolvidos.

A década de 1980 viu, além da cultura praiana de *Armação Ilimitada*, a ascensão do termo *nerd*. Videogames, ficção científica e fantasia faziam parte do cotidiano e do imaginário da galera da época. Foram esses elementos que inspiraram os primeiros arroubos artísticos de Alexandre Ottoni de Menezes, ainda na forma de desenhos em uma folha de papel.

A instituição "caderno de desenho" surgiu na vida de Alexandre com o estímulo dos pais, por volta dos seus 7 anos. Em um desses cadernos ilustrou, em página dupla, um cenário na horizontal como a tela de um jogo *side-scrolling*. Nele, dois personagens lutavam com espadas em punho, reproduzindo um duelo de sabres de luz de *Guerra nas Estrelas: O retorno de Jedi*, campeão de bilheteria de 1983. Tiros voavam para todos os lados, no clima de *Máquina Mortífera*, *Predador* e *Robocop*, sucessos de 1987. E um Delorean, cercado por descargas de eletricidade como em *De volta para o futuro*, de 1985, finalizava o cenário. Em suma, um panorama das referências de uma criança dos anos 1980.

Alexandre desenhava desde que começou a usar lápis na Escola Suíço-Brasileira, em Santa Teresa, região central do Rio de Janeiro. Morava em um apartamento no Alto Leblon, região tida como uma das mais nobres da cidade. E o colégio que frequentava não ficava atrás. Filho de dois funcionários públicos, o pai engenheiro civil e a mãe jornalista, Alexandre era uma criança de classe média entre meninos ricos. Era, na prática, filho único — possuía um meio-irmão por parte de pai, mas que era dez anos mais velho e não morava com eles. Como resultado desses fatores, Alexandre aprendeu a brincar sozinho.

A consequência natural foi o estímulo à criatividade e à invenção de mundos próprios. Mesmo entre os amigos, as brincadeiras eram regidas pela imersão na fantasia. Em uma batalha com Comandos em Ação, lançados em 1984 no Brasil e uma febre na categoria "brinquedo de menino", Alexandre não simulava apenas trocas de tiros aleatórias. Em um fim de semana passado com um dos amigos abastados, transformou a casa inteira do garoto em um cenário de guerra para os bonecos militares. O garoto tinha o caça F-14, chamado pela Estrela, que controlava a marca G.I. Joe no Brasil, de "Super caça-bombardeiro — O mais avançado jato de combate!". Mais avançado e também mais caro, sendo objeto de desejo inacessível para a maioria dos meninos da época.

O lápis e o papel, porém, não foram deixados de lado. Quando apurou seus talentos no desenho, começou a inventar seus próprios personagens de histórias em quadrinhos. O primeiro surgiu entre 1990 e 1991, quando *Dick Tracy*, filme de detetive com Al Pacino, Dustin Hoffman e Madonna, fez sucesso. Na versão de Alexandre, então com 11 anos, o espião era português e se chamava Dick Manoel. Como o original do filme, Dick Manoel tinha um relógio comunicador e, ao receber a missão, respondia "O, pá! Estou a caminho!" e fazia sinal para pegar um ônibus. Seu segundo personagem, o Coxa, surgiu pouco depois e inspirou a criação de todo um universo de fantasia, a Ilha do Coxa, e seus personagens próprios, como a Béxiga e a cientista Coxsamara, que tinha um laboratório como o do Professor Pardal.

Alexandre vivia em um universo de guerras, tiros, explosões e espionagem, mas apenas em sua imaginação. Na vida real, era mimado como um filho (praticamente) único criado no Leblon e que estudava em uma escola separada da dura realidade carioca por um grosso muro de segurança. Mas isso estava prestes a mudar.

Os anos 80 ficaram marcados na cidade como a época de florescimento do crime organizado baseado no tráfico de drogas. Ao contrário de São Paulo, que tem seus bolsões de pobreza fora do núcleo (e, por isso, são chamados de "periferia"), o Rio de Janeiro tem a exclusão social polvilhada em toda a sua geografia. Os conflitos sociais presentes em *Máquina Mortífera*, de 1987, nos quais Riggs (Mel Gibson) e Murtaugh (Danny Glover) combatiam quadrilhas de traficantes, não eram ficção no Rio do fim da década de 1980.

Para Alexandre, o choque dessa realidade veio de uma só vez, e em várias frentes. Em um intervalo de três anos, a partir de 1989, seus pais se separaram e ele foi morar com a mãe; sua mãe deixou a segurança do emprego público e começou a trabalhar como guia de turismo ganhando bem menos; a crise econômica se instalou no governo de Fernando Collor; e, principalmente, foi obrigado a mudar de colégio, depois de uma vida na Escola Suíço-Brasileira, cara demais para os novos padrões financeiros da família — alunos da Escola Suíço-Brasileira incluíam, por exemplo, os filhos do próprio Collor. Para piorar, estava entrando na adolescência, o que é um desafio para qualquer garoto, em qualquer lugar do mundo.

O Colégio da Cidade, em Ipanema, havia sido fundado em 1993 como uma instituição de ensino promissora e moderna. Mesmo assim, tinha uma mensalidade bem menor que a escola anterior de Alexandre. Praticamente nenhum dos alunos era rico e Alexandre deixou de ser a exceção para tornar-se regra. Entrou no colégio no ano inaugural e teve acesso a uma realidade comum à de outros moradores da classe média da Zona Sul, bem diferente da que tinha.

Se o colégio é como uma prisão, como definiu Affonso Solano no *Nerdcast 304*, a sensação de Alexandre foi a de deixar uma prisão domiciliar e entrar em Alcatraz, ou no igualmente extinto presídio de Ilha Grande, onde nasceu e floresceu o Comando Vermelho, facção criminosa mais atuante na cidade. O trauma deixou a memória com tons bem mais sombrios. Na nova escola, muitos alunos fumavam, bebiam e usavam drogas, às vezes na porta do colégio, depois das aulas. Mas aquele não era um núcleo formador de bandidos em Ipanema. Um colega de classe chegou a insistir em chamar Alexandre para a praia, para jogar bola, mas acabou desistindo diante das muitas negativas. Alexandre até tentou "ser radical". Ganhou um skate, mas praticamente não saía do lugar. Ganhou uma prancha de bodyboard, mas só teve histórias de "caldos".

Seus interesses eram outros.

Chegou na classe um dia, às 7 da manhã, empolgadíssimo pelo fato de ter zerado *Ninja Gaiden*, e tomou um esporro de um colega de classe, esportista e muito mais adequado à paisagem praiana: "Porra! São sete da manhã e você já está falando de videogame?". Baixou a cabeça e, naquele momento, deu razão ao interlocutor. Mas tinha 14 anos e já tinha sua personalidade formada. Era um nerd. Logo, ao ouvir gritos de "Nerd! Nerd!" dos colegas quando entrava na sala de aula, levantaria o punho cerrado com orgulho.

Anos antes da mudança de escola e de seu choque de realidade caprichado, Alexandre já havia encontrado a paixão pelo RPG através dos livros-jogos de Ian Livingstone e Steve Jackson, como *A cidadela do caos*, *A cidade dos ladrões* e *A masmorra da morte*, entre muitos outros sucessos da pré-adolescência na época. Os livros-jogos não foram febre semelhante às pranchas Morey Boogey, mas fizeram parte da formação da geração de nerds que cresceu nos anos 80. Não eram exatamente um RPG, mas tinham o mundo de criaturas fantásticas, castelos, calabouços e magia. Em livros-jogos, você faz escolhas durante a leitura e pula de página de acordo com o caminho escolhido, até chegar ao fim glorioso (ou à morte).

Já o RPG é um passo além. Nesse jogo, o "mestre" cria uma história e os demais participantes criam personagens que viverão essa história. O hobby nasceu na década de 1970, nos Estados Unidos, e logo se tornou um dos mais populares naquele país. No Brasil, os primeiros RPGs chegaram apenas nos anos 1990. Alexandre e seus amigos de colégio queriam ter a experiência apaixonante dos livros-jogos em grupo, em vez de apenas se reunirem para trocar os títulos e contar suas experiências individuais. Antes de saber que o RPG existia, criaram, baseados nos mundos fantásticos de Ian Livingstone e Steve Jackson, uma estrutura bem próxima do RPG tradicional, com um mestre conduzindo a história para os demais jogadores. Era a diversão de Alexandre durante os 15 minutos de recreio em seu último ano na Escola Suíço-Brasileira, em 1992.

Pouco antes do fim do ano, Guilherme Bollmann, seu grande amigo nessa escola, convidou-o para conhecer o tesouro que havia comprado em uma feira de livros: a famosa "caixa vermelha", o kit para iniciantes em inglês de Dungeons & Dragons, lançado originalmente dez anos antes nos Estados Unidos. A caixa tinha livros de regras para o mestre e para os jogadores, um conjunto de dados e um tabuleiro. "Lembra dos livros-jogos?", disse Bollmann. "Esse aqui é o perfeito."

Os dois iam com os colegas de classe para viagens a Angra, com praia durante o dia e RPG à noite, até o sono vencê-los. Contudo, a mudança de colégio acabou afastando os dois. O reencontro de Alexandre com o RPG se deu com o AD&D que colegas de seu prédio jogavam no playground, a fortaleza de segurança da classe média brasileira nas grandes cidades. Mas Alexandre não via graça em ser apenas um jogador. Queria contar a história, e descobriu-se um mestre apaixonado e dedicado. Terminadas as batalhas sangrentas do play entre os amigos-heróis e os monstros que colocava no caminho deles, ia para casa e passava horas desenhando o mapa de suas aventuras, colando folhas de papel A4 para aumentar as cidades, os castelos e os reinos quando o espaço acabava. Já existia tudo isso pronto em 1995, mas eram outros tempos: poucos lugares tinham produtos de RPG à venda, e eram caríssimos.

O primeiro indício de que o mundo de Alexandre era parte do mundo real no Colégio da Cidade foi em 1996, no 1º ano do ensino médio, quando encontrou dados de RPG no estojo de Mário Garritano, aluno recém-chegado. Mário vinha do colégio Notre Dame, também em Ipanema, e um dos melhores amigos que tinha também se mudaria para o Colégio da Cidade: Carlos Eduardo Couto, o Caquinho.

Carlos nasceu em Curitiba, mas aos 6 anos se mudou para o Leblon, no Rio de Janeiro. Seu pai era formado em Economia, Direito e Administração e trabalhava em empresas multinacionais. Contudo, a mudança para o Rio marcou o começo do declínio financeiro da família e da doença que acabaria por tirar a vida do pai de Caquinho em 1992. Nessa época, a renda familiar vinha do trabalho de sua mãe em um salão de beleza.

O primeiro contato de Carlos com o mundo nerd foi pelos quadrinhos. Aos 12 anos, precisou de reforço escolar e acabou tendo aulas com um professor particular que adorava HQs e o incentivou a adotar este hábito da leitura. Caquinho tinha uma conta na banca de jornal do lado de casa e o jornaleiro já reservava os principais títulos para ele assim que chegavam. Mais tarde, ia na loja Point HQ, em Ipanema, para comprar edições mais antigas de seus quadrinhos preferidos e completar sua coleção pessoal. O RPG veio dois anos mais tarde, por influência de um amigo de colégio. Mesmo já apaixonado por RPG e quadrinhos, boa parte de seu tempo era dedicado às atividades físicas. Morava próximo ao Clube de Regatas do Flamengo e fez aula de praticamente todos os esportes lá. Aos 15 anos, passou a frequentar a praia para jogar rugby.

Alexandre e Carlos moravam muito próximos no Leblon, mas só se conheceram em 1996, quando Caquinho se mudou para o colégio novo de seu amigo Mário. Alexandre não tinha o hábito de ler HQs, e Caquinho passou a incentivá-lo, como seu professor particular havia feito anos antes. Nas primeiras visitas à casa do novo amigo, Alexandre descobriu uma enorme e bem organizada coleção de gibis.

O primeiro que pegou emprestado foi do Homem-Aranha, e ouviu de Caquinho uma longa explicação sobre o universo em questão. Logo em seguida, recebeu uma aula sobre X-Men. Começou a ler pelas aclamadas sagas de Chris Claremont com desenhos de John Byrne, produzidas desde os anos 70.

Mas o RPG continuaria como a principal liga dessa amizade. Alexandre, Mário e Carlos formariam uma tríplice aliança nerd no ensino médio, e Alexandre era quase sempre o mestre. Afinal, desde os "cadernos de desenho" da infância, estava acostumado a criar seus próprios mundos. Considerando que, na vida real, seu mundo mudara drasticamente em pouco tempo, o controle que tinha como mestre era quase uma necessidade fisiológica. A primeira aventura dos três durou anos, e foi do 1º ao 20º nível. Mário era Crom, e tinha um braço biônico que só podia ser energizado com descargas elétricas. Caquinho era um *ranger* que, no decorrer do jogo, acabou virando um demônio. E o sobrenome que deu a esse personagem viria a se tornar o apelido que carregaria por toda a vida: Lark Voltor.

3

CADÊ O BANDEIRÃO?

O que é preciso para forjar uma amizade verdadeira? Para Deive e Tucano, foram necessárias duas brigas.

Deive tinha dois irmãos mais novos, Tucano tinha duas meias-irmãs de outro casamento do pai. Mesmo assim, se escolheram como irmãos. Depois da briga com o valentão da escola, viviam um na casa do outro e, quando não estavam juntos, passavam horas no telefone atualizando suas vidas de pré-adolescentes. Fernando foi uma influência fundamental na vida de Deive entre 1988, quando chegou no Rio, e 1994, quando voltou para São Paulo. Tucano gostava de rock, e Deive passou a gostar também. Tucano era cabeludo, e Deive deixou o cabelo crescer, com o apoio da mãe — ela era uma das poucas mães que adoravam Tucano e achava lindo o cabelo do amigo narigudo do filho. As outras consideravam Fernando uma péssima influência, baseadas apenas na aparência “largada”.

Os dois tinham os filmes como paixão em comum, tanto os que viam quanto os que faziam com a câmera VHS da família de Deive. O cinema caseiro virou uma obsessão dos dois e de seu grupo de amigos. A preparação de cada filme durava semanas. Decidiam o roteiro, o elenco, o figurino, a coreografia das lutas e até os efeitos especiais. A casa de Deive no Leblon era a locação mais utilizada.

O mais famoso deles foi *Masters of Fighting*, inspirado na sangrenta disputa de artes marciais de *O Grande Dragão Branco (1988)*, com Jean-Claude Van Damme. Foram dois dias de filmagem: um para as lutas e outro para o enredo. Mas o segundo dia foi um fracasso, e o filme tornou-se uma simples sequência de pancadaria. Os personagens eram baseados em sucessos do cinema da época. Um aplicava o golpe fulminante de *Karate Kid* (1984). Outro era a cara de Blain Cooper, o sargento vivido por Jesse Ventura em *Predador* (1987). A trilha sonora era da banda Kiss e o sangue, de ketchup, depois de alguns dias de testes para alcançar textura e cor exatas. No fim, o grande campeão foi o personagem do roteirista Tucano, respeitando a máxima de que a história é sempre contada pelos vencedores.

A paixão pelas produções caseiras terminou no auge, com a produção de *Cocaine*, uma história sobre traficantes de drogas. O nome veio de uma canção de sucesso de Eric Clapton, mas o filme foi baseado em *Tango e Cash* (1989), estrelado por Sylvester Stallone e Kurt Russell, grande sucesso na TV por anos. Porém, Deive não ficou sabendo da produção: ele diz que não foi chamado, Tucano afirma que ele não foi encontrado por estar em mais um dos almoços de domingo com a colônia espanhola no aeroporto do Galeão. O fato é que um dia Deive ligou para os amigos e nenhum estava em casa. Quando ligou para Tucano, ouviu da mãe dele que o amigo tinha “saído para filmar”. Ficou possesso — aquilo era uma traição sem precedentes. Para Deive, o pior de tudo foi o filme ter ficado incrível. Fizeram até um boneco em tamanho real voar da janela do oitavo andar e simular um assassinato — no prédio, uma senhora do sexto andar achou que fosse um suicídio e quase interrompeu a produção com a polícia. O ódio de Deive foi sincero e profundo, mas também fugaz... Como uma briga entre irmãos de verdade.

Foi na casa de Tucano que Deive teve a primeira experiência com bebida, hábito que cultivou nos anos seguintes. Era 24 de abril de 1991, aniversário de 15 anos de Tucano, e o anfitrião quis fazer uma média com os amigos. Fazia coleção de latinhas e algumas, de cerveja, ainda estavam fechadas. Na época, era quase impossível encontrar cervejas importadas para vender. As únicas opções nos bares do Rio eram as clássicas Brahma, Antarctica, Skol e Kaiser, todas brasileiras. Tucano colocou seus tesouros na geladeira e esperou os convidados. Escolheu uma lata de Castle, uma cerveja centenária da África do Sul, com 6% de teor alcoólico, e deu para Deive. A reação foi algo como "É muito forte!", mesmo sabendo que o amigo não tinha como comparar.

A amizade continuou firme, mesmo com as repetências dos dois e as mudanças de colégio de Tucano. O menino franzino deixou de ser narigudo depois de uma operação no desvio de septo, mas acabou perdendo um ano por isso. O apelido, nunca perderia. Quando voltou para o Colégio São Paulo, foi para uma sala diferente da do amigo, que também tinha repetido de ano. Nessa sala, Tucano ficou amigo de Carlos, depois conhecido como "Coelhinho Bossa-Nova", o que aproximou Deive e Tucano do irmão mais velho deste, João Paulo Miguel, criando um núcleo de amizade duradouro.

João Paulo tinha 19 anos e cursava Administração na PUC do Rio quando conheceu os amigos do irmão mais novo. Na vida social, era bem diferente do que se imagina de um nerd. Ia a quase todos os jogos do Flamengo no Maracanã e jogava basquete nas quadras públicas no entorno da Lagoa Rodrigo de Freitas. Só no seu quarto era possível observar suas "nerdices". O mais visível eram as diversas revistas em quadrinhos, empilhadas uma a uma alternando a posição da lombada para que nenhuma ficasse amassada. A maior prova de que ali vivia um nerd de verdade, porém, eram as muitas xerox de sistemas de RPG, todas em inglês.

João Paulo conheceu o RPG mais ou menos na época em que Deive e Tucano saíram na mão. Um amigo do curso de inglês tinha um irmão apaixonado pelo jogo que morava na Inglaterra e mandava para o Rio os principais títulos. Entre estes, D&D, MERP (baseado no universo de *O Senhor dos Anéis*), Heroes Unlimited (de super-heróis) e Star Wars (baseado na saga de George Lucas) eram os mais queridos. Como os livros eram do colega, teve que tirar cópia para jogar em outros grupos. Nem sempre copiava os livros inteiros, pois não seria uma brincadeira viável nem para os jovens moradores da

Zona Sul. Do sistema Heroes Unlimited, por exemplo, copiou apenas a parte com os personagens e ignorou o livro de regras, pois tinha todas mais ou menos memorizadas.

Quando entrou na classe de Carlos, irmão de João Paulo, Tucano começou a frequentar o apartamento da família do novo amigo em Ipanema e a casa deles em Teresópolis, na região serrana do Rio. Em uma dessas viagens a Teresópolis, Tucano jogou RPG pela primeira vez. Foi apresentado às xerox de Heroes e ficou à disposição dos dados e da memória que João Paulo tinha das regras, ignoradas quando era conveniente. Tucano não era um viciado em super-heróis, mas gostava de desenhar e, por isso, comprava qualquer revista de *Conan, O Bárbaro* que caísse em suas mãos. Ficou desconfiado do novo jogo, baseado em livros e não em tabuleiros ou baralhos, mas logo se encantou.

Nessa época, em 1991, Deive estava alheio a tudo isso, mais preocupado em tocar o terror em seu colégio. Não praticava esportes com regularidade, mas acompanhava a equipe de vôlei dos seus colegas em uma disputa do torneio intercolegial no colégio de freiras Notre Dame, também em Ipanema. Sua função? Semear a discórdia, já que não jogava nada e torcer para o patético time dos colegas seria inútil. Os atletas aspirantes do São Paulo ficavam tão felizes em conseguir jogar a bola para o outro lado da rede que comemoravam e esqueciam que ela poderia voltar. Voltava sempre, e ponto dos adversários.

A arquibancada de andaimes montada no pátio aberto do Notre Dame estava coalhada de adolescentes, e uma das primeiras funções de Deive foi esmurrar um bumbo que a equipe do colégio tinha levado para animar o time. O jogo era na verdade um massacre sendo cometido pelo adversário, mas Deive estava a todo o vapor. Estabanado, virou e bateu com o instrumento na cabeça de uma menina que estava dois degraus abaixo. Soltou o bumbo e pediu desculpas sinceras, mas foi solenemente ignorado.

Entediado, resolveu sair da arquibancada para tramar alguma coisa com os amigos. Pela escada? Nem pensar. Ágil, pulou de lá apoiando a mão na grade de sustentação, girando os pés por cima dela. Foi quando a mesma menina agredida com o bumbo levou um chute certeiro de Deive. Na cabeça. A mesma vítima, outro acidente casual, mas dessa vez ele não voltou para pedir desculpas e fugiu rapidamente para debaixo da estrutura de ferro das arquibancadas.

Ali reuniu os amigos para confabular sobre o que fazer para tornar mais divertida a disputa entre os colégios, pois em campo a derrota era certa. Além de um bumbo, cada time torcia com a bandeira de seu colégio. Deive e seus asseclas seguiram sorrateiros até a arquibancada adversária e, com a sutileza de halflings, roubaram a bandeira do Notre Dame, levaram para cima da arquibancada do São Paulo e expuseram o troféu, não sem antes provocar: "Uh, cadê/ O bandeirão, sumiu!", "Uh, cadê/ O bandeirão, tá aqui!". Do outro lado, o que se viu foi uma avalanche de adolescentes raivosos.

A confusão só não acabou em briga generalizada pela posição estratégica de Deive e seus asseclas e pela rapidez de inspetores, professores e freiras em conter a fúria dos alunos do Notre Dame. O jogo, é claro, acabou. Com o objetivo alcançado, Deive pulou da arquibancada pela parte de trás — sem nocautear ninguém dessa vez — e escapou sem ser percebido até alcançar as ruas de Ipanema. Por completo acaso, esbarrou com Tucano e Carlos.

"E aí, tá fazendo o quê?", perguntou Tucano.

"Nada", respondeu Deive.

"Vamos jogar RPG ali na casa do Carlos, com o irmão dele?"

"Vambora."

Depois de uma rápida introdução de João Paulo sobre as regras do sistema MERP, Deive jogou RPG pela primeira vez. O jogo se tornaria sua obsessão pelos anos seguintes... Misturado, é claro, à sua vocação por "tocar o terror".

4

FEIJÃO BRANCO

Tocar o terror era uma vocação bastante comum nas escolas do Rio de Janeiro na década de 1990 (nas anteriores e seguintes também).

Foi o que o professor de alemão Bruno descobriu ao vir da Suíça para lecionar no Rio de Janeiro, na Escola Suíço-Brasileira. O começo foi tumultuado, colocando sua natureza pacífica em conflito com a turbulência carioca, alimentada pelos hormônios em ebulição dos adolescentes da Zona Sul. Porém, acabou se transformando no professor mais amável do colégio, a ponto de estabelecer laços vitalícios com alguns estudantes.

Um dos hábitos simpáticos do professor era distribuir apelidos engraçados. Alexandre Ottoni, gordinho e branquelo, foi chamado por ele de "kleine Kartoffel" ("batatinha"). Como sempre acontecia quando o professor rebatizava um aluno, a turma foi ao delírio. Mas "kleine Kartoffel" era um apelido grande demais para o dia a dia de uma sala de aula. O que seria parecido com uma batatinha, também alvo, pequeno e gorducho? A decisão final foi "Feijão branco", ou simplesmente Feijão.

O amigo Guilherme Bollmann também seria "rebatizado", mas sem auxílio da língua germânica. Certo dia, estava em casa com um grupo de amigos do colégio. Tinham acabado de assistir *Gremlins*, de Steven Spielberg, no cinema. Enquanto mexia nas suas coisas, uma amiga pegou seu caminhão rebocador de helicóptero da Technics — era como um Lego, só que bem mais difícil de montar. Ele tinha levado semanas para construir tudo. O brinquedo desmontou como passe de mágica assim que a garota o pôs nas mãos. A vontade dele era chorar e gritar de raiva, mas, sendo uma menina a culpada, não podia. Segurou o choro e disse um educado "Não, tudo bem, acontece...". Ela achou fofo e relacionou logo com o monstrinho fofo do filme que tinham visto: Gizmo. Como os amigos do colégio estavam todos juntos, é claro que isso virou piada — e apelido — na hora.

Muito mais do que ver filmes juntos, Alexandre e Guilherme gostavam mesmo é de mexer em computadores. A relação de amor de Alexandre com um computador começou com o TK-95, uma máquina que fazia programas e os registrava e/ou acessava via fitas K7. Seu pai comprou a máquina nos idos de 1988 por causa da preocupação crescente em algumas famílias de classe média com a ideia de que "a informática é o futuro". Era mesmo, mas o TK-95 era muito complicado para uma criança. Alexandre chegou a comprar revistinhas de programação nas bancas de jornal e levar para casa para copiar os códigos e, no fim, gravar o programa na fitinha. Não estava exatamente criando algo, mas a sensação era essa. Tratava o computador primitivo como um videogame com um jogo bem estranho, e acabava se divertindo.

E era um programa entre pai e filho. Alexandre não conseguiria lidar sozinho com aqueles códigos todos, e o pai estava sempre junto para ajudar. Uma das programações das revistinhas era a de uma música de *Contatos imediatos do terceiro grau*, aventura de ficção científica com aliens de Spielberg que "explodiu cabeças" quando foi lançado, em 1977. Depois de copiada a programação da revista, pai e filho resolveram inserir outras notas musicais para ouvir o resultado, o máximo de criatividade que aquela máquina complicada permitia diante do conhecimento ralo que tinham de programação.

Quando seus pais se separaram e Alexandre passou a morar sozinho com a mãe, em 1989, o TK-95 foi para uma gaveta para nunca mais sair. Mais tarde deparou-se com um computador mais moderno, usando o sistema operacional DOS, e achou mais fácil aprender como funcionava. Fez esta descoberta na casa de um amigo.

Guilherme Bollmann, filho único e de pais bem mais velhos do que os dos amiguinhos, era sempre o primeiro a ter os brinquedos da moda. Foi o primeiro dos colegas de sala a ter um computador, um XT com monitor de fósforo verde que a mãe trouxe para casa quando a empresa onde trabalhava renovou as máquinas. Junto ao computador, veio Alexandre, que transformou a casa de Guilherme em sua segunda casa.

Alexandre só foi ter um computador de verdade em meados da década de 1990, quando sua mãe, depois de muita insistência, decidiu fazer a vontade do filho. No apartamento de três quartos onde mãe e filho moravam no Leblon, um quarto era da mãe, outro de Alexandre e o último, um escritório, do computador. Alexandre passava mais tempo no quarto do computador do que no seu. Jogando. Ficou obcecado com jogos de estratégia como *Dune 2*, *Colonization* e, principalmente, *Civilization*, obra-prima do gênio Sid Meier e sua MicroProse.

Quando a mãe de Guilherme resolveu comprar um segundo computador e deu o primeiro para ele, a casa virou uma mini lan house. Os dois amigos conseguiram instalar placas de rede nas máquinas, ligando-as com um cabo coaxial e entrando no mundo dos jogos *multiplayer*, uma raridade na época. Passavam noites inteiras jogando *Command and Conquer* ou qualquer outro game de guerra ou estratégia da EA ou da Lucas Arts.

Nos tempos vagos, entre uma partida e outra, os dois tinham uma estranha obsessão em comum: áudio. Essa começou bem antes dos computadores. Em 1992, Alexandre e Guilherme viajaram juntos à Disney, e a estrela da mala — de Guilherme, claro — na hora de voltar foi um console de Megadrive e um controle que lembrava os dos fliperamas. Depois de muita diversão com os jogos, descobriram que alguns deles tinham o arquivo de áudios — músicas e efeitos especiais como tiros, gritos e aplausos — aberto para acesso. Tiveram a ideia de simular um programa de rádio e usar aqueles efeitos para dar emoção. A brincadeira virou uma fita cassete de 90 minutos, contendo um programa que chamaram de *Midnight Dance*. Produzido ao vivo, teve músicas e entrevistas — Guilherme atuou como repórter e chegou a entrevistar um chefe do tráfico de drogas, ainda que só na imaginação. Já Alexandre atuou como apresentador.

Foi a sua primeira vez como host de um programa, mas não seria a última.

A brincadeira dos amigos ficou um pouquinho mais séria na era dos computadores e suas incríveis placas de som SoundBlaster, o padrão para os PCs da época. Além disso, houve o advento das BBS, uma protointernet que só ligava os computadores dos usuários em rede e disponibilizava troca de arquivos e de mensagens em fóruns e chat. Bastava pagar um valor mensal à BBS e acessá-la com seu modem usando a linha telefônica. Como Guilherme tinha duas linhas em casa, passava quase todo o tempo livre conectado na BBS Inside, uma das maiores do Rio de Janeiro. Por causa da sua influência, Alexandre entrou na mesma rede.

Em 29 de agosto de 1995, o caderno "Informática" do *Jornal do Brasil* anunciava que a Inside acabava de se tornar o primeiro provedor de internet carioca. Alexandre insistiu bastante para sua mãe assinar o serviço, e se lembraria para sempre do primeiro arquivo que baixou: a capa do recém-lançado *MechWarrior 2*, jogo da Activision, sua obsessão recente. O arquivo tinha apenas 47k de tamanho, e hoje demoraria frações de segundo para aparecer na tela. Na época, consumiu alguns minutos da franquia de 20 horas mensais a que tinha direito por assinar o serviço. Felizmente, veio mesmo a capa do jogo, porque não havia preview, só o nome do arquivo — havia o risco de ser uma imagem pornográfica, ou mesmo vazia.

Via BBS, Alexandre e Guilherme ficaram encantados com os MODs, arquivos de áudio que, muitas vezes, tinham suporte de uma apresentação animada. Os dois se uniram a outro amigo, Roger Freret, e começaram a compor MODs usando o programa de edição de áudio Scream Tracker, um dos primeiros a aceitar *samplers*, sons do mundo real que você grava e, depois, manipula digitalmente. Os três produziriam dezenas de MODs sob o nome The MODerators e fizeram parte, por um curto período, da cena *tracker* de música eletrônica.

O ápice da "carreira" foi nas férias do colégio entre 1994 e 1995, quando subiram suas músicas para a BBS e conquistaram diversos downloads e comentários. Roger Freret, o mais musical dos três, virou engenheiro de som com indicação para o Grammy Latino e trabalhou com artistas como Alceu Valença, Flávio Venturini, Leo Gandelman e a banda Blitz, além de fazer trabalhos em programas de TV e vídeos publicitários.

Guilherme abandonaria a música para sempre. Alexandre também, mas não a edição de áudio. Ele nunca seria indicado a um Grammy, mas essa coisa de subir um arquivo de áudio que ele editou e esperar os downloads e comentários positivos mudaria para sempre sua vida, e a de muitas outras pessoas. Alexandre mudaria também de apelido, embora para os amigos do tempo de Escola Suíço-Brasileira fosse ser para sempre o Feijão.

5

OS ESPÍRITOS ZOMBETEIROS DA LAGOA

Nerds que gostavam de RPG e quadrinhos, com disposição para criar encrenca na escola e serem criativos, eram muitos na Zona Sul do Rio nas décadas de 1980 e 1990. Com o passar dos anos, Alexandre e Deive acabaram reunindo vários ao seu redor.

Caio Lúcio Boiteux era um menino franzino, mas muito corajoso. Seu colega de sala Andrés Ramos, baixinho e gordinho, era extremamente cagão. Eram muito amigos, e sempre dividiam o quarto nas excursões que o Centro Educacional da Lagoa, CEL, promovia para os alunos, como na viagem para Itatiaia, cidade serrana do Rio de Janeiro, no inverno de 1988. A grande lenda daquela temporada foi um cordão de prata que, segundo Caio, tinha poderes especiais. Se alguém segurasse o cordão contra a parede, os espíritos respondiam a perguntas simples movimentando o objeto. Se os movimentos fossem circulares, a resposta era "não". Se fossem pendulares, retos, era "sim". Caio levou o cordão e alimentou a história sobrenatural, para desespero de Andrés.

Chegando lá, com as luzes apagadas, a primeira pergunta dos garotos foi simples:

"Tem algum espírito aqui?"

Movimentos pendulares.

"Você morava aqui?"

Movimentos pendulares.

"Você morreu aqui?"

Movimentos pendulares. E pânico.

Correr de assombrações não adianta nada, principalmente à noite. Andrés ficou encarregado de acender a lareira do bangalô, sem a orientação de um adulto. Eram outros tempos. Quatro crianças desacompanhadas com acesso a uma pilha de lenha, uma garrafa de álcool e uma caixa de fósforos, tudo dentro de um bangalô com telhado de palhas secas e ao lado do Parque Nacional de Itatiaia, uma das mais ricas reservas do país. As consequências disso acabaram não sendo trágicas para a natureza. Já para Andrés...

O menino cometeu dois erros: jogou álcool demais na lenha e colocou o jornal em cima das achas, não embaixo. Quando acendeu, fez-se um clarão no chalé e, quando Andrés voltou a enxergar, o jornal estava queimando no formato exato de uma cruz. Ou pelo menos foi o que ficou registrado em sua memória durante o cagaço. Saiu correndo e gritando pela porta, com a certeza de que o espírito invocado por Caio tinha aparecido para lhe assombrar. Caio, do lado de fora, caiu na gargalhada. Andrés passou as noites seguintes em claro, queimando toda a lenha de seu bangalô e dos bangalôs vizinhos para não deixar a escuridão torturar sua mente de criança.

Andrés conheceu Caio na 3ª série, em 1987, quando entrou no CEL e viraram amigos instantaneamente. Os dois compartilhavam da curiosidade infantil de saber como as coisas funcionam. Uma das memórias desses tempos é de quando Andrés viu Caio com a cabeça enfiada dentro de uma mochila da Company durante uma aula inteira. Não entendeu e cutucou o amigo diversas vezes:

"Ei! O que você tá fazendo, cara?". Caio apenas olhava, sem dizer nada, e voltava a cobrir a cabeça. No fim da aula, descobriu que o amigo tinha desmontado um rádio para acoplar o auto-falante no forro da mochila. Estava ouvindo música — a preferência era Information Society, Erasure e New Order, sucessos na época. Andrés nunca tinha essas iniciativas, mas ficava encantado quando via os resultados.

Caio era apaixonado por eletrônica desde muito cedo, principalmente por influência do pai, analista de suporte. Aos 6 anos, ganhou do avô uma máquina de solda com uma única recomendação: "Não se queime". Nunca se queimou. Juntou a máquina às ferramentas do pai, que tinha confiscado. E esses eram os seus brinquedos. Uma de suas primeiras obras foi o rádio acoplado à sua mochila de colégio, mas aprimoraria seus talentos com o tempo. Durante um verão inteiro, ficou fascinado em descobrir como uma máquina de costura funcionava. Ficava horas passando um pano na máquina de costura da mãe, sob olhares desconfiados de seu avô. Iria mesmo trabalhar com eletrônica quando crescesse ou viraria um estilista? Era apenas curiosidade técnica. Quando descobriu como aquilo funcionava, perdeu o interesse. Essa exploração fez com que se tornasse um exímio mecânico de máquinas de costura para as costureiras de sua família e até para as mães de amigos.

O grande feito de Caio foi aos 14 anos, quando criou do zero um aparelho que substituía com perfeição o decodificador da TVA, uma das primeiras TVs por assinatura do Brasil. Ele o amigo Renato, também fissurado em eletrônica, compravam regularmente revistas especializadas do assunto. Numa delas, Caio viu o que parecia ser o projeto do decodificador e bolou uma maneira de copiar. Os dois juntaram as mesadas para comprar as peças necessárias. Uma delas acabou vindo de graça, e serviu como o necessário sintonizador de canais, que custaria uma fortuna para duas crianças. O videocassete da casa de Caio quebrou e ele fez uma aposta com o pai: "Se eu consertá-lo, posso ficar com ele?". Consertou e ganhou o aparelho. Juntou a placa que o amigo construiu e pronto! Conseguiram assistir de graça os dois canais que a empresa de TV tinha na faixa UHF, um de filmes e outro de esportes.

Mas a grande paixão de Caio eram os computadores. Convivia desde cedo com eles, já que o pai trabalhava em um grande instituto de pesquisas e, às vezes, levava o filho para lá. Na empresa do pai, as informações eram todas processadas em grandes computadores do tamanho de geladeiras, com discos do tamanho de LPs para registrar os dados. Aos 6 anos, conheceu esses "monstros" que emitiam luz âmbar quando ligados. Usava essas máquinas poderosíssimas (para a época...) para brincar com games parecidos com os do console Atari, o sonho de consumo das crianças de então. Em casa, tinha um Timex Sinclair 1000, computador lançado em 1982 com 2k de memória e expansão para 16k. Não tinha som e não tinha cor, mas era o suficiente para fazer programas simples seguindo receitas contidas nas primeiras revistas de informática publicadas em português. Seu pai comprou o Sinclair 1000 em 1983. Por muito tempo, Caio foi o único entre seus amigos com acesso a algo parecido.

O grande talento de Andrés era o desenho, atividade que praticava com obsessão desde sua mais remota memória infantil. Foi criado como filho único pela mãe, pedagoga, em um apartamento em Ipanema. Não tinha contato com o pai desde que ele se separou da sua mãe, quando Andrés tinha um ano de idade. Estudava de manhã e passava o resto do dia em casa esperando a mãe chegar do trabalho. Sua principal distração era copiar os desenhos de animais que via nas enciclopédias Barsa e Britânica, itens quase obrigatórios na estante das famílias da classe média brasileira nos tempos pré-Wikipédia. A obsessão por desenhar animais era tanta que, por um bom tempo, achou que seria biólogo. Mais tarde, porém, percebeu que seu interesse por eles era exclusivamente estético.

Andrés usava a imaginação para criar e controlar seu mundo fantástico — e solitário. Bonecos dos Comandos em Ação, monstros e heróis do desenho animado *He-Man* e os indígenas e cowboys de plástico do Forte Apache não eram simples brinquedos. Tinham para ele o status de amigos imaginários. O enredo de suas histórias era basicamente um mundo ideal e feliz cercado de perigo por todos os lados. Um paralelo entre seu mundo ideal e o mundo real, visto das janelas de seu apartamento em Ipanema.

Na 6ª série, outro garoto tímido e imaginativo se integraria ao grupo de Andrés e Caio no colégio CEL.

Para Eduardo Spohr, a mudança de colégio foi um alívio. Seu antigo colégio, o Andrews, era enorme, quase uma "praça de guerra" para crianças introspectivas como ele. A qualquer momento, no recreio ou em plena sala de aula, existia a possibilidade de uma pancadaria generalizada. E Eduardo tinha a personalidade pacífica de quem apanharia sem reagir, mesmo sendo praticante de artes marciais. Desde os 8 anos, Eduardo praticou, em sequência, judô, kung-fu, karatê e, por último, jiu-jitsu. Nunca usou suas habilidades fora dos campeonatos.

A receptividade de Andrés logo no primeiro dia de aula do ano de 1990 foi o presságio de que passaria a nova década sem precisar se preocupar muito com valentões dentro dos muros do colégio. Talvez por isso tenha passado a se preocupar com seres fantásticos, para desespero do jovem Andrés.

Nessa época, o interesse de Eduardo pelos mistérios da existência se intensificou. Era um voraz consumidor de tudo que estava à venda nas bancas de jornal com temas como lobisomens e outros monstros mitológicos, extraterrestres e, é claro, fantasmas. Um desses livros explicava os mistérios do tabuleiro ouija, uma tábua com letras, números e respostas simples como "sim" e "não" usada como meio de comunicação com os espíritos desde o século XIX. O espírito seria invocado e usaria a seta de madeira para dar respostas. A publicação vinha com um tabuleiro desses, e Eduardo levou-o para a sala de aula para brincar com os amigos. Todos estavam reunidos tentando seguir as regras e chamar um espírito qualquer que pairasse por ali quando a professora chegou e interrompeu drasticamente a sessão paranormal.

"Não brinquem com essas coisas!", disse, séria, antes de começar a aula.

Minutos depois, já no meio da lição, o ar-condicionado entrou em curto e explodiu, para surpresa de todos e completo desespero da professora, que interrompeu a aula.

"Olha só, não tem mais ninguém de brincadeira nessa sala, pode ir embora", afirmou, aos gritos, falando diretamente com o além. "Deixa a gente em paz!"

Não à toa, uma das diversões preferidas de Andrés, Caio e Eduardo eram as sessões de filmes de terror, um dos gêneros mais populares nos lançamentos em fitas VHS. Franquias dos anos 80 como *Sexta-feira 13*, do assassino mascarado Jason, e *A hora do pesadelo*, com Freddy Krueger, sequer passavam nos cinemas brasileiros. Iam direto para as prateleiras das locadoras. Entre os preferidos do grupo de amigos estavam *Intermediário do Diabo* (1980) e *A casa das almas perdidas* (1991). Andrés precisou ver *O exorcista*, clássico do terror de 1973, em partes. Chamou Eduardo para ver com ele, mas o amigo precisou ir para casa mais cedo e tiveram que pausar a fita. E pausada ficou até Andrés chamar Eduardo de novo. Por consideração ao amigo, não porque não tinha estrutura para assistir sozinho à possessão demoníaca da menina Regan. Claro... Foi nessas sessões de cinema em casa que Andrés e Eduardo viram o filme *Anjos rebeldes* (1995), com Christopher Walken como o anjo Gabriel e Viggo Mortensen como Lúcifer. Aquela batalha entre os anjos marcaria para sempre o jovem Eduardo Spohr.

Além dos filmes, a principal argamassa da amizade dos três foi o RPG. O primeiro a ter contato com o jogo foi Caio, que brincava com os amigos do prédio às sextas-feiras. Andrés conheceu o jogo na casa de um primo. No dia seguinte, chegou na sala de aula tentando explicar sua experiência da melhor maneira possível. Caio reconheceu na hora. Logo, o RPG viraria uma obsessão em grupo. Caio sempre passava de ano direto, mas Andrés e Eduardo costumavam ficar de recuperação. No intervalo da recuperação, que era maior que o do recreio normal, os dois corriam para a casa de Andrés, que era bem perto do colégio, e continuavam a aventura.

Caio deixou o CEL dois anos depois da chegada de Eduardo, mas continuou convivendo com eles graças às sessões de RPG nos fins de semana. Numa dessas aventuras, criou o personagem Bluehand. Tinha acabado de comprar o *The Complete Thief's Handbook*, um suplemento de AD&D só sobre ladrões, para embasar seus próximos personagens. Nele havia a história de Ajathar, um aprendiz de ilusionista que viu seu mestre ser brutalmente assassinado e acabou usando as habilidades de seus estudos para roubar e sobreviver. A marca registrada de Ajathar era a imagem ilusória de uma mão azul, colocada em qualquer lugar que ele conseguisse entrar para roubar. A mão rendeu ao personagem o codinome "Bluehand". A imagem sumia em poucos dias, mas era um indício de que aquele local havia sido devassado. O personagem de Caio era tão parecido com Ajathar que acabou ganhando o mesmo nome.

O personagem morreria de forma patética, caindo de uma escada enquanto era perseguido por um dragão. Mas entraria para a história — esta história, ao menos — como um prolífico pseudônimo, quando o caminho de seu criador e de seus colegas de RPG cruzasse com o de outros espíritos nerds zombeteiros da Zona Sul.

6

A PRINCESA E O METALEIRO

Por muitos anos, a televisão foi chamada de "babá eletrônica". E, antes das loiras de shorts curtos assumirem o comando da programação infantil, os responsáveis eram palhaços – literalmente.

George Savalla Gomes, o Carequinha, já era um palhaço experiente nas telinhas quando comandou seu programa na TV Manchete no começo dos anos de 1980. Na década de 50, havia sido o primeiro palhaço brasileiro a ter um programa próprio, *O Circo do Carequinha*, exibido na TV Tupi do Rio de Janeiro até 1964. Foi uma época fértil para palhaços — o mais famoso deles, Bozo, teve seu primeiro programa de TV nos EUA em 1949 e, depois, virou uma franquia de sucesso no mundo inteiro. Em 1980, Wanderley Tribeck, o Wandeko Pipoca, foi escolhido como o primeiro Bozo brasileiro e ganhou um programa de TV na TVS (que, mais tarde, virou SBT), no canal 11. Já Carequinha voltou a ter seu programa em 1981, na TV Manchete, sucessora da Tupi, no canal 6. Assim começava a briga de palhaços pela audiência infantil.

No coração da família Pazos Gerpe, Carequinha estava acima de Bozo, além do canal 6 pegar bem melhor que o 11 no Rio de Janeiro. Em algum momento durante o breve período de exibição do *Circo Alegre*, entre 1981 e 1983, o pequenino Deive ficou boquiaberto quando ouviu o nome do próprio irmão, Diego, sair da boca do palhaço — ter o nome citado na televisão era o sonho de qualquer criança da época. A mãe deles tinha enviado três cartinhas para o programa, uma para cada filho, mas eram muitas crianças e poucas chances. A cartinha escolhida valia um boneco palhaço e Diego ia ao programa pessoalmente para receber. A glória completa.

Os irmãos Deive, mais velho, Diego, o do meio, e Tiago, o caçula, entraram com a mãe no fusca do avô e seguiram para a emissora no dia seguinte. Tiago era uma criança de colo, e ficou nos braços de uma assistente de palco. Diego foi, sem graça, receber seu boneco palhaço, e ganhou um beijo de uma "carequete" que ficou marcado em sua bochecha. Deive ficou nos bastidores. Suas poucas memórias desse dia são da escuridão, o verso dos holofotes.

Em casa, Deive era a estrela entre os irmãos, o rei do picadeiro, exercendo com rigor sua função de irmão mais velho. Os três saíam pouco do apartamento em que moravam em Ipanema e, depois de 1989, no Leblon. A diversão acabava sendo no quarto das crianças ou no playground. No começo, as brincadeiras eram simples e violentas. Além da já citada batalha em que o vencedor era o último que conseguisse ficar em cima de uma cama de solteiro, outro passatempo era a guerra de chinelos. Em uma dessas, Deive acertou em cheio o nariz de Tiago, que sangrou muito.

Conforme cresciam, as brincadeiras foram ficando mais elaboradas. Empolgado com a exibição de *Robocop* (1987), Deive usou os irmãos como mão de obra para construir um ED-209, um dos robôs de combate do filme. O "robô" era grande demais para subir pelo elevador e acabou dormindo no play, inacabado. A brincadeira acabou quando os três descobriram que o porteiro havia confundido o emaranhado de papelão e tinta preta com lixo e jogado tudo fora.

Os grandes momentos de liberdade dos três irmãos eram as viagens que a família fazia nos feriados do Carnaval e da Semana Santa para São Lourenço, cidade mineira famosa por suas águas e pela natureza exuberante. Além dos pais de Deive, Diego e Tiago, outras famílias — sempre as mesmas, entre seis e sete — tinham o mesmo hábito. Ficavam todas as viagens no mesmo lugar: o hotel Primus, um monstro com requinte "4 estrelas" que ocupava dois terços de um quarteirão no Centro da cidade.

As duas estadias anuais talvez pagassem uma ida à Disney, mas o Primus oferecia boa estrutura para crianças. Eram quatro piscinas, sendo uma semiolímpica com um trampolim (na verdade, uma "tábua de madeira bem pertinho da borda") e, anos mais tarde, um toboágua (melhor descrito como "um escorrega com água corrente"). Eram tantas piscinas que o hotel chamava essa parte do terreno de "Parque Aquático", com uma pomposa inscrição no muro. Na piscina maior, havia um bar e uma equipe de recreação. Quem não quisesse nadar podia praticar esportes na quadra poliesportiva ou no salão de jogos. Era "pensão completa" para todos — café da manhã, almoço, lanche da tarde e jantar. Nada mal para crianças e pais, já que a cidade era pacata e os primeiros poderiam ter a liberdade que não tinham no Rio, para tranquilidade dos últimos. As crianças dessas famílias acabaram estabelecendo amizades. Algumas foram amizades de verão. Outras, entre idas e vindas, durariam a vida inteira.

Em março de 1990, por uma fatalidade trágica, os três irmãos da família Pazos Gerpe passariam a ser dois. Diego, o irmão do meio, que há muito tempo não passava pelas crises de epilepsia que o acompanharam na infância, acabou se afogando durante uma aula de natação no Clube de Regatas do Flamengo, no Leblon, e não resistiu. Naquela tarde de fim de verão, os irmãos estavam no clube — Deive fazia aulas de vôlei na quadra e Tiago, de natação em outra piscina. Sem avisar sobre a gravidade do ocorrido, a mãe deles mandou Deive levar o irmão mais novo para casa, coisa que nunca acontecia naquela família de pais superprotetores.

Deive e Tiago acabaram reprovados neste ano e se tornaram crianças mais fechadas. Deive bloquearia em sua memória boa parte do que aconteceu. Lembra de não ter ido ao enterro, só à Missa de Sétimo Dia. Por conta da proximidade da colônia espanhola, as crianças estavam acostumadas a ir a missas como aquela, quando algum amigo dos pais morria. Mesmo no luto, a missa era o reencontro de muitos amigos que não costumavam se ver e o clima era descontraído. Quando foi sua vez de viver o luto por um familiar, não parava de pensar nas suas antigas experiências com a morte.

"Eles devem estar se divertindo lá fora", pensou sem rancor. Era uma quebra reconfortante no clima funesto.

Com a morte de Diego, a distância etária entre os irmãos ficou mais aparente nas brincadeiras de São Lourenço. Deive era quase quatro anos mais velho que Tiago, o que é nada na vida adulta, mas muito na infância. Deive interagia com os adolescentes, Tiago brincava com as crianças. Duas irmãs de uma família da Tijuca, na Zona Norte do Rio, com diferença de idade semelhante, obedeciam à mesma ordem social infantil.

Andreia e Agatha Duboc também frequentavam o hotel Primus em São Lourenço com a família desde que a primeira tinha 12 anos e a segunda, 7. Filhas do músico Maurício e da dona de casa Marli, as duas tiveram leves traumas com pais que queriam um filho homem — principalmente Andreia, a mais velha. A mãe cortava seu cabelo bem curto e não comprava nenhuma roupa rosa. Nas Festas da Primavera da escola, as meninas eram flores como margaridas ou rosas. Andreia era a grama. Uma vez, chegou ao status de maria-sem-vergonha, planta com uma bela flor, mas com um nome horrível. Seu sonho era se vestir de princesa e teve a chance em um aniversário comemorado junto a um primo. O tema, unindo a vontade das duas crianças, era "a princesa e o pirata". Andreia não via a hora de realizar seu sonho, e criou ainda mais expectativas quando descobriu que seu prendado avô estava confeccionando uma coroa de princesa com papelão e papel dourado. A avó fez cachinhos de princesa. Só faltava o vestido. Andreia chegou a tapar os olhos com as mãos antes de entrar no quarto onde sua mãe havia estendido a roupa do aniversário. Abriu os olhos e viu uma bermuda que ia até o joelho e uma blusa xadrez. As fotos da festa mostram Andreia vestindo essa roupa e estampando decepção no rosto.

Quando começaram a frequentar São Lourenço nos feriados, Andreia já começava a ter estilo próprio. Não se vestia de princesa, mas com roupas primaveris que tendiam à moda hippie. Deive se lembra da roupa que Andreia vestia na primeira vez que os dois se viram no hotel Primus: short verde e camisa branca com rosas bordadas nas mangas curtas. Andreia não se lembra da roupa de Deive (provavelmente uma camiseta preta de banda de rock e uma bermuda longa), mas lembra que ele era tímido, porém engraçado.

Não se tornaram próximos, apesar de compartilharem algumas brincadeiras típicas de adolescente. Uma delas, o "verdade ou consequência", consistia em girar uma garrafa vazia no meio da roda e fazer o apontado escolher se responderia uma pergunta com sinceridade ("verdade") ou pagaria uma prenda ("consequência"). Deive escolheu "verdade" em uma das vezes e a pergunta do grupo foi "Qual a garota mais bonita daqui?". Dentre as três as opções, Deive colocou Andreia por último. Ovídio, pai de Deive, estava próximo da brincadeira e comentou com Andreia, reconfortando-a, em detrimento das escolhas do filho: "Não liga não, você é a mais bonita".

Agatha e Tiago, os mais novos, brincavam no grupo das crianças, e acabaram estabelecendo uma relação mais próxima, mesmo fora de São Lourenço. Crianças têm menos barreiras para se aproximar e Agatha era uma menina nerd, o que facilitava o relacionamento com os meninos. Muito mais próxima da idealização da mãe, não se incomodaria se nunca se vestisse de princesa. Era muito branca, muito magra e usava óculos de lentes grossas. Por muito tempo, frequentou a casa de Tiago para jogar videogame e ver TV. Os pais de Andreia e Agatha levavam e traziam a menina de carro, e acabaram se aproximando dos pais de Deive e Tiago. A relação das famílias se estreitou quando os pais de Andreia e Agatha se mudaram da Tijuca para Ipanema, em 1992, e as crianças passaram a se encontrar também em alguns aniversários, além dos feriados em Minas Gerais. As duas seriam matriculadas no Colégio São Paulo, onde Deive ainda estudava.

Em 1992, Deive e Andreia, ambos com 16 anos, estudaram na mesma sala, no 1º ano do ensino médio do Colégio São Paulo. Deive estava às voltas com as festas do grêmio do colégio, as noitadas com Tucano e a paixão platônica por outra colega de sala. Andreia começaria, neste ano, um namoro complicado e duradouro. A relação dos dois continuava sendo apenas cordial, como mostram dois encontros entre os dois.

Deive resolveu se livrar de todos os CDs que não se enquadravam nas novas diretrizes fonográficas de sua vida. Tornara-se adepto de rock pesado, com influências do grunge impulsionado pelo Nirvana, e do metal, impelido pelo sucesso estrondoso do "álbum preto" do Metallica, lançado um ano antes para se tornar um dos discos mais vendidos da história. Andreia pegou sua bicicleta em Ipanema e pedalou até a casa de Deive no Leblon para arrematar, a preços módicos, CDs que enrubesceriam qualquer roqueiro diante dos amigos, entre eles *The seeds of love* do Tears for Fears, *Listen without prejudice vol. 1* do astro pop George Michael e a coletânea *The Immaculate Collection* da Madonna.

No mesmo ano, os dois se reencontrariam fora da sala de aula, quase em frente ao bar Empório. Mas, ao contrário do primeiro encontro em São Lourenço, só Andreia se lembraria deste episódio. Ela estava com duas vizinhas, irmãs, filhas de uma abastada família da indústria do aço no Brasil, quando uma delas viu um rapaz caído com uma garrafa de cachaça na mão.

"Coitado... Muita miséria, gente...", disse, antes de jogar uns trocados ao lado do corpo inerte. Andreia olhou para o mendigo e reconheceu seu colega de classe, o companheiro de "verdade ou consequência" no hotel Primus, um jovem com cicatrizes indeléveis da vida. Com o passar dos anos, Andreia ajudaria a apagar algumas dessas cicatrizes — além de outras que a natureza marrenta de Deive iria criar.

7

A CIÊNCIA DO PRIMEIRO BEIJO

Há uma explosão silenciosa, mas devastadora, quando os lábios de dois jovens se tocam pela primeira vez.

Basta um simples toque para um turbilhão de informações ser enviado ao cérebro. Ele reage rápido. Ordena a produção de grandes quantidades de ocitocina, dopamina e serotonina, hormônios responsáveis, respectivamente, por três sentimentos associados a algo popularmente conhecido como paixão: laços emocionais, desejo sexual e felicidade. Com todo esse conhecimento sobre processos fisiológicos, deveria ser fácil para a ciência explicar o efeito gerado por um primeiro beijo.

Mas, na verdade, é impossível.

Alexandre Ottoni e Agatha Duboc já haviam vivido suas primeiras desventuras amorosas quando se conheceram, em 1993, com 14 e 13 anos respectivamente.

O primeiro beijo de Alexandre acontecera pouco antes, durante uma viagem com amigos de colégio para uma casa de praia em Arraial do Cabo, em que os únicos planos eram praia de dia e RPG à noite. Alexandre estava sendo sacaneado por ainda não ter ficado com ninguém e a oportunidade para "corrigir" isso surgiu quando a turma descobriu que havia uma casa próxima só com meninas, e um encontro entre os dois grupos foi marcado. Sem muito tino para a coisa, o alvo de Alexandre foi estipulado pelos amigos: a única do grupo de meninas que morava na cidade praiana. Beijou-a... e se apaixonou, como era de se esperar. Trocaram cartas depois da volta ao Rio. Animado, fez de tudo para retornar a Arraial. Quando chegou lá, porém, ela não quis recebê-lo. Alexandre chorou por uma tarde inteira.

Agatha, por sua vez, estava começando a se interessar por meninos, mas o mais próximo que tinha de uma relação era a amizade com Tiago Pazos, irmão de Deive.

Foi por acaso que Alexandre e Agatha passaram a fazer parte do mesmo grupo. Uma colega de Agatha era prima de Guilherme Bollmann. O primeiro encontro dos dois, em uma sessão de cinema, foi um momento delicado para Alexandre. Seria a primeira vez que ficaria com Fernanda, uma menina que conhecera no Colégio da Cidade. Como não fazia sucesso com as colegas de sua nova turma, usou a tática infalível de se aproximar das meninas das séries abaixo: estava na 7ª série e Fernanda, na 5ª. Deu certo.

Mesmo estando em um "primeiro encontro", Alexandre chegou a conversar com Agatha por iniciativa dela. Agatha tinha achado Alexandre muito bizarro, com seus cabelos grandes e todo de preto, mas achou que o conhecia de algum lugar. Sim, "te conheço de algum lugar?" é uma tática clássica para se aproximar de um desconhecido com segundas intenções, mas não era o caso. Ela não estava interessada e, mesmo se estivesse, o rapaz estava no primeiro encontro com outra. Ficaram algum tempo tentando descobrir se a desconfiança sincera de Agatha tinha algum fundamento, sem sucesso. O clima que havia rolado era entre Agatha e Guilherme.

Na segunda ida do grupo ao cinema, os papéis estavam invertidos: agora, a expectativa, inclusive de Alexandre, era de que Agatha e Guilherme finalmente ficassem. Quando aconteceu o beijo, no meio da sessão da comédia *A Família Addams 2* no Cinema Leblon, Alexandre, sentado ao lado, comemorou com um "Finalmente!".

Ambos os relacionamentos foram fugazes, como de costume na adolescência. O de Alexandre terminaria com um enredo típico de literatura romântica de banca de jornal. Como um autômato adolescente gerido por hormônios, viajou para a casa da "namorada" em Búzios para passar o réveillon e, pouco depois dos fogos estourarem, terminou com ela. Na mesma viagem, esperou Fernanda ficar com outro amigo para, enfim, tentar a sorte com uma menina que, depois, recebeu a alcunha de "Bom dia, peitos". Iniciou ali outro relacionamento breve, que mais tarde consideraria, arrependido, o maior arroubo de canalhice de sua vida.

Nesse meio-tempo, para Agatha, a primeira impressão sobre Alexandre — de que era "bizarro" — foi sendo substituída por um interesse incubado. Alexandre era um rapaz bonito e em forma, com ombros largos pela prática da natação e cabelos longos, escuros, mas levemente aloirados por ação do sol e do cloro de piscina. E era nerd. Para concretizar seu intento, porém, precisava sentir-se segura.

A primeira tentativa de Agatha foi no aniversário de 15 anos de Guilherme na boate que funcionava em cima do restaurante Mostarda, na Lagoa. Alexandre iria à festa com o amigo, e Agatha, para não ficar tão isolada, levou Alexia, uma menina que havia conhecido na matinê do Resumo da Ópera. Preparou-se: cortou o cabelo, trocou os óculos pela lente de contato e vestiu-se com sua melhor roupa. Em vão. Alexandre acabou ficando com Alexia. Para piorar, Agatha viu o seu alvo empurrá-la para o menino mais bizarro do recinto. Saiu de lá com a boca amarga e sem beijar ninguém.

Pouco mais de um mês depois, Agatha encontraria sua segunda oportunidade. Dessa vez, a festa de 15 anos era de Maria Fernanda, amiga sua, e não dele. A boate Mikono's, como sempre acontecia nas festas do ramo, estaria lotada de rostos conhecidos. Para Agatha, apenas um interessava.

Os aniversários em boate, principalmente os de 15 anos, foram uma moda difundida entre os jovens a partir de 1990. Os pais, acostumados a receber os amigos dos filhos em casa, com bolo e refrigerante, tiveram tanta dificuldade em entender o fenômeno que a imprensa carioca precisou apurar e explicar. Em dezembro de 1990, o jornal *O Globo* publicou uma reportagem com título "Festas infantis em novas versões", dando o primeiro indício da transformação. Não foi o bastante. Oito meses depois, em agosto de 1991, outra reportagem, do mesmo jornal, ia direto ao ponto: "As festinhas em ritmo de boate", com dicas de boates na Zona Sul. Mikono's e Vogue eram os grandes destaques.

As duas estrelas das festas infantis dividiam parede na rua Cupertino Durão, no Leblon, nos números 175 e 177. Lá dentro, o consumo de água e refrigerante era liberado para todos os convidados, e a trilha sonora de clássicos dançantes da época só era interrompida para o parabéns. O som era eclético, mas prevaleciam os sucessos da música pop estrangeira. Um hábito típico da juventude carioca da época era produzir versões em português das letras em inglês e reproduzi-las aos berros na pista de dança. Em "The bomb", de Kenny Dope, o refrão "These sounds fall into my mind" virava "Pizza, hambúrguer e guaraná". Ou "Les yeux sans visage, eyes without a face", da balada de sucesso "Eyes without a face", de Billy Idol, virava "Pega o Sonrisal, pra ajudar o peixe". As versões nem sempre eram comportadas. Como a de "Bad boys", de Gloria Estefan, infalível para animar as pistas. "Bad, bad, bad, bad boy, you make me feel so good" tinha o final trocado por "Eu bem comi seu c...". Os pais do aniversariante ficavam bebendo chope, nem sempre atentos às infâmias entoadas, no segundo andar. Os pais dos convidados levavam e buscavam de carro. Tudo antes da meia-noite.

Era tempo o bastante para as primeiras interações amorosas importantes da adolescência: os primeiros "amassos" nos cantos escuros, e os primeiros "tocos". Naquele tempo, a função distinta de meninos e meninas nessas primeiras aventuras amorosas da adolescência era uma cláusula pétrea nas "regras não escritas da vida". Ao menino, cabia a corte, o papo, a conquista. À menina, bastava sorrir e trocar olhares. Por dentro, porém, eram todos iguais, inexperientes, inseguros e ansiosos. Não existia distinção de gênero para as mãos suadas de nervoso, o descontrole das expressões corporais, o arrependimento das palavras que saíam sem censura da boca.

A Mikono's, naquela noite e em muitas outras da época, estava cheia de meninos e meninas assim, ansiosos por avistar "aquele amigo do primo", "aquela garota do colégio", a pessoa certa para dançar abraçado na hora da música lenta.

"Olha... Ele veio!"

Alexandre foi. E Agatha tratou de segurá-lo em uma conversa que parecia interminável. Não por estar chata, muito pelo contrário. Mas a única forma de terminar aquela conversa era com um beijo, que insistia em não ocorrer. Pelas "regras não escritas", ela não poderia tomar a iniciativa. E ele, pela mesma pressão social, não percebeu o óbvio. Afinal, chegar em uma menina era algo desgastante, nada parecido com a conversa boa que estavam tendo ali. Ainda bem que o "clima" entre duas pessoas é evidente para quem está de fora. Um amigo de Alexandre tomou-o pelo braço e proferiu uma frase familiar para qualquer jovem tímido: "Não tá vendo que ela está te dando mole?".

Ele gostou da ideia, e assumiu a postura constrangedora de conquistador sem experiência. Agatha percebeu a mudança. A conversa agora estava sob as rédeas dele, e o assunto, sem demora, tornou-se "beijo". Finalmente os dois estavam falando a mesma língua. No momento certo, ele se aproximou dela... e ela se afastou.

Para ele, foram segundos eternos de pânico e questionamentos. O amigo estava enganado? Ou mentiu para depois rir da desgraça alheia? Para ela, a questão era simples: depois de tanto tempo querendo beijá-lo, não fazia o menor sentido ter um chiclete na boca para atrapalhar.

Resolvido o problema do chiclete, Agatha se voltou para Alexandre. A música pop ainda agitava a pista da Mikono's naquela noite de 1994 quando o tempo parou para os dois jovens, à revelia de qualquer lei da física.

Afinal, não há ocitocina, dopamina, serotonina ou qualquer outro neurotransmissor que ajude a ciência a explicar o efeito do primeiro beijo no amor de sua vida.

8

DEVOTOS DE SÃO ARNALDO

O Empório é um bar peculiar na Zona Sul do Rio de Janeiro – e, como já vimos, Deive era um frequentador assíduo, chegando ao ponto de ficar desacordado em frente ao bar.

Fica na rua Maria Quitéria, em Ipanema, a um quarteirão e meio da praia, e seus frequentadores são movidos para aquela calçada por uma força maior, ou talvez por ser o único lugar aberto a qualquer hora da madrugada. Uma boa parte dos ditos frequentadores do local sequer entrou lá. A calçada era o verdadeiro destino na frase "vamos pro Empório". O bar em si, com dois andares apertados, chope aguado e banheiro sujo, seria refratário a qualquer consumidor minimamente exigente. Só que tocava rock'n'roll, nova obsessão que Tucano tinha incutido na cabeça de Deive. Da calçada, não dava para ouvir música nenhuma, mas, se você não gostava de funk carioca, pagode ou axé, ali era a meca das madrugadas no começo dos anos 90 na Zona Sul.

Deive, Tucano e seus amigos mais próximos eram parte desse grupo. Como só Deive tinha dinheiro para gastar, a regra era contar moedas e conseguir o mínimo para se embriagar. Os chopes aguados não ajudavam muito, então a estratégia ideal era ir ao único supermercado 24 horas do bairro e comprar uma Caninha da Roça e um refrigerante. No caminho misturavam os dois, fazendo o combustível do grupo para a noite toda. Numa dessas noites, a cachaça virou combustível para a zoeira, e a zoeira inspirou criatividade.

Deive e Tucano estavam no Empório com um sujeito chamado Arnaldo, o "Arnaldão Sangue Bom", e encheram a cara como de costume. A principal motivação era a Lei Seca: ninguém pode beber no dia da eleição, o que criou o hábito contraditório de encher a cara na véspera. Os três estavam bêbados, mas Arnaldão era o pior. Começou a passar tão mal que os outros interromperam a "night" para chamar socorro para ele. Arnaldo vomitava arroz sem parar. A quantidade era tanta que a única explicação plausível para o fato era de que ele não havia comido outra coisa em toda a semana. Tucano logo ligou para a emergência, mas, em vez de discar "190" para polícia ou "192" para os bombeiros, discou "911". Foi influência da cachaça — e da televisão, pois "911" era o número das emergências nos Estados Unidos e dava nome ao programa *Emergência 911* que foi ao ar entre 1989 e 1996 e dramatizava atendimentos reais. As histórias eram apresentadas por William Shatner, o capitão Kirk de *Jornada nas Estrelas*. Depois do erro, Tucano finalmente acertou o número, uma ambulância surgiu pouco depois e Arnaldo foi levado para o hospital, onde tomou a clássica injeção de glicose dada a qualquer bêbado atendido em uma emergência.

A desventura de Arnaldão não foi dramatizada em um programa de TV, mas inspirou uma aventura inesquecível de RPG. O sistema era Warriors of White Moon, fruto de um surto criativo de Deive e Tucano durante a fase de maior obsessão pelo assunto, no comecinho dos anos 90. As regras e classes escritas à mão em um caderno brochura não eram o resultado do trabalho de especialistas em história, nem de game designers experientes. Fenícios, romanos, visigodos, vikings e gauleses viviam na mesma época, e a evolução dos personagens era uma mamata. No quinto nível, um personagem de

Deive, Logan McLeod, dominou um reino inteiro. No nível seguinte, ficou entediado e destruiu tudo, dentro das regras. Mas o sistema capenga renderia as histórias de RPG mais divertidas da vida deles.

A maioria delas se passou na vila de São Arnaldo, com direito a uma estátua do santo que cuspia arroz cozido uma vez por ano para a população faminta. A qualquer momento, quando o mestre entoava o chamado "Caos!", quatro ídolos reais do heavy metal surgiam em cavalos para ceifar qualquer alma que passasse pelo caminho: Alice Cooper, Bruce Dickinson, Phil Anselmo e Ozzy Osbourne. Nada mais apropriado para fiéis frequentadores da noite rock'n'roll na cidade do samba e do Carnaval.

Outro ponto de encontro ficava em um trecho específico de Copacabana, entre as ruas Souza Lima e Francisco Sá. Lá funcionava a Galeria Alaska, tradicional point gay da década de 1980 que acabou reunindo outras tribos nos anos 1990. Como só poderia acontecer em Copacabana, na mesma galeria operavam a todo vapor a tradicional Noite dos Leopardos, que é exatamente o que parece, a boate Basement, que tocava rock alternativo, e uma famosa igreja evangélica do Rio de Janeiro. À noite, os roqueiros esperavam a Basement abrir ladeados por gays e evangélicos, todos em total harmonia. Uma noite, Deive e Tucano, já bêbados, resolveram entrar em um culto, sempre aberto a novos adeptos, como a Noite dos Leopardos, e recostaram na parede ao fundo.

"Sai, pombagira! Sai demônio!", gritava o pastor empolgado para os fiéis.

De repente, ele mencionou um nome familiar para os dois roqueiros, de forma incongruente — pelo menos para eles.

"Sai, Maria Padilha!"

Maria Padilha é a principal pombagira do Candomblé, cultuada pelos praticantes da religião e tratada como demônio pelos evangélicos. Também é o nome de uma atriz muito famosa da TV Globo, que atuou em novelas de sucesso do começo dos anos 1990 como *O dono do mundo* (1991) e *O mapa da mina* (1993). Tucano podia admitir que o demônio fosse extirpado de uma alma... Mas a Maria Padilha, coitada?

"Epa! Pelo menos deixa a Cláudia Raia!", interveio, inconformado.

Acabaram, é claro, expulsos por um educado obreiro, que logo trancou as portas do templo.

Pouco antes de Tucano ir embora do Rio de Janeiro, em 1993, ele tentou recuperar o 1º ano repetido fazendo supletivo em um colégio fundado com muita boa vontade por um professor de matemática dos anos 60, filho de imigrantes japoneses. O estabelecimento acabou se tornando um antro de maus elementos cariocas, pois os alunos (inclusive Tucano) só estavam interessados em completar dois anos em um. A maioria era de repetentes sem a menor vocação para os livros e pressionados pelos pais para concluir os estudos. Em qualquer colégio do Rio de Janeiro, a fofoca era clara: "Quem estuda lá é bandido! Toma cuidado".

Tucano foi estudar lá, e logo reparou em um rapaz magricelo, que não prestava a menor atenção nas aulas, como quase todos ali, mas estava sempre entretido com um livro familiar. Era um livro de GURPS, um dos RPGs mais difundidos na época. Roberto Bindes tinha acabado de repetir de ano em um colégio tradicional e, como agora não precisava estudar muito, focava em sua verdadeira paixão, o RPG. Estava lendo GURPS para mestrar para seu grupo do antigo colégio, que jogava junto desde a 6ª série.

Em pouco tempo, Tucano e Roberto se aproximaram pela paixão em comum por RPG. Não demorou nem um semestre para que Tucano chamasse Roberto para participar do grupo que ele tinha com Deive. As aventuras mais longas já haviam migrado para a casa de Deive, muito mais disponível que o amigo JP, que já estava na faculdade. Quando Tucano disse que traria um amigo de seu colégio para jogar, Deive ficou apavorado. Por causa da fama do colégio, achou que o novo integrante fosse um bandido, que roubaria os bibelôs da casa e secaria as garrafas de uísque e licor dos seus pais. Deive se preparou para o pior. Mas abriu a porta e encontrou ao lado de

Tucano um menino magrelo que, à primeira vista, se mostrava um nerd de carteirinha. Muito mais nerd, aliás, que Deive e Tucano. A partir do meio do ano de 1993, e por muito tempo, Roberto Bindes estaria incorporado àquela turma de RPG.

Quando Tucano foi embora do Rio de Janeiro para sua terra natal, em 1994, o Carnaval, período do ano mais refratário aos nerds, seria a principal desculpa para os dois se encontrarem. Eram nerds meio diferentes, ou "nerds bizarros", como Deive classificaria bem mais tarde. Gostavam muito de RPG e quadrinhos, mas também gostavam muito de bebida e mulheres. Por três anos seguidos — 1994, 1995 e 1996 —, Tucano e Deive viajaram para São Lourenço, em Minas Gerais, para fugir da folia e, no meio-tempo, viver boas aventuras na vida real, sem monstros ou mestres malvados para atrapalhar.

No primeiro ano, Deive ficou no hotel de sempre e Tucano encontrou todos os quartos da cidade lotados. Acabou ficando os quatro dias no quarto do barman do hotel de Deive, a pedido de seu pai. No segundo ano, Tucano foi com mais planejamento e ficou na casa de outro amigo que tinha feito no ano anterior. Na terceira e última viagem, Tucano e outro amigo foram expulsos da casa onde ficaram e acabaram dormindo na praça. Deive estava hospedado no hotel e adorou a ideia de passar a noite com eles, fumando charutos. Mas o frio chegou e Deive acabou indo com as malas de todos para seu quarto.

Deive e Tucano eram lendas etílicas em São Lourenço, e o principal palco de apresentações era o Tavito's Bar. O bar nunca registrou oficialmente o apelido dado pelas "lendas", que o chamavam assim porque uma dupla de ébrios quarentões, frequentadores assíduos, juraram que Deive era o Tavito, amigo deles. No mínimo, muito parecido, o que basta para firmar amizades eternas em um boteco.

Num desses carnavais no Tavito's, os dois foram protagonistas de um campeonato de cachaças amarelas de 50 centavos, incentivados pelo próprio dono, empolgado com a resistência dos meninos.

O saldo dessa batalha épica foi Deive desacordado no saguão do hotel — após um tempo dormindo na rua, por não ter conseguido abrir a porta (estava empurrando ao invés de puxar...) — e Tucano recobrando os sentidos já pela manhã, caminhando em uma estrada rural a muitos quilômetros da cidade.

A amizade à distância é cheia de provações. Os perrengues de hospedagem que Tucano sofreu nas viagens a São Lourenço foram igualados anos mais tarde por Deive ao volante, em três viagens infernais do Rio de Janeiro a Santos, acompanhado pelos irmãos João Paulo e Carlos.

Na primeira, foram 12 horas de carro, no caminho óbvio entre as cidades. Afinal, qual seria a melhor rota para ir do Rio para Santos do que a BR-101, que inclusive possui um trecho chamado Rio-Santos? A resposta é: qualquer outra, de preferência pela Dutra, a escolha mais comum entre as pessoas de bom senso.

Deive tinha medo de entrar em São Paulo e ficar preso para sempre em suas vias caóticas. O pânico se justificou nas duas visitas seguintes que os três fizeram a Tucano, culminando em uma aventura em marcha à ré na Marginal Tietê, uma das rodovias mais movimentadas do país, para alcançar um desvio perdido por distração.

A vida era bem mais fácil quando os amigos precisavam apenas ir às aulas para se encontrar. As memórias do colégio na frente da praia do Arpoador ficaram cada vez mais difíceis de serem compartilhadas ao vivo e aos risos em uma mesa de bar. A mesa que Deive, Tucano, João Paulo e Carlos dividiram em um bar isolado na Praia do Éden, no Guarujá, estava repleta dessas histórias de perrengue, aventuras de RPG e brigas sangrentas.

Nesse dia, em algum lugar remoto no fim da década de 1990, Deive surpreendeu a todos e até entrou no mar, coisa que não fazia nunca no Rio. De camisa, mas entrou. A mesa de bar dos amigos logo seria virtual, com a popularização da internet. E teria muito mais que quatro lugares.

9

TRÊS RELAÇÕES E DOIS BEBÊS

O ano de 1994 foi bastante movimentado para as irmãs Duboc e para Alexandre Ottoni. E bem turbulento para a história brasileira.

Foi o ano de desafogo para o nosso futebol quando a Seleção Brasileira trouxe o tetracampeonato dos Estados Unidos, 24 anos depois da última conquista. O baixinho Romário virou herói nacional dois meses depois de outro ídolo do esporte, o piloto Ayrton Senna, morrer após se chocar com o muro da curva Tamburello no circuito de Ímola, na Itália. Outros dois orgulhos nacionais morreram em 1994: o músico Antônio Carlos Jobim e o humorista Mussum, do grupo Os Trapalhões. Apesar das perdas, foi um ano de euforia, e não só no futebol. O Plano Real foi lançado, transformando o real na moeda brasileira e exorcizando o fantasma da hiperinflação. O capital político ganho pelo então Ministro da Fazenda foi tão grande que, no fim do ano, ele foi eleito presidente do Brasil.

Nesse ano tão intenso, outro evento afetaria diretamente nossos personagens. No dia 20 de dezembro começou a operação comercial da internet no Brasil. Poucos meses antes, foi ao ar o primeiro banner patrocinado, a principal forma de monetização que a web teria nos anos seguintes. O local foi o site HotWired, página da revista americana *Wired*. Era um link da operadora AT&T com um profético texto, em tradução livre: "Você já clicou com o seu mouse bem aqui? Você vai".

Na vida pessoal, tanto as irmãs Andreia e Agatha Duboc quanto Alexandre Ottoni tiveram um ano repleto de novidades. Alexandre e Agatha, depois de alguma hesitação dele, tornaram-se um casal. Depois do primeiro beijo, Alexandre passou três meses de castigo por ter tirado notas baixas e não pôde ver Agatha. Mas ela não tinha esquecido o rapaz. Quando o castigo acabou, Agatha procurou o hesitante Alexandre com um apelo irresistível. Ao telefone, disse que havia conhecido um argentino e estava encantada com ele. Argentino? De jeito nenhum. No mesmo dia, 30 de agosto de 1994, Alexandre foi até a casa de Agatha para marcar sua posição. Agatha nem tinha visto nada no tal argentino — que existiu de verdade, mas nunca saberia da função vital que teve na vida deste casal. Ela marcou o dia desse reencontro em seu diário, com tinta rosa e muitos corações: "Fiquei com o Alexandre!!! Ele veio aqui! Estou muito feliz!". No feriado do dia 12 de outubro do mesmo ano, os dois começaram a namorar. E assim ficariam por muito, muito tempo.

Essa mudança, porém, em nada se compara à da vida de Andreia, a irmã mais velha da família Duboc. Terminado o ensino médio, fez o vestibular grávida, passando para Administração. E, em 10 de agosto de 1994, deu à luz Alan.

A criança era fruto de um relacionamento que Andreia, então com 19 anos, tinha desde os 15, um namoro repleto de idas e vindas. Junto veio a pressão da família para os dois se casarem. Nada feito. Andreia estava em um momento delicado entre os estudos na faculdade e a necessidade de conseguir dinheiro e ainda não sabia o que queria da vida. O namoro continuou, mas Andreia prosseguiu solteira.

Agatha foi madrinha do bebê, mas ninguém cogitou que "o namoradinho dela" fosse ficar tanto tempo na família a ponto de justificar sua escolha como padrinho. Ficou. A presença de Alexandre no começo da vida do bebê está registrada em fotos e vídeos caseiros e inclui ele alimentando a criança com mamadeira. Integrou-se tanto que, quando o relacionamento completou um ano, um concílio formado por Agatha, Andreia e pela mãe de Alexandre decidiu que o rapaz cortaria o cabelo comprido. Ele não se opôs, já que de costas era confundido com uma menina. As três foram com ele no cabeleireiro e Agatha levou consigo um pôster do Tom Cruise, astro da aventura *Top Gun* e amado pelas adolescentes da época, como modelo do corte ideal. Segundo as testemunhas, o cabelo ficou igual ao do pôster.

Para Andreia, os problemas eram os da vida adulta, bem mais complicados. Conciliar um bebê recém-nascido e a faculdade foi impossível, e ela abandonou o curso ainda em 1994. No ano seguinte, fez outro vestibular, cumprindo dois semestres do curso, para largar mais uma vez. O dinheiro veio, primeiro, do trabalho em uma loja de roupas femininas em um shopping de Botafogo, até surgir uma oportunidade de ganhar um pouco mais e, quem sabe, ficar mais tempo com o filho. Um tio ficou doente e precisava de alguém para ajudá-lo em seu restaurante na movimentada Praça Saens Peña, na Tijuca. A grana era boa e ela topou.

Para isso, mudou-se com o bebê para um quartinho de fundos na casa das primas, pagando aluguel a elas. Acabou ainda mais sem tempo para viver a maternidade. O trabalho no restaurante durava o dia inteiro e a criança ficava longe dela, em uma creche, até a noite, quando Andreia chegava em casa exausta. Sem tempo para nada, o namoro começou a ficar em último plano, entre brigas e reconciliações. Só o bebê segurava o relacionamento. Até que Andreia se cansou do trabalho estafante, das brigas com o namorado e da faculdade trancada e decidiu ir embora do Rio de Janeiro.

O lugar escolhido foi São Lourenço, o retiro de tranquilidade que a família tinha adotado para as férias desde que as irmãs eram pequenas. A mãe de Andreia tinha uma loja alugada por lá, que ela assumiria para vender presentes e tocar a vida. Em fins de semana alternados, Andreia descia ao Rio para o pai poder ficar com o bebê. O endereço em São Lourenço, porém, era um segredo para ele.

O plano deu certo no começo, e a vida pacata com a criança rendia boas e leves histórias, como é habitual em uma relação saudável entre mãe e filhos. Uma dessas diz respeito à obsessão do menino por piranhas. Em uma visita ao teleférico do Pão de Açúcar (ou "bondinho") era comum encontrar, além de pratos com a foto dos turistas estampadas na hora e bandejas com paisagens feitas com asas coloridas de borboleta, piranhas boquiabertas empalhadas.

"Essa é a piranha, elas são um perigo. Comem a pessoa viva", alertou Andreia para o filho.

Alan pediu para que a mãe comprasse uma piranha, em vão. Depois, voltou a lembrar do peixe em um momento menos oportuno. Estava no topo de um escorrega em uma pracinha pública e pediu para a mãe brincar com ele de faz de conta.

"Então você está no barco, e eu sou um tubarão... Vou te pegar!", foi o que veio na cabeça de Andreia.

"Tubarão não! Você é uma piranha! Piranha!", a criança retrucou, para quem quisesse ouvir, a anos de entender o duplo sentido do nome daquele peixe.

Mas logo acabou o segredo do endereço de São Lourenço. O pai apareceu de surpresa e, mesmo sem nenhum futuro palpável para aquela relação, Andreia acabou reatando. Engravidou pela segunda vez. A reação do namorado com a notícia foi ruim. Quando Andreia engravidou pela primeira vez, ele deixou-a livre para decidir o que fazer. Agora, fez questão que ela tirasse, no estilo "o bebê ou eu". Ela não pensou duas vezes.

André nasceu em 1999 e livrou a mãe de um relacionamento que não fazia bem a nenhum dos envolvidos. Estava criando uma criança praticamente sozinha, então passaria a criar duas, com o apoio da família e dos amigos. Entre as visitas recorrentes em sua casa em São Lourenço estavam Alexandre e Agatha. Mas também havia outro casal. Deive Pazos tinha se aproximado, pelos estranhos caminhos virtuais da amizade, de Alexandre. Também nunca deixaria de visitar a cidade e, muitas vezes, levava com ele a Bia, sua namorada de longa data, que viraria noiva e, depois, esposa.

E, mais um tempo depois, ex-esposa...

10

A ERA DA ESCROTIDÃO

Como se vê nos filmes de ação, o tempo corre em câmera lenta quando se está voando. Deive já não estava com os pés no chão quando descolou lentamente o braço esquerdo do para-brisa do ônibus.

Ou logo depois, quando descolou o rosto do braço esquerdo e começou a voar. Viu o Leblon, onde morava, de um ângulo inédito. Talvez só pombos tenham compartilhado com ele dessa vista. Não dá para dizer que era um voo tranquilo, contudo, pois seres humanos, ao contrário dos pombos, não voam com as próprias forças. Mas aquele breve momento em câmera lenta foi muito melhor do que o que se deu em seguida. Afinal, seres humanos não voam e, por consequência, não pousam. Eles caem.

Deive tinha passado aquele ano de 1995 com os pés fora do chão, mas no sentido figurado. Estava apaixonado. Virou o rosto na direção de uma colega de sala que estava sempre ali e, de repente, foi flechado pelo Cupido. Ela virou a principal motivação de sua vida, e ele fez de tudo para se aproximar. Sentou perto, compartilhou borracha, foi solícito. Erro básico: enquanto era observada por Deive, a menina tinha os olhos voltados para outro colega.

A primeira estratégia de aproximação foi um desastre. A segunda até foi mais auspiciosa. Aproximou-se da melhor amiga de sua paixão e confessou tudo. Essa amiga convidou os dois para uma viagem a Friburgo, na região serrana do Rio. Deive, menino gordinho e ainda inocente, viu ali uma oportunidade única. O rival não estaria entre os dois, e o álcool e o isolamento fariam o resto do trabalho. Subiu a serra confiante: era a sua grande chance. Ela, porém, não foi.

A desilusão se transformou em incentivo para a terceira estratégia: emagrecer. Deive odiava academia, mas juntou a dieta aos passeios de bicicleta. Virou um ciclista dedicado, costurando as esquinas da Zona Sul do Rio em direção à ciclovia da orla. Virou um ás nas duas rodas. Ou assim achava.

Uma perigosa consequência da prática constante do ciclismo é o excesso de confiança. Certo dia, voltando para sua casa já cansado, resolveu virar na contramão e assim criar um atalho no contrafluxo das leis de trânsito. Viu o "frescão" de longe, um ônibus grande e pesado, com ar-condicionado e poltronas acolchoadas. Saiu da direção do veículo em alta velocidade, para contorná-lo e chegar em casa logo. Um ás, afinal. Mas o motorista de ônibus teve a mesma ideia, na mesma hora, e escolheu a mesma faixa da rua para desviar do ciclista.

Quando Deive caiu, não conseguia respirar. Deu um grito desesperado para abrir os pulmões. Depois disso, se levantou e saiu rápido do asfalto, ou o mais rápido que alguém que acabou de romper os ligamentos do joelho, quebrar uma costela e deslocar a bacia conseguiria. Chegou cambaleando na calçada e deitou. "Essa foi foda", disse para os transeuntes espantados que começavam a cercar o acidentado, repleto de cacos de vidro fincados no braço esquerdo, que usou para proteger o rosto na hora do impacto.

Deive ficou uma semana no hospital e dois meses se recuperando em casa. Precisou colidir de frente com um ônibus para perceber que sua paixão platônica não valia a pena. Percebeu isso porque nem um acidente dessas proporções rendeu uma visita da moça.

Mas encontrou afeto nas fontes mais óbvias. João Paulo, depois de se certificar que Deive não tinha morrido, ficou às gargalhadas, imaginando o amigo colado na frente do ônibus como o Coiote no deserto repleto de rodovias do desenho do Papa-Léguas. Para Tucano, Deive ligou ainda da cama do hospital. "Tu não vai acreditar no que me aconteceu", disse. "Seu pau caiu", foi o palpite instantâneo do amigo.

Um mês depois do acidente, Deive já estava diferente, mais safo, mais preparado para as próximas porradas da vida.

Alguns anos depois, em uma sexta-feira, Deive olhava para as câmeras de segurança de um motel, na esperança de terminar logo seu trabalho e cair na noite carioca. Na câmera da sala da telefonista, tudo estava branco. Quando foi conferir o motivo, descobriu que o branco era a fumaça de um incêndio na mesa telefônica usada por décadas para a comunicação com os quartos. Sua primeira reação (depois de tirar as pessoas da sala) foi lamentar o fim de semana comprometido pela emergência. A segunda foi deixar tudo queimar para provar para o pai e seus sócios espanhóis que era necessário modernizar aquele setor.

Deive estava vivendo o processo de assumir os negócios da família. Seu pai era sócio de dois motéis na porção carioca da Dutra, a principal rodovia de ligação entre Rio de Janeiro e São Paulo, que ele insistia em evitar nas visitas ao amigo Tucano em Santos. Um era enorme, com 450 quartos, para casais de baixa renda. O outro era menor, com 200 quartos, mas mais elitizado.

Deive começou a aprender seu ofício no motel maior, que abrigava o escritório central. Ali, ficava isolado e entediado, já que não tinha poder de decisão. Em 1998, com a anuência do pai e dos demais sócios, virou administrador do motel menor e elitizado. Só que os velhos donos do negócio tinham plena confiança nas práticas que fizeram deles empresários bem-sucedidos, em detrimento de avanços recentes. Para Deive, o incêndio na caquética mesa de comunicação não era uma tragédia, mas uma oportunidade para inovar.

Com a comunicação do motel e o fim de semana perdidos, restou ao jovem administrador improvisar. Eram duas vilas com quartos, e Deive designou um garçom para atender pedidos em cada rua interna. Sem comunicação, os pedidos eram feitos aos gritos, pela janela. Lasanha, camisinhas e fechamento de contas. Encerrado o expediente, com o sábado amanhecendo, ele foi dormir no apartamento que alugava em Ipanema pensando na moderna mesa que colocaria no lugar da peça de museu que tinha torrado.

Deive tinha 20 anos quando entrou no negócio dos motéis, e já estava na faculdade de Direito. Jogando futebol com os amigos até tarde em um domingo, descobriu que o vestibular seria na segunda-feira. Foi correndo para casa dormir. Na prova, marcou tudo "C" e passou em quarto lugar. Gostava de muitas das aulas que fazia — tanto que cursou seis períodos —, mas se desencantou com o caráter de alguns alunos e professores do curso. Um dos professores, por exemplo, interrompeu a algazarra em sala de aula batendo um bolo de dólares sobre sua mesa, dizendo que "não precisava daquilo".

Quando assumiu como administrador do motel mais chique, acabou sem tempo para outras atividades e trancou o curso por dois períodos seguidos, ficando um ano fora das salas de aula. Sua atenção foi para as melhorias que queria implementar nos negócios da família. A primeira delas foi a informatização dos pedidos e do controle de estoque. Até então, os pedidos eram feitos à mão e colocados em um velho escaninho com o número dos quartos. Ninguém sabia o que precisava ser reposto até perceberem que havia acabado.

A segunda tinha a ver com uma paixão. Deive era um arquiteto frustrado, mas nunca se achou preparado para a faculdade de Arquitetura e suas complicadas aulas de cálculo. Aproveitou-se do novo status para reformar o motel usando apenas seu instinto e senso estético. Como o motel nunca lotava, Deive promoveu uma grande redução no número de quartos (que passaram para 90), acabando com as suítes sem garagem para aumentar o espaço das que tinham garagem. Seu maior orgulho foi a Suíte Festa, que construiu no espaço de 100 metros quadrados onde existia uma sala de espera — algo constrangedor para os clientes, e que se tornou inútil com o fim dos quartos sem garagem. Pensou em um lugar para receber grupos em despedidas de solteiro e outras festas que envolvessem libertinagem controlada. A suíte tinha boate, piscina, sauna, camas e cadeira erótica.

Grandes grupos não eram vistos com bons olhos pelos velhos sócios. Antes da chegada de Deive na administração, casais de homens pagavam o preço de dois quartos, e não eram permitidas mais de duas pessoas por quarto. Deive convenceu o pai e os sócios de que aquilo era um absurdo, e incentivou o ménage à trois e as orgias naquela casa de prazer da Baixada Fluminense. E os casais homossexuais passaram a pagar um quarto só.

A temporada no motel despertou um talento nato de Deive: empreender. Se sentia no dever de terminar uma faculdade, mas o episódio do professor e seu bolo de dólares foi a gota d'água para largar o Direito — e a Arquitetura era um desafio distante para um aluno que nunca foi de decorar fórmulas. Por sorte, encontrou um caminho mais ameno.

Anos antes, Deive chegou com sua tradicional cara amarrada e pinta de *badass* no churrasco que o irmão Tiago promovia para amigos na casa da família na Barra da Tijuca. Chegou, apertou a mão de todos e foi direto comer. Andrés achou que fosse apanhar quando Deive esmagou sua mão. Tinha conhecido Tiago através de um amigo em comum, Roberto Bindes, da sua turma de Desenho Industrial na faculdade. Apesar da primeira impressão, Andrés logo se tornou amigo de Deive. Deive encantou-se por Andrés e por seu curso. Adorava os trabalhos que o amigo do irmão fazia. Quando largou o Direito e precisou ingressar em outra faculdade, matriculou-se no mesmo curso e na mesma faculdade.

Deive não entrou na sala de Andrés. Era mais velho, morava sozinho, tinha um trabalho pouco ortodoxo e ganhava bem para sua idade. Destoava da horda de recém-ingressados no curso, jovens com energia solar e sem qualquer responsabilidade além de passar nas matérias.

Bem próximo à faculdade, existia um botequim que passou a reunir grande parte dos alunos com esse perfil. O Mosca não tinha esse nome por acaso, mas tinha cerveja barata e regras maleáveis quanto ao consumo de maconha. Deive tinha ojeriza a essa fauna, e passava longe do Mosca. Sua sorte é que, bem rápido, descobriria que não estava completamente sozinho em sua sala.

Fred também era mais velho, estava na segunda faculdade e precisava trabalhar para pagá-la. Na juventude, nunca foi o mais bonito, o mais forte ou o mais rico. Era "velho" desde criança, e criou o hábito de leitura — livros e quadrinhos — com 11 anos. Tinha pouquíssimos, mas grandes, amigos, que levaria para a vida toda, e aprendera a se divertir sozinho. Na juventude, tinha a preocupação em ter dinheiro para a pizza e para a gasolina do carro. Quando o corpo começou a acompanhar a mente — já estava ficando careca quando entrou em sua segunda faculdade —, o dinheiro era para um filé com mostarda e batatas prussianas, um uísque 21 anos e um bom charuto.

Ele era ainda mais estranho que Deive dentro de sala de aula. Conversava pouco e estava quase sempre com uma camisa sóbria e bem passada. Logo reparou em uma enorme cabeça do Yoda que um de seus colegas de sala usava como chaveiro. "É maluco, mas tem bom gosto." Deive teria esse chaveiro consigo a vida inteira — mais tarde, dentro de uma gaveta. Incluiu Frederico no grupo de colegas que tinha acabado de formar — um divertido adepto de micaretas e uma moça que também já trabalhava para pagar sua faculdade.

No aniversário de Frederico, o grupo comprou em uma sex shop um presente peculiar: um pênis de plástico à corda, que ficava saltitando. Seria uma das primeiras vezes que Deive ouviria a sonora gargalhada de Fred. A amizade logo se formou, com base em três assuntos: quadrinhos, cinema e um bem-humorado desprezo pelos outros.

Eles tinham um escritório para se reunirem, compatível com a personalidade refratária de ambos. O Bar Lagoa, também próximo da faculdade, era o oposto do Mosca. Foi fundado em 1934 como Bar Berlim, mas teve que tirar a capital alemã do nome quando os ânimos se exaltaram na Segunda Guerra. Uma das principais atrações do local é o folclórico mau humor que os velhos garçons têm com os clientes. Ali, durante toda a faculdade, a amizade de Deive e Fred se consolidaria, sempre bem acompanhada de salsichão com mostarda preta, um belo filé à parmegiana dividido por dois e incontáveis comentários jocosos sobre a vida alheia. Para alívio de ambos, a conta sempre dava R$ 40.

11

A ZONA SUL É UM CONDADO

O Rio de Janeiro é a segunda maior cidade do país, com mais de 1.000 km² de área e 6 milhões de habitantes. Mas as histórias contadas aqui se concentram em uma porção bem menor do território.

Esse microcosmo fica na Zona Sul, espremido entre o Parque Nacional da Tijuca, ao norte, e o Oceano Atlântico, ao sul. As belezas naturais encontram limites horizontais bem mais mundanos: as favelas do Vidigal e da Rocinha ao oeste e as do Cantagalo, Pavão e Pavãozinho ao leste. No meio de tudo está a Lagoa Rodrigo de Freitas, cercada por alguns dos bairros mais nobres da cidade. Foi nesse pequeno espaço de terra que, na década de 50, um grupo de amigos se reuniu para cantar o amor e as belezas da cidade e criou a Bossa Nova. Para o grupo de amigos deste livro, reunidos quase quarenta anos depois, o mesmo cenário provocava emoções bem distintas. O mar dava caldos e esfolava, e o calor do verão era insuportável sem ar-condicionado. Se o grande amor de suas vidas passasse num doce balanço a caminho do mar, eles provavelmente não estariam ali para ver.

A geografia desse grupo de amigos nerds tinha mais ou menos 25 km^2, com proporções semelhantes às da vila onde moravam os hobbits mais famosos criados por Tolkien. De leste a oeste, ia da casa onde morava Eduardo Spohr em Copacabana até o Leblon, onde moravam Alexandre Ottoni e Carlos Eduardo Couto. De norte a sul, os limites são o Centro Educacional da Lagoa, no Jardim Botânico, onde Eduardo conheceu Andrés Ramos e Caio Boiteux, e o Colégio São Paulo, no Arpoador, onde Fernando Russell e Deive Pazos iniciaram aos tapas sua amizade fraternal e conheceram o irmão mais novo de João Paulo. O motivo de encontro de todos esses personagens reais demanda um zoom ainda maior na geografia, em apenas um endereço: rua Almirante Saddock de Sá, 276, em Ipanema, um terreno que dá fundos para a Lagoa Rodrigo de Freitas.

Foi nesse mesmo endereço que o menino Antônio Carlos Jobim, com apenas 10 anos, foi morar com a família em 1937, em uma casa cinza de dois andares. Até a mudança para essa casa, Tom Jobim achava que piano era "coisa de menina" e gostava mesmo é de jogar futebol e vôlei e "pegar jacaré" na praia. Mas sua mãe criou ali uma creche, que chamou de Escola Brasileira, e colocou um piano Bechstein alugado para as lições de música. O professor, o alemão Hans-Joachim Koellreutter, ensinou os primeiros acordes de piano ao menino Tom Jobim naquela garagem, em 1941.

Décadas depois, a Ipanema vivida e cantada por Tom Jobim estava completamente desfigurada. A começar pela casa onde ele descobriu a paixão pela música, que caiu para dar lugar a dois prédios sóbrios de seis e quatro pavimentos. Ali, em 1982, com a fusão da Faculdade Brasileiro de Almeida com o Centro Unificado Profissional, foi fundada a Faculdade da Cidade.

Em 1995, quando Andrés Ramos subiu pela primeira vez a curta escada de pedra do prédio, tinha 18 anos e não fazia a menor ideia da história que aquele terreno tinha. A Faculdade da Cidade ficava praticamente ao lado de sua casa, e ele achou que o curso de Desenho Industrial era um bom caminho para explorar sua obsessão de infância. Subiu até sua sala, sentou-se perto do fundo e começou a desenhar, como sempre fazia. Antes do início da aula, um de seus novos companheiros de classe sentou-se ao seu lado e puxou assunto sobre o desenho. Logo, deu-se uma conversa sobre quadrinhos, uma paixão mútua. Luís Gustavo Ferrari, o Guga, deixaria a faculdade em seis meses, mas os dois se tornariam grandes amigos. Logo no primeiro ano de amizade, fizeram um curso de aikidô, inspirados pelo filme *Força em Alerta 2*, estrelado por Steven Seagal, famoso (e controverso) praticante dessa arte marcial. O cinema e, mais tarde, quando os dois estavam solteiros, as noites de pegação, eram o principal elo entre eles. RPG, nem pensar. Guga nunca concebeu atravessar a noite de um fim de semana sem mulheres por perto.

Roberto Bindes entrou no mesmo curso no segundo semestre de 1995, mas em outra sala. Aproximou-se de Andrés pelo mesmo motivo: o garoto desenhava muito bem. Compartilhavam também a paixão pelo RPG, nutrida pelos dois desde o começo da adolescência. Roberto passou a namorar logo nos primeiros períodos de faculdade a descendente de japoneses Yayoi Hatano. Ganharia dela o apelido carinhoso e íntimo de "Momô", que logo seria incorporado pelo grupo, transformado em Momo e, depois, Momo's, ou simplesmente Momos.

Três anos depois, em 1998, outros dois amigos subiriam as mesmas escadas. Alexandre Ottoni foi cursar Desenho Industrial e o amigo de colégio Carlos Eduardo Couto entrou no curso de Marketing. No fim desse ano, a faculdade conseguiria aprovar um projeto para virar centro universitário, e seria rebatizada como UniverCidade. No segundo semestre de 1999, Deive Pazos entrou no curso de Desenho Industrial, por influência de Andrés, amigo de seu irmão. Lá, conheceu Frederico Carstens, que também enfrentava sua segunda faculdade.

Fernando Russell, Eduardo Spohr e Caio Boiteux nunca estudaram lá, mas fariam parte desse grupo pelas relações de amizade construídas ainda nos tempos de colégio. Nos anos que se seguiram todos esses — assim como a turma de Tom Jobim e sua Bossa Nova — viriam a fazer muito barulho.

12

A VIDA BATE

Se ter um irmão às vezes é insuportável, perdê-lo é muito mais. Deive era quatro anos mais velho que Tiago e, desde 1990, Diego, o irmão do meio, não estava mais por perto para amenizar essa diferença.

Isso aproximou os dois irmãos sobreviventes, e por isso Deive soube exatamente o que tinha acontecido quando sentiu um tranco em seu carro bem no fim da Avenida Brasil, no Rio. O irmão Tiago havia batido nele com sua caminhonete novinha. Os dois irmãos tinham uma admiração mútua pouco verbalizada, mas a relação era como aquela noite de 1999: momentos divertidos seguidos de trancos com consequências adversas de proporção irrelevante.

O grupo daquela noite era formado por Deive e o irmão Tiago; Momos e a mulher, Yayoi; Andrés Ramos; dois irmãos de Yayoi, Atsushi e Eiji; e Rex, o meio-irmão de Eduardo Spohr que, desde pequeno, estava naquele círculo de amizades. Estavam todos entediados em um posto de gasolina na Fonte da Saudade, na Lagoa, quando decidiram que fariam uma pequena viagem até a boate Excentric, em Nilópolis, a cerca de 40 km dali.

A Excentric ficava em uma casa de três andares, cada um com um ambiente diferente, repleto de música pop e desculpas para aventuras amorosas pueris. Ou, no idioma corrente no Rio, uma "naite de pegação". Andrés, Rex, Tiago e os irmãos de Yayoi iriam lá para isso. Momos estava com a mulher. E Deive, fazia o quê? Estava namorando havia anos com Bia, uma menina que conheceu em um chat de BBS, mas que não estava com eles lá.

Quando estavam quase chegando, tanto Deive quanto Tiago tiveram que desviar seus carros de um cavalo que passeava distraído pela Avenida Brasil, uma das vias mais movimentadas da cidade. Fizeram o retorno para a boate e ainda conseguiram ver, da pista oposta, um motorista distraído pegar o cavalo em cheio.

A "naite" durou a madrugada quase inteira, mas as principais lembranças do grupo foram uma tentativa de roubo de carteira sofrida por um dos irmãos de Yayoi e um pão de queijo que, de tão duro, quebrava em pedaços quando era jogado no chão. Na volta, quase ao amanhecer, a intenção de parte do grupo era ir direto para a praia. Depois que o carro de Deive sofreu uma fechada e o carro do irmão bateu por trás, os planos mudaram para "vamos chamar a polícia e fazer um B.O. para o seguro cobrir o estrago", já que a caminhonete de Tiago estava novinha.

Tiago estava em uma boa fase. Era mais tímido que o irmão mais velho, mas mais ácido nos comentários sobre a vida. Era mais alto que Deive e também gordinho. Os dois estavam, aos poucos, assumindo a administração dos motéis que o pai tinha com sócios. Tiago havia acabado de começar um namoro e estudava Desenho Industrial — influência de Deive, que iniciara o curso em 1999, e dos amigos Momos e Andrés. Momos havia se tornado amigo de Tiago desde a época que entrou na casa dos Pazos para jogar RPG — o jogo era com Deive, mas a identificação maior foi com Tiago. Passariam a frequentar a casa um do outro por anos, entre jogos de Super Nintendo e filmagens caseiras engraçadas. Mais tarde, em um dos vários churrascos que fazia em sua casa na Lagoa, em uma churrasqueira feita com um tambor de máquina de lavar velha, Momos apresentou Andrés a Tiago. Ficaram amigos de cara.

No dia 21 de julho de 2000, Tiago encontraria os amigos, entre eles Andrés, para mais um churrasco na casa de Momos. Depois, foi para casa e ficou até de madrugada conversando amenidades com Eiji, irmão de Yayoi, pelo programa de chat ICQ. Acordou no dia seguinte para receber a namorada.

Momos estava no Ipanema News, onde trabalhava com Alexandre Ottoni, quando recebeu uma ligação de Eiji sobre um problema de saúde de Tiaguinho. Andrés estava com um amigo em casa e ouviu, incrédulo, a mesma informação, dessa vez dita por Momos. Foram todos correndo para a casa da família.

Pouco tempo antes, Deive havia escutado um barulho no quarto de Tiago e tratado de pegar o irmão para levá-lo ao hospital. Reviveria, dessa vez na linha de frente, o trauma de dez anos antes. Assim como Diego, Tiago teve um mal súbito sem qualquer explicação óbvia.

Não resistiu.

Bem longe dali, em São Lourenço, as irmãs Andreia e Agatha demoraram para distinguir a notícia de uma confusão.

"O irmão do Deive morreu", disse a esposa de um dos sócios do pai de Deive, que também frequentava o hotel Primus.

"Eu sei", respondeu Andreia. "O Diego. Mas já faz muito tempo..."

Quando perceberam que a tragédia havia se repetido, a mãe delas pegou o carro e foi correndo para o Rio de Janeiro para dar apoio à família. Andreia não era mais próxima de Deive desde o segundo ano do ensino médio. Agatha, que namorava Alexandre desde 1994, não tinha contato com Tiago havia anos.

Deive tomou a frente na burocracia do enterro e faria todos os exames possíveis para garantir sua saúde. "Não posso mais morrer." A partir dali, seria o único responsável pela continuidade dos negócios da família. Já estava cursando Desenho Industrial, mas teria que encontrar tempo para assumir a administração dos motéis do pai e para o luto. Não tinha sequer tempo para pensar na quantidade de porradas da vida que poderia aguentar. Dava apoio dentro de casa e recebia apoio dos amigos. Tucano, que estava em Santos, mandou uma longa carta se colocando à disposição para o que desse e viesse.

Diante do caos pessoal e familiar de Deive, o namoro de longa data acabou virando noivado e, em 2001, casamento, vendido aos pais dele como um alento de felicidade. Às vésperas da viagem que Deive, Frederico e Andrés fariam para Nova York (mais detalhes a seguir...), Momos e Yayoi se casaram, e Bia pegou o buquê da noiva. No fim deste ano, os dois se casariam por um péssimo motivo, apesar da boa intenção. O anel de noivado de Deive foi forjado com o ouro das pulseiras de seus dois irmãos mortos, Diego e Tiago.

Alguns anos depois, em 2006, Deive encontraria em um trecho do filme *Rocky Balboa*, de Sylvester Stallone, o discurso motivacional que, em 2000, ele teve que aprender na marra.

"Nem você, nem eu, nem ninguém baterá tão forte quanto a vida. Mas não se trata de quão forte você pode bater. Se trata de quão forte você pode apanhar e continuar seguindo em frente."

13

A ERA DOS WEBLOGS

O ano de 2001 foi marcado a ferro e fogo por uma profunda transformação política, social e econômica do mundo.

Em maio deste ano marcante, quatro meses antes do ponto de inflexão que marcou a história, três amigos encontraram uma oportunidade única para conhecer Nova York. E acabariam fortalecendo ali, no ainda imaculado centro cultural do planeta, seus laços de amizade.

Deive, Andrés e Fred, amigos da faculdade e da vida, estavam no lugar certo e na hora certa. E esse lugar era ao lado de Roberto, o Momos, e sua esposa, Yayoi. Momos e Yayoi haviam acabado de casar, no dia 20 de maio, e, no dia seguinte, partiriam para a lua de mel no Japão, com escala em Nova York na volta. Yayoi trabalhava em uma empresa de aviação que fazia voos internacionais e tinha direito a passagens "cortesia" para familiares e amigos, com o valor simbólico de 50 dólares.

Em maio de 2001, os amigos que aproveitaram essa cortesia foram Deive, Andrés e Fred. Mas passageiros cortesia só viajavam se houvesse assentos vagos no avião. No dia do embarque, os três estavam vestidos com suas melhores roupas, já que Yayoi havia avisado que a vaga no avião poderia ser na primeira classe. Não só foram de classe econômica como havia apenas duas vagas lá. Deive tinha "certo desconforto" com aviões e acabou como prioridade, já que tinha feito uma preparação à base de remédios para o momento delicado. A outra vaga foi tirada na sorte, e Andrés levou a melhor. Os dois amigos embarcaram sem Fred.

Dentro do avião e preocupados com o amigo, tiveram pelo menos um momento de descontração. Seus assentos eram distantes, mas uma simpática aeromoça aproximou-se de Andrés e perguntou se ele "gostaria de sentar com seu pai". Antes que ele respondesse qualquer coisa, ela apontou para Deive. "Mas é claro!", Andrés respondeu sem titubear, antes de sentar ao lado do amigo e sacaneá-lo com a confusão. Fred embarcou no dia seguinte, para alívio de todos.

Os três alugaram um apartamento que pertencia à atriz Íris Bruzzi, famosa por papéis em novelas da Globo e em várias pornochanchadas nos anos 1970. O apartamento era de fundos e ficava em cima de um restaurante kosher. Pelo que imaginaram na época, as frituras deveriam ser o prato principal da dieta, já que o restaurante soltava muita fumaça de gordura pelo exaustor.

Fred, que nunca tinha ido a Nova York, resolveu aventurar-se pelas escadas de incêndio, imundas de gordura, até o terraço do prédio para observar a cidade natal de um de seus heróis dos quadrinhos, o Justiceiro. Estava, é claro, vestido a caráter: uma camisa preta com a caveira simbólica do vigilante estampada. Quando Deive e Andrés chegaram em casa para receber o amigo com um muffin de boas-vindas, encontraram Fred com a roupa suja e um sorriso no rosto.

Ficariam uma semana por lá. Logo no primeiro dia, gastaram praticamente todo o dinheiro da viagem comprando equipamentos eletrônicos. Para piorar, Deive levou um cartão de crédito que não era aceito em quase nenhuma loja do mundo. O jeito foi andar a esmo pelas ruas e tentar entrar no cotidiano daquela cidade encantadora. Deive tinha um PDA, antepassado distante do tablet, e nele tinha o mapa de Nova York inteiro, marcado com os lugares que mais queriam conhecer. Só que o PDA quebrou durante a viagem e Deive passou a madrugada tentando reviver o aparelho — chegou a abrir para soprar suas partes, tática que funcionava muito bem com cartuchos de Nintendo, mas que de nada serviu ali. Diante disso e da nova situação financeira do grupo, restou o improviso.

Um desses passeios de baixo orçamento foi uma aventura em Chinatown, o bairro chinês de Nova York. Deive estava vestido de preto, como sempre, com a sua usual cara amarrada. Fred estava de Justiceiro, com coturnos pretos completando o visual. Andrés estava com uma camisa escrito F.B.I.. A legenda, bem pequena, indicava que não se tratava do equivalente americano à Polícia Federal. Eram as iniciais de "Female Body Inspector", ou "Fiscal de corpos femininos" em tradução livre. Os três saíram do metrô e foram a pé procurar o bairro chinês, mas acabaram com um figurino nada apropriado em uma região perigosa que liga o bairro do Brooklyn a Manhattan. A referência que ficou na memória dos três foi do filme *Os donos da rua*, estrelado por Cuba Gooding Jr. e Ice Cube, mesmo ele se passando em Los Angeles. Foram algumas horas de procura aflita, e finalmente acharam Chinatown sem qualquer risco de morte.

O referencial do grupo nos passeios sempre foi o Empire State, arranha-céu de 102 andares que foi o mais alto da cidade até a construção da Torre Norte do World Trade Center. Pela primeira vez, em um passeio, olharam o Empire State no horizonte, e não de baixo, como era comum. Estavam bem longe do apartamento de Íris Bruzzi.

Além de referência geográfica, o Empire State era também uma atração turística praticamente obrigatória. E lá foram os três. Com o equipamento de vídeo recém-adquirido, os amigos puderam registrar o depoimento de Fred, olhando as Torres Gêmeas do World Trade Center do terraço do Empire State.

"Como é que ninguém nunca jogou um avião nessa merda?"

Foi um mau presságio.

O último ato do trio na Big Apple foi visitar um tradicional *strip club*, uma das marcas registradas da cultura norte-americana, imortalizada nos filmes de ação como *Um tira da pesada* (1984) e nos sucessos temáticos *Showgirls* (1995), com Elizabeth Berkeley, e *Striptease* (1996), com Demi Moore. O dinheiro estava curto, mas cada um dos três guardou 12 dólares para viver esse momento. O clube escolhido foi o tradicionalíssimo Flashdancers Gentlemen's Club, na Broadway, entre as ruas 53 e 52, um estabelecimento conhecido por receber celebridades e grandes empresários.

"Podemos tirar uma foto?", os três abordaram o segurança, um "armário" em altura e largura, logo na entrada.

"Lá dentro, não", ele responde.

"Não! Uma foto com você!"

E os três posaram para um clique ao lado do segurança.

Dentro, o lado financeiro pesou. Cada cerveja custava 8 dólares, e ninguém podia ficar de bico seco, regras da casa. Os três pediram cerveja, mas viravam a garrafa longneck com a boca fechada para economizar. Divertiram-se colocando seus minguados dólares no biquíni das dançarinas. Andrés, mais à vontade, cedeu aos encantos de uma moça e partiu para a "dança privê", uma imersão maior na arte centenária do striptease. "Vai gastar dinheiro com isso?", zombaram Deive e Fred, minutos antes de também cederem à tentação.

Quando o avião dos três pousou no Rio de Janeiro, ainda em maio de 2001, a sensação era de que haviam abandonado sua verdadeira cidade natal. Andrés já era um designer formado, mas Deive e Fred ficaram remoendo sua triste realidade na lanchonete da faculdade, também chamada de "escritório", lembrando dos momentos mágicos de Nova York. A trilha sonora repetida por ambos em tom de chacota, mas também de amargura, era "This is not America", gravada por David Bowie e a banda do guitarrista de jazz Pat Metheny em 1984.

"This is not Americaaaa... Sha la la la la", citava Fred cada vez que presenciava uma situação tipicamente brasileira.

Para Deive, o desafogo foi assistir em looping episódios de *Friends* e *Seinfeld*, séries que se passavam em Manhattan, ou acompanhar o talk show do humorista David Letterman, transmitido do Ed Sullivan Theater, prédio no cruzamento da rua 53 com a Broadway. Pouco tempo depois do desembarque, um dos episódios do *Late Show with David Letterman* foi uma piada pouco inspirada com a pizzaria que ficava perto do estúdio, a mesma pizzaria em que tinham lanchado antes da visita à casa de striptease. O Flashdancers Gentlemen's Club era do outro lado da rua do teatro do *Late Show*, e apareceu o tempo inteiro nas imagens que a equipe fez nas ruas durante a brincadeira.

"Quero minha vida de volta", lamentava.

Deive e Fred quase perderam o período na faculdade, por faltas nas aulas e/ou falta completa de interesse em viver "longe de casa".

Menos de quatro meses depois dessa viagem, foi a vez dos mais de 8 milhões de habitantes de Nova York repetirem o mantra "quero minha vida de volta". No dia 11 de setembro de 2001, dois aviões controlados por terroristas se chocaram contra as duas torres do World Trade Center. Os atentados incluíram outros dois aviões — um jogado contra o Pentágono, sede do Departamento de Defesa dos Estados Unidos, e outro que caiu no estado da Pensilvânia —, mas nenhuma imagem do ataque foi mais emblemática que a queda das duas torres, longos minutos depois do impacto dos aviões. Roberto Zarour recebeu a primeira ligação do dia.

"Acabou! Acabou! Nova York acabou!", era o amigo Andrés na linha. "Tão bombardeando Nova York! A gente nunca mais vai viajar pra lá!"

A queda das torres foi transmitida ao vivo pelas emissoras de TV do mundo inteiro e não houve outro assunto por semanas. No mesmo dia, logo pela manhã, o desenvolvedor de projetos em web Cristiano Dias recebeu uma ligação preocupada do pai.

"Tudo bem? Viu o que aconteceu? Dois aviões bateram no World Trade Center."

O pai estava no Brasil, mas pela velocidade e importância dos acontecimentos acabou dando a notícia em primeira mão para Cris, que conseguia ver com os próprios olhos a cena aterradora das torres em chamas. Bastava percorrer uma curta distância no condomínio onde morava, em Nova Jersey, para avistar os prédios.

Em 2000, Cris Dias havia ido a Nova York para trabalhar com internet, mas não passou um ano até ser mais uma das vítimas da temida "bolha", uma onda especulativa que, desde 1995, havia provocado um crescimento artificial do preço das ações de empresas "pontocom". O mercado "caiu na real" no segundo semestre de 2000 e, em 2001, muitas das firmas estavam se fundindo para sobreviver ou simplesmente desaparecendo e deixando funcionários com caixas de papelão na mão. O caso da empresa de Cris foi o das caixas de papelão, mas a vida ia bem para ele em setembro de 2001. Uma semana antes dos atentados, havia conseguido outro emprego em uma empresa de web no Canadá e decidido partir para lá com a mulher.

Assim que desligou o telefone com o pai, Cris ligou a TV e conectou-se à internet para entender o que estava acontecendo. Como ato reflexo, publicou um post em seu blog. O título era "Pasmo".

"Tô vivo, gente. Ainda não caiu a ficha de que aquele prédio em que eu vou quase toda semana está pegando fogo... Que vai ter dois buracos lá e que centenas de pessoas, no prédio e nos aviões, morreram por causa de uns terroristas malucos querendo provar não-sei-o-que."

Apertou a tecla "Publish". Poucos minutos depois, teve que retificar a própria afirmação sobre os buracos.

"Não vai ter buraco... não vai ter prédio... caiu tudo... não existe mais o WTC..."

Os blogs (ou "weblogs"), criados como diários virtuais dentro de sites pessoais, não eram uma novidade em 2001, mas o grande público não sabia do que se tratava. Já haviam se popularizado nos Estados Unidos com ferramentas desenvolvidas para quem quisesse publicar esse tipo de conteúdo sem precisar de um site ou domínio próprio. A mais popular dessas ferramentas foi criada em agosto de 1999, o Blogger, e era o serviço que hospedava o blog de Cris Dias. No Brasil, o "novo fenômeno" havia sido noticiado pelo jornal paulista *Folha de S. Paulo* no dia 24 de janeiro de 2001. O título da reportagem do jornalista Alexandre Versignassi era "Weblogs reinventam o uso da Internet". Em junho do mesmo ano, outra parcela da população brasileira teve acesso ao termo "blog" — até então grafado entre aspas — por conta do publicitário Sergio Faria. Sergio deu o primeiro furo jornalístico de proporções nacionais publicado em um blog, o Catarro Verde. Descobriu que o discurso de renúncia do senador baiano Antônio Carlos Magalhães havia sido plagiado de outro, feito pelo deputado federal Afonso Arinos em 1954. A grande imprensa soube disso porque o link do texto do Catarro Verde estava em uma lista de discussões na web que o apresentador Marcelo Tas acompanhava. Tas divulgou a descoberta em seu programa *Vitrine*, da TV Cultura, e os principais jornais e programas jornalísticos da TV brasileira relacionaram o plágio à palavra "blog", citando o Catarro Verde.

Os atentados de 11 de setembro foram o pontapé do século XXI, e os blogs estavam inseridos nesse contexto. Segundo o jornalista americano Scott Rosenberg, autor do livro *Say everything*, de 2009, sobre a história dos blogs nos Estados Unidos, o ataque terrorista foi a primeira vez que "pessoas que não conheciam nada sobre blogs aprenderam que eles poderiam ser uma fonte de informação e reação a eventos mundiais". Os dois únicos brasileiros que tinham blogs minimamente lidos e moravam em Nova York ou nas proximidades provaram essa teoria. Eram Deborah Andrade, do blog Deb na Gringolândia, e Cris Dias.

Cris não deu nenhum furo jornalístico, mas seus relatos emocionados eram o exemplo perfeito do contraponto que os blogs fariam ao jornalismo tradicional, frio e pretensamente preciso. Ninguém saiu da frente da TV no dia 11 de setembro, mas pela primeira vez tiveram na segunda tela, a do computador, depoimentos pessoais de gente que estava no "front". Liam esses depoimentos na íntegra, sem a edição do jornal. Deborah e Cris Dias acabaram citados como fonte de informação em alguns dos principais portais da internet na época, como Yahoo! Brasil, BOL (Brasil Online) e No.com.br. A audiência do diário de Cris Dias "explodiu", segundo o próprio, depois dos atentados. E, logo no começo de seu sucesso, ele já mostraria como, anos depois, viraria exemplo de como se ganhar dinheiro na internet. "Em prol do capitalismo selvagem estou botando banners ali do lado para tentar um dinheirinho", publicou no dia 12 de setembro de 2001. "São produtos que eu acho legais e espero que vocês também."

A bolha do "mercado 'pontocom'" havia feito outra vítima em 2001. Alexandre Ottoni era webdesigner de uma empresa criada no modelo de muitas que fecharam depois da crise: fazer um site de nicho e tentar sobreviver com publicidade direcionada a esse público. O site era o Ipanema News, na teoria focado em notícias do bairro de Ipanema, na prática um classificado local bem desorganizado. O "escritório" do Ipanema News funcionava em um quiosque dentro de uma galeria na rua Visconde de Pirajá, a principal via do bairro.

Alexandre era toda a "equipe" de webdesign até Roberto Bindes, o Momos, aparecer. Foi quando os dois se conheceram, apesar de estudarem na mesma faculdade. Os dois se reconheceram de cara como nerds que eram e, logo, Momos seria incluído no grupo de RPG de Alexandre, com Carlos Voltor e Mário.

O Ipanema News não teve qualquer relevância editorial, nem mesmo para o minúsculo bairro de Ipanema, mas tem importância crucial nesta história. Foi através dele que Alexandre Ottoni e Deive Pazos finalmente se conheceram.

Deive havia conhecido Momos muitos anos antes, quando este chegou em sua casa trazido por Tucano para jogar RPG. Alexandre havia acabado de conhecer Momos no trabalho. Deive lembrava de Alexandre como "o cara que trabalha com o Momos", que ele via quando resolvia visitar o amigo no quiosque do Ipanema News. Alexandre lembrava de Deive como o cara estranho que, no aniversário de Momos em um restaurante japonês de Ipanema, apareceu com um chapéu Panamá. Ambos estiveram no casamento de Momos e Yayoi em maio de 2001, mas não se falaram além dos cumprimentos de "sobrancelhadas". Não houve uma formalidade que definiu essa prolífica amizade. Não houve "Alexandre, esse é o Deive. Deive, esse é o Alexandre". Para ambos, o encontro aconteceu aos poucos, de forma natural e pela internet, através do mesmo canal que trouxe as primeiras notícias "humanas" sobre o 11 de setembro: as páginas virtuais dos novíssimos e revolucionários blogs.

14

AMIGOS PARA SIEMPRE

Deive Pazos não demorou para surfar nas ondas da nova mania da internet. Tudo começou da maneira mais despretensiosa possível, no dia 22 de março de 2002, dois minutos após o meio-dia:

"Training Day muito bom"

Este foi o primeiro post do blog Amazing Pixel, criado por Deive. O motivo da mensagem telegráfica foi o filme *Dia de treinamento*, que dois dias depois daria o Oscar de melhor ator a Denzel Washington. Deive, como sempre faria a partir de então, usou um pseudônimo para assinar no blog: "Atalaia", referência explícita ao remédio para o fígado Atalaia Jurubeba, o "elixir milagroso" dos bebuns e glutões.

Vinte minutos depois, o blog Amazing Pixel teve seu segundo post, mas assinado por "Cel. Trautman", uma homenagem ao personagem vivido por Richard Crenna nos filmes do Rambo, estrelados por Sylvester Stallone. Não foi Deive quem teclou "Vamos testar..." às 12h22, "Novo teste" às 12h23 e, dois minutos depois disso, a mensagem "Obrigado Sr. A. J. (Atalaia Jurubeba) pela oportunidade de fazer parte da tecnologia que nos é disponibilizada". A presença do Coronel Trautman como editor do Amazing Pixel foi de apenas 12 dias, mas o homem por trás do pseudônimo era um velho conhecido de Deive, e nunca deixaria de ser seu amigo, sem nunca revelar sua verdadeira identidade ao grande público.

Coronel Trautman era Rodrigo Sampaio, o Batata. Rodrigo está para a história de Deive assim como Forrest Gump está para a história dos Estados Unidos: esteve presente nos momentos mais importantes, mas sempre como coadjuvante. Batata estudava no Colégio São Paulo desde o jardim de infância. Morava na rua de trás do colégio, em um prédio em que seu pai era porteiro. O primeiro apelido que teve, antes de Batata, foi Pão de Queijo, dado pelo colega de natação Diego, irmão de Deive, que o viu comendo um pão de queijo e sentiu necessidade de brincar com isso. Rodrigo foi testemunha de que a vocação para a zoação era genética. Atestaria isso com Deive, o irmão mais velho da família Pazos, o último de quem se aproximou.

Entre 1990 e 1993, Deive repetiu de ano duas vezes, e acabou encontrando Batata para cursar o 1° e o 2° anos do ensino médio. Mesmo antes disso, tinham se aproximado, já que, pela amizade com Tiago, Batata era frequentador assíduo da residência dos Pazos. Batata estava quase sempre junto de Deive. Estava lá quando Deive e Tucano compravam cachaça e refrigerante para abastecer as noites no bar Empório, e quando Deive se apaixonou por uma colega de classe, paixão de que só se livrou na base da porrada (no ônibus).

Em 1993, ano em que ele e Deive começaram a estudar juntos, iniciou a jogar basquete como "atleta federado" no Flamengo. Nesse período, jogou basquete com João Paulo, o JP, nas quadras públicas da Lagoa Rodrigo de Freitas. Em 1997, desistiu de fazer Educação Física porque os pais o convenceram de que aquela profissão não dava dinheiro. Acabou entrando para Direito na mesma faculdade que Deive fazia, só que em outro horário. Quando Deive resolveu largar o Direito para cursar Desenho Industrial, Batata estava no grupo de amigos de noitada, com Fred Carstens e Andrés Ramos, entre outros.

A renda para as noitadas de Batata vinha do trabalho duro. Ele não tinha mesada. Desde o colégio, trabalhou como caixa de uma farmácia, como arte-finalista em uma gráfica e, no primeiro ano de faculdade, como estagiário de Direito. Em 2002, na primeira encarnação do Amazing Pixel no Blogger, tinha tempo no trabalho, já que era trainee no departamento jurídico de uma empresa de construção civil. Trabalhava no computador e não ficava mais correndo pelos tribunais.

Os primeiros posts sérios de Batata, o Cel. Trautman, depois dos testes e do agradecimento a Deive "Atalaia", foram sobre a primeira edição do *Big Brother Brasil*. Começou falando da "aBUNDÂncia" de Xaiane, a segunda participante eliminada do programa, que logo posou para a Playboy. Foi logo repreendido por Deive, que a considerava muito feia. Os posts de Trautman seguiram no tema, dessa vez para reclamar de uma possível armação nos resultados. A carreira de Batata nos blogs estava prestes a terminar, dias depois de ter começado, mas ele entrou para a história como provavelmente o primeiro blogueiro brasileiro a falar mal do BBB.

No dia 3 de abril de 2002, 12 dias após começar seu blog no Blogger, Deive resolve se mudar para o Blig, serviço de blogs do portal de notícias IG. Sozinho. Coronel Trautman, a partir daí, só seria visto nos comentários do blog de Deive e de outros amigos.

Logo no primeiro dia de blog novo, Deive anunciou ao seu público, formado basicamente por amigos da vida real: "Mudei de endereço mas continuo o mesmo desgraçado de sempre".

Ali passou a assinar com o pseudônimo que carregaria para a vida toda: Azaghal, o Anão. O nome é uma homenagem ao primeiro grande anão da mitologia criada por J. R. R. Tolkien. Azaghâl foi rei e morreu em uma disputa sangrenta com Glaurung, o Pai dos Dragões, na Batalha das Lágrimas Incontáveis. Mesmo tendo morrido, fincou sua espada na barriga do dragão, que acabou fugindo ferido. É fácil explicar a identificação de Deive com os anões, uma raça forte e robusta, capaz de resistir a temperaturas extremas, maiores até que as dos verões cariocas. Os anões de Tolkien são indomáveis, bravos na batalha e trabalhadores. Basta adicionar uma dose de humor ácido e temos uma descrição perfeita do jovem adulto Deive Pazos.

Os primeiros posts de Azaghal, o Anão, no novo Amazing Pixel eram basicamente de críticas à sociedade ("Vão todos para a puta que os pariu!"), confessionais ("Vou começar aikidô na semana que vem") ou de muita, muita putaria ("Meu negócio é BUNDA!"). O post do dia 6 de abril de 2002 deixava claro o quanto ele apreciava a nova atividade: "Estou me viciando nesse negócio de blog".

Era o passatempo perfeito para quem ficava todos os dias nos motéis da família em São João de Meriti com um computador à sua frente. O dia 11 do mesmo mês de abril foi especialmente prolífico. Foram 10 posts sobre assuntos diversos como o jogador Romário, o músico Ed Motta e a crise energética no Brasil. Neste mesmo dia, na Barra da Tijuca, Zona Oeste do Rio de Janeiro, seu colega de faculdade Alexandre Ottoni resolve entrar na brincadeira e criar seu próprio blog durante o tempo livre na empresa de design para web DMN. Roberto Momos, o principal amigo em comum dos dois, estava presente.

"Testando, 1, 2, 3. Ah! Ei! Um!"

Foi assim, no dia 11 de abril de 2002, o primeiro post do blog O Jovem Nerd, também hospedado no Blig. Um primeiro post clássico, de teste, como um *roadie* testando o microfone no palco antes do show. O nome "O Jovem Nerd" vem de "The Springfield Files", episódio de *Os Simpsons* exibido originalmente em janeiro de 1997. Nele, Lisa tenta demover Homer da ideia de que teria visto um ser extraterrestre. Para isso, pega uma edição da revista que assina, *Junior Skeptic*, traduzida como *O Jovem Cético* no Brasil, e diz para o pai que, segundo a publicação, as chances de uma forma de vida extraterrena entrar em contato com a Terra é de 175 milhões para um. O pensamento de Alexandre foi simples: "Se eu assinasse uma revista que me definisse, qual seria o nome dela?".

O Jovem Nerd só teve seu primeiro post de verdade no dia 18 de abril, uma semana depois. Foi uma reedição, dessa vez mais inspirada, do primeiro post clássico de um blog. Tendo como referência o universo Star Trek, transformou o blog na nave *USS Enterprise* e usou a dobra espacial ("warp drive") para viajar acima da velocidade da luz com as coordenadas de uma nova aventura.

"All systems nominal. Warp engines fully operational.
Set course to sector 001, maximum warp. Engage!

The Human Blog Adventure begins!"

O post do dia 18 de abril de 2002 parecia prever a importância e a longevidade da jornada do Jovem Nerd pelo universo virtual. O conteúdo publicado por Alexandre Ottoni — ou "Alottoni", como seria conhecido por muitos a partir de então — dava a ideia de que O Jovem Nerd tinha pretensões para além de um diário virtual. Logo nas primeiras semanas, Alexandre publicou posts com fôlego e, muitas vezes, com o conteúdo ficcional e o humor nerd que o caracterizaria. Como em "O Médico e o Nerd", publicado no dia 2 de maio. Nele, Alexandre relata seu encontro com um médico após cinco dias seguidos de febre. Parecia real até que o médico, com perguntas básicas, descobriu que o paciente era um nerd que jogava RPG e tinha visto *O Senhor dos Anéis* seis vezes no cinema.

"E me expulsou do consultório segurando um grande crucifixo sobre a cabeça, gritando palavras em latim. De agora em diante só procuro médicos judeus. Pelo menos a maioria já nasce nerd."

Mas ainda faltava um encontro para a dobra máxima. E ele ocorreu virtualmente, em forma de zoeira.

"Boia-cross. Coisa de maluco. O cara enche uma câmara de (pneu de) caminhão, amarra uma corda no meio que serve de assento e te joga rio abaixo. Um raft sem controle."

No dia 5 de maio de 2002, um domingo, Deive postava no Amazing Pixel uma definição precisa do boia-cross, "esporte" que tinha praticado no fim de semana que passou com a esposa em São Lourenço, Minas Gerais. A descida descontrolada das boias na correnteza do rio Espraiado de Gamarra é uma atração radical para turistas corajosos. Deive continuou, em outro post, o relato da aventura.

"Modéstia à parte, fui muito bem. Desci as primeiras corredeiras como se fosse um talento nato. Parecia o Namor desviando das pedras e saltando as ondas.

Até então tínhamos enfrentado corredeiras nível 1 e 2. Até nível 3 é para amadores. As nível 4 e 5 são para profissionais. A 6 é 'reza e me tira daqui'. Depois de muitos caixotes daqueles que me acompanhavam, o guia nos manda parar e fala: 'Essa agora é nível três. Quem não quiser não precisa ir.' Só eu fiquei na água. Daí pra frente deixou de ser boia-cross para ser body-cross. (...) Não teve uma parte do meu corpo que não bateu em pedra. Tô todo lanhado."

Depois de dizer que, apesar das lanhadas, tinha sido "tudo maneiro", a sequência frenética de posts entre 20h e 22h30 ganha uma rápida inflexão de lamento. Os heróis da Marvel dão lugar ao universo de *O Senhor dos Anéis* como referência nerd do relato. O título, em negrito, era "A perda do Um Anel".

"Pra quem não sabe, a minha aliança de casamento teve uma pequena influência do Um Anel. Na penúltima corredeira, senti minha aliança escapar do dedo. Fechei a mão, mas já tinha passado. No reflexo, tentei pegar e caí da boia. Mas em vão."

Na ficção de Tolkien, o Um Anel foi forjado por Sauron na Montanha da Perdição. Mais tarde, o humano Isildur cortou o dedo de Sauron e tirou-lhe o Um Anel. No *Silmarillion*, uma espécie de Velho Testamento de Tolkien com histórias paralelas que dão substância às obras principais *O Hobbit* e *O Senhor dos Anéis*, há a descrição de quando o anel foi perdido por Isildur em Anduin, o "Grande Rio".

"O chato é que esse anel foi feito com o ouro das pulseiras de meus irmãos. (...) Foi usado tanto no noivado quanto no casamento. Como consolo, sei que agora meus irmãos têm um pedaço deles em São Lourenço, um lugar onde nos divertimos muito."

Dez minutos depois, Deive fez um post sobre o programa de TV *A Casa dos Artistas*, do SBT de Sílvio Santos, citando o apresentador e alguns participantes, como Ellen Roche e Tiazinha. Voltou ao assunto no dia seguinte.

> "Tá bom, tá bom. Tudo bem, eu admito. Achei maneiro ter perdido o anel no rio. (...) Mas não deixe a Sra. Jurubeba saber disso."

Sra. Jurubeba era sua esposa na época, uma referência a Atalaia Jurubeba, o apelido que Deive usava na primeira e curta encarnação de seu blog. Logo depois, Alexandre foi citado como o único que entendeu a importância do acidente relatado no Amazing Pixel, tendo feito "o único comentário decente sobre a perda da minha aliança". Alexandre fez outra referência, desta vez futebolística, já que o assunto estava em voga em 2002, época da Copa do Mundo que o Brasil acabou conquistando.

> "Não posso deixar de expressar as minhas condolências por meu amigo Atalaia Jurubeba, que perdeu sua aliança de forma tão poética no rio. Aliás, Atalaia passa também a ser conhecido, a partir deste feito do destino, pelo nome daquele que sofreu a mesma sina: Isildur. Não pense que perdeu o anel no rio, Isildur, mas sim que ele o deixou. E que algum dia alguém o encontrará. Mas como não existem vulcões no Brasil, a única maneira de destruí-lo seria exibi-lo em uma vitrine da CBF, como a taça Jules Rimet, e esquecê-lo por 3 dias. Assim, seria facilmente roubado e derretido."

A taça Jules Rimet, de ouro, foi trazida ao Brasil depois do tricampeonato da Seleção em 1970 e acabou roubada e provavelmente derretida pelos ladrões. O curto primeiro casamento de Deive pouco era citado no blog. A impressão era de que os posts de putaria eram incondizentes com um matrimônio, por isso a ausência. Ou podia ser um sintoma do erro que foi tê-lo contraído poucos meses antes. A aliança foi reforjada menos de um mês depois, com o ouro da aliança da esposa e o de uma pulseira sua de infância. Já o casamento...

Outra interação entre os blogs Amazing Pixel e O Jovem Nerd foi depois de uma partida de *Counter Strike* que Deive e Alexandre disputaram em uma lan house na Barra da Tijuca. Havia outros jogadores, mas, no dia 10 de maio de 2002, Alexandre postou uma imagem com o escárnio muito bem direcionado.

> "Atalaia catando coquinho enquanto Frodo
> se prepara para largar o dedo."

Atalaia, claro, era Deive, enquanto Frodo era o "hobbit" Alexandre. "Catar coquinho", no caso, era alguém que está "dando bobeira". Por fim, "largar o dedo" significa atirar, apertar o gatilho sem dó, como usado nos filmes *Cidade de Deus* e *Tropa de Elite*. É fácil imaginar que Alexandre tenha levado a melhor. Deive acusou o golpe com uma provocação, três dias depois.

> "Algumas pessoas muito jocosas vêm desdenhando da
> minha habilidade de jogar CS. Pois aí está o futuro de vocês."

O recado foi seguido de duas imagens do jogo, de uma explosão e de uma facada com sangue espirrado.

No fim do mês, dia 29 de maio, Alexandre fez um afago na "vítima", postando uma ilustração de Túrin Turambar, o Espada Negra, deferindo o golpe fatal na barriga de Glaurung, o Pai dos Dragões, ferido anteriormente pelo anão Azaghâl na ficção de Tolkien.

> "Esta é para o meu amigo Azaghal. Não consegui encontrar
> nenhuma ilustração sua, mas pelo menos está aí o fim de seu fardo."

Seguiu-se, então, uma batalha amigável de Photoshop que duraria até o fim do ano. Os dois tinham fluência na ferramenta e vocação para a provocação. Deive e Alexandre estavam na faculdade de Desenho Industrial — Alexandre se formaria no primeiro semestre de 2002 para seguir trabalhando na área. O que desequilibrou a batalha a favor de Deive foi o foco dos respectivos blogs.

Em meados de 2002, o grande propósito de Alexandre em seus posts era o advento de *Guerra nas Estrelas: Ataque dos Clones*, que estreou com atraso de quase dois meses no Brasil, no dia 1º de julho, por causa da Copa do Mundo (Alexandre colou o rosto de Deive nos jogadores do time espanhol quando eles foram eliminados, por exemplo, uma alusão clara à ascendência do amigo).

Deive, é claro, também falou do filme. Mas o grosso de seus posts eram mulheres nuas e críticas ácidas ao cotidiano. Alexandre quase sempre escapava das críticas ácidas, mas uma imagem de seu rosto acabou substituindo a tarja preta em todos os posts pornográficos de Deive. Golpe baixo, mas hilário.

Não que Alexandre fosse um santo. Um post do Amazing Pixel desta época prova o contrário, uma origem velada da máxima "Esse é o Jovem Nerd!". No dia 27 de maio, Deive publicou uma foto sem censura de quando Thais Ventura, participante do *Big Brother Brasil 2*, abriu demais as pernas na frente de uma das câmeras da TV. Deive não tinha a imagem sem a tarja preta, mas acabou presenteado por quem menos esperava. "Agradeçam todos ao Mestre Hobbit", postou Deive, dando crédito ao fornecedor improvável.

Como Alexandre tinha mais foco em conteúdo de entretenimento, coube a Deive, que tratava seu blog mais como um diário e/ou espelho de sua personalidade, o relato da sessão em que ambos assistiram ao *Ataque dos Clones*, em 2 de julho.

"Fui ver *Star Wars* com meus amigos nerds (...) Esperava uma horda de aficionados vestidos a caráter, isso foi uma decepção."

Os únicos fantasiados eram os "amigos nerds": Alexandre de Darth Maul e Momos de Boba Fett. Deive foi de Yoda.

"E olha que eu nem estava de máscara."

A obsessão de Alexandre por Guerra nas Estrelas acabou rendendo bons frutos ao blog a partir do mês de julho de 2002. No dia 10 deste mês, o blog O Jovem Nerd ganhou destaque na página inicial do Blig como um dos mais atualizados.

"Não ter uma vida social tem suas compensações."

No Amazing Pixel, Deive postou no mesmo dia, em tom de revolta.

"O Blig do Jovem Nerd está entre os mais atualizados.
E o meu? Atualizo esta porcaria todo dia para quê?"

No dia 30 do mesmo mês, outro motivo de comemoração para Alexandre: seu blog figurou em segundo na lista de destaques do mês do Blig.

"O Jovem Nerd está feliz por atingir o mais alto
patamar da fama de sua vida. Coisa que jamais se repetirá."

Nunca mais se repetiu, mas para os demais figurantes da lista. Dois meses depois, no dia 13 de setembro, vieram os resultados mais palpáveis do esforço e talento de Alexandre. Primeiro, a marca de 10 mil acessos. Depois, a primeira citação de seu blog na grande imprensa. A revista *VIP*, da Editora Abril, publicou um post do Jovem Nerd na seção "O melhor e o pior da cultura neste mês". A categoria foi "Melhor biografia de um alienígena", no caso, Kit Fisto, mestre Jedi. "O que o redator da revista provavelmente não sabia é que eu não fiz nada além de traduzir a biografia do site oficial de Star Wars", postou Alexandre mais tarde.

A preocupação com o conteúdo original, que já existia, ganhava urgência. E Deive teria um papel fundamental no processo.

Alexandre já havia publicado conteúdo exclusivo no Jovem Nerd. Por exemplo, um debate ficcional entre candidatos à presidência da galáxia, todos da saga Star Wars, e uma análise em forma de diálogo do filme *Minority Report*. Nesse meio-tempo, Deive só ficava reclamando de seu trabalho nos motéis do pai. A proximidade entre os dois acabou rendendo um post de Alexandre, ainda em agosto de 2002:

"Meu amigo Azaghal, responsável pelo blog Amazing Pixel, descreve
seu trabalho como 'inferno' e se diz sob comando do 'senhor do mal'.
Cuidado, amigo. Na sua sala pode não haver câmeras, como no resto
do estabelecimento, mas há outras maneiras de seu chefe vigiá-lo."

Deive não tinha um "chefe" no sentido clássico da palavra. Acima dele estavam apenas seu pai e os demais sócios. Era bem pior.

No dia 27 de setembro de 2002, Alexandre publicou em seu blog uma pista sutil de que a colaboração de Deive era iminente. Um dia antes, 26, o único post do blog foi um relato de como Alexandre desmaiou em uma van enquanto voltava do trabalho. Teve 15 comentários na linha "melhoras". No dia 27, ele agradece os votos:

> "Puxa, não esperava receber tantas mensagens de melhoras! Agradeço de coração por todas. Vocês são todos fodas! Azaghal, eu não tinha te falado que meus leitores eram fodas?"

Nos primeiros dias de outubro, o foco do blog Jovem Nerd foi a primeira intentona de interação com o público. A disputa que, um mês antes, era apenas um debate fictício entre personagens de Star Wars pela presidência da galáxia agora ganhava não só cartazes e candidatos em outras categorias — deputado estadual, por exemplo — como também, e principalmente, uma votação popular para a escolha dos vencedores. As inspirações eram claras: o lançamento do novo filme, que impulsionou os acessos do blog, e as eleições de 2002, que tomavam conta do noticiário na época. O resultado? Os vilões Darth Vader e Darth Maul foram para o segundo turno com 140 e 124 votos, respectivamente. No dia 27 outubro, Vader ganhou por 248 a 156.

Empolgado com a participação do público, Alexandre iniciou, já no dia 29 de outubro, a atração Versão Resumida, uma adaptação do que tinha lido no site Editing Room. O filme escolhido foi *Star Wars: Ataque dos Clones*. Além de traduzir e adaptar o texto do Editing Room para o humor do brasileiro, ele incluiu frames do filme para ilustrar os diálogos, coisa que não havia no original. A série deu trabalho, mas teve alcance e motivou uma nova atração: o Festival de Legendas. Era simples, e começou com... Star Wars. Alexandre postava uma foto dos bastidores do filme e os leitores davam sugestões de legenda. As melhores eram escolhidas e publicadas com a foto.

Em dezembro de 2002, oito meses depois de criado, o Jovem Nerd já estava ansioso com a possibilidade de ganhar o primeiro iBest, o maior prêmio da internet brasileira desde 1995. A expectativa só rivalizava com a ansiedade da exibição do segundo filme de *O Senhor dos Anéis: As Duas Torres*, que chegaria ao Brasil no dia 27 de dezembro de 2002. Nesse meio-tempo, Alexandre já se utilizava da acidez de Deive para expressar seu descontentamento com quem não entendia a visão nerd da cultura pop. Em um post no dia 20 de dezembro, Alexandre reproduz uma frase da apresentadora Sônia Abrão em um programa vespertino do SBT: "Em *Star Wars: Episódio II*, o cavaleiro Jedi Anakin deixa a rainha de lado para se apaixonar por outra princesa". A revolta com a imprecisão da apresentadora foi pontuada com uma frase roubada de Deive:

"Como meu amigo Azaghal disse: deveriam banir todos os programas da tarde (na TV) e substituir por sessões de canto lírico ou imagens de aquários."

Pouco tempo depois de assistir ao filme *O Senhor dos Anéis: As Duas Torres*, Alexandre deu link para a crítica de Deive e decretou, ainda na madrugada do dia 28 de dezembro:

"Está muito cedo para julgar com precisão, mas posso dizer que concordo em gênero, número e grau com a opinião de Azaghal, do Amazing Pixel."

No fim da tarde do mesmo dia 28, Alexandre fez um post de seis parágrafos para dizer que sairia de férias:

"Sim. É verdade. É com pesar no coração que deixarei de publicar mensagens neste divertido blog até o dia 20 de janeiro de 2003. Minha maior preocupação era deixar meus fiéis leitores sem a sua pitada diária de péssimo humor. (...) Espero que não abandonem este blog, pois estejam certos de que não os abandonarei, e a saga continua em janeiro."

A "despedida breve" foi publicada às 18h25 do dia 28 de dezembro de 2002. Entre este preciso momento e as 2h50 do dia 29 de dezembro, espaço de pouco mais de 8 horas, o inevitável aconteceu. "Jovem Nerd terá suplente durante as férias!", anunciou Alexandre.

"É com calor no coração que este nerd anuncia que o caro amigo, rei anão Azaghal, ofereceu-se como suplente nerd durante o período de férias! Portanto, não abandonem ainda esta embarcação, pois ela continuará a navegar.

É claro que eu não posso pedir ao mestre anão para que tenha a paciência de Jó de atualizar esta bagaça diariamente, como faço desde os dias antigos, mas garanto-lhes que não faltará bom humor em cada post, pois a mente peculiar de Azaghal, monarca do blog Amazing Pixel, é tão astuta e doentia quanto a minha.

Espalhem a notícia. The road goes ever on.

Traduzindo: O JOVEM NERD CONTINUA!

E seja bem-vindo, mestre anão AZAGHAL!"

Na manhã do mesmo dia, às 8h31, Deive anuncia a boa-nova no Amazing Pixel, em outro tom:

"Não tem para onde fugir, não tem onde se esconder!

Agora, além de regente absoluto neste reino maldito, serei o Suplente Mor nos domínios do Jovem Nerd.

Me aguardem!"

O primeiro post de Deive no Jovem Nerd foi no dia 31 de dezembro de 2002. Seguiu a linha de putaria do Amazing Pixel, com a legenda "Será que o Jovem Nerd aprovaria isso?". A imagem teve 34 comentários, um recorde poucas vezes batido no blog até então. O registro dos comentários desapareceu para sempre, mas os posts posteriores dão uma ideia da corrente de insatisfação com o novo colaborador. Deive se referia aos seguidores do Jovem Nerd como "nerdalhada" e iniciou 2003 abusando de montagens com Alexandre vivendo um bacanal gay na festa de réveillon. O burburinho demandou uma intervenção imediata de Alexandre, direto de suas férias, no dia 5 de janeiro. Mas não para se defender. Pelo contrário.

"Estou perplexo pela cizânia instaurada aqui por Azaghal. Que zona que está isso aqui! Mas não deixa de ser um prazer tê-lo como regente temporário desta bagaça. Vamos ver o quanto você pode afundar isso aqui até o meu retorno.

Agradeço aos pedidos pelo meu retorno, mas infelizmente, até o dia 20, terão que aturar o anão. Aprendam a gostar dele ou, pelo menos, finjam. Afinal, não estou pagando nada pelos serviços do suplente."

A polêmica continuou, e desta vez foi entre os dois. Deive fez um post no dia 10 de janeiro sobre o Homem-Aranha, com o enunciado "Já que ninguém está satisfeito, vamos voltar com as chatices rotineiras". Só que escreveu "Homen", com "n" em vez de "m". Alexandre, que estava de férias mas não conseguia largar o osso, corrigiu nos comentários, e foi seguido pelos leitores fiéis e seus comentários sacanas.

Foi a primeira briga real dos dois a respeito do conteúdo do Jovem Nerd. Deive não gostou de ser "sacaneado em público", e seguiu-se uma longa troca de e-mails. Raivosos por parte de Deive, contemporizadores por parte de Alexandre.

"Você não pode me expor em público. Quando for assim, fala comigo pessoalmente", escreveu Deive.

"Se isso aqui virar um negócio, nós vamos ser sócios 'fifty-fifty'", escreveu Alexandre, transformando a conclusão da disputa em um presságio. Deive foi convencido de que não precisaria brigar, e prosseguiu com sua função de suplente até o momento de sua despedida.

"É isso aí, nerdalhada, meu penúltimo dia como suplente. Não que o Jovem Nerd vá voltar depois de amanhã, ele só volta dia 20. É o penúltimo dia porque, na sexta, eu é que vou me juntar a ele em Valfenda."

Esse post foi publicado no dia 16 de janeiro de 2003. O nome Valfenda também foi tirado da obra de Tolkien, onde é uma cidade bela e pacífica, povoada por elfos. No contexto do post de Deive, Valfenda era a cidade de São Lourenço. Alexandre tinha ido de férias para lá com Agatha. Deive ia agora para "Valfenda" em um contexto especial. Estava casado e infeliz. Infeliz com o casamento, com o trabalho nos motéis e com a faculdade de Desenho Industrial. Viajou sem ter a exata noção do que o blog Jovem Nerd significaria em sua vida. Mas não viajou sem antes fazer sua despedida formal como colaborador:

"Pensei em fazer uma grande festa, muitas imagens, muita nerdalhada, algo realmente especial. Então vi que só seria especial se eu fizesse justamente o contrário, já que a nerdalhada é o rotineiro nesta terra.

Então, hoje, nada de Senhor dos Anéis, Matrix ou qualquer outro tema relacionado. Hoje vou simplesmente me despedir. Sem muita enrolação ou saudade, já que não parto para terras distantes, simplesmente retorno ao meu devido lugar neste reino, os comentários.

Finalmente, quero agradecer ao Sr. Jovem Nerd, que me permitiu profanar seus palácios. Espero não ter causado danos maiores aos seus súditos do que algumas sessões extras no psicólogo.

Agora tinha que tocar aquela música do José Carreras... Amigos para siempre (...)"

A amizade realmente ficou para sempre. A despedida é que foi temporária.

"LEITORES, TREMEI! AZAGHAL É O NOVO INTEGRANTE DO JOVEM NERD!"

O título em caixa alta era seguido por uma explicação breve sobre o resultado de uma votação em O Jovem Nerd: "Azaghal, o suplente, deve continuar a publicar neste blog?". O resultado foi de 78 votos "Sim" contra 27 "Não". Uma lavada. "Não partiu da minha mente doentia, e sim do voto popular!", afirmou Alexandre. O post tinha a foto do americano lutador profissional de wrestling King Kong Bundy, com quase 2 metros de altura e mais de 200 quilos, exibindo um maiô preto e o rosto de Deive adicionado com auxílio do Photoshop.

Um mês depois do anúncio, no dia 6 de março de 2003, Deive fez uma última menção ao seu casamento no blog Amazing Pixel: "Hoje de tarde minha senhora foi ao mercado..."

Dali, contou uma história sobre o assoalho de seu carro. Na vida real, o ouro dos anéis, tanto o dela quanto o dele, se transformou em um bastão que Deive guardou. Em maio de 2003, os posts já eram sobre saídas com amigos: "Ontem foi uma das noites mais ecléticas, sócio-culturalmente falando, da minha vida."

Incluíam também pequenos relatos de encontros com Alexandre, que já era tratado como Jovem Nerd, e não mais como "Bilbo", "Sr. Bolseiro" ou "Hobbit": "Hoje à noite fui na casa do Jovem Nerd para bater um papo, assistir um DVD, essas coisas...".

Deive encarou a solteirice como um profissional. A primeira medida foi mudar da Barra, onde morou com a ex-mulher, para um apartamento alugado em Ipanema, bem perto de onde dois de seus melhores amigos, Andrés Ramos e Roberto Zarour, moravam. O bar preferido era o Shenanigan's Irish Pub, também chamado carinhosamente de "Shenãna", para onde iria todos os dias se tivesse com quem ir. As companhias mais comuns eram os vizinhos, além de Fred, já identificado por todos como Sr. K (de Kibe, seu apelido), e Tucano quando vinha ao Rio. Deive também entrou para a academia e perdeu 20kg. Como mostram os posts do Amazing Pixel, a fase da "vida louca" era intercalada com visitas a Alexandre "em busca da normalidade". Nesses intervalos, a atividade principal era ver filmes da adolescência de ambos, como *Os selvagens da noite,* e falar besteira. Isso, ou qualquer outra programação de baixa qualidade das madrugadas na TV.

Quando estava sozinho em casa, a principal atividade de Deive era frequentar os bate-papos virtuais dos portais Terra e UOL e os canais do mIRC, onde era possível conversar com muita gente ao mesmo tempo em salas públicas ou com uma pessoa específica em um chat privado. O mIRC tinha salas temáticas para conversas sobre qualquer assunto mas, como sempre acontece na internet, seu principal serviço era unir gente interessada em "ficar" e, talvez, namorar. Nada mal para um recém-solteiro com emprego fixo (nos motéis), carro próprio e apartamento em Ipanema, um dos bairros mais nobres da cidade.

Para suas investidas, Deive criou um codinome aleatório, "Augusto", usado até um encontro que teve com uma mulher que trabalhava na UFRJ. Deive não queria dizer que trabalhava em um motel, e inventou (além do nome) que era administrador do Shopping Grande Rio, próximo ao trabalho real. Marcou com ela em um ponto de ônibus e ficou procurando a moça de uns 30 anos da foto que ela havia mandado. Chegou, mas não encontrou ninguém além de uma senhora parecendo ter 60. Deu algumas voltas até ser chamado:

"Augusto?", a senhora do ponto falou com ele, de longe.

"Não, não, não...", sem conseguir raciocinar, era só o que lhe vinha.

Já no carro, ela disse, para espanto de Deive: "Você é diferente da foto...". E, percebendo o constrangimento dele, continuou: "Olha, se você não quiser fazer nada eu posso ir embora".

"Mas eu vou expulsar a senhora do carro?"

Augusto "morreu" ali, depois de deixá-la de volta no ponto de ônibus. Outros pseudônimos vieram, para também morrerem após investidas frustradas, até a própria tática de buscar encontros no mIRC ser enterrada de vez. Deive acabou mantendo como único pseudônimo online aquele que o representava muito mais:

Azaghal.

15

DESPEDIDAS...

Em outubro de 2003, Alexandre e Deive conseguiram se credenciar para cobrir o Festival do Rio, uma das principais mostras de cinema do país.

Os crachás do blog Jovem Nerd foram feitos às pressas. Os dois foram ao cinema Odeon, no Centro do Rio, com um objetivo claro: encontrar o ídolo Samuel L. Jackson.

O ator norte-americano estava na cidade para lançar o irrelevante *Violação de conduta*, mas estava eternizado na cultura nerd por interpretar Mace Windu, mestre Jedi nos filmes da segunda trilogia de Star Wars. Alexandre queria um autógrafo de Jackson na capa de seu DVD de *Ataque dos Clones*, mas o astro estava inacessível entre assessores e seguranças. Depois de um pequeno discurso de Jackson sobre o filme, todos se sentaram para a sessão, em silêncio, e Alexandre, motivado por Deive, percebeu que aquela seria sua única oportunidade de se aproximar. Afinal, o ator não ficaria até o fim do filme. Levantou-se e foi até Jackson.

"Sinto muito incomodar...", começou, mas foi bruscamente interrompido pelo ídolo.

"Se você sente muito, não vou fazer nada."

Alexandre gelou. Pensou em explicar o quanto era fã dele desde que o ator tinha vivido um assaltante em *Um príncipe em Nova York*, mas só conseguiu dizer uma coisa.

"I love you! I love you!"

Samuel L. Jackson comoveu-se com o fã constrangido e assinou o DVD. Deive estava logo atrás para registrar o momento com sua câmera digital portátil, totalmente inapropriada para a condição de "Imprensa" que tinham conquistado.

"Não chore", foi o conselho do ator ao devolver o DVD.

A parceria entre Alexandre e Deive no blog O Jovem Nerd tinha dado resultado logo no primeiro ano, em 2003. Alexandre trabalhava desde 2001 em uma empresa de webdesign, enquanto Deive continuava nos motéis da família, mas a dedicação de ambos fez o blog pular de 15 visitantes diários — os amigos de ambos — para picos de 3 mil acessos. Em junho de 2003, o blog, hospedado no IG, ganhava acesso por link próprio: www.jovemnerd.com.br.

O artigo antes do nome tinha sido finalmente abandonado. Entre as atrações fixas estavam o Festival de Legendas, o Figuraça Nerd da Semana, reality shows fictícios como Big Brother Star Wars, Casa dos Heróis e The Skywalkers, e as já tradicionais Versões Resumidas de filmes. O site foi citado em uma reportagem sobre nerds do jornal carioca *O Dia* e em notas em publicações como os jornais *O Estado de S. Paulo* e *Correio Braziliense* e as revistas *VIP* e *Galileu*. Mas, até então, nenhum esforço ou reconhecimento tinha revertido em dinheiro.

No dia 5 de fevereiro de 2004, um post sério destoou das brincadeiras da grande atração daquela época no blog, o reality show inventado Big Brother Matrix.

"Caros amigos,

Como alguns sabem, a mãe do Jovem Nerd luta contra um câncer há 7 anos. E, como uma grande guerreira, venceu incontáveis batalhas através desse período.

No entanto, há forças do Universo que trabalham com um motivo, e eis que chegou a hora mais difícil da jornada. Dona Gratia Dei Ottoni de Menezes está internada no Hospital do Câncer, em um momento muito delicado.

Eis que este que vos fala também está lá, ao lado dela, para ser seu Samwise Gamgee nesta passagem pelas terras de Mordor (...)."

A batalha contra o câncer de Gratia, mãe de Alexandre, vinha desde 1997, mudando completamente a rotina da família. Como a mãe precisou, aos poucos, largar o trabalho como agente de viagens, Alexandre precisou assumir boa parte das despesas da casa depois do primeiro diagnóstico. Agatha, sua namorada, foi fundamental nesse processo e a família da moça se tornaria uma segunda família para ele. Em paralelo aos estágios como designer, um dos "bicos" de Alexandre foi como *roadie* da banda do sogro. Agatha era a cantora, e Alexandre dirigia e ajudava a carregar os instrumentos e montar a estrutura em cada casamento, batizado, formatura.

Alexandre morava com a mãe no apartamento da família no Leblon. Quando Gratia foi internada, Alexandre não voltava para casa, onde ficaria sozinho. Ficava com a namorada e sua família na Tijuca, onde moravam. Andreia já estava morando em São Lourenço com os filhos, e as viagens para lá também eram constantes. A cidade continuava servindo como porto seguro para desanuviar.

O mês de fevereiro de 2004 foi longo, talvez o mais longo de sua vida até então. O consolo veio, como em muitos momentos da vida dos dois amigos, de *O Senhor dos Anéis*. Compartilharia a metáfora com Deive, que derreteu o ouro da pulseira dos irmãos para fundir o metal no Um Anel que usaria como aliança de casamento. Desde o diagnóstico inicial, em 1997, alguns trechos do terceiro e último livro da saga, *O retorno do Rei*, pairavam sobre os pensamentos de

Alexandre, dando-lhe forças para suportar o esforço físico e emocional de conviver com a doença terminal de um ente querido. Alexandre acompanharia a mãe até o fim, como Sam acompanhou Frodo e seu fardo, o Um Anel, até as montanhas sombrias de Mordor, onde o objeto deveria ser destruído. E no final da história, depois da missão cumprida, Sam teria que se despedir de Frodo, como Alexandre teve que se despedir da mãe naquele mês de fevereiro de 2004.

"Aonde o senhor vai, Mestre?", exclamou Sam, embora finalmente percebesse o que estava se passando.

"Para os Portos, Sam", disse Frodo.

"E eu não posso ir."

"Não, Sam. Pelo menos não por enquanto, não além dos Portos. (...) O seu tempo pode chegar. Não fique muito triste, Sam. Você não pode sempre ficar dividido em dois. Terá de ser um e inteiro, por muitos anos. Ainda tem muito para desfrutar, para ser e para fazer. (...) Mas você é meu herdeiro: tudo o que tive lhe deixo."

Alexandre estava no hospital quando recebeu a notícia. As primeiras ligações que fez foram para as pessoas mais importantes de sua vida naquele momento. A primeira foi para Agatha; a segunda, para Deive.

O colega de faculdade que havia virado colaborador em seu blog e, finalmente, amigo pessoal também foi o responsável pela primeira gargalhada que Alexandre deu depois do ocorrido. Deive estava levando Alexandre e Agatha de carro para o cemitério, debaixo de uma chuva fina e insistente, típica de fim de verão, quando viu um operário com água até os joelhos, dentro de um buraco na rua, provavelmente tentando conter um vazamento. Deive fez, em voz baixa, a piada que tinha aprendido com o Sr. K e sempre usava quando via alguém em uma situação de merda: "Essa moleza vai acabar...".

Desde bebê, segundo contava sua mãe, Alexandre era bem-humorado. Cresceu e continuou assim, sempre tentando ver o lado positivo das coisas. A perda que sofreu foi transformadora, mas as lições que ele tirou foram de leveza.

"O que posso aprender com isso?", questionou em seu blog, para ele mesmo tentar responder depois.

Aprendeu que nada mais o deixaria realmente chateado na vida. Iria aproveitar tudo o que fosse bom e feliz que cruzasse seu caminho. Alexandre publicou no blog, ainda em fevereiro de 2004, uma resenha do filme *O Senhor dos Anéis: O retorno do Rei*, lançado em dezembro de 2003. Era fácil perceber as entrelinhas, mas a justificativa da demora de quase dois meses foi "não estragar a surpresa de quem não leu os livros". Alexandre cita a história de sua mãe no meio da análise do filme e faz uma conclusão bastante pessoal, dando indícios da importância que aquela história tinha e teria em sua vida pessoal.

> "(...) nunca devemos nos apressar a julgar pessoas ou eventos em nossas vidas, até as que nos prejudicam, pois tudo que nos acontece é importante para a nossa história, principalmente os males. E, às vezes, só os compreendemos depois de muito tempo, e lhes damos seu devido valor. E, nesse momento, crescemos como pessoa, renascemos como a espada forjada do rei."

Alexandre teve muito apoio da empresa DMN, onde trabalhava. Quando a mãe estava no hospital e necessitava de acompanhamento praticamente integral, passou mais de um mês trabalhando de casa. Quando a mãe morreu, teve uma semana para descansar. Voltou ao trabalho e aos posts do blog diferente. Colocou suas atividades em perspectiva, e acabou sendo a literatura a maneira encontrada para "renascer", assim como Andúril, a espada reforjada do rei Aragorn.

Mais do que ser designer ou blogueiro, o grande sonho de Alexandre era ser escritor. Sua habilidade em criar histórias vinha desde os tempos de criança, quando inventava enredos para seus bonecos dos Comandos em Ação, em vez de simplesmente fazê-los brigar e trocar tiros, como fazia a maioria dos amigos.

Aos 12 anos, ganhou do pai o livro *Eu, Robô*, de Isaac Asimov. Já era fascinado por quadrinhos, mas considerava-se "preguiçoso" para a leitura. Deixou o livro na estante por cinco anos até ter a coragem de encará-lo, aos 17 anos de idade. Nesse meio-tempo, tornou-se contador de histórias como mestre nas aventuras de RPG, dedicando-se às tramas com a paixão de um autor de best-sellers. Quando finalmente criou coragem para enfrentar o Asimov que o observava havia tempos da estante, apaixonou-se pela literatura. Além de Asimov, passou a devorar autores como Carl Sagan, Michael Crichton e Anne Rice. Além, é claro, de Tolkien.

Sua primeira intentona como autor foi em 1998, aos 19 anos, escrevendo contos de ficção científica que nunca conseguiu terminar. Percebeu que sua grande paixão era mesmo a fantasia, como as sagas de Tolkien e suas próprias aventuras de RPG. Começou a colocar suas ideias em um caderno de anotações e, depois, em um arquivo de texto em seu computador. No fim de 2002, com o apoio irrestrito de sua mãe, investiu parte do pouco dinheiro que a família tinha para criar as imagens que a história tinha em sua cabeça. Alexandre contratou Andrés Ramos para ilustrar seus personagens, e este chamou Roberto Momos para ajudar.

Foram três meses de trabalho, e Alexandre trazia consigo carimbos de "Aprovado" e "Reprovado" para dar um tom profissional ao intento. A história era uma aventura entre povos em ilhas flutuantes e vilões em fossas, rachaduras no planeta. Para Andrés, foi a primeira experiência positiva envolvendo trabalho e amigos — a primeira de muitas.

Dois anos depois, em 2004, Alexandre não tinha conseguido realizar seu sonho de virar autor de fantasia. O trabalho tomava todo o seu tempo no horário comercial. Nas horas vagas, não conseguia fazer nada além de atualizar o blog, um hobby que não trazia qualquer retorno financeiro. A morte de Gratia havia mudado muita coisa em sua vida. A necessidade de realizar seu sonho tornara-se vital. Entre o trabalho e o blog, o sacrifício era óbvio.

Antes, porém, uma iniciativa faria toda a diferença no futuro do Jovem Nerd. No dia 10 de maio de 2004, três meses depois da morte de sua mãe, Alexandre faz um post anunciando uma novidade.

"Há muito tempo venho recebendo pedidos para abrir um fórum no Jovem Nerd. Afinal, de nerds ociosos procurando como desperdiçar seu tempo com baboseiras a internet está cheia. Vide o grande público deste site.

(...)

Como Azaghal profetizou, não vai dar certo e eu terei perdido mais algumas horas de minha vida em vão, mas ainda assim vou lhes dar uma chance.

Entrem, criem uma conta e divirtam-se!"

O post ficou isolado entre as atrações de praxe do blog, mas chamou a atenção nos bastidores. Na vida real, ficava cada vez mais difícil conciliar a grande mudança pessoal com a velha ferramenta que não dava dinheiro algum.

O inevitável se impôs no dia 29 de setembro de 2004.

O Jovem Nerd acabou.

A notícia foi dada com um manifesto em forma de post, o maior já feito até o momento por Alexandre Ottoni. O título foi "Everything that has a beginning... has an end." ("Tudo que tem um início tem um fim", em tradução livre), uma referência a um diálogo de *Matrix Revolutions*, filme que fechava a então trilogia *Matrix*. A primeira frase do post é definitiva:

"E aqui é anunciado o fim iminente de algo que começou com muito amor e entusiasmo."

O fim do Jovem Nerd é explicado com detalhes. Em um texto narrado em terceira pessoa por Alexandre, ele faz um breve resumo de sua vida, seus dramas e sucessos e suas motivações para a decisão.

"O Jovem Nerd acaba, mas por uma causa maior. Um sonho mais antigo deve ser perseguido, e não há esforços a serem poupados nesta empreitada. No fim, o Jovem Nerd ensinou a Alexandre Ottoni uma poderosa mensagem: Dedicação + Amor = Sucesso. Aos amigos que adicionarem 'boa sorte' à equação, O Jovem já agradece! Nem todos que tentam obtêm sucesso. Mas todos os bem-sucedidos tentaram."

Alexandre explica que tentará ser um escritor.

"POR QUE ACABAR COM O JOVEM NERD? A resposta rápida é 'Para poder depositar 100% de minhas forças na busca da realização de um sonho: Tornar-me um autor publicado.'"

E cita momentos importantes, dos pontos altos do blog à doença de sua mãe. Um grande espaço, porém, é dedicado a um amigo em especial.

"Nada que esse site me trouxe foi tão poderoso quanto a amizade e a cumplicidade de pessoas que hoje são muito especiais e significantes em minha vida. Um exemplo: graças a esta história de blog, o elo entre eu e Deive 'Azaghal' Pazos, que antes era apenas 'Oi, tudo bem? E aí?', transformou-se em uma amizade indescritivelmente forte, a ponto de para ele ter sido o segundo telefonema que fiz do hospital, quando minha mãe faleceu."

Deive Azaghal soube da decisão de Alexandre por telefone, e deu todo o apoio. Teve também espaço para despedir-se dos leitores do blog. Foi sucinto.

"Nerds.

Pensei em muita coisa para escrever nessa despedida, mas não vou escrever nada! Não sou bom com as palavras, esse nunca foi o meu forte, e tenho certeza que o meu querido amigo e ex-patrão JN já expressou todo o sentimento contido nesse momento."

Mas o que parecia ser o fim, se mostrou ser apenas uma pausa para um recomeço estrondoso.

16

...E REENCONTROS

O blog Jovem Nerd acabou no dia 29 de setembro de 2004. No dia seguinte, Deive faz um post em seu blog pessoal. Não foi sobre o fim da parceria com Alexandre. O título era "Rumo ao estrelato!".

No post, Deive dizia: "Amigos, fui entrevistado pelo SEXY HOT." Uma foto da entrevista para o principal canal pornográfico brasileiro abria o post como prova. Uma repórter estava cobrindo a exibição do filme *Crimes em Wonderland*, dirigido por Danny Boyle e estrelado por Val Kilmer, e pegou Deive como entrevistado ao fim da sessão. O filme é baseado na história do ator pornô John Holmes, que se envolveu em uma trama com assassinatos em 1981. No fim do post, Deive transcreve um trecho da conversa, "para quem não vai poder ver":

"['Repórter' Gostosa] Você conhece a carreira de John Holmes?

[EU] Não.

['Repórter' Gostosa] Mas você sabe que ele tinha um membro com mais de 30 centímetros e que teve relações com mais de 10 mil mulheres.

[EU] É, eu conheço a lenda.

['Repórter' Gostosa] Você acha que um pau grande e gostoso é importante, acha que faz diferença?

[EU] Olha, eu não gosto de pau, quem tem que saber disso são as mulheres. Eu sei que estou satisfeito com o meu e não costumo ouvir reclamações."

A entrevista para o Sexy Hot teve destaque natural no Amazing Pixel. Afinal, a putaria era o tema central do blog. O cabeçalho do site era ornado com uma ilustração da atriz pornô Silvia Saint vestida de freira. Logo abaixo, uma frase célebre do dramaturgo e escritor brasileiro Nelson Rodrigues completava o cenário: "A única nudez realmente comprometedora é a da mulher sem quadris". Se nem o casamento impediu a verve pornográfica do Amazing Pixel, a solteirice só fez intensificá-la.

Com o fim do Jovem Nerd, os posts do Amazing Pixel, antes cada vez mais esporádicos, ganharam um pouco de força. Mas a vida real era a prioridade. Deive morava sozinho e tentava compensar o tédio do trabalho nos motéis com noitadas. Os principais companheiros dessa época eram Andrés e Roberto Zarour.

Para equilibrar a loucura, encontrava tranquilidade na companhia do agora ex-parceiro de blog Alexandre. Eram comuns as viagens de Deive, Alexandre e Agatha para São Lourenço. A hospedagem era na casa de Andreia, irmã de Agatha.

Deive e Andreia nunca haviam estado tão próximos quanto no fim de 2004, ambos com 29 anos e um pedaço da vida nas costas. Andreia tocava sua vida com dois filhos, Alan e André, com 10 e 5 anos respectivamente, e uma loja de presentes. Quase não tinha tempo para pensar em noitadas e encontros. Quando tinha, a pacata cidade mineira não ajudava em nada. O tédio só era varrido quando Alexandre e Agatha (ou seus pais) faziam visitas. Deive passou a acompanhar o casal. Quando Andreia vinha ao Rio e não avisava, ouvia depois as reclamações de Deive nas ligações que os dois passaram a trocar. Os mais chegados faziam piadas dessa proximidade crescente. Para os pais de Andreia, não era piada.

"O Deive é um rapaz tão bom...", diziam esperançosos.

"Não pira, gente!", era a resposta da filha. Afinal, os dois eram apenas bons amigos.

Nas visitas frequentes a São Lourenço, Deive fazia das suas, sem a menor intenção de conquistar a dona da casa, apenas para se divertir de forma leve. Uma de suas especialidades era a sangria, mistura de vinho com frutas picadas e suco, coquetel refrescante típico da Espanha.

O dia 15 de novembro de 2004, Dia da República, caía em uma segunda-feira, ou seja, fim de semana prolongado. Deive precisaria de tempo para fazer tudo o que pretendia. No sábado, teria que estar em Santos, no litoral paulista, para o casamento de Rodrigo Seirafe, o Masola, amigo de seu grande amigo Tucano e um dos personagens das histórias de Carnaval da sua adolescência. No domingo, combinou de visitar Andreia, que também receberia Alexandre e Agatha para o feriado prolongado. Talvez o tempo ficasse curto para concluir os planos. Pegou o carro na sexta-feira em direção a Santos e, no domingo, voltou pela Dutra em busca da saída para São Lourenço, no sul de Minas Gerais.

Naquela época, não havia GPS nem celular. Deive, cansado depois da longa viagem e da bagunça natural de uma festa de casamento, perdeu as duas principais entradas para São Lourenço e fez um retorno gigantesco para chegar, enfim, ao seu destino. Andreia viu a hora passar e desistiu de contar com Deive para a noite de domingo. Em sua cabeça, Deive deveria ter desistido da visita, que realmente seria muito cansativa. Ficou mais triste que o habitual. Até o interfone tocar.

Do ponto de vista de Deive, tocar o interfone foi apenas parte do alívio de terminar uma viagem longa e cansativa. Para Andreia, foi mais complicado. Ela ficou confusa com a felicidade de ouvir o "Cheguei" de Deive quando não esperava mais por ele. O que estaria acontecendo com o papel que aquele amigo de infância tinha na sua vida? Só encontrou um jeito de descobrir: encher a cara.

A primeira parada do grupo foi em um bar, mas não foi o bastante. O segundo plano, ir a uma festa para beber e dançar, foi recebido com pavor por Alexandre, que não bebia nem dançava.

"Que absurdo! Pagar R$ 30?", disse, sobre o preço da entrada. "Eu já não gosto de boate... Boate em São Lourenço?"

Sua carreira em danceterias tinha acabado nos tempos da finada Mikono's do Leblon, onde dera o primeiro beijo em Agatha.

Na boate, já nas primeiras horas da segunda-feira, havia uma mesa de quatro lugares, dois ocupados pelo casal Alexandre e Agatha e outros dois vazios. Sobre a mesa, uma garrafa de vinho a poucos goles do fim que Andreia tinha bebido praticamente sozinha. Deive e Andreia estavam na varanda conversando sobre a vida de ambos. Sem alarde, começaram com um beijo a vida que teriam juntos.

Quando voltaram à mesa, Alexandre não estava mais emburrado. Pelo contrário, ficou exultante! Tinha muito ciúme da cunhada que, desde o começo do namoro com Agatha, passou a considerar como irmã, um membro de sua nova família. Ver Andreia e seu grande amigo juntos transformou aqueles R$ 30 de entrada em um investimento bem-sucedido.

A vida real bateu à porta logo na volta para casa. Não podiam contar nada para os pais e para os filhos de Andreia. A casa tinha três quartos. Os pais dela dormiram em um quarto, Andreia em outro e os filhos no terceiro. Deive ficou no quarto das crianças. Alexandre e Agatha ocuparam o sofá-cama da sala, como sempre faziam. Na manhã de segunda-feira, Deive e Andreia ainda não sabiam se eram mesmo um casal ou se aquela noite tinha sido apenas um desvio na amizade, algo de que ririam (ou de que se envergonhariam) no futuro. Mais uma vez, precisariam sair de casa para descobrir. Dessa vez, sem bebidas.

Os quatro, os amigos Deive e Alexandre e as irmãs Andreia e Agatha, foram ao Parque das Águas de São Lourenço, a maior atração turística local. Deive era um homem formado, preparado pela família e pelo destino para assumir sozinho os negócios do pai. Andreia era uma mulher dona de seu próprio negócio, mãe solo de dois filhos, e precisava cuidar sozinha do sustento e do futuro deles. Contudo, durante a caminhada que faziam lado a lado naquela segunda-feira de feriado, estavam muito mais próximos daqueles garotos que, dez anos antes, dividiram uma brincadeira de "verdade ou consequência" no imponente hotel Primus, a duas quadras de distância do parque. Numa inversão de valores improvável, Deive, o solteiro de Ipanema, versado na noite carioca, ouviu o conselho do amigo nerd que não bebia e tinha a mesma namorada desde os 14 anos.

"Pega na mão dela! Pega na mão dela!", disse Alexandre ao amigo.

Ele obedeceu.

O Natal de 2004 marcou a reunião das famílias Pazos e Duboc em São Lourenço. Deive não poderia prever aquele cenário dois meses antes: seus pais, os pais de Agatha e Andreia, seu amigo Alexandre e duas crianças correndo pela casa, animadas com os presentes do Papai Noel. Não havia mais o Jovem Nerd, distração que compartilhou com Alexandre por quase dois anos. Logo não haveria mais o Amazing Pixel. O blog ácido de mulheres nuas e análises cínicas da vida morreria, aos poucos, junto ao solteiro de Ipanema.

Só que ainda havia muitas surpresas nos caminhos de todos. Afinal, algumas das melhores histórias de ação e aventura envolvem dois amigos que se arriscam juntos. É o caso de *Armação Ilimitada*, por exemplo. E seria o caso de Alexandre e Deive, em uma saga que mudaria os rumos da cultura nerd-geek-pop no Brasil.

Bebê Azaghal na casa dos tios, na Espanha.

Desde pequeno, Deive dava indícios de que queria ser "Motoqueiro Porra".

Pego no flagra!

Família Pazos reunida.

Bebê Nerd, já demonstrando os talentos de podcaster.

E exercitando o futuro hobby de pintura de miniaturas.

Alexandre e sua mãe (e primeira investidora).

Mãe jornalista, filho com aspirações de storyteller.

Os primeiros frutos do investimento, com um jovem Jovem Nerd web designer.

Momentos de descontração com amigos, incluindo um jovem Carlos Voltor.

Agatha e Andreia, típicas irmãs dos anos 1980 com roupas combinando.

Andreia, a mais velha...

...E Agatha, a mais nova.

Agatha, Alexandre e o amigo Guilherme Bollman.

Deive e Andreia, na época apenas amigos.

Alexandre e Agatha, juntos desde cedo.

Dois jovens nerds...

Amizades que começam como *crossovers* de quadrinhos: cheias de marra no início, mas que duram pra sempre.

Azaghal já teve cabelo à lá Selton Mello.

Alexandre e pai.

Sempre quis saber de onde vinha o meme do Pokémon Fudido? Agora sabe!

À esquerda, Dudu Spohr.
Abaixo, ele e seu irmão Rex.

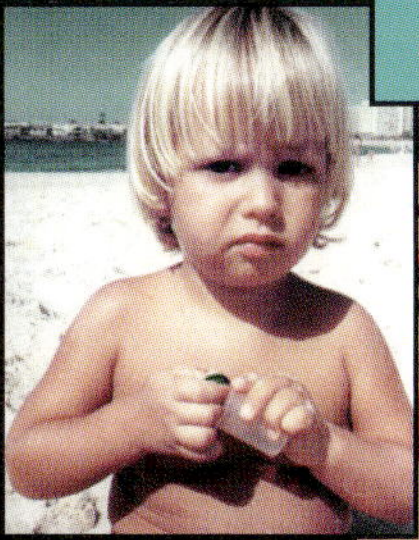

Enquanto isso, no motel White House...

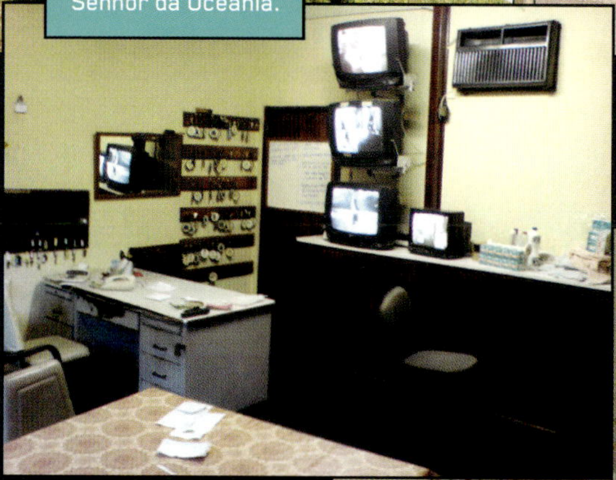

O escritório do Senhor da Oceania.

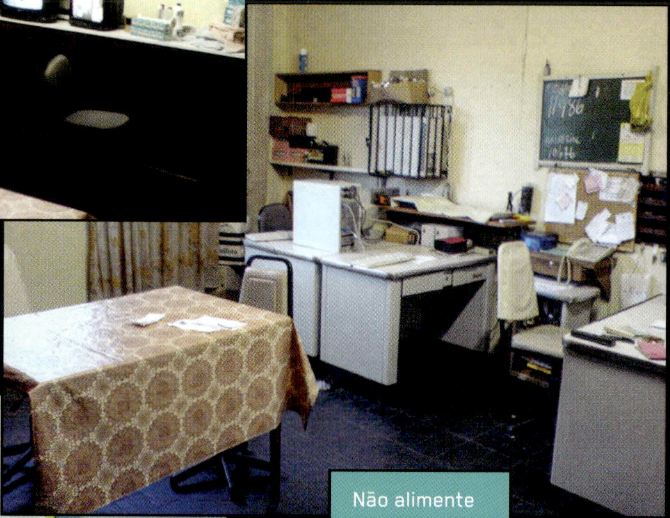

Não alimente os servidores.

Senhor K recebe você na suíte festa.

A lendária viagem de Azaghal e Sr. K a Nova York.

Primeira vez em NY tem que visitar o Empire State.

O charme de um Sr. K ainda cabeludo.

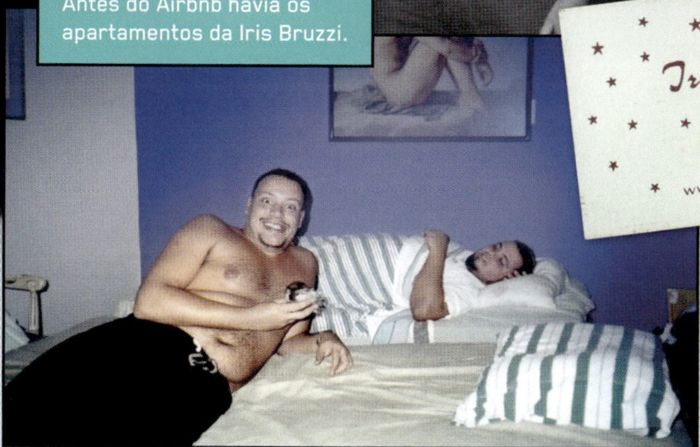

Antes do Airbnb havia os apartamentos da Iris Bruzzi.

Azaghal e Portuguesa no seu primeiro dia de namoro.

Em tempos mais modernos, André, Alan, Deive e Andreia, ou Almôndega, Dubox, Azaghal e Portuguesa.

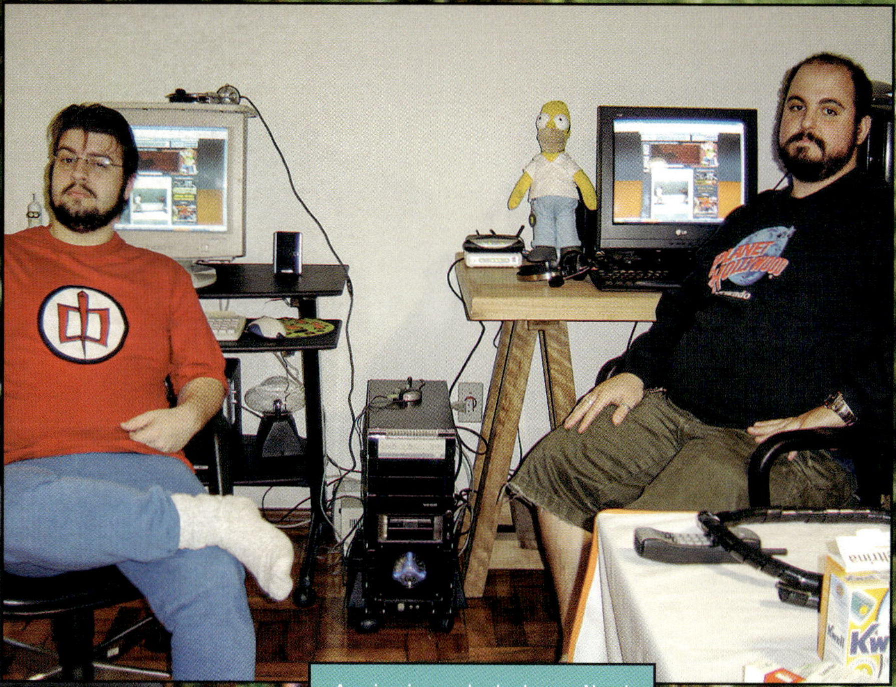

A primeira sede do Jovem Nerd, em São Lourenço.

Brinde: primeiro crachá do Jovem Nerd.

Está formada a dupla.

Como uma pessoa introvertida, de poucos amigos e que sofria bullying na escola, o Nerdcast ajudou a construir quem sou hoje, me fazendo rir nos meus momentos mais tristes, me ajudando a criar empatia pelas outras pessoas (como no episódio "Vivendo com HIV") e até mesmo me incentivando indiretamente a fazer terapia.

A equipe Jovem Nerd causou uma mudança enorme em minha vida. Por isso, muito obrigada.

— Luiza Silva, 28 anos, São Paulo/SP.
Acompanha o Jovem Nerd desde 2012.

PARTE 2

1

A COMUNIDADE JOVEM NERD

Nenhum final é fácil. O fim do blog Jovem Nerd, ocorrido em 29 de setembro de 2004, foi repleto de emoções.

Alexandre foi o responsável, usando animações em *flash* no cabeçalho da página para criar suspense antes da notícia definitiva. Em uma dessas animações, chamada "Revelação", havia uma sequência de vários ícones nerds acompanhados de suas datas de nascimento e morte. Entre eles estavam William Wallace (*Coração Valente*), Darth Vader e, finalizando, o replicante Roy Batty de *Blade Runner*, o clássico da ficção científica do diretor Ridley Scott. O replicante tem destaque e a trilha sonora da animação é a do seu discurso final, uma cena poderosíssima:

> "Eu vi coisas nas quais vocês nunca acreditariam. Naves de guerra em chamas na constelação de Orion. Vi raios-C brilharem na escuridão perto do Portal de Tannhaüser. Todos esses momentos se perderão no tempo, como lágrimas na chuva. Hora de morrer."

A música é a emocionante faixa "Tears in rain", composta por Vangelis, grande mestre das trilhas sonoras cinematográficas. Alexandre usou ainda a frase final do discurso, "Hora... de morrer..." seguida da afirmação "A morte de um nerd" ao lado da imagem do Nerdinho, a mascote do site, criado pelo ilustrador Flávio "Deadfish" Hideki.

Quando o blog encerrou as atividades, a animação mudou e a nova versão ficou lá por meses, do fim de 2004 até o início de 2005. A inspiração desta vez foi o funeral de Spock, visto em *Jornada nas Estrelas II: A ira de Khan* (1982). O original era o corpo de Spock em um caixão cercado por tripulantes da nave *Enterprise*. Na versão de Alexandre, o corpo era o da mascote Nerdinho, cercado por ícones nerds, na maioria super-heróis. A partir daí, a animação virou uma cópia do filme, incluindo a trilha sonora. O corpo de Nerdinho foi lançado da nave *Enterprise*, caindo no Planeta Gênese e causando uma esfera de luz.

A animação dava o tom fúnebre de uma aventura entre amigos que terminara para que alçassem voos mais longos. O primeiro post era um link para o longo anúncio oficial redigido por Alexandre para marcar o término do blog. Abaixo, foi publicado o resultado de uma enquete com os leitores: "Qual foi a melhor atração do Jovem Nerd de todos os tempos?". A grande vencedora foi a sátira Big Brother Star Wars, com 345 votos de um total de 1.375. Havia também os banners. No primeiro deles, acima do que levava ao portfólio de Flávio Hideki, estava escrito simplesmente "Fórum Jovem Nerd".

O fórum do blog foi criado por Alexandre depois de longas madrugadas de trabalho. No anúncio de seu lançamento, no dia 10 de maio de 2004, Alexandre escreveu:

> "Como Azaghal profetizou, não vai dar certo e eu terei perdido mais algumas horas de minha vida em vão, mas ainda assim vou lhes dar uma chance."

A profecia de Azaghal, conhecido na internet por sempre estar certo, não se concretizaria dessa vez, pois a chance dada por Alexandre aos leitores do blog foi certeira. A comunidade nerd brasileira tinha muitos fóruns temáticos sobre RPG, games, sagas de fantasia e ficção científica, animes e mangás japoneses... Qualquer tema nerd tinha seus grupos de discussão, alguns consolidados havia anos, inclusive com eventos, encontros periódicos e convenções anuais. Nos blogs de cultura pop já existentes, com destaque para o site Omelete, criado por Érico Borgo, Marcelo Forlani e Marcelo Hessel, temas como quadrinhos, cinema e jogos eletrônicos eram fonte de discussões ferrenhas nos comentários das postagens. No próprio Jovem Nerd era assim, em menor escala. Com o advento do Fórum Jovem Nerd, os leitores do blog tiveram, finalmente, uma mesa de bar nerd, sem tema específico, e logo adotaram o espaço.

No começo não havia muitos usuários, mas a taxa de utilização do fórum cresceu com o passar dos meses. Um mês depois de lançado, em maio de 2004, o fórum contava com 200 membros registrados e quase 6 mil posts sobre temas diversos como cinema, quadrinhos, informática, games, livros e RPG. Em outubro de 2004, logo depois do fim do blog, eram 340 membros registrados e 30 mil posts. O Fórum Jovem Nerd ganhou vida própria. Em março de 2005, depois de seis meses de blog exibindo a mesma animação do Nerdinho sendo expelido da *Enterprise* e nenhuma novidade, o fórum tinha 425 membros ativos e 44 mil posts, um crescimento de 25% entre usuários e de 46% na participação deles.

Um dos responsáveis por essa sobrevida do JN foi Bruno Barbosa, de Pindamonhangaba, São Paulo, então com 18 anos de idade. Bruno conheceu o Jovem Nerd no fim de 2003, por meio de uma indicação em outro fórum que frequentava. Em maio de 2004, quando o Fórum JN foi criado, Bruno estava com muito tempo livre, pois não tinha passado no vestibular e frequentava um curso técnico para não ficar à toa. Quando o curso chegou no módulo de Informática, Bruno usou o computador para interagir com os fãs do Jovem Nerd nos comentários dos posts. O clamor por um fórum começou ali, e logo foi atendido por Alexandre. Bruno foi o membro número 15, inscrito no primeiro dia, e assistiu à invasão de usuários que sucedeu o lançamento.

Foi um caos, com dezenas de tópicos criados, muitos deles semelhantes ou inadequados. Bruno comentou em praticamente todos, até abrir um ele mesmo, direcionado a Alexandre, com um aviso: "estava tudo ótimo, mas uma bagunça". Em pouco tempo, Bruno recebeu uma mensagem privada de Alexandre empossando-o como moderador daquela confusão. A partir do segundo dia de Fórum JN, a bagunça tinha um gerente, que atendia na internet pelo apelido de Holygriever.

Sob sua mão pesada, o fórum do Jovem Nerd se transformou em uma comunidade nerd participativa que formaria amizades para a vida inteira, com pessoas de todas as regiões do país, e além. Uma das mais participativas teclava do outro lado do mundo e usava o pseudônimo de Lady Lark.

A carioca Maisa Fonseca morava em Pequim, na China. Acompanhou o marido, que havia viajado a trabalho, e dava aulas de inglês. Era uma nerd clássica, com interesses profundos por RPG, literatura (principalmente Isaac Asimov) e videogames. Não tinha amizades na China e dependia de um grupo de e-mails com os amigos para discutir e vivenciar seus assuntos favoritos. Maisa chegou ao Jovem Nerd por indicação do melhor amigo, Bruno Mello, o Guinnyn Nightshade. Não perdeu muito tempo com o blog, mas encontrou no Fórum JN o lugar ideal para exercitar a nerdice e, ao mesmo tempo, passar o tempo livre em um país que não tinha lhe rendido amizades como as que tinha cultivado no Brasil.

Uma das primeiras participações importantes de Maisa Lady Lark, em paralelo a discussões sobre assuntos nerds, foi com o exercício da escrita, sua grande paixão. Abriu um tópico para publicar, em capítulos, uma história de fantasia sobre um apocalipse zumbi. A recepção foi ótima até na história acontecer um ménage entre dois homens heterossexuais e uma mulher, o que não foi bem-visto por parte dos leitores. Como quase sempre acontece na internet, a turba dos insatisfeitos dominou a discussão e a reação sexista foi dura. Maisa, não acostumada, interrompeu a história antes do fim, em que todos morreriam. Mas Lady Lark continuaria a ter voz ativa no Fórum JN, participando de guildas no game Ragnarök e em discussões nerds aleatórias. No futuro, sua voz ganharia ainda mais força no Jovem Nerd, mesmo que a dos trolls crescesse na mesma proporção.

No Fórum JN a vida era agitada. No blog, porém... nada. Nada, além do anúncio do fim. Alexandre continuava na intentona de seu primeiro romance de fantasia. Deive começava, com Andreia, seu romance da vida real. Mas a ficção estava prestes a agir novamente na vida dos dois. Se havia uma força capaz de mover o Jovem Nerd, essa força tinha "F" maiúsculo.

O blog O Jovem Nerd fora criado no início de 2002 com a necessidade de Alexandre Ottoni de falar sobre *Guerra nas Estrelas: Episódio II – Ataque dos Clones*. Em 2005, a fissura nerd seria reavivada com o *Episódio III – A Vingança dos Sith*. Mas onde despejar toda a expectativa pela continuação da saga que marcara sua vida desde a infância? Não havia mais Jovem Nerd, mas o fórum pulsava à revelia de seu criador.

O único tópico comparável em frequência a Guerra nas Estrelas era o de games, dedicado a antecipar o alarde pelo lançamento do moderníssimo console Xbox 360, da Microsoft. Alexandre acabou focando sua catarse pela saga em conversas com Bruno Holygriever. Cada notícia era tratada pelos dois com um bordão bem característico de empolgação: "FO... DA", as reticências preenchidas pela letra "o" maiúscula de acordo com a importância da notícia. Bruno só tinha visto a trilogia clássica em 2004, depois da insistência de Alexandre via Fórum JN. Apaixonou-se. Grande parte da comunidade recebeu o filme com cautela, diante da catástrofe estelar dos dois episódios anteriores da nova trilogia. Para Alexandre e Bruno, ou Alottoni e Holygriever, nada disso tinha importância.

Em abril de 2005, mês de estreia do *Episódio III*, o tópico "Star Wars" do Fórum JN tinha 31 discussões diferentes e totalizava quase 1.300 comentários. Alexandre, que estava desaparecido desde o fim do blog, passou a figurar entre os que discutiam a saga de George

Lucas. Mesmo depois de sete meses sem posts, o Jovem Nerd nunca havia morrido de verdade. E não existia animação fúnebre em *flash* que refreasse os nerds reunidos ali.

No começo desse mês de abril, Alexandre iniciaria, sem alarde, uma nova série intitulada Star Wars – Episódio II – Versão Resumida. O filme que, em 2002, tinha sido inspiração para a criação do blog, virou conteúdo para o seu renascimento. A fórmula, as Versões Resumidas, havia sido consagrada na curta vida do site. Alexandre e Deive já haviam feito cinco, inspirados por *Matrix*, *Matrix Reloaded* e pela trilogia *O Senhor dos Anéis*. Nada melhor do que o *Episódio II* de Guerra nas Estrelas para desafogar, em fotos e legendas sacanas, a expectativa pelo novo episódio da saga.

O retorno sutil, sem aviso, suscitou o tópico "O Jovem Nerd ressuscitando?" no Fórum JN. Bruno Holygriever sabia de tudo, mas conseguiu guardar segredo. O Jovem Nerd estava vivo novamente, depois de sete meses exibindo a animação de sua morte, inspirada na saga estelar concorrente. Guerra nas Estrelas foi responsável pela gênese e pela reencarnação do site, mas Jornada nas Estrelas continuou sendo a principal inspiração simbólica. Antes de morrer em *Jornada nas Estrelas II: A ira de Khan* (1982), Spock olhou nos olhos do capitão Kirk e, com os dedos partidos entre o médio e o indicador, em forma de "V", pronunciou a saudação clássica dos vulcanos: "Vida longa e próspera".

A sequência cinematográfica, *Jornada nas Estrelas III: À procura de Spock* (1984), é um spoiler: nesse filme, Spock renasce para uma nova vida repleta de longevidade e prosperidade. O mesmo estava para acontecer com o blog Jovem Nerd.

2

A REVOLUÇÃO AUDÍVEL

No dia 23 de outubro de 2001, durante um evento da Apple, Steve Jobs tirou do bolso de sua calça um produto que revolucionaria a indústria da música: um dispositivo com o tamanho de uma caixinha de baralho, mas capacidade para guardar mil músicas.

Até então, os aparelhos portáteis de música eram muito grandes ou tinham pouco espaço de armazenamento. Jobs matou os dois problemas de uma vez ao exibir o primeiro iPod para uma plateia empolgada.

Mas a revolução de Jobs engrenou apenas quando a terceira geração do aparelho foi anunciada, em 2003. O novo iPod tinha versões com capacidade entre 2 mil e 7,5 mil músicas, mesmo sendo menor que os anteriores. Além disso, nasceria a iTunes Music Store, loja virtual da Apple com acervo inicial de 200 mil músicas, cada uma custando 99 centavos de dólar. Uma semana após o lançamento, em maio de 2003, a loja virtual chegou à marca de 1 milhão de músicas vendidas, um alívio para a indústria fonográfica devastada pela pirataria. Em setembro, esse número chegaria a 10 milhões. Em 2004, o aparelhinho se tornaria líder absoluto entre os tocadores de música portáteis.

Rumores sobre um novo uso para o iPod (e similares) surgiram no começo de 2004 e um artigo publicado no jornal inglês *The Guardian* provaria o poder visionário de seu autor, Ben Hammersley, jornalista e entusiasta da internet. O título foi "Audible revolution" ("Revolução audível") e as primeiras linhas já davam conta da novidade.

> "Com o benefício do retrospecto, tudo parece bem óbvio. MP3 players como o iPod da Apple em muitos bolsos, softwares de produção de áudio baratos ou de graça e blogs estabelecidos como parte da internet; todos os ingredientes estão aí para um novo boom do rádio amador. (...) Mas como chamar isso? Audioblogging? Podcasting? GuerrillaMedia?"

Teve três chances e acertou com *podcasting*, contração de iPod e broadcasting (radiodifusão, transmissão). O artigo foi considerado o primeiro a sugerir o nome que se consagraria na internet para definir conteúdo em áudio transmitido do produtor aos tocadores de MP3. Havia formas de se propagar programas de áudio em MP3, como o ouvinte procurar o programa que queria e baixá-lo no computador (um por um) para ouvir, no próprio PC ou em tocadores de MP3. A diferença desses programas para o *podcasting* era simples: o RSS.

O RSS era a tecnologia que ajudava a organizar a vida de quem consumia conteúdo de blogs. Em vez de visitar cada um dos seus blogs preferidos, você os "assinava" e lia os posts em um agregador de conteúdo. Porém, só funcionava com texto. Para fazer a mesma coisa com áudio, era necessária uma inovação.

Em 2003, o jornalista e radialista americano Christopher Lydon tinha gravado entrevistas com especialistas na área de tecnologia e política como parte de uma pesquisa da Universidade de Harvard. Ele convertia as entrevistas para o formato MP3 e as publicava em seu blog Radio Open Source. Quem assinava o feed do blog recebia o texto e tinha que ir no blog fazer o download do áudio. Até que um colega, Dave Winer, resolveu simplificar a vida dos ouvintes de Lydon criando uma forma de "empacotar" o áudio junto ao texto. Esse foi o momento de virada para o que viria a ser um podcast. Mas faltava a última etapa: o iPod.

Esta foi cumprida em 2004 pelo empreendedor de tecnologia e ex-VJ da MTV americana Adam Curry, em parceria com o programador Kevin Marks. Eles desenvolveram uma ferramenta que permitia levar o arquivo de áudio do RSS para o iTunes, então o único software que alimentava o iPod com conteúdo. Nascia o *podcasting* como conhecemos. Por associação, o conteúdo transmitido dessa forma foi batizado de podcast, e a novidade não demorou para chegar ao Brasil.

"Quinta-feira, 21 de outubro de 2004,
esse é o Digital Minds podcast número... um."

A voz é do desenvolvedor de projetos mobile Danilo Medeiros, dono do blog DigitalMinds. Depois da apresentação, sobe o som da trilha sonora do anime *Cowboy Bebop*, um dos assuntos do que é considerado o primeiro podcast brasileiro. Logo surgiriam outros da "primeira geração" de podcasts brasileiros, como o Podcast do Gui Leite, de Gui Leite, Perhappiness, de Rodrigo Stulzer, e Código Livre, de Ricardo Macari, lançados no fim de 2004. Em 2005 o grupo ia aumentar e começar a se organizar, o que dava a ideia de que a brincadeira tinha ficado séria. Em dezembro de 2005, em Curitiba, Macari organizou a primeira Conferência Brasileira de Podcast. Lá foi criada a Associação Brasileira de Podcast (ABPod), e o primeiro presidente eleito foi o produtor musical e DJ Maestro Billy. Mesmo com o ar de seriedade, a primeira turma foi desanimando e interrompendo a produção. O podcast era um hobby que dava trabalho, não dava dinheiro e não havia muitos ouvintes. No Brasil o iPod ainda era objeto de luxo e a "revolução audível" precisou ser adiada por aqui. Mas não por muito tempo — e nossos nerds tiveram seu papel nisso.

A grande atração do site Jovem Nerd no começo de 2006 era Toon City, uma fotonovela inspirada em *Sin City*, série de quadrinhos de Frank Miller adaptada em um filme *noir* escrito e dirigido por ele e Robert Rodrigues. O filme foi lançado em julho de 2005 no Brasil e chamou a atenção do público pela estética quadrinesca e pela violência desmedida. Em *Toon City*, a versão de Alexandre e Deive no Jovem Nerd, personagens como Marv (Mickey Rourke) e Dwight McCarthy (Clive Owen) dividem a trama com clássicos dos desenhos animados dos anos 70 e 80 como o coelho Pernalonga e o "super magnífico lutador contra o crime" Hong Kung Fu.

Alexandre e Deive estavam investindo a sério no site. Continuavam em seus empregos — Alexandre na agência DMN e Deive entre as viagens para São Lourenço, onde Andreia vivia, e a administração dos motéis da família —, mas o Jovem Nerd tinha, no fim de 2005, finalmente virado uma empresa, a Pazos & Ottoni.

A oportunidade surgiu quando pensavam em desistir, já que o trabalho era muito grande e o retorno financeiro, pífio. A salvação veio com uma proposta de Marcela Tavares, então responsável pelo portal IG Jovem e pelas inovações na plataforma de blogs que hospedava o Jovem Nerd, em 2002. Nerd e ex-jogadora de RPG, era fã do conteúdo do blog de Alexandre e Deive. Quando assumiu o IG Jovem e precisou de parceiros para o portal, pensou na hora no Jovem Nerd. "Agora eles serão meus para sempre!"

Mandou um e-mail com a proposta de contrato, com direito a hospedagem e rateio do dinheiro de anunciantes. Alexandre recebeu o e-mail e, na hora, ligou para Deive, que estava dirigindo a caminho de São Lourenço, para dar a notícia. Porém, precisariam ser uma empresa para efetivar a parceria. Descobriram que era mais barato abrir a empresa em São Lourenço e a sede ficou sendo na sobreloja do negócio de Andreia. A Pazos & Ottoni demorou quatro meses de burocracias para sair do papel, e a parceria foi firmada.

Em fevereiro de 2006, Alexandre e Deive apareceriam em um vídeo promocional de curadores de conteúdo do IG, material para divulgar o chamado "Novo portal do IG". Entre nomes importantes como os jornalistas Pedro Dória, do site de reportagens NoMínimo, Glória Kalil, do portal de moda Chic, e Joyce Pascowitz, do site Glamurama, estavam os blogueiros parceiros, como Garotas que Dizem Ni, Omelete e Jovem Nerd.

O novo portal IG foi inaugurado no dia 16 de fevereiro de 2006, e o maior problema se tornou gerar conteúdo. O IG poderia dar uma chamada para Toon City uma ou duas vezes, mas a atração se estendia por semanas — bom para os fãs, ruim para atrair audiência nova. A epifania criativa viria do Fórum Jovem Nerd, onde os nerds continuavam a trocar ideias em comunidade.

Um dos tópicos criados pela comunidade era algo como "Mostre a sua voz", onde os usuários se apresentavam aos demais em áudio. Maisa Fonseca usou o tópico para se apresentar e falar da vida na China. Pelo inusitado, começou a receber perguntas dos membros do fórum sobre a vida no país asiático. Como chegou na China? Como foi a viagem? É muito difícil falar mandarim? Respondia sempre em áudio, usando a ferramenta. Uma das perguntas, sobre as horas de voo até lá, foi feita por Alexandre, que passou a acompanhar as respostas de Maisa com uma antiga ideia na cabeça.

O melhor conteúdo produzido por Alexandre e Deive não ia ao ar no Jovem Nerd, mas desaparecia em conversas que varavam a madrugada, entre os dois e os amigos em comum. Andrés Amigo Imaginário, Caio Bluehand, Carlos Voltor, Eduardo Spohr, Fernando Tucano, João Paulo e tantos outros tocavam suas vidas, mas a memória das mesas de bar e conversas nas madrugadas assistindo TV ainda estavam na cabeça de Alexandre e Deive. Muitas dessas memórias eram seguidas da frase "A gente precisava gravar essas conversas e ganhar dinheiro com isso". Como, por exemplo, quando Alexandre, Deive e Guga se reuniram na casa de Andrés e, sem nada para fazer de madrugada, começaram a zapear na TV até encontrar o bizarro programa *Alegria, Alegria*, apresentado por Daltro Cavalheiro, a quem o grupo passou a se referir como "Bilbo Baggins bêbado". Ou quando Deive e Frederico Carstens, o Sr. K, matavam aula da faculdade para comer sanduíches de filé com queijo e bacon no Bar Lagoa tecendo comentários ácidos sobre a vida alheia.

Alexandre ouviu os relatos de Lady Lark sobre a China e resolveu gravar as primeiras conversas, ainda sem a menor intenção de ganhar dinheiro com isso. Como um piloto, chamou seu amigo de colégio Carlos Voltor, Bruno Guinnyn Nightshade, o moderador do Fórum Jovem Nerd, e, claro, a própria Maisa Lady Lark, que inspirou o intento. Segundo Alexandre, Deive foi chamado mas não podia participar. Segundo Deive, ele sequer foi chamado.

Todos se conectaram por Skype e a primeira conversa gravada rendeu os três primeiros programas em áudio do Jovem Nerd, batizados sob o nome de NerdConnection. Como o tema do primeiro programa foi o super-herói Superman, a primeira coisa que se escuta no primeiro NerdConnection, depois da vinheta "NerdConnection... no Jovem Nerd" e antes da voz de Alexandre, é a canção "Theme for Superman", de John Williams, o tema clássico do filme Superman de 1978.

Alexandre: "Lambda, Lambda, Lambda... Aqui quem
vos fala é o Alottoni, o Jovem Nerd, em mais um podcast...
Na verdade é o primeiro podcast do Jovem Nerd.
Bem-vindos à nossa loucura. Vamos ver se isso vai dar certo."

Nos bastidores, a instrução de Alexandre foi simples: "Eu quero um papo de bar!". Alexandre e Carlos Voltor não tinham quase nenhuma intimidade com um bar, e sequer conheciam Maisa e Bruno pessoalmente. Maisa gravou de madrugada na China, e o barulho causou reclamações do vizinho de baixo, que bateu com a vassoura. Deixou claro que não gostava do Super-Homem, posição que já tinha provocado polêmica em seus comentários em áudio no Fórum Jovem Nerd. "Eu não gosto de herói escoteiro, acho ridículo", disse Maisa, entre falhas na conexão do Skype. Guinnyn Nightshade quase não abriu a boca e foi apelidado no ar de "o moderador calado".

O programa acabou virando uma conversa sobre o Batman, que seria tema do segundo NerdConnection, gravado no mesmo dia. O mote foram as especulações sobre a sequência vindoura de *Batman Begins*. Não se sabia nem qual seria o vilão, e nomes como Al Pacino, Jude Law, Hugh Jackman e Justin Timberlake eram especulados no elenco. O terceiro NerdConnection também começou com uma pitada de Batman e tratou da morte nos quadrinhos, com foco na morte de Jason Todd, o segundo Robin dos gibis do homem-morcego.

O papo foi dividido em três programas sem qualquer esmero extra de edição. Começaram a ir ao ar na segunda semana de março de 2006, entremeado pelos posts de Toon City. A ferramenta usada foi o player Odeo, o mesmo usado para os posts em áudio do Fórum Jovem Nerd. Deive odiou o resultado.

No NerdConnection número 4, com o tema "Rocky Balboa está de volta: comemorar ou chorar?", Deive participou, marcando posição. A franquia que alçou Stallone ao estrelato estava prestes a render seu sexto filme, intitulado simplesmente de *Rocky Balboa*. O filme seria usado muitas vezes como referência positiva na vida de Alexandre e Deive mas, antes de vê-lo, a descrença era a tônica.

Alexandre: "Por que existe esse filme?"

Deive: "Por uma questão política. Ninguém votaria no Sylvester Stallone para governador da Califórnia, então ele tem que continuar tentando, keep trying..."

A ironia era direcionada a Arnold Schwarzenegger, que então estava afastado das telas e abrindo caminho na política.

Aos poucos, sem muita pretensão, a mesa de bar dos amigos da Zona Sul do Rio dos anos 1990 foi reeditada na internet. Na nona edição, o programa semanal de áudio do Jovem Nerd passou a se chamar Nerdcast e traria mais novidades. A primeira delas foi que, a partir daquele episódio, o programa poderia ser assinado via iTunes e ser baixado direto no iPod, passando a atender às definições técnicas do que é um podcast. A segunda foi o anúncio de um e-mail para que mandassem sugestões sobre o tema do programa anterior e correções das besteiras ditas por eles, chamadas "caneladas". Foi também a estreia da vinheta Caneladas, que viria a apresentar a leitura dos e-mails dos ouvintes no futuro.

A última surpresa foi João Paulo, que participaria pela primeira vez de Orlando, onde morava e trabalhava com turismo. Muita gente escrevia com a intenção de participar do programa, mas Deive foi bastante claro sobre a intenção do podcast do Jovem Nerd, dizendo que "A gente dá prioridade pros nossos amigos".

E assim seria.

O tema desse Nerdcast 9 foi "Pérolas de RPG", e JP, o primeiro mestre de RPG de Deive, foi um convidado natural. Voltor, que jogou com Alexandre na adolescência, voltou a ser chamado. JP não tinha ouvido as edições anteriores e não tinha interesse em participar. Para ele, era apenas uma chance de reencontrar os amigos e falar besteira.

Esse foi o primeiro programa com o tom claro de nostalgia, um sucesso que seria repetido muitas vezes. Foi no Nerdcast 9 que, pela primeira vez, os ouvintes saberiam sobre Fernando Russel, o Tucano.

> Deive: "Eu e um amigo meu, o Tucano, inventamos o nosso próprio jogo (de RPG). Se chamava Warriors of White Moon, e era tão bem-feito que, no quinto nível, eu tinha dominado sozinho um reino. No sexto eu me cansei e destruí o reino todo. (...) Todos os personagens do Tucano eram bêbados."

Tucano se juntaria à mesa de bar no episódio 15, sobre X-Men. Antes dele, Caio Boiteux, o Bluehand, (episódios 10 e 13) e Eduardo Spohr, sob o codinome Vince Gloto (episódio 13), fariam as primeiras de muitas participações. Aos poucos, todos os amigos puxariam uma cadeira, de suas casas, com headset na cabeça e uma conexão de internet ao menos razoável. As histórias de Alexandre, Deive, suas famílias e seus amigos passariam a formar um universo com folclore próprio e tão rico que renderia anunciantes, livros, camisetas, canecas, canais de vídeo, viagens pelo mundo, eventos, prêmios internacionais, amizades com famosos...

"A gente precisava gravar essas conversas e ganhar dinheiro com isso."

Lambda, Lambda, Lambda, nerds. Gravaram — e ganharam.

3

NEGÓCIOS EM FAMÍLIA

Era comum que Agatha Duboc voltasse para casa machucada depois de visitar o namorado, culpa de sua falta de intimidade com os afazeres domésticos. No apartamento dos pais, Agatha contava com o serviço de uma diarista. No do namorado, não.

A doença da mãe de Alexandre obrigou-a a parar de trabalhar e a renda familiar havia caído drasticamente no começo dos anos 2000. O dinheiro vinha do trabalho de Alexandre na agência DMN. Nas muitas vezes em que ela precisou de cirurgia, a rotina da casa ficava caótica. Alexandre trabalhava de casa, concessão que seu compreensivo chefe fazia. Nesses momentos, Agatha os visitava e tentava amenizar o caos. Tentava.

Um dia, quis fazer o jantar e resolveu fritar almôndegas pela primeira vez na vida. Um erro de cálculo com a temperatura do óleo e a quantidade de água nas almôndegas congeladas fez a frigideira explodir, derramando óleo no chão. No susto, Agatha tentou fugir, escorregou no óleo e... Chegou em casa com o braço engessado. Não foi a única vez.

Quando não estava ajudando Alexandre e a mãe, Agatha dividia-se entre a faculdade de marketing e os estágios, que só mostravam que aquela não era sua vocação. Depois de formada, trabalhou na agência de publicidade de seu melhor amigo, ainda sem se envolver de verdade com o marketing. Afinal, Agatha já tinha uma paixão: a música. Desde menina, gostava de cantar, influência do pai, músico e dono de uma banda que tocava em grandes eventos. Durante os ensaios de um desses eventos, Agatha arriscou-se ao microfone e foi muito bem. Na festa, teve pela primeira vez a experiência de trabalhar com isso e para ela, mesmo com todo o nervosismo da estreia, foi o empurrão que faltava para sair da publicidade.

Nas primeiras vezes que cantou com a banda do pai, Agatha sentiu a animosidade dos colegas de palco. Era vista como "filha do chefe", e não como alguém tentando seu lugar ao sol. Aos poucos, conquistou os companheiros de banda com um trunfo simples: tinha talento. O novo trabalho de Agatha incluía, além dos ensaios, também pagos, apresentações nos lugares mais luxuosos do Rio de Janeiro e até fora do país. Passou fins de semana cantando no hotel Copacabana Palace, em resorts do Rio e até em um hotel cinco estrelas em Punta del Este, no Uruguai. Um novo mundo, um mundo "meu amor", expressão que consagraria no futuro. No começo dos anos 2000, era um trabalho bem mais motivante que o de sua formação, diante de uma realidade dura na vida pessoal.

A morte de Gratia, em fevereiro de 2004, acabou provocando uma mudança na rotina do casal. Alexandre não conseguia lidar com as lembranças presentes no apartamento da mãe no Leblon e foi acolhido pela família de Agatha, passando a morar com a namorada e os sogros na Tijuca. O apartamento dele acabou alugado por um amigo que, por um desconto no aluguel, faria obras para melhorar o imóvel, abandonado diante dos desafios da doença da mãe.

A quase 300 quilômetros de distância dali, a irmã de Agatha, Andreia, tentava sustentar os dois filhos vendendo presentes para os são-lourencianos e turistas da cidade mineira. Mas não estava mais sozinha. Logo após o primeiro beijo em Andreia, em novembro de 2004, Deive Pazos passou a dividir-se entre o apartamento que alugava em Ipanema e a casa da namorada em São Lourenço.

Também foi o período de inatividade do blog Jovem Nerd. Em abril de 2005 o blog estava de volta, e Deive e Alexandre voltaram a investir tempo e dinheiro no sonho de saírem de seus empregos para viver fazendo o que gostavam. Os amigos viviam o mesmo drama de suas namoradas.

A solução precisava vir depois de uma segunda fase de organização em suas vidas pessoais. Afinal, Deive ainda namorava Andreia em intervalos de quatro horas de carro. Alexandre e Agatha moravam juntos, mas com os pais dela. A mudança veio no ano de 2005 e começou com uma dedetização.

A casa dos pais de Agatha e Andreia precisou ser imunizada e os pais foram para São Lourenço. Mas Alexandre e Agatha precisavam ficar no Rio para trabalhar. A solução foi a casa de Deive em Ipanema, que também estaria em São Lourenço, com Andreia, e cedeu o imóvel para o casal de amigos. Os dois teriam, pela primeira vez, a experiência de ficarem apenas os dois. Foi um fim de semana definitivo para que eles resolvessem casar e prolongar para sempre aquela experiência.

A família de Agatha gostou da ideia e sugeriu que a cerimônia ocorresse dali a um ano, para dar tempo de organizar melhor, pois o dinheiro estava curto. Alexandre tinha pressa e convenceu Agatha a se casarem em três meses. Ela tinha tudo na casa dos pais, e estava relutante, porém a situação dele não era confortável. Tinham o apartamento do Leblon para viverem juntos e, afinal, sendo namorados desde a adolescência e noivos há anos, os dois jovens já passaram por todas as dificuldades de um relacionamento. Para que esperar mais?

O contato que o pai de Agatha tinha com cerimonialistas acabou facilitando financeiramente os arranjos do matrimônio. Quase tudo saiu com desconto. A cerimônia foi realizada no salão de um hotel na orla de Copacabana, com vista para o mar. Como o lugar era pequeno, não cabia a banda do pai. Um DJ fez o serviço musical a preço de custo. As flores foram reaproveitadas de um evento ocorrido no dia anterior no imponente Copacabana Palace. Como os arranjos tinham vasos muito pesados, a cerimonialista apenas cortou a parte de cima e transportou as flores pela orla para enfeitar o casamento. O bolo foi outro presente. Em cima dele tinha um enfeite com o boneco dos noivos, sendo que o do noivo era o Darth Vader.

A cena ocorreu também na vida real, depois da cerimônia. Alexandre saiu de mãos dadas com Agatha vestido como o maior vilão das galáxias. A irmã Andreia, madrinha dos noivos, teve que disputar com uma moça bem mais nova, mas pegou o buquê.

Não demorou muito para que Deive e Andreia resolvessem também encurtar as distâncias da vida a dois. A solução foi a mudança de Deive para São Lourenço, onde Andreia tinha a vida estabilizada, com os filhos em escolas locais e a loja de presentes para tocar. Alugaram um apartamento para os quatro em frente à igreja matriz da cidade. Quando Deive chegou com a mudança, Andreia teve uma crise de choro: "Estou acabando com a sua vida trazendo você para esse fim de mundo!". Independentemente da cidade, era ao lado dela e das crianças que ele queria ficar. Deive continuou a trabalhar nos motéis, mas agora indo com menos frequência, longe da briga entre os sócios por mais dinheiro e dos problemas naturais de um motel à beira de uma rodovia, envolvendo prostitutas, cafetões e policiais. Em paralelo, passou a ajudar Andreia com a loja Portal de Harmonia.

Uma das missões do casal era comprar as mercadorias da loja em São Paulo, no caótico comércio da rua 25 de Março. Andreia escolhia os produtos e Deive ia atrás, com uma mala, tentando carregar tudo até seu carro. Quando a mala enchia, e enchia muito rápido, a solução era amarrar sacos de lixo preto nela, com mais produtos como carteiras da Hello Kitty, adesivos coloridos e bichos de pelúcia variados, sempre desviando dos buracos na rua e dos outros clientes ávidos por mercadorias baratas. Como Deive ainda trabalhava no motel da família, aproveitava a viagem para renovar o estoque de DVDs pornô dos quartos de seus clientes.

O Jovem Nerd, já estabelecido com a empresa Pazos e Ottoni, só passaria a decolar criativa e financeiramente em 2006, com o advento do Jovem Nerd News e do Nerdcast. O site já tinha anunciantes eventuais que se tornaram constantes depois da grande vitrine do áudio. As fotomontagens e versões resumidas, consideradas pelos dois como "a alma do site", minguaram até a morte. A última delas, a *Versão Resumida de O Império Contra-Ataca*, estava dando muito trabalho e os dois resolveram parar de publicar para ver o que acontecia, ver se alguém ia reclamar. Ninguém falou nada, e a atração ficou incompleta para sempre.

Agatha cantava profissionalmente, mas seu pai, escolado na inconstante carreira artística, desejava que a filha tivesse um emprego mais seguro e levasse a música como hobby ou, no máximo, como renda extra. Morando com Alexandre, Agatha passou a estudar para concursos públicos. Andreia estava desiludida em fazer o negócio dos presentes em São Lourenço crescer. As vendas eram raras e a clientela local tinha a mania de querer parcelar no cartão de crédito até uma simples caixa de incenso de R$ 1,20. O Portal de Harmonia ganhou o apelido interno de Portal da Agonia.

O público do site, em especial os ouvintes do Nerdcast, começava a propagar e referendar, via e-mails, o folclore criado no próprio ambiente do programa. As histórias, bordões e jargões dos amigos, praticados por anos na mesa de bar, viravam na internet o que hoje chamariam de memes, restritos à comunidade: Azaghal, o senhor da Oceania; Sr. K e seu ódio ao Carnaval na Bahia; o protocolo Bluehand para salvar os sobreviventes do apocalipse. O Acre existe? Quantos tios teria o JP, afinal?

A comunidade crescia e surgiu a vontade de ter um pedacinho do Jovem Nerd em casa. "Por que vocês não fazem uma camisa?" era uma das perguntas mais constantes nos e-mails. Alexandre, enfim, se empolgou com a ideia.

A primeira estampa foi, claro, a do Nerdinho, o ícone do site criado pelo ilustrador Flávio Hideki, um menino inspirado no jovem Alexandre fazendo a saudação "Vida longa e próspera". Nenhum dos dois, e nem as esposas, eram versados em confecções, estamparias e afins, e acabaram pedindo ajuda ao amigo de infância de Alexandre e

Agatha, Guilherme Bollmann. Ele, com a mulher, Ane, vendia produtos para lojas de conveniência de postos de combustível no país inteiro e, entre esses produtos, estavam camisetas. Em 2006, Alexandre pediu ajuda a Guilherme e o amigo indicou o único fornecedor que aceitava encomendas feitas em pouca quantidade.

Alexandre mandou fazer 70 camisas pretas do Nerdinho, de tamanhos variados. A encomenda veio com um defeito, uma linha branca contornando a estampa, mas Alexandre, Deive, Agatha e Andreia não entendiam ainda do mercado a ponto de mandar voltar tudo, coisa que fariam muitas vezes nos anos seguintes. Seria o único trabalho que a estamparia indicada por Guilherme faria com o Jovem Nerd, mas foi o ponto de partida de uma guinada prolífica.

O início das vendas da camiseta foi na JediCon do Rio de Janeiro, uma conferência nerd dedicada aos apaixonados por *Star Wars*, anunciado em um Nerdcast sobre o tema, havia muito esperado pelos ouvintes fiéis. Na leitura de e-mails do Nerdcast 35, lançado em 20 de outubro de 2006, Deive conclama os nerds para o encontro, a ser realizado no dia seguinte: "Se você está no seu carro agora, dirigindo, e está ouvindo o Nerdcast, vá pra Tijuca e procure a JediCon, nós estamos lá!".

A JediCon ocorreu no salão de festas do Colégio Marista São José, na Tijuca, e teve um estande exclusivo para vender as camisetas pretas do Nerdinho a R$ 29,90. Alexandre, Agatha e Deive foram trabalhar. Os amigos Andrés Ramos, o Amigo Imaginário, Carlos Voltor e Tiago de La'Marca, o Rex, foram prestigiar.

A leitura de e-mails do Nerdcast seguinte, o 36 ("Pérolas do RPG 2"), foi repleta de gratidão por parte de Alexandre.

> Alexandre: "Nós estamos muito agradecidos por todos os membros do Jovem Nerd que foram nos visitar lá na JediCon. Foi muito divertido, muito proveitoso."
>
> Deive: "Na verdade, eu só estou agradecido aos que compraram a camisa."

O anúncio da existência de camisetas do Jovem Nerd deixou os fãs que não eram do Rio de Janeiro em polvorosa. Um tópico sobre o assunto no Fórum Jovem Nerd ficou movimentado e e-mails começaram a chegar de todas as regiões do país.

Deive: "Eu não aguento mais... Eu falei que essa porra de camisa era uma péssima ideia, vai dar trabalho pra cacete..."

Alexandre: "Vamos ter uma loja no site em novembro (de 2006), então vai dar pra comprar tudo direitinho."

As vendas não foram um sucesso absoluto, mas Andreia, que ficou em São Lourenço, percebeu na hora o potencial do Jovem Nerd. Foram 20 camisetas vendidas no estande e ela levaria quase um mês para ter o mesmo faturamento no "Portal da Agonia". Como era inviável continuar com o fornecedor original, Andreia procurou uma empresa que fazia uniformes dos colégios de São Lourenço e conseguiu bom preço e qualidade. Tomou a frente da produção das camisetas do Jovem Nerd, enquanto o estoque era organizado por Agatha em um armário do apartamento no Leblon. Sobrou para o carro de Deive fazer o transporte da mercadoria.

O próximo teste de vendas das camisetas do Jovem Nerd seria na JediCon de São Paulo, em 18 de novembro de 2006. Dessa vez iriam três — Alexandre, Deive e Andreia — e o estande teria três opções de estampas. Além do que havia sobrado do Nerdinho, foram criadas a "Come to the nerd side", uma camiseta vermelha com o Nerdinho vestido de Darth Vader, e a "Nerd Power", camiseta branca com a mão em "V" fazendo o símbolo de "Vida longa e próspera". Mas a loja virtual no site, anunciada para o mesmo mês, ainda demoraria bastante para sair.

No Nerdcast seguinte ao evento de São Paulo, o 40 ("Uma câmera na mão e a galera no play"), Deive brincou com os primeiros efeitos do sucesso em sua vida: "Aqui é o Azaghal e eu tenho medo dos meus fãs".

Após os risos dos demais participantes, explicou que estava no metrô Vila Mariana, em São Paulo, quando ouviu um grito histérico. "Azaghal!" Imaginou que viraria apenas para ver a arma disparando o primeiro tiro, e já estaria babando no chão, tal qual John Lennon na frente do Edifício Dakota, em dezembro de 1980.

Para Andreia, o alcance do Jovem Nerd não era piada. Na Jedi-Con de São Paulo teve, pela primeira vez, contato pessoal e direto com a fama crescente de Alexandre e Deive, fruto das horas de dedicação ao Jovem Nerd. Andreia já era a Portuguesa do Nerdcast. Começou apresentando as próximas atrações com sotaque lusitano, ainda na nona edição. Quando desistiram da ideia de apresentar o tema do próximo programa, passou a participar em temas do cotidiano e memórias da infância e da juventude.

Os primeiros programas com Andreia e Agatha como convidadas foram o Nerdcast 25, sobre festas de playground e matinês (agosto de 2006) e o Nerdcast 32, sobre jogos de tabuleiro (setembro de 2006). Elas achavam divertido ver o feedback de suas participações por e-mail, mas nada se comparava ao encontro pessoal com os fãs.

Acima de tudo, nada se comparava a ver os fãs do site pagando para ter uma camiseta exclusiva do Jovem Nerd. Boa parte do atraso do lançamento da loja virtual se deveu à vontade das irmãs Duboc de fazer tudo certinho desde o começo. Aquela era uma oportunidade de ouro.

Por dezenas de episódios, Alexandre precisou ficar se desculpando pela promessa furada de abertura da loja virtual. Mais tarde, os fãs puderam assistir pela TV aos primeiros indícios de que a loja estava para sair. O canal de TV por assinatura Multishow exibiu em oito episódios, a partir do dia 4 de setembro de 2007, o programa *Retrato Celular*. Nele, 34 participantes de todo o país receberam celulares com câmera para filmar suas rotinas, mostrando os diferentes estilos de vida da juventude brasileira. Alexandre foi um dos participantes escolhidos pela produção do programa, dirigido por Andrucha Waddington, um dos grandes nomes do cinema e da publicidade do país.

“Oi, meu nome é Alexandre Ottoni, 28 anos, e sou conhecido como o Jovem Nerd porque tenho um site com meio milhão de pessoas acessando todo mês. (...) Nerds do Brasil inteiro acessam essa bagaça e nós temos que cuidar desse pequeno império. (...) Sou carioca, moro no Rio. Não por muito tempo... Mas fiz a minha vida aqui, e estou em busca do sucesso, o Cálice Sagrado dos nerds.”

Os trechos que Alexandre filmou e foram exibidos pelo programa foram gravados em maio de 2007. Alexandre se apresentou, mas também apresentou Agatha, sua mulher, Deive, seu sócio, e amigos que os fãs já conheciam havia muito tempo pela voz e veriam pela primeira vez, como Bluehand e Carlos Voltor. Em um rápido passeio pelo apartamento que dividia com Agatha no Leblon, Alexandre mostrou uma peça importante da decoração:

“Esses dois bonequinhos, o Darth Vader e a noivinha, foram os bonequinhos do meu bolo de casamento.”

Em outra cena, Alexandre estava descendo no elevador de seu prédio e anunciou:

“Agora a gente vai ajudar meu sócio que está chegando com mercadoria... A gente vai abrir a loja virtual, maluco!”

Deive abriu uma mala enorme, a mesma que enchia de produtos da 25 de Março para a loja de Andreia, e despejou no chão dezenas de produtos. Dessa vez, não havia nenhuma carteira da Hello Kitty. Eram as camisetas exclusivas do Jovem Nerd, feitas em São Lourenço sob supervisão de Andreia e trazidas para o Rio de Janeiro no carro de Deive, que gritou animado para a câmera de celular enquanto as peças se esparramavam pelo chão: “É a grife Jovem Nerd!”.

Alexandre depois deu um depoimento ao Multishow:

“O que eu quero é trabalhar pra mim, né? Chegando aos 30 anos... Eu tenho 28... Você começa a pensar no futuro, na sua família, no que você quer construir. Correr atrás de ser independente e ter o próprio negócio é, sim, muito pertinente. Eu não quero ser assalariado pro resto da vida. (...) Tenho na minha cabeça que eu vou ser bem-sucedido na vida. Me considero bem-sucedido, até agora, mas eu nunca vou deixar de ter sempre um objetivo maior à frente."

No fim da participação de Alexandre no programa, Agatha aparece folheando um bloco de notas fiscais da Pazos & Ottoni LTDA. "O negócio existe!", ela diz. Nos bastidores, o Jovem Nerd estava virando um negócio em família. A contadora da loja de Andreia em São Lourenço não entendia nada de e-commerce, e Deive teve que providenciar outro profissional para organizar as finanças. Por pressão de Andreia, Agatha deixaria de lado os estudos para concursos públicos, que tomavam a maior parte de seu tempo.

"Isso vai dar dinheiro!", garantiu a irmã mais velha. "Se você passar num concurso vai ser mandada lá pra Pindamonhangaba, pro Oiapoque... Não vai ser alocada no Rio."

A função de Agatha na Nerdstore, a loja do Jovem Nerd, seria a de aprovar os pedidos, emitir nota e enviar para o cliente via Correios. Andreia ficaria em cima dos fornecedores em São Lourenço para garantir a qualidade. Deive faria o transporte para o estoque; na prática, um armário alto do apartamento de Alexandre e Agatha.

"Fiquei com medo de mexer com o dinheiro das pessoas, nunca tinha feito isso...", lembra Agatha. Essa simples preocupação demonstrava que era a pessoa certa para o serviço.

O programa que anunciou a abertura da loja para os nerds foi o Nerdcast 79 ("E se o 3º Reich tivesse vencido?"). Além das camisetas, os quatro providenciaram uma infinidade de bonecos e colecionáveis baseados em filmes, séries, animações e games aclamados no universo do Jovem Nerd, como *De volta para o futuro, Lost, Os Simpsons* e *God of War*.

Alexandre: "Temos que comemorar, Azaghal."

Deive: "Por quê?"

Alexandre: "A novela vai acabar! A Loja Jovem Nerd Store entra no ar nesta sexta-feira, 21 de setembro! Aê!"

(Se Andreia estivesse participando do programa, diria: "Vou fechar minha loja de merda! Aê!". E Agatha? "Vou parar de estudar pra concurso público! Aê!")

Deive acabou confidenciando os próximos passos dos dois casais, de maneira velada, enquanto lia um dos e-mails do programa anterior.

Deive: "Fábio de Souza, 26 anos, Curitiba... Tem muita gente de Curitiba escrevendo, né?"

Alexandre: "Olha, eu vou te dizer... Qual é a cidade do Brasil que eu mais gosto atualmente, Azaghal?"

Deive: "Sei lá, Curitiba?"

Alexandre: "Curitiba! Curitiba é outro mundo, rapaz..."

Deive: "Existem coisas nerds em Curitiba? Eu fui lá algumas vezes e nunca achei nada. Uma loja nerd... Nada disso. Os nerds que moram em Curitiba podem dizer por e-mail (...) Eu vou mês que vem pra Curitiba. Quem quiser me encontrar se vira pra me achar."

Mas havia outro passo importante nessa história a ser dado um pouco antes. O e-mail de Fábio de Souza, 26 anos, de Curitiba, era sobre o livro *A Batalha do Apocalipse*, que Eduardo Spohr, integrante da equipe do Nerdcast e amigo de Alexandre e Deive há anos, havia escrito. Bem antes de camisetas e colecionáveis, seria o primeiro *best seller* da recém-nascida Nerdstore.

Um sinal de que os anjos diziam amém para a iniciativa dos dois casais.

4

ANJOS OU VAMPIROS?

O Rio de Janeiro dos anos 1990 já era perigoso. As favelas cariocas foram isoladas como currais eleitorais nos anos 80, e por lá reinava a vista grossa do governo aos crimes cometidos.

O tráfico se armou com fuzis e ganhava milhões com a venda de drogas, com guerras sendo travadas entre traficantes rivais. A polícia pouco podia (ou queria) fazer. Arrastões aconteciam nas praias da Zona Sul, quando grupos de jovens roubavam cariocas e turistas nas faixas de areia usando caos, correria e gritos. E a cidade ainda sofria uma escalada em casos de extorsão mediante sequestro.

Nesse paraíso cercado de violência por todos os lados, floresceu uma nova ameaça, dessa vez no mundo da imaginação. Na calada da noite, pequenos grupos de vampiros, lobisomens e outras criaturas se reuniam em bares, boates e apartamentos. A intenção era vivenciar um mundo onírico com regras próprias, histórias cheias de batalhas épicas combinadas com conspirações políticas. No mundo físico, grupos de nerds sobreviviam aos perigos da cidade durante o dia para, à noite, interpretar criaturas fantásticas e serem, eles próprios, a ameaça. Era RPG *live action*, o jogo de interpretação de personagens ao vivo.

O principal grupo era o Rio by Night, ligado à "matriz" norte-americana One World by Night (OWbN). O OWbN era uma rede internacional de jogadores de aventuras vividas no universo do *World of Darkness*, jogo idealizado pelo desenvolvedor Mark Rein-Hagen e publicado pela empresa White Wolf, que fundou em 1991. A intenção do OWbN era reunir grupos que jogavam cenários do Mundo das Trevas, como *Vampire: The Masquerade*, *Werewolf: The Apocalypse* e *Mage: The Ascension* (sobre magos), entre outros.

O OWbN tinha uma estrutura própria para organizar os encontros, com coordenadores e assistentes. Os jogadores chegavam com fichas de personagens criados nos grupos particulares e as submetiam aos organizadores para participar do jogo coletivo. O Rio by Night seguia a mesma estrutura. Em algum lugar do Rio em meados dos anos 1990, dois jovens nerds chegaram ao Rio by Night para submeter suas fichas e jogar. Só que não queriam viver vampiros, lobisomens ou magos... Eram um anjo e um demônio.

Eduardo Spohr e Carlos Eduardo Fernandes, o Shimu, jogavam RPG em um mesmo grupo desde a adolescência. Nesse grupo estavam também Tiago De La'Marca, o Rex, meio-irmão de Eduardo, Andrés Ramos, o Amigo Imaginário, e Roberto Zarour, o Esculhambação, entre outros amigos próximos. Eduardo, o mestre do grupo, usava *Vampire* para contar sua história, mas resolveu abordar uma obsessão: por que não incluir anjos e demônios nesse universo?

A origem dessa ideia foi o filme *Anjos Rebeldes*, escrito e dirigido por Gregory Widen, estrelado por Christopher Walken e Viggo Mortensen. Na trama, o arcanjo Gabriel (Walken), depois de se revoltar por Deus ter dado alma aos humanos, vem à Terra para recrutar almas e tomar o Céu. No fim da história, Lúcifer (Mortensen) vira um herói improvável ao confrontar Gabriel, dizendo que sua guerra era baseada na arrogância, um valor do mal, e que por isso invadia seus domínios. O confronto celestial ocorre em meio à vida normal na cidade americana de Los Angeles. Em 1996, Eduardo levou o filme à casa de Andrés e eles viram juntos, um hábito que se repetia com outros títulos de horror, que Andrés não conseguia assistir sozinho.

A ideia de Eduardo de levar anjos e demônios para aquele universo foi bem aceita pelos amigos, mas não deu certo no começo. A principal dificuldade era o poder desproporcional dos anjos, nascidos na construção do Universo e muito mais poderosos que qualquer vampiro. Em 1997, seria lançado *In Nomine*, um RPG com um universo de anjos e demônios, mas Eduardo pagou o preço do pioneirismo e deu um jeito de encaixar seus anjos e demônios no mundo dos vampiros e lobisomens.

A solução acabou sendo tornar o cenário mais maleável. A diferença de poder entre os participantes era irrelevante, pois ninguém estava preocupado em destruir o outro e o objetivo era criar e desenvolver uma história. Logo adotaram um esquema semelhante ao live-action. Não precisariam de um mestre para dizer "Agora estamos numa sala...". Eles realmente estariam em uma sala, mesmo que fosse a sala da casa de Andrés, o palco mais habitual dos encontros.

O personagem de Eduardo era Ablon, um querubim, anjo guerreiro. Roberto Zarour, justificando o apelido "Esculhambação", decidiu fazer um antagonista com o poder de "destruição em massa" chamado Apollyon. Shimu fez um personagem para intermediar o conflito dos dois, Orion. Portanto, Ablon tinha o punho de Deus, Apollyon tinha o poder de destruir e Orion era a consciência cósmica que regulava a trama. Andrés acabou fugindo do mundo celestial e escolheu ser um mago tremere, tirado de *Vampire: The Masquerade*. Sua curiosidade era tentar entender como seria conviver com seres tão mais poderosos. Outro amigo, Pedro Pontes, criou o demônio arrependido Amael, o Senhor dos Vulcões.

Como o jogo era baseado no *World of Darkness*, Eduardo Spohr e Shimu resolveram pegar suas fichas e testar seus personagens no Rio by Night, que já tinham frequentado, e fazê-los vivenciar a história até então restrita à sala do apartamento de Andrés. O problema era que Ablon e Orion eram, respectivamente, um anjo e um demônio. Não existiam no cenário. Chegaram com as fichas de personagem na mão e perguntaram ao coordenador se poderiam participar. Ficaram esperando pela resposta, os olhos brilhando de ansiedade. Depois de 20 minutos de debate entre os coordenadores, ouviram que não poderiam ser anjos e demônios. No máximo, vampiros malkavianos, que costumam ter delírios, pensando que eram anjos ou demônios. Nada feito. Eduardo voltou para casa com a ideia da sua "vingança do bem": montaria um LARP do seu jeito, com liberdade para os jogadores serem o que bem entendessem.

Fez propaganda em fóruns cariocas de RPG, o que acabou rendendo toda espécie de fichas estranhas. Eduardo acabaria usando o poder dos anjos e demônios para regular a sanha de destruição de quem queria "esculhambar". O objetivo, criado por Eduardo, era encontrar os Sete Selos, artefatos que, quando abertos, despertariam o Apocalipse. O tema do Apocalipse era outra das obsessões de Eduardo. Quem cresceu entre os anos 70 e 80, como ele, aprendeu a viver sob a sombra de uma iminente guerra nuclear. Para crianças e adolescentes da Guerra Fria, o apocalipse não era apenas uma fantasia dos livros e do cinema.

Eduardo Spohr ficou tão encantado com aquele mundo que resolveu explorá-lo em um conto chamado "O último anjo". Andrés Ramos era o principal incentivador de Eduardo. "Eu comecei a escrever porque não sabia desenhar", diz Eduardo. Ele acabaria fazendo o caminho trilhado por muitos outros jogadores de RPG, em especial mestres, que precisam estruturar suas histórias muito antes de apresentá-las à liberdade de ação dos outros jogadores.

Eduardo estava cursando Publicidade na PUC-Rio e soube de um concurso de contos e poesias do Departamento de Letras da universidade. Resolveu inscrever seu conto, mas tirou qualquer vestígio do *World of Darkness*, que tinha direitos autorais próprios, demandando um novo impulso criativo. Tirou segundo lugar e teve o conto publicado em um livreto editado pelo Departamento de Letras, chamado *Com a palavra*. O próximo impulso criativo importante de sua recém-inaugurada carreira literária viria anos depois, em 2002, como uma demissão.

Terminado o curso de Publicidade e Propaganda, Eduardo já estava decepcionado com a carreira que escolhera durante estágios em agências de publicidade. Ele queria escrever mais. A gota d'água foi uma promoção que praticamente tinha o seu nome e foi dada ao filho de um diretor. Isso, e a vocação natural para textos mais longos, acabaram levando-o ao curso de Jornalismo. Na PUC-Rio, terminado o curso de Publicidade, bastava estudar mais um ano para ter também o diploma de Jornalismo. O boom da internet faria com que não lhe faltasse trabalho na área.

Enquanto trabalhou em agências de publicidade, começou a fazer artigos e reportagens para a revista virtual *Aqui*, do site de buscas Cadê?. A liberdade era total. Escrevia sobre suas paixões, como *Star Wars*, história e RPG. Quando começou o ano final para o diploma de Jornalismo, pediu para que os amigos que tinha no site avisassem-no sobre uma possível vaga. Não demorou para ela aparecer no Cadê? Notícias, braço principal de jornalismo do site de buscas.

Em abril de 1999, o Cadê? foi comprado pelo grupo de mídia americano StarMedia por US$ 13 milhões. Na época, o site de buscas brasileiro tinha 40 milhões de páginas visitadas por mês. Eduardo tinha acabado de entrar na empresa e o horizonte ficou ainda mais otimista. Além do Cadê? Notícias, agora havia o site da StarMedia para o departamento de jornalismo alimentar.

Porém, logo depois, a bolha da internet estourou. Em 2001, a StarMedia sofria com problemas financeiros devido a processos na Justiça norte-americana, desvalorizando suas ações e tendo que operar no prejuízo. Resultado? A empresa vendeu o Cadê? para a gigante americana Yahoo! em janeiro de 2002 e Eduardo começou o ano desempregado.

Entre 2002 e 2004, foi jornalista freelancer e, com isso, teve tempo de sobra para retomar sua obsessão com anjos e demônios. Nesse período, nasceu o primeiro esboço do livro que ficaria conhecido como *A Batalha do Apocalipse*, repleto de todos os personagens criados no RPG com os amigos. Ablon, Orion, Apollyon e Amael, entre muitos outros anjos consagrados na tradição religiosa, como Gabriel, Miguel e Lúcifer. Trabalhou como repórter do portal IG, analista de conteúdo do iBest e, depois, como editor do portal Click21, mas nunca mais abandonaria a história coletiva que tinha, enfim, virado seu primeiro livro.

Só que um livro não existe se ninguém o ler.

Entre seus primeiros leitores estaria Deive Pazos. A proximidade dos dois amigos havia se estreitado bastante entre 2006 e 2007, quando o Nerdcast crescia em popularidade para se tornar o podcast mais ouvido do país. Eduardo Spohr estava entre os principais convidados do programa, abrangendo uma gama bem eclética de conhecimentos específicos, como história, artes marciais e RPG. Os primeiros Nerdcasts que Eduardo gravou foram os de número 13 ("O Google é meu pastor e nada me faltará") e 15 ("O mundo medieval de Bernard Cornwell").

Ambos foram gravados no mesmo dia, em maio de 2006, depois de um dos muitos churrascos que Deive fazia na casa de sua família na Barra da Tijuca, aproveitando com os amigos o pouco tempo que tinha no Rio antes de ir para São Lourenço. Além de Deive e Alexandre, os últimos a irem embora do churrasco foram Spohr e Bluehand, amigos de colégio que, através de Amigo Imaginário, viraram amigos em comum do grupo. Foi uma ótima oportunidade para os quatro se juntarem em volta de um notebook com um microfone e falarem sobre assuntos que decidiram na hora.

No episódio sobre Cornwell, ao salientar que o autor inglês nasceu em 1944, Deive decreta sobre novos autores: "Isso é pra provar que jovens não prestam pra nada. Só velhacos fazem coisas boas".

Todos riram. Exceto Eduardo, mas ele nunca ria de nada, e isso viraria uma das piadas internas do Nerdcast no futuro. Um pouco depois, Eduardo Spohr explica por que gosta da trilogia *As Crônicas de Artur*: "Eu gosto de personagens com personalidades bem definidas, com valores".

Quando esse episódio foi publicado, no dia 1º de junho de 2006, Deive Pazos já tinha recebido uma versão do livro, impressa em folha A4, com lombada em espiral, como uma apostila de colégio... e em fonte tamanho 6, quase ilegível, porque Eduardo precisava economizar e gastar menos folhas. Mesmo assim, a história cativou Deive a ponto de lê-la até o fim e ficar empolgado com o produto. Eduardo Spohr continuou participando do Nerdcast — fez episódios sobre viagem no tempo, filmes de terror, Roma, *Star Wars* e histórias infantis — até as primeiras menções sobre o livro surgirem, já em 2007.

Nos bastidores, Deive tinha gostado tanto do livro que sugeriu fazer um Nerdcast a respeito, contando a história do Apocalipse para propagar a obra do amigo. Eduardo, ao telefone, gostou da ideia, mas quase não tinha livros para vender. Tinha impresso 30 volumes na Fábrica de Livros do Sebrae para divulgar entre as editoras e tentar a sorte. Imprimir lá era muito caro, especialmente um livro com mais de 500 páginas. Além dos exemplares enviados às editoras, três deles tinham ficado por lá para concorrer a um prêmio literário do Sebrae, que ele descobriu por causa de um cartaz na saída do prédio. Em resumo, ficou apenas com 15 livros, e não valia fazer um programa inteiro para vender só 15 livros.

Eduardo desligou o telefone e acessou seu e-mail... E descobriu que havia ganhado o concurso. O prêmio eram 100 livros impressos gratuitamente, além de um evento de autógrafos com os ganhadores na Bienal do Livro de 2007, no Rio de Janeiro. Eduardo ligou de volta para contar a novidade.

Ele manteria 30 exemplares para divulgar entre as editoras brasileiras, mas topou vender os outros 70 na Nerdstore, a recém-anunciada loja do Jovem Nerd, com inauguração prevista para o dia 21 de setembro de 2007. Os livros dividiriam espaço com camisetas do site e *action figures* de personagens famosos de filmes e séries.

A venda do livro de Eduardo Spohr na Nerdstore estava sendo divulgada aos poucos nos programas e nas leituras de e-mails. Mas no Nerdcast 78 ("Conspiração"), Alottoni e Azaghal pareciam o urso do Pica-Pau de tanta empolgação. O anúncio, feito sem qualquer verniz publicitário, mostrava o contraste entre a recém-nascida vida comercial da empresa e a vida pessoal. Não eram vendedores profissionais, mas grandes amigos de Spohr que tinham ficado malucos com o livro que ele fez. Alexandre Alottoni tomou as rédeas do anúncio:

Alexandre: "Nosso amigo Eduardo Spohr vai lançar seu livro, *A Batalha do Apocalipse*... É por conta própria, ele que foi atrás da parada... E ele também ganhou o concurso literário que deu pra ele 100 cópias do livro (...) Primeiro o cara escreveu um livro irado sobre o Apocalipse, depois o cara ganhou um concurso literário pra poder editar o livro dele. Cara... Então, ele vai estar lançando o livro dele, cara, na Bienal do Rio de Janeiro, no dia 20 de setembro, quinta-feira que vem, no estande da Fábrica... É isso? Fábrica..."

Deive: "Do Senai, no estande que apoia os escritores, jovens escritores, essa coisas..."

Alexandre: "Ele vai estar lá, vai receber o prêmio do negócio, e ele vai estar vendendo o livro dele, e ele vai estar autografando, cês não tem noção... A gente vai fazer um Nerdcast sobre o Apocalipse na visão religiosa, a origem dos anjos, e... Sabe, toda essa mistura de coisas que é o assunto do livro dele, cara... O assunto do livro dele é muito maneiro. Agora a gente já pode falar, né?"

Deive: "Podemos."

Alexandre e Deive continuaram o anúncio regidos apenas pela emoção de ajudar um amigo, absortos pelo livro em si. Alexandre resumiu a história com toda a empolgação do mundo, mesmo sem fazer muito sentido. E, sem querer, foram profetas:

Alexandre: "E você ainda vai ter as edições que vão valer mais, as edições ainda não publicadas por uma grande editora. As edições número zero, sabe?"

Deive: "Eu tenho uma edição encadernada com espiral."

Alexandre: "Você tem uma edição com espiral... Essa vale, cara... Eu tenho a já publicada, que ele fez na primeira edição.

Você tem a em espiral, que vale mais ainda.
Muito bom, muito bom. Então, não esqueçam disso."

O Nerdcast 80 já estava reservado para o programa sobre *A Batalha do Apocalipse*. E, logo na apresentação, a intenção de Alexandre e Deive estaria bem clara.

Alexandre: "Estamos aqui para falar do... APOCALIPSE BÍBLICO! A origem dessa bagaça, não do lado religioso, mas do lado antropológico. Vamos analisar de onde vieram as grandes lendas sobre o fim do mundo, a origem dos anjos, o que eles têm a ver com essa história toda. Por que tem que ter o fim do mundo, né, cara?"

Deive (interrompendo): "Ou seja... Vamos ensinar ao Jô Soares como fazer um bom jabá de livro."

Alexandre (entre risadas): "Eu até engasguei... Obviamente... Este Nerdcast é sobre um assunto interessante, mas é uma desculpa para fazermos um mega jabá do livro *A Batalha do Apocalipse*, de nosso amigo Eduardo Spohr, que está estreando na Jovem Nerd Store hoje, sexta-feira (28 de setembro de 2007). Compre rápido, porque é ultra-limitado. Se você não comprar hoje, cara, vai acabar. Eu tenho certeza de que vai acabar."

O Nerdcast 80 foi, como prometido, uma aula de como fazer jabá de um produto. Cinco horas depois de publicado o programa, os 70 livros haviam sido vendidos, apenas pelo voto de confiança de Alexandre e Deive. Antes de qualquer interesse de editoras, os três amigos viram ali um bom negócio e encomendaram mais 500 livros. Estes seriam vendidos na Nerdstore, como os 70 primeiros, mas demorariam um pouco para serem impressos. Para saber a quantidade ideal a ser impressa, já que o custo era muito alto, Alexandre e Deive fizeram um esquema de pré-venda. O anúncio foi feito no Nerdcast seguinte, o 81.

Em novembro de 2007, as vendas dos 500 livros foram anunciadas. Em dois meses todos se esgotaram. Missão cumprida para Alexandre, Deive e Eduardo. Para Alexandre e Deive, a Nerdstore mal tinha aberto e já podia exibir um *case* de sucesso no marketing do site. Para Eduardo, era a realização do sonho de ser um escritor. Ele pegaria esse *case* e, imaginava, seria recebido de portas abertas em qualquer editora séria que produzisse fantasia nacional.

O problema foi que... nada aconteceu. Porque nenhuma grande editora da época publicava fantasia nacional.

No mercado literário de 2007 (e por muito tempo depois disso), a literatura fantástica nacional era o patinho feio. As editoras respondiam à crítica literária dos jornais e revistas, que só venerava livros brasileiros tidos como "obras-primas", mas lidos por quase ninguém. As editoras da época não estavam a par do poder da internet e não davam a mínima para a fantasia nacional. A TV brasileira, então, via a internet como um arcanjo de Spohr veria um vampiro: um adversário irrelevante, a ser morto como um mosquito incômodo que zumbe perto da orelha.

O que fazer diante do silêncio? Eduardo Spohr continuaria a trabalhar como jornalista e o Jovem Nerd continuaria a crescer... Até o fenômeno da "cauda longa" se fazer presente. As pessoas que gostavam do Nerdcast ouviam os programas anteriores e inadvertidamente encontravam o Nerdcast 80, sobre *A Batalha do Apocalipse*. Havia ouvintes, consumidores em potencial, mas não havia mais livros a serem vendidos.

Eduardo Spohr ainda participava do Nerdcast como convidado, e o livro ainda era uma sombra para os três. Em 2009, o assunto voltou à pauta. Quando foram checar, viram mais de 8 mil pedidos do livro. Pensaram a respeito e resolveram fazer, pelo menos, metade disso: 4 mil exemplares, para serem vendidos via Nerdstore perto do Natal de 2009. Era uma perspectiva realista, como tudo o que tinham feito até então. Pela primeira vez, o livro teria o registro oficial do ISBN, então fornecido no Brasil pela Biblioteca Nacional, que também seria o primeiro ISBN registrado pela Nerdbooks.

A pré-venda ficou marcada para o dia 1º de dezembro de 2009, e a terceira edição do livro esgotou-se em poucos meses. Será que 4.570 livros vendidos seriam o bastante?

Não foram.

Em junho de 2010, um dos maiores gigantes literários no Brasil, a Editora Record, assinou com Eduardo Spohr para a republicação do livro *A Batalha do Apocalipse*. Até o fim do ano, foram 50 mil cópias vendidas, um enorme sucesso para o mercado brasileiro. O livro continuaria a vender, o que rendeu a Eduardo o contrato de novos livros naquele universo, a serem lançados a partir de 2011.

No fim de 2010, o livro de Eduardo Spohr cumpriria duas profecias improváveis. Em 2007, Deive disse que estava ensinando ao consagrado humorista e estrela do *talk show* no Brasil, Jô Soares, a fazer um bom jabá de livro. No dia 22 de novembro de 2010, Eduardo Spohr foi convidado do Programa do Jô, da TV Globo. O jabá do livro na TV não chegou nem perto do feito no Nerdcast 80.

A segunda profecia remete a um período ainda mais distante, quando a história de anjos e demônios de Eduardo Spohr não foi aceita pelo Rio by Night. Mais tarde, Eduardo admitiu que eles estavam certos em não aceitar seres tão mais poderosos que vampiros. Mas não deixa de ser irônico que Spohr, depois de publicado pela Editora Record, tenha disputado posições na lista de livros mais vendidos com *Amanhecer*, de Stephenie Meyer, o último livro da saga vampiresca *Crepúsculo*, lançado no Brasil em junho de 2009.

No dia 7 de agosto de 2010, a revista *Época* publicou uma entrevista com Spohr. O subtítulo era claro: “Inspirado na Bíblia e na cultura nerd, *A Batalha do Apocalipse*, de Eduardo Spohr, se tornou um hit na internet e ameaça a hegemonia dos vampiros nas livrarias”.

5

LIVROS PARA O FIM DO MUNDO

Na trajetória de Alexandre e Deive, fãs viraram amigos e amigos viraram parceiros, permitindo que os dois criassem uma rede criativa que até hoje cria conteúdos surpreendentes.

No Nerdcast 27, de 18 de agosto de 2006, sobre seriados japoneses e animes, Alexandre comentou sobre um ouvinte em especial: "Quero falar sobre um guerreiro, um ronin brasileiro, que é o Fabio Yabu. Querido autor e ilustrador de *Combo Rangers*. (...) Ele está ouvindo porque é fã do Nerdcast. Com certeza eu vou ter um e-mail dele pra ler no próximo".

Estava certo. Na leitura de e-mails do Nerdcast seguinte, Deive, mal disfarçando uma risadinha, começou a ler o e-mail de "Fabio Yabu, 26 anos, São Paulo, SP": "Ser citado no Nerdcast foi o momento mais emocionante da minha vida e carreira. Muito obrigado pelo carinho e mais uma vez parabéns pelo trabalho excelente que vocês vêm realizando, como diziam na sessão de cartas dos gibis da Abril".

A cartinha de Yabu então mencionou uma das muitas caneladas que Alexandre e Deive tinham cometido no episódio sobre a cultura japonesa, um dos recordistas de informações imprecisas. No final, deixou um questionamento que tirou uma risada sincera de Deive.

Deive: "'Ah, sim, mais uma coisa:
a Portuguesa está comprometida?'"

Alexandre: "E aí?"

Deive: "Sei lá... tu pergunta pra mim? Pergunta
pra ela. Ela é gostosaça, né? A fila é grande."

Existia uma aura de mistério sobre a verdadeira identidade de Andreia, a Portuguesa do Nerdcast. Demorou até os fãs perceberem que era a mulher de Deive. Yabu aproveitou para colocar pilha, e Alexandre e Deive abraçaram a brincadeira para alimentar o mistério.

Yabu conhecia o Jovem Nerd desde 2002, quando existiam os blogs O Jovem Nerd e Amazing Pixel. Acompanhava outros blogs de cultura pop, gringos e em português, como o Omelete — Yabu era amigo pessoal de Marcelo Forlani, um dos fundadores do site, e fazia colaborações eventuais —, mas achava o conteúdo do Jovem Nerd diferente, mais voltado ao humor e à criatividade do que às notícias. O primeiro contato de Yabu foi com Alexandre. Mandou um e-mail em 2003 dizendo que era fã do conteúdo, principalmente das montagens que brincavam com os filmes de *Matrix*. Alexandre respondeu dizendo que o fã era ele, e que adorava *Combo Rangers*, a série em quadrinhos estilo mangá que Yabu publicara entre 2000 e 2004.

Começaram a trocar mensagens. Nos primórdios, o assunto principal foi a ansiedade que compartilhavam para o lançamento de *Matrix Revolutions*, que estreou em outubro de 2003. Já eram grandes amigos quando os posts do reality show inventado Big Brother Matrix foram interrompidos por um texto de Alexandre falando sobre a doença de Gratia, sua mãe, em fevereiro de 2004. Logo depois ela morreria, e Alexandre anunciaria o fim do Jovem Nerd.

Yabu foi um dos incentivadores da decisão. Alexandre comentava com ele que tinha o sonho de escrever um livro, e que precisava abandonar alguma de suas atividades para se dedicar a isso. Yabu sugeriu a Alexandre manter o emprego, para não ficar apertado em termos de grana, e sacrificar o resto. O Jovem Nerd acabou oferecido ao sacrifício, em setembro de 2004.

Como você já sabe, o site renasceu sete meses depois. E, se Alexandre nunca terminou de escrever seu tão sonhado livro, Yabu teria um papel fundamental no projeto de literatura do Jovem Nerd: a Nerdbooks.

Do lado de Alexandre e Deive, depois do sucesso do Nerdcast, os dois tiveram condições de largar os empregos que mantinham apenas para se sustentar. Em 2006, já participavam de encontros com fãs. Um deles foi a JediCon de São Paulo, realizada naquele ano na Faculdade Paulus de Tecnologia e Comunicação, a FAPCOM. Yabu, que é de São Paulo, foi até lá encontrar Alexandre e conhecer Deive. No fim das contas, Yabu deu uma carona a Alexandre e Voltor até o aeroporto. Chegando lá, disse que queria uma camiseta do Nerdinho. Alexandre achou que estava pedindo e, sem graça, disse que precisaria cobrar. Yabu riu e pagou.

Em 2006, Yabu estava saindo de uma grande pindaíba, mas aquela camiseta não pesou no orçamento. Apesar do sucesso dos *Combo Rangers*, era impossível sustentar de forma independente a hospedagem das animações. Quanto mais sucesso fazia, mais pagava pelos servidores, vendendo o almoço para comprar a janta. Porém, com o sucesso do livro de *Princesas do Mar*, abriu uma produtora para transformar sua história em desenho animado e começou, depois de anos, a respirar aliviado financeiramente. *Princesas do Mar* seria um hit entre o público infanto-juvenil e teria distribuição internacional.

No dia 21 de março de 2008, Alexandre e Deive fizeram um Nerdcast, o 105, contando a história do amigo, com o título "Fabio Yabu, o homem que matou o Jovem Nerd", uma referência ao seu incentivo para Alexandre abandonar o blog e seguir a carreira de escritor. O programa é um passeio pela carreira de Yabu, mas marcou os ouvintes por causa da história do jovem Yabu e a galinha, que fechou o episódio. A escalada de tensão e de horrores quase involuntários cometidos contra o animal renderam uma das maiores crises de riso coletivas dos mais de 1.000 episódios publicados.

Depois de apresentado à comunidade do Jovem Nerd, Yabu seria figurinha carimbada em Nerdcasts, principalmente nos episódios sobre *Lost*. Foi assim nos episódios 116 A e B (junho de 2008), 168 A e B (julho de 2009), 210 (maio de 2010, sobre as teorias da sexta e última temporada), e 219 (julho de 2010), com a choradeira sobre o final polêmico. Alexandre, Deive e Yabu — além de Tucano e JP — compartilhavam da histeria coletiva sobre a trama que transformou para sempre a relação das séries de TV com o público da internet.

Logo antes dos episódios do fim de *Lost*, o Nerdcast 215, de junho de 2010, se tornaria um evento canônico. Intitulado "Profissão: Autor" trouxe dois escritores: Eduardo Spohr, que tinha dado origem à NerdBooks em 2009, com a primeira edição oficial de *A Batalha do Apocalipse*; e Fabio Yabu, que muito em breve seria o responsável pelos próximos sucessos do selo literário do Jovem Nerd.

O casamento profissional entre Yabu e o Jovem Nerd, seria, de novo, por causa de uma série de TV de sucesso, que estreou logo depois do fim de *Lost*: *The Walking Dead*, baseada na série em quadrinhos de mesmo nome de Robert Kirkman, Tony Moore e Charlie Adlard. Yabu nunca se esqueceria da sensação amarga ao assistir o final da primeira temporada, que teve apenas seis episódios, exibidos entre outubro e dezembro de 2010. Decepcionado com a qualidade da adaptação dos quadrinhos, só teve um pensamento na cabeça: "Eu consigo fazer melhor que isso". Seria o começo de uma prolífica relação profissional com mortos-vivos e com o terror, gênero inesperado depois do seu sucesso com obras voltadas ao público infantil e infanto-juvenil como *Combo Rangers* e *Princesas do Mar*.

A primeira obra literária que pensou dentro daquele tema veio de uma frase, um trocadilho que implorava por uma história: "Independência ou Mortos", uma adaptação do famoso Grito da Independência de Dom Pedro I. Bastou dizer essa frase para Alexandre para vender a ideia. Porém, ela demoraria a sair do papel.

Antes, a NerdBooks começaria outra brincadeira, inspirada em um participante contumaz dos primeiros Nerdcasts, Caio Lúcio "Bluehand", e levada a cabo por Spohr. O ano de 2012 se aproximava e se espalhava pela internet a crença de que o calendário maia previa o fim do mundo. Naturalmente, o Jovem Nerd quis se debruçar sobre esse imaginário apocalíptico. O nome de Bluehand surgiu por ele ser conhecido pelos amigos como uma enciclopédia humana, que conseguia responder com precisão a qualquer pergunta sem consultar fontes. A piada que nasceu no grupo, e logo se espalhou entre os fãs, era que, em caso de apocalipse, a prioridade seria proteger o Bluehand, pois assim a humanidade ainda teria alguma chance.

A brincadeira ganhou força nas redes sociais, principalmente no antigo Twitter, no fim de 2009. Na noite de 10 de novembro, uma terça-feira, o Brasil mergulhou na escuridão. Três linhas de transmissão da Usina de Itaipu falharam após uma sequência de tempestades, ventos fortes e descargas elétricas. O sistema não deu conta: as 20 turbinas da usina se desligaram, deixando quase 90 milhões de pessoas sem energia. Foi o maior apagão da década, e quem tinha bateria no celular começou a comentar a respeito, entre memes e teorias da conspiração. "Já protegeram o Bluehand?" e "O protocolo foi acionado?" foram algumas perguntas que se repetiram entre os fãs do Nerdcast. Alexandre e Deive, ativos no Twitter, alimentavam o burburinho.

Foi assim que nasceu o embrião do *Protocolo Bluehand*, um manual fictício de sobrevivência. O primeiro impulso foi escrever sobre zumbis, mas Max Brooks, filho do comediante Mel Brooks, já havia lançado em 2003 *The Zombie Survival Guide*, traduzido no Brasil como *O Guia de Sobrevivência a Zumbis*, um livro com linguagem de manual, que tratava a ameaça zumbi como algo real, exigindo preparo técnico e psicológico para enfrentá-la. Foi um fenômeno editorial e fazer um livro parecido agora estava fora de cogitação. A solução foi criar algo em outro eixo: a ameaça alienígena. Afinal, 2012 poderia ser o ano de tudo — até de uma invasão extraterrestre. Spohr topou liderar o projeto, sob direção de Alexandre e Deive, que participaram da construção da estrutura, do tom e da pesquisa. O resultado foi *Protocolo Bluehand: Alienígenas*, lançado em dezembro de 2011.

Nas últimas páginas, o livro dava pistas do que viria a seguir. Entre as sugestões do que poderia ser o verdadeiro fim da humanidade, estava a palavra "zumbis". 2012 ainda não tinha chegado e havia a chance de transformar o apocalipse zumbi em literatura. Dessa vez não seria mais Spohr o responsável, e sim Yabu, que trocaria os contos de fada e os super-heróis juvenis por um ano inteiro de lançamentos dedicados aos mortos-vivos. Duas "modas" influenciaram o caminho escolhido: a de interesse por zumbis e a de interesse pela história do Brasil.

Além do livro de Brooks e da série *The Walking Dead*, os zumbis estavam tomando conta da então recente onda literária dos *mashups*, a recriação de clássicos da literatura com pitadas de terror e fantasia, sendo o maior representante do gênero *Orgulho e Preconceito e Zumbis*, paródia com mortos-vivos feita em 2009 por Seth Grahame-Smith em cima do romance de Jane Austen. Também estava acontecendo um fenômeno de livros populares sobre a história do Brasil. Foi a época da série sobre o Brasil Império do jornalista Laurentino Gomes, com *1808*, de 2007, e *1822*, de 2010. Também foi a época do best-seller pseudohistórico *Guia Politicamente Incorreto da História do Brasil*, do também jornalista Leandro Narloch, publicado em 2009.

Nesse contexto, Alexandre e Deive já tinham pensado em adaptar uma passagem da História do Brasil com zumbis. Haviam cogitado a Guerra de Canudos, mas desistiram por acharem que a história por trás do conflito não teria emoção para segurar uma trama dessas. O mote de Yabu era perfeito. Título definido, faltava "apenas" escrever o livro e lançá-lo pela recém-nascida NerdBooks.

A concepção de *Independência ou Mortos* durou quase dois anos. Demorou tanto tempo que, no meio do caminho, Yabu teve tempo de idealizar não apenas um, mas outros dois livros de zumbis lançados pelo selo NerdBooks. Todos eles foram assinados por Abu Fobiya, um pseudônimo-anagrama de Fabio Yabu, para separar o autor das aventuras infanto-juvenis do autor das histórias sangrentas de terror, pois em algumas livrarias da época já havia uma sessão com seu nome e seus livros. Não poderia correr o risco de alguns de seus novos títulos pararem lá e acabarem com a infância de um de seus pequenos leitores. O primeiro foi um livro de 11 contos reimaginando histórias infantis clássicas e contos de fadas com toques de terror. O principal dava título ao livro: *Branca dos Mortos e os Sete Zumbis*. O segundo, um caminho óbvio, seria a continuação de *Protocolo Bluehand*, dessa vez sobre como se proteger em um apocalipse zumbi.

Branca dos Mortos foi lançado no dia 5 de agosto e *Protocolo Bluehand: Zumbis* no fim de dezembro, como presente de Natal. Mas o principal lançamento do ano sobre o tema foi a obra que deu mais trabalho para sair e tinha uma data óbvia de lançamento: 7 de setembro, na Independência do Brasil.

Independência ou Mortos foi, desde o começo, pensado como uma história em quadrinhos. Logo, precisaria de um ilustrador. A solução foi caseira: Harald Stricker, ilustrador de Curitiba, conhecido pelo público do Nerdcast como Android. Harald participou de episódios sobre ficção científica (Isaac Asimov, *Battlestar Galactica*, *Tron*, *Jornada nas Estrelas*...) e fez a arte que, por muitos anos, ilustrou a página do Nerdcast dentro do site do Jovem Nerd. Era uma ilustração enorme retratando os participantes mais ilustres do Nerdcast — Jovem Nerd e Azaghal em destaque, cercados por Tucano, JP, Sr. K, Bluehand, Spohr, Amigo Imaginário, Guilherme Briggs... e o próprio Android — com traço inspirado nas ilustrações de Alex Ross para o clássico quadrinho *Kingdom Come*, que traz os principais heróis da DC cercando o Super-Homem. Para Yabu, fazer *Independência ou Mortos* com Harald foi como ter o privilégio de "ver um Beatle trabalhar", como diria mais tarde.

Com Harald no projeto, chegava o momento de criar a história por trás do título, trabalhando ao lado de Alexandre e Deive. A paródia de Yabu recontou a chegada da família real portuguesa ao Brasil em 1808 como uma fuga que logo se transforma em pesadelo: o navio de D. João VI, Carlota Joaquina e seus filhos Pedro e Miguel foi tomado por zumbis devoradores de carne humana. O horror não tardou a se espalhar pelas terras brasileiras, e coube a D. Pedro I, reimaginado como um herói brutal, libertar o país não apenas do domínio português, mas da infestação zumbi. A história funcionaria também como metáfora: Portugal não apenas fugiu para o Brasil, mas o infectou, trazendo uma coroa decadente que impôs sua cultura e extraiu riquezas. A parte bem-humorada da coisa foi inspirada no clássico Nerdcast 172, intitulado "Histórias do Brasil: Império". Tucano, que estava "on fire" neste episódio, é o principal responsável por idealizar D. Pedro I como um jovem porradeiro, o "Pedrinho Mão de Martelo", perfeito para escalpelar zumbis aos borbotões.

Tendo lançado *Branca dos Mortos e os Sete Zumbis* em agosto, *Independência ou Mortos* em setembro e *Protocolo Bluehand: Zumbis* em dezembro, Yabu terminou o ano de 2012 coberto de sangue. E satisfeito. Mas ainda havia fôlego para um último flerte com o tema, impulsionado por um antigo desejo de Alexandre: criar um audiodrama, exatamente como os que ele que escutava de *Star Wars* nos anos 1980. Da concepção ao produto final foram 6 meses. Nos livros, as trocas diárias eram mais com Deive. No audiodrama, o titular era Alexandre. Na história, criada por Yabu, um médico legista chamado Dr. Caravelas exumava o corpo de um paciente enquanto registrava tudo em um gravador para facilitar a escrita do seu laudo até perceber que seu morto não estava tão morto assim. A voz do Dr. Caravelas foi de Guilherme Briggs, a edição foi de Leo Lopes, do Rádiofobia, e a direção e a produção foram de Alexandre e Deive.

O audiodrama *T-ZOMBII: A Gravação dos Mortos* foi lançado no feed do Nerdcast no dia 21 de dezembro de 2012, com pouco mais de uma hora de duração. O ano terminou, o mundo não acabou e a história sobreviveu. Doze anos depois, ela renasceria. Em janeiro de 2025, Yabu e seus amigos lançariam a aguardada continuação, *T-Zombii 2: O Livro dos Vivos*, agora com mais de duas horas.

Entre mortos-vivos e conspirações, o que nunca morreu foi a amizade entre Yabu, Alexandre e Deive — uma parceria criativa que, de tempos em tempos, volta à vida com força total, com os três dispostos a dar o sangue por ela.

6

MESA DE BAR

Uma mesa de bar não é apenas uma peça de mobília onde se encostam os bêbados e apoia-se o chope morno. A mesa do bar é um conceito, uma instituição. E é, na essência, uma instituição carioca.

Há tradições em todas as cidades — o boteco é uma das nascidas no Rio de Janeiro. Assim como o samba e a malandragem, o botequim e a sua mesa tosca, que precisa de guardanapo dobrado ou bolacha de chope para se sustentar sem sacudir e derrubar tudo o que sustenta, é da antiga capital do Brasil (e sim, bolacha, no Rio, é onde se coloca o copo de cerveja; biscoito é outra coisa).

A mesa de bar é mais que uma peça de mobília, e sustenta mais do que copos e pratos. A mesa de bar sustenta ideias. Sustenta histórias e a História.

Se existe alguém que entendeu e difundiu a importância da mesa de bar carioca, esse alguém foi Vinicius de Moraes. Conhecedor da vida boêmia e dos botecos da Zona Sul carioca, entre as citações famosas a ele atribuídas estão "Nunca fiz um amigo numa leiteria" e

"O uísque é o melhor amigo do homem. É o cachorro engarrafado". Em *Samba da bênção*, o poetinha amarra em dois versos a essência da mesa do bar: "A vida não é brincadeira, amigo./ A vida é a arte do encontro". A mesa de bar sustenta mais do que copos e pratos. Sustenta os encontros. Sustenta os amigos.

Desde que foi criado, o Nerdcast tinha como cláusula pétrea apenas um conceito: uma conversa de mesa de bar. Havia outros podcasts no "mercado brasileiro" (incipiente e sem retorno financeiro), mas eram sempre com alguém falando sobre um assunto em tom professoral, alguém falando da vida como um diário ou alguém falando com amigos e estranhos fingindo ser um programa de rádio. O Jovem Nerd foi o primeiro a emular a instituição "mesa do bar" em um programa de áudio para a internet. Teve sucesso porque essa mesa de bar existia na vida real.

Entre 2006 e 2007, quando o Nerdcast veio ao mundo, os amigos não estavam mais geograficamente juntos no velho Condado. Os amigos aplaudiam o Jovem Nerd de longe e tocavam suas vidas. Havia anos aquele grupo não se encontrava para falar besteira, contar seus sucessos e fracassos, debochar um do outro... e rir de tudo e de todos. Até surgir o Nerdcast.

Nenhuma apresentação de PowerPoint sobre o Nerdcast explica um dos pontos primordiais para o sucesso do produto: aquele grupo de amigos gostava de conversar. O papo fluía sem amarras quando um grupo especial era escalado, um grupo batizado pelos fãs do Jovem Nerd como o Time de Elite. O Time de Elite do Nerdcast, como diria Vinicius de Moraes, não foi formado em uma leiteria e todos estavam doidos para voltar à mesa de bar, mesmo que fosse virtual.

Os primeiros integrantes do Time de Elite a serem apresentados ao público foram João Paulo, o JP, e Fernando Russell, o Tucano. Quer dizer... Tucano tentou ser Jack na primeira apresentação que fez, no Nerdcast 15, sobre X-Men nos quadrinhos.

Fernando: "Aqui é o Jack..."

Deive: “Jack?”

(Fernando tinha um blog chamado Câncer de Jack,
inspirado no protagonista de *Clube da Luta*, e achou
que conseguiria manter essa alcunha.)

Deive: “Você é o Tucano, cara...”

Não teve jeito, e ele refez sua apresentação com o apelido que o próprio Deive havia lhe dado no dia em que os dois se conheceram.

Fernando: “Eu sou o Tucano, e
odeio me apresentar dessa maneira.”

O Time de Elite ainda não estava completo, mas, no primeiro programa em que os dois participaram, já dava seu tom. As digressões foram os momentos mais divertidos, o que criaria uma regra não oficial: se o papo estiver divertido, não precisa estar no tema.

Tucano quis emplacar sua teoria de que os mutantes em *X-Men* eram perseguidos porque eram uma metáfora dos judeus na Segunda Guerra, mas Azaghal tentou tomar as rédeas.

Deive: “Eu acho que as pessoas odeiam os mutantes pelo fato...”

Tucano: “Porque elas são sionistas.”

Azaghal: “Pelo fato... (risos) Vou te falar...
Quem convidou esse cara?”

Logo veio a outra teoria, de que os mutantes eram perseguidos porque eram a metáfora dos negros.

Tucano: “O professor Xavier é o Martin
Luther King e o Magneto é o Malcolm X.”

O tema mudou e passaram a falar do humorista americano Bill Cosby, e de sitcoms americanos com atores negros. Alexandre precisou trazer o assunto de volta:

“Muito bem, vamos falar de X-MEN!”

Não funcionou. JP comparou a cena de Wolverine sendo engolido por um dinossauro com a cena do personagem de Will Smith no filme *Homens de Preto* sendo engolido por uma barata gigante alienígena, e até Tucano achou que passaram do limite. Tucano era o mais ligado e foi testado o tempo inteiro por Azaghal, quase como uma provocação. Tinha sempre a resposta na ponta da língua.

Deive: "Quem é Ninrod, Tucano. Tu sabe, né?"

Tucano: "Ninrod era o trineto de Noé. Era um rei e grande caçador, fundador da civilização arcadiana."

Em outro momento, a discussão foi sobre o personagem Cable.

Deive: "Qual o nome completo dele, por favor?"

Tucano: "Nathan Christopher Charles Summers Dayspring Askani'son."

Deive: "Isso... De Orleans e Bragança, né, cara..."

No Nerdcast 19, sobre Seleção Brasileira e Copa do Mundo ("Vamos nexa rumo ao HEXA!"), Tucano e JP voltaram, trazendo de volta o clima de mesa de bar, com um tema muito mais suscetível a digressões. No começo, Alexandre citou o nome de Bebeto, a dupla de ataque de Romário na Copa de 1994, e foi logo interrompido.

JP: "Olha só... Vamos colocar uma regra nesse Nerdcast. Vamos fazer o seguinte... Vamos evitar falar o nome desse indivíduo Bebeto."

O riso foi geral, e Tucano concordou "em número, gênero e grau". Alexandre e Deive ficaram confusos com tanto ódio, e receberam a explicação sobre o quanto JP desprezava "o indivíduo Bebeto" por causa de algo que viveu enquanto trabalhava para uma empresa de petróleo.

JP: "(...) Lembrei que esqueci um papel importante no meu quarto. A gente ficava num puta hotel lá em Belo Horizonte. Quando eu abro a porta do elevador, dou de cara com o Bebeto. Olhei pra ele e falei: "Num vô. Vai nessa, meu amigo..." Não entrei no elevador."

O que Alexandre, Deive e alguns ouvintes talvez nunca entendessem é que Bebeto passou a ser visto como traidor pelos torcedores do Flamengo, como JP e Tucano, quando, no auge da forma, trocou o time que o revelou pelo maior rival, o Vasco. A negociação foi em 1989 e ninguém da maior torcida do Rio de Janeiro jamais desculpou Bebeto. Alexandre e Deive não entendiam nada de futebol, então a bola ficou com Tucano e JP. Carlos Voltor, que também participou, pouco pitaco deu. Deive, mais uma vez, testou seus amigos "especialistas".

Deive: "Qual era o técnico do Brasil em 62?"

JP: "Aymoré Moreira."

Deive: "Putz... É impressionante, cara. É a enciclopédia do futebol. E o mascote, Tucano? Sabe qual era o mascote?"

Tucano: "Não tinha mascote. Mascote começou em 66."

Como quase sempre, as melhores histórias não eram sobre o assunto, mas sobre a vida dos envolvidos. Afinal, ler Wikipédia na mesa do bar é um saco. JP lembrou de uma história da copa de 1978 que acabou elencada entre as favoritas dos ouvintes.

JP: "O meu irmão tinha um ano, um ano e pouco. Aí a gente estava vendo um jogo na casa do meu tio (...), sai um gol do Brasil. Cara... Meu pai pegou o braço do meu irmão e subiu com o braço dele, tipo assim... 'Goool!' Quebrou o braço do meu irmão! Meu pai tomou um esporro da minha mãe que até hoje eu não esqueço."

Mesmo o maior jogador de futebol da história virava piada.

Tucano: "O Pelé chutava com as duas pernas... E não caía." (Tucano puxa o tema musical dos Trapalhões.)

Deive: "A gente tem que arrumar essa musiquinha dos Trapalhões com urgência..."

Arrumaram. A partir desse programa, as piadas de gosto duvidoso passariam a ser pontuadas com o tema da turma de Didi.

Tucano e JP continuaram como convidados assíduos do Nerdcast e o Time de Elite se completaria com a chegada do amigo Frederico Carstens, o Sr. K.

Alexandre Ottoni, o Jovem Nerd; Deive Pazos, o Azaghal; Fernando Russell, o Tucano; João Paulo Miguel, o JP; e Frederico Carstens, o Sr. K: a mesa de bar mais famosa da podosfera brasileira se reuniria pela primeira vez na edição 47. Mas a apoteose daquele grupo, que seria o maior sucesso do Nerdcast por anos a fio, ainda estava por acontecer.

O tema era o feriado menos nerd possível: Carnaval. Pela primeira vez, muitos fãs perceberiam que aqueles não eram nerds quadrados de almanaque (talvez porque nerds assim não existam). O Time de Elite nascia para valer no dia 16 de fevereiro de 2007, com a publicação do Nerdcast 52 ("Histórias de outros carnavais..."). O programa tem milhões de downloads e até hoje são comuns, no post de sua publicação original, comentários como "Quase 10 anos e ainda choro de rir" ou "Saudações do longínquo ano de 2013". Cada comentário "do futuro" tem uma enxurrada de nostalgia dos fãs nas respostas.

Na apresentação, JP contou que nasceu no domingo de Carnaval, e um tio (as histórias dos seus tios já tinham alguma fama) foi à maternidade saudar a criança vestido com sarongue de havaiana. Depois de uma breve tentativa de estabelecer o Carnaval na História e falar de marchinhas engraçadas, Alexandre foi direto ao ponto:

Alexandre: "Carnaval da Bahia, alguém aí tem história?"

Sr. K: "Eu fui uma vez ao Recife, conta?"

JP: "Eu passei um carnaval em Porto Seguro..."

Deive: "E aí?"

JP: "Porra, mas é assim? Já vamos de cara para a história?"

Tucano: "Carnaval é assim, não tem muita conversa não, cai de cara logo."

E seguiu-se a sequência mais perfeita de histórias que o Nerdcast já teve. É inútil tentar recontar 50 minutos de uma obra-prima em áudio, mas cabe listar as pérolas:

- O Carnaval sobrenatural de JP em Arraial D'Ajuda: um fugitivo da máfia, um blackout e o mensageiro do mar;
- A abdução de Tucano em São Lourenço: a batalha de cachaças amarelas de 50 centavos, um soldado caído e o quebra-molas de feno em uma estrada deserta;
- O *rendez-vous* de Diamantina: a baranga do Bizarro, o colchonete no banheiro e um homem nu dando camisadas;
- O Carnaval "irirado" de Iriri: o precipício de rochas, o muro que cospe gente e o louco dos morteiros;
- A Festa da Baby à beira-mar: o "guardião dos apartamentos", o careca com o poodle e a sodomia evitada;
- O Bloco do Pijama: A Bocão, a Machadinha, a Bolinha;
- O Grande Conselho do Country Club.

Porém, uma história foi marcante. Sr. K, que ficara um tanto tímido na primeira reunião do Time de Elite do Nerdcast, destilou todo seu humor passivo-agressivo para contar sua epopeia a Recife no Carnaval, viajando de ônibus por dois dias e uma noite. Essa história encerrou o programa.

Sr. K: "Cê já jogou um chocolate no formigueiro e ficou olhando?"

Foi como o Sr. K descreveu a quantidade ilógica de pessoas em volta de seu ônibus. Era só o começo. O personagem principal da viagem foi Seu Francisco, que, segundo a testemunha ocular, "devia pesar 10 arrobas" e usava um mínimo short Adidas dos anos 80 como peça de vestuário — e só. Seu Francisco provavelmente não se chama assim e nem deve saber que o Nerdcast existe. Mas, se perguntarmos para os fãs assíduos do Nerdcast quem é o maior personagem do programa, tirando os participantes, talvez ganhe com folga. "Mulher, é hora!", disse Seu Francisco para anunciar o começo de seu almoço: um pote de um palmo de altura com arroz, farofa e pedaços de frango. E um garfo. Depois de se satisfazer, passava para a Sra. Seu Francisco.

Os hábitos de Seu Francisco foram o recheio principal da viagem. Mesmo quando o Sr. K contou que foi conhecido como o passageiro que comia carne crua no ônibus, usou seu enorme protagonista como âncora, dizendo "Vamos voltar pro Seu Francisco". Terminou o relato dizendo para a mãe que não voltaria de ônibus de jeito nenhum.

Sr. K: "Ou eu vou morar aqui ou
(você) me manda uma passagem de avião."

JP, que por longos momentos tinha abandonado o fone para tratar de outras coisas da vida, ressurgiu no fim do relato para o *grand finale*.

JP: "Mas, bicho, me conta uma coisa... E o Carnaval em Recife?"

O programa acabou assim. Depois disso, não importava o que tinha acontecido em Recife. A partir de então assim era o Nerdcast com o Time de Elite. A conversa não precisava fazer sentido, ou ter começo, meio ou fim. O poema "Amigos Meus", de Vinicius de Moraes, boêmio de Ipanema como todos no Time de Elite, é também uma definição acidental do que é o Nerdcast.

(...)
Tem sempre aquele
Que toma mais uma no bar
Tem sempre um outro
Que vai direitinho pro lar

Mas tem também
Uma sala que está vazia
Sem luz, sem amor, sombria
Prontinha pro show voltar

E em novo dia
A gente ver novamente
A sala se encher de gente
Pra gente recomeçar

7

PRIMEIROS ANUNCIANTES

Se no começo a internet brasileira era só mato, Jovem Nerd e Azaghal foram dois dos pioneiros em capinar esse terreno.

É difícil descrever como era a internet brasileira em 2007, mas não custa tentar. Segundo dados do Centro Regional de Estudos para o Desenvolvimento da Sociedade da Informação (Cetic.br), ligado ao Comitê Gestor da Internet no Brasil (CGI.br), 60% dos brasileiros nunca tinham sequer entrado na internet. Dos que acessavam a rede, só 40% tinha acesso em casa, e normalmente discado. A banda larga ainda era ruim e cara. A comunicação dos jovens "internautas" era feita via Orkut ou via ICQ ou MSN, avós do WhatsApp. Com a popularização das câmeras digitais, a febre do momento ainda era o Fotolog, ancestral do Instagram, onde as pessoas publicavam fotos e esperavam ansiosas pelos comentários das outras arrobas.

Era possível ficar famoso na internet, principalmente se o sortudo ganhasse um post em blogs de humor como Kibeloco, de Antônio Tabet (que viria a fundar o Porta dos Fundos em 2012), e Jacaré Banguela, do Rodrigo Fernandes. Porém, para ganhar dinheiro, só se aventurando no offline. Não havia monetização de conteúdo e a TV foi o destino de muitas dessas primeiras web-celebridades. MariMoon, por exemplo, chamada pela *Folha de S. Paulo* em dezembro de 2007 de "musa pink da internet", foi a maior estrela do Fotolog brasileiro e conseguiu grana fazendo publicidade de sandálias e lançando marca de roupas própria. Só estourou para o grande público em janeiro de 2008, quando passou a apresentar um programa na MTV Brasil.

O YouTube existia desde o ano anterior, mas ainda engatinhava. Não tinha ainda um modelo de negócios para recompensar o produtor de conteúdo, pois o programa de parcerias só passaria a existir no ano seguinte. Muita gente já produzia vídeos para o YouTube no Brasil. Em 2007, por exemplo, Ronald Rios e Erik Gustavo, da produtora carioca Badalhoca, começaram o "Com a Palavra, Ronald Rios", para muitos o primeiro vlog do Brasil, formato que seria popularizado em 2009 e 2010 por Felipe Neto.

Só existia uma estrela brasileira de verdade na plataforma de vídeos: o ator Guilherme Zaiden, de "Confissões de um emo", primeiro viral brasileiro do YouTube, com mais de 1 milhão de acessos. Gravava os vídeos em uma câmera que só filmava por 40 segundos, editava os pedacinhos em um computador e subia no YouTube em uma conexão discada nas madrugadas de Brasília porque não havia banda larga disponível em seu bairro. Em 6 de julho de 2007, o Jovem Nerd fez um Nerdcast (69) todo dedicado a Zaiden, um dos primeiros em formato de entrevista. O público odiou, como ficou claro na leitura de e-mails do episódio seguinte.

Alexandre: "Foi um tanto quanto polêmico..."

Para ele, as pessoas não tinham entendido o tipo de humor do rapaz. Deive deu uma explicação diferente e mais divertida:

Deive: "Sabe o que foi isso, né? Foi inveja!
O cara fez sucesso, apareceu no Nerdcast, e eles
não apareceram. Eles têm inveja do cara..."

A internet de 2007, para o estranhamento das gerações posteriores, morava apenas nos computadores. Não era possível navegar com os celulares da época. O iPhone tinha acabado de ser lançado, em junho de 2007, como um telefone com tocador de música, uma tela sensível ao toque e uma câmera de incríveis 2 megapixels. Um dos únicos a ter um exemplar no Brasil naquela época era Nick Ellis, blogueiro do Digital Drops, de quem vamos falar daqui a pouco.

Como já falamos aqui, em 2007 Alexandre foi escolhido para participar da série *Retrato Celular*, do Multishow.

A primeira imagem daquele capítulo mostra Alexandre e Carlos Voltor no último banco de um ônibus indo para uma JediCon no Rio de Janeiro, onde moravam na época. Em outro momento, ele apresenta o "sócio" Deive Pazos e mostra a chegada de materiais da recém-inaugurada Nerdstore.

A participação de Deive nos pouco mais de 5 minutos de programa foi mais caótica. "Essa é a parte que você não queria mostrar!", diz o "sócio", às gargalhadas, apontando a câmera do celular para um Alexandre sem camisa se penteando no banheiro. Ao fundo, Andreia e Agatha se juntam às risadas.

Aqueles quatro jovens adultos cheios de sonhos estavam dando os primeiros passos para transformar o sucesso do blog e da recém-inaugurada atração em áudio em dinheiro. Ainda sem saber como, pois ninguém na internet brasileira tinha encontrado o pote de ouro. Sem que eles soubessem, um encontro no dia 21 de outubro de 2007 seria fundamental para chegar ao futuro de sonhos que eles compartilharam no programa do Multishow.

O evento foi o BarCamp, idealizado pelo jornalista carioca Nick Ellis e realizado na PUC do Rio de Janeiro. O "bar" do nome não tem nada a ver com o bar cheio de bebidas e petiscos. BarCamp é um modelo de evento participativo criado na Califórnia em 2005, em que os próprios participantes definem a programação e compartilham conhecimentos. O "bar" do nome vem de "foo" e "bar", termos usados em linguagem de programação como "isso" ou "aquilo", na hora de explicar o funcionamento de um código. Teve bar de verdade? Teve. O pessoal encheu uma mesa enorme no tradicional Garota da Gávea, ali perto, para encher a cara — existem registros disso no Flickr até hoje. Mas, pelo menos de dia, foi um evento nerd, em que se discutiu sobre tecnologia e cultura digital no auditório do Rio Datacentro (RDC) da PUC. Principalmente naqueles primeiros anos, um dos assuntos mais quentes era o empreendedorismo na internet e os meios de se fazer grana com conteúdo.

Aquela foi uma confluência histórica de blogueiros e empreendedores digitais, alguns fundamentais na história do Jovem Nerd. Em especial, três: Nick Ellis, Alexandre Inagaki e Ian Black. Foi a primeira vez que Alexandre e Deive viram os três pessoalmente, e foi também quando conheceram Marco Gomes, outro fã que viria a influenciar os caminhos deles, mas sobre o qual falaremos em outro capítulo. Pode-se dizer que o Jovem Nerd só teve uma vida longa e próspera por causa das conexões celebradas no BarCamp da PUC-Rio. Foi ali que Ian Black pediu uma versão em camiseta preta da estampa da mascote do Jovem Nerd, o Nerdinho, com o capacete do Darth Vader. Alexandre e Deive realizaram o desejo de Ian, e a ideia do novo amigo acabou se tornando uma das campeãs de venda da Nerdstore. Foi ali também que Alexandre e Deive viram pela primeira vez um iPhone, o aparelho recém-lançado da Apple. Vários nerds se reuniram ao redor de Nick Ellis, o dono do aparelho, encantados, enquanto ele mostrava o revolucionário... *Labyrinth*. O joguinho simulava um labirinto de madeira com uma bolinha de metal, igual àqueles brinquedos antigos. Usando o acelerômetro do iPhone, uma inovação da época, o jogador movia a bolinha na tela inclinando o aparelho. Foi um delírio nerd. Deive sonhava com um iPhone desde o lançamento, mas seu primeiro foi só o iPhone 3G, no ano seguinte.

Em outubro de 2007, quando organizou o BarCamp, Nick Ellis estava vivendo uma vida dupla. De dia, trabalhava como designer, sua formação principal, na IdeiasNet, uma empresa de investimentos em projetos de internet fundada em 2000 por seu pai, George Ellis. À noite (e madrugada adentro), dava vazão às suas duas paixões: tecnologia e escrita. O advento dos blogs acabou sendo perfeito para unir as duas. Em fevereiro de 2006, deu início ao blog de tecnologia Digital Drops para contar sobre a recente revolução que os smartphones estavam provocando na sociedade. Como era um nicho que ainda não existia no Brasil, o blog cresceu rápido, fazendo a dedicação de Nick virar quase uma obsessão. Chegava do trabalho à noite e começava a escrever até de madrugada, com o objetivo de fazer pelo menos 10 posts diários.

Foi através do Digital Drops que Deive Pazos conheceu Nick Ellis: mandando uma mensagem para pedir uma recomendação de celular. "Não sei se você me conhece, sou do Jovem Nerd...", escreveu Deive. Nick conhecia. Acompanhava o conteúdo do Jovem Nerd desde 2004, e ouvia o recém-nascido Nerdcast com entusiasmo de fã. Ele não lembra com precisão que celular recomendou a Deive — acha que foi um N95, o principal lançamento em 2007 da Nokia, então líder absoluta no mercado de smartphones —, mas sua importância para o novo amigo seria muito mais relevante que essa indicação.

Quando Nick pensou em trazer para o Brasil o modelo de BarCamp e convidou a nata da blogosfera brasileira para participar, o convite a Alexandre e Deive foi natural. O Jovem Nerd já tinha reconhecimento de quem entendia do assunto. Outro convidado óbvio foi Alexandre Inagaki, que tinha o blog Pensar Enlouquece, Pense Nisso (criado em 2002, como O Jovem Nerd), e tocava, com Edney Souza, o recém-criado portal brasileiro de blogs, InterNey. Estavam lá por um motivo simples: Inagaki e Edney eram os maiores especialistas brasileiros em como conseguir grana com anúncios. Foi por isso que, três meses antes do BarCamp, em julho de 2007, Inagaki entrou para esta nossa história como o responsável pela primeira ação publicitária do Jovem Nerd, ainda no emprego que tinha acabado de largar.

Alexandre Inagaki é jornalista de formação e dividia-se entre os blogs e o trabalho em um banco para pagar os boletos quando, em novembro de 2006, foi chamado para atuar como gerente de conteúdo na recém-fundada Riot, a primeira agência especializada em mídias sociais no Brasil. Ficou lá até setembro de 2007, quando juntou-se a Edney para tocar o InterNey. Sua função na Riot era a de fazer o meio de campo entre as empresas anunciantes e as estrelas em ascensão da internet. Foi com esse objetivo que entrou no site do Jovem Nerd e, via formulário de contato, escreveu sobre uma proposta financeira. Um dos clientes da Riot, os estúdios Paramount, estava lançando o filme *Transformers*, na época uma aposta arriscada que depois virou franquia de sucesso, e tinham produzido dois vídeos promocionais que precisavam viralizar no Brasil. Eram vídeos de um minuto simulando audições de aparelhos elétricos para o filme, como se os objetos fossem atores atrás de um papel em *Transformers*: uma tostadeira e um robozinho de brinquedo. Bastava fazer um post no blog mostrando os vídeos. Quem sabe?

Quem respondeu a mensagem foi Deive, e a negociação se deu via Gtalk, o mensageiro do Google. Deive e Alexandre toparam na hora. O valor pago: R$ 300. Não era muita coisa, mas toda maratona tem seu primeiro passo, certo?

Até então, o dinheiro que pingava no Jovem Nerd era pela exibição de banners que vinham de forma indireta pelo contrato com o portal IG, que hospedava o blog como parceiro desde fevereiro de 2006. O Jovem Nerd, como qualquer outro blog parceiro, exibia um banner e recebia uma porcentagem. Era pouco e muito de vez em quando.

Quando saiu da Riot, em setembro de 2007, um mês antes do BarCamp do Rio, Inagaki deixou em seu lugar o grande amigo Ian Black, de 28 anos, que tinha trazido para a empresa recentemente e dava seus primeiros passos no mundo da publicidade. Quando entrou na Riot, em fevereiro de 2007, com salário inicial de R$ 600, Black teve que continuar trabalhando como atendente de telemarketing para tirar seu sustento, dormindo apenas 4 horas por dia para dar conta da rotina. Foi tão bem que foi efetivado em três meses, ganhando melhor e deixando o telemarketing.

Ian Black não tinha formação superior, mas aprendera a ler muito antes de ir para a escola e, por influência do pai, apaixonara-se por livros, quadrinhos, música e cinema. Quando recebeu o convite de Inagaki para trabalhar na Riot, descobriu na publicidade o lugar perfeito para explorar sua criatividade e dar vazão às influências que tinha. Ian conheceu Inagaki em uma lista de discussões chamada “Infância Anos 80” e tinham sido parceiros em vários projetos online.

Como Inagaki, Ian também era muito fã do Jovem Nerd, e estava ansioso para encontrar Alexandre e Deive no BarCamp do Rio.

No dia 21 de outubro de 2007, no BarCamp, aconteceu o encontro de Alexandre e Deive com Nick Ellis, Alexandre Inagaki e Ian Black. Esse encontro significou uma guinada do Jovem Nerd rumo à sustentabilidade financeira. Eram quase 200 blogueiros reunidos, mas o post sobre o evento no blog tinha poucos destaques com foto, entre eles "Nick Ellis (Digital Drops)", que "organizou tudo e ainda nos deixou brincar com seu iPhone", e "As lendas Alexandre Inagaki e Ian Black".

Nick Ellis era tão gentil com Alexandre e Deive que passou a ser chamado de Nice Guy ("Cara Legal") pelos dois, apelido que viraria pseudônimo em suas participações no Nerdcast. A primeira delas foi semanas depois do BarCamp, no dia 2 de novembro de 2007, e não poderia ser mais adequada: "Nerdcast sem fio", sobre celulares inteligentes. A atração viraria a série de tecnologia do programa.

> Alexandre: "Se a inveja interferisse na tecnologia,
> o iPhone do Nick Ellis já tinha caído umas 10 vezes."

Logo depois, Alexandre apresentou melhor seu convidado.

> Alexandre: "Nós vamos fazer o Nerdcast com essa figura espetacular que é Nick Ellis, cara. Cês sabem quem é esse cara, cumpadi? Porra! Designer, blogueiro, fanático por tecnologia, autor e editor do blog Digital Drops, um dos blogs mais espetaculares sobre gadgets, coisas malucas de tecnologia que a gente adora."

Mais um choque para as novas gerações: a grande discussão na época, que tomou boa parte da conversa, foi a batalha "Apple vs Nokia". Aqui, no futuro, sabemos quem venceu.

Dois meses depois, em 7 de dezembro de 2007, Nick Ellis marcaria a virada financeira do Jovem Nerd, sem precisar aparecer como convidado. Depois das apresentações habituais do Nerdcast 90 ("Eu só trabalho aqui"), Alexandre muda sua tradicional introdução à leitura de e-mails do episódio anterior.

Alexandre: "Vamos à nossa leitura de e-mails e... Para tudo, para tudo!"

Deive: "Hoje não é uma leitura de e-mails regular e normal. Por favor, um estardalhaço!"

Começou o trecho final apoteótico da "Abertura 1812", escrita por Piotr Ilitch Tchaikovsky para celebrar a vitória da Rússia sobre Napoleão Bonaparte na invasão de 1812, com sinos de igreja e disparos de canhão como elementos musicais.

Alexandre: "O Nerdcast tem o seu primeiro patrocinador!"

Deive: "Sabe o que é melhor do nosso primeiro patrocinador? É que é uma parada maneira. Não é, sei lá... macarrão. Eu não preciso dizer 'Macarrão Teixeira é ótimo, porque não gruda...'"

O primeiro patrocinador do Nerdcast foi a Netmovies, e Nick Ellis foi o responsável pela articulação. Antes, porém, outra explicação importante sobre a Netmovies ser "uma parada maneira". Não existia streaming online. A Netflix já existia, mas era uma gigante dos filmes e séries mandando os DVDs pelos correios para seus assinantes. A Netmovies tinha um modelo de negócios parecido. Pegava e buscava os DVDs na casa dos assinantes, e você podia ficar com eles até assistir, sem pagar nenhuma multa por isso — um grande drama para quem usava locadoras de bairro ou Blockbusters da vida. Com R$ 28 por mês, você poderia ficar com um DVD por tempo indeterminado sem pagar multa. Ou, se quisesse, poderia ver um filme por dia, tudo sem sair de casa. Seria engolido pelos streamings, mas era maneiro.

A empresa era um dos investimentos da IdeiasNet, a empresa do pai de Nick Ellis. Ele já não trabalhava lá — saiu logo depois do BarCamp Rio —, mas fez o meio de campo por iniciativa própria por achar que era o anunciante perfeito para o Jovem Nerd, e vice-versa. Logo depois de participar do "Nerdcast sem fio", em novembro de 2007, mandou e-mail para o Deive falando sobre a ideia. Nick pediu um media kit do Jovem Nerd, apresentou à equipe de marketing da Netmovies com uma defesa apaixonada e... negócio fechado. Importante: poderia e teria direito, mas fez questão de não cobrar comissão. O valor foi inédito para os sócios do Jovem Nerd até então: R$ 12 mil, sendo R$ 1 mil por episódio.

O Nerdcast teve o patrocínio da Netmovies por 12 semanas consecutivas e, segundo Nick Ellis, teve um grande impacto positivo no número de assinaturas do serviço. Alexandre e Deive tinham um jeito especial de perceber isso. Em cada anúncio, os dois falavam de um filme antigo que amavam, como *O Poderoso Chefão*, e ficavam observando no site o filme citado. Logo após liberarem o episódio do Nerdcast no blog, o status do filme ia de "disponível" para a fila de espera em pouquíssimo tempo. Sem os relatórios de performance praticamente obrigatórios de hoje em dia, era uma forma artesanal de medir o impacto do que estavam fazendo.

Para quem contava com porcentagem residuais dos banners do IG e começava a ter ações pontuais como a dos vídeos dos *Transformers*, foi uma tranquilidade e, depois, um *case* importante para apresentar aos futuros parceiros. Os amigos Alexandre Inagaki e Ian Black, cada um do seu jeito, seriam fundamentais para manter a roda girando. Ainda era difícil convencer anunciantes do poder de um blog, ou mesmo do maior podcast do Brasil, que o Nerdcast já havia se tornado.

Ian Black, já fora da Riot, prestava consultoria para o Infoglobo em 2009 e sugeriu o Nerdcast para divulgar O Livreiro, um projeto da empresa que nasceu como uma rede social de livros, algo como o Goodreads, da Amazon. Era, segundo ele, uma "missão pessoal", já que nunca havia conseguido uma parceria de peso para seus ídolos e amigos. O tema escolhido para a ação foi a trilogia *O Senhor dos Anéis*, de J. R. R. Tolkien, fundamental na história pessoal e profissional de Alexandre e Deive. Era o assunto mais pedido pelos fãs do Nerdcast, e surpreendentemente nunca tinha sido tema. O Livreiro faria sorteio de kits com todos os livros e DVDs da saga de Tolkien para os espectadores do Nerdcast que fizessem o cadastro no site, e o Jovem Nerd seria muito bem pago para isso, o que ainda era raro.

A ação rendeu três Nerdcasts patrocinados, cada um sobre um livro da trilogia — 192a sobre *A Sociedade do Anel*, 192b sobre *As Duas Torres* e 192c sobre *O Retorno do Rei*, publicados respectivamente nos dias 18, 22 e 25 de dezembro de 2009. E foram programas que, como Alexandre e Deive explicaram no ar, nunca existiriam, já que a equipe teria um recesso de fim de ano para descansar.

Alexandre: "O que seria, Azaghal, deste Nerdcast sem O livreiro ponto com ponto br?"

Deive: "Simplesmente não seria. O Nerdcast não iria acontecer, nós continuaríamos empurrando esse tema com a barriga como sempre. Não ia ter Nerdcast dia 25 de dezembro, nós íamos tirar nossas férias. A gente ia encerrar o ano fiscal do Nerdcast dia 18. Mas a ideia d'O Livreiro foi tão maneira, o tema mais pedido *ever*, nos deixou tão empolgados... essa proposta... vamos ceder."

A rede social de livros teve um recorde de cadastro com a ação, e Ian Black considerou sua missão cumprida. Mas nunca pararam de colaborar. Por exemplo: assim que fundou sua própria agência em 2011, a New Vegas, Ian Black incluiu o Jovem Nerd em uma ação para promover o vestibular do Senac. Na lista das celebridades da internet que participaram, só não receberam mais que o comediante Rafinha Bastos, então apresentador de um dos principais programas de humor da TV brasileira, o *CQC*, da Band, com números gigantes no Twitter e no YouTube. O amigo Alexandre Inagaki também fez parte da ação, trabalhando como especialista na intermediação com os talentos.

Os nerds estavam capinando o mato da internet brasileira e mais do que isso, estavam aprendendo a ganhar dinheiro com isso.

8

IMPOSSIBLE SITUATION

Ágatha não tinha experiência em vendas quando precisou lidar com planilhas e embalagens, logo os primeiros clientes da Nerdstore receberam suas encomendas em embalagens que pareciam bombons gigantes.

O mesmo aconteceu com os primeiros 500 livros de *A Batalha do Apocalipse*, editados e vendidos pelo Jovem Nerd em novembro de 2007. Os calhamaços de 500 páginas de Spohr receberam atenção redobrada dos vendedores neófitos. Primeiro, uma cobertura generosa de plástico-bolha. Depois, uma camada de papelão, simulando uma caixa em volta do livro. E, finalmente, muita fita adesiva. O livro parecia um tijolo de maconha daqueles que vemos na TV nas reportagens sobre apreensões de drogas da Polícia Federal.

No fim de 2007, depois de mais de um ano de Nerdcast, a empresa Pazos & Ottoni tinha engrenado e impulsionava as vendas na loja virtual. Mas estava baseada em um malabarismo logístico insustentável, mesmo a curto prazo. Primeiro, porque Alexandre e Agatha moravam no Rio de Janeiro e Deive e Andreia moravam em

São Lourenço. A Pazos & Ottoni funcionava no segundo andar da loja de Andreia em Minas, mas o estoque das camisetas da Nerdstore ficava no Rio, onde o envio via Correios para todo o Brasil era mais fácil. Além disso, as camisas eram produzidas em São Lourenço e levadas de carro para o Rio por Deive. Não tinha como dar certo.

Por causa dessa confusão, e por Deive e Andreia não aguentarem mais viver em São Lourenço, as coisas estavam prestes a mudar. A venda de camisetas para os nerds sempre rendeu muito mais do que Andreia vendia em sua loja, então não fazia mais sentido mantê-la. O último empurrãozinho foi o olho grande da fornecedora de camisetas, que aumentava os preços a cada nova encomenda.

Diante disso, o casal começou a pensar em um lugar que fosse ideal para a família: calmo, com custo de vida barato e com boa logística para o envio de mercadorias e oferta de internet rápida. O plano era que Alexandre e Agatha fossem logo depois.

A primeira cidade cogitada foi Juiz de Fora, a cidade mais carioca de Minas Gerais. Lá foram os dois para uma visita. O plano era chegar e esperar por Alexandre e Agatha, mas isso não foi necessário. Assim que Deive e Andreia chegaram ligaram para os sócios: "Nem vem...", disseram — haviam odiado a cidade. A caminho do Rio, pensaram em passar por Petrópolis, na região serrana. Vai que rola... Não rolou: tudo muito caro, de aluguel a colégios. Chegaram no Rio sem planos para o futuro. Mais ainda tinham mais uma tentativa.

Curitiba, capital do Paraná, é uma cidade estranha para cariocas típicos. Porém, o quarteto Jovem Nerd passa longe disso. O Carnaval de lá, por exemplo... Bem, não existe Carnaval em Curitiba. O evento mais famoso da folia curitibana é a zombie walk, em que centenas de pessoas com roupas rotas e maquiagem de zumbi andam pela cidade gritando por "mioooolos...". Também, é uma cidade fria, sem praia, com uma logística digna da grande capital que é e preços muito mais viáveis que os do eixo Rio-São Paulo. Em suma, uma cidade perfeita para os nerds. Deive já conhecia Curitiba por conta de amigos, mas uma mudança merecia mais do que uma impressão de visitas rápidas.

Os quatro foram averiguar e, de cara, simpatizaram com Curitiba. Os preços de imóveis e colégios também eram ótimos. Mas não seria tão fácil. O primeiro problema de Deive e Andreia foi conseguir comprovar renda na hora de alugar, já que "um site" e uma "loja virtual" não pareciam sólidos o bastante. E todos os donos de apartamento pediam fiador dentro da cidade, coisa que eles não tinham. Decidiram, então, que comprariam em vez de alugar, com o dinheiro da venda da casa de Deive no Rio. Aí veio o segundo problema.

Eles acertaram a compra de um apartamento com uma mulher que vivia na França, e programaram a mudança para fevereiro de 2008, quando começariam as aulas das crianças. Colégio escolhido, matrículas feitas, mudança planejada e... nada da mulher voltar da França para fechar negócio. Quando ela finalmente chegou, às vésperas do início do ano letivo, decidiu que queria R$ 30 mil a mais do que o acordado. Não havia de onde tirar esse dinheiro a mais e o desespero se instalou.

Como medida extrema, pagaram uma semana de hotel em Curitiba para encontrar um apartamento na marra. Descobriram que o bairro que haviam escolhido tinha encarecido demais, talvez o motivo do aumento repentino da oferta da "francesa".

"Não vamos encontrar nada, a gente fez tudo errado...", lamentava Andreia, aos prantos, enquanto andavam a esmo pelo bairro à procura de um novo lar. Até que, no segundo dia de estadia, durante mais uma busca a esmo de carro, viram uma plaquinha de venda na janela de um apartamento.

"Peraí, Deive! Deixa eu anotar!", disse Andreia. Foram necessárias duas voltas no quarteirão para enxergarem todos os números do telefone.

O plano era comprarem um apartamento de três quartos, para as crianças terem mais espaço. Mas este só tinha dois.

"Eram três", disse o corretor de imóveis. "Dá para refazer o quarto extra subindo uma parede."

Foi o bastante para fecharem negócio, não sem antes pedirem um desconto pela despesa que teriam com a obra. No fim, a parede que criou o terceiro quarto foi improvisada com *drywall* mesmo.

O novo apartamento ainda tinha um quartinho dos fundos, sem janela, que serviria como o novo depósito da Nerdstore. Aliviou o armário de Alexandre e Agatha no Leblon, pequeno demais para o sucesso da loja virtual. Era só um quartinho, mas Andreia mostrava em vídeo com orgulho as primeiras prateleiras de estoque que comprou para lá, cheias de camisetas.

No Nerdcast 203 ("Expresso Empreendedor"), de março de 2010, Alexandre tentou explicar como era manter um negócio como o Jovem Nerd, ainda mais em um país como o Brasil: "Uma imagem que eu tenho do mundo dos negócios é a de um trem que não para nunca. Se você quiser ficar parado esperando o trem, não vai pegá-lo. Você tem que correr, correr muito pra pegar o trem!" .

Alexandre começou a fazer os primeiros polichinelos de aquecimento em maio de 2007, quando trocou seu trabalho na DMN (onde estava desde 2001) para trabalhar como webdesigner na TVE Brasil, onde teria horário mais flexível e, assim, mais tempo para dedicar-se ao site. Por coincidência, entrou na vaga de Andrés, o Amigo Imaginário, e passou a trabalhar com outros dois Nerdcasters habituais: Fred Carstens, o Sr. K, e Afonso 3D. Este último já conhecia Deive, Andrés e outros personagens deste livro de outros carnavais, mas passou a participar do Nerdcast quando o tema era ligado a teorias da conspiração e/ou bebedeiras depois de trabalhar com Alexandre.

Em maio de 2008, Alexandre deu o pique final atrás do trem do Jovem Nerd: largou o emprego na TVE para dedicar-se exclusivamente ao site e ao podcast. Agatha, que ainda cantava com a banda de seu pai, também largaria tudo pelo sonho. Em consonância com o esforço, uma mudança para Curitiba, onde toda a empresa estava concentrada, era fundamental. O problema é que ainda não havia dinheiro para um apartamento só deles.

Alexandre e Agatha foram morar no mesmo apartamento com Deive e Andreia. Eles, as crianças e dois cachorros. Um só banheiro funcional para todos. Quanto tempo demoraria este novo gargalo logístico dos quatro empreendedores?

Foram dois anos e meio de aperto, com o trem do Jovem Nerd andando bem devagarinho para não descarrilar. Em pouco tempo, as prateleiras da Nerdstore extrapolaram o quarto de serviço e ocuparam a sala inteira. A primeira medida para o fim do caos foi tomada em 2009, quando alugaram o primeiro escritório em um prédio comercial a duas quadras de distância do apartamento. Tudo relacionado a trabalho — estantes, computadores, microfones — foi despachado para lá, dando um pequeno respiro na rotina do lar.

Mas ainda não era o bastante, e a visita de um fã carioca seria bem representativa disto.

Anderson Almeida, o Gaveta, designer e editor de vídeos, então funcionário de uma famosa produtora audiovisual carioca, estava ajudando Alexandre e Deive na intentona de alimentar o canal do Jovem Nerd no YouTube desde 2008. Apaixonado pelo Nerdcast, Gaveta oferecia seus serviços de graça, já que o Jovem Nerd ainda não tinha caixa para bancar um profissional gabaritado como ele. Editou alguns vídeos, colocou efeitos visuais em outros, mas estava prestes a dar um presente que seria usado por muitos anos.

Naquela época, no final de 2010, o canal tinha apenas vídeos soltos, como o de uma visita a uma roda-gigante instalada temporariamente na praia de Copacabana, e duas atrações mais ou menos fixas: o Nerdtour, com imagens das viagens em família, e o Zona de Spoilers, em que Alexandre e Deive se reuniam com amigos para comentar filmes de suas adolescências. A nova atração teria tudo o que não se enquadrava nestes formatos, como bastidores de gravações e eventos, além do dia a dia de labuta, e seria um programa semanal, com regularidade comparável à do Nerdcast.

O primeiro NerdOffice foi ao ar no dia 28 de outubro de 2010, editado de forma primária por Alexandre. Mas a abertura era da melhor qualidade, como Deive explicou no piloto: "A gente tem que pedir desculpas ao Gaveta. Porque ele fez uma vinheta tão maneira, e este primeiro episódio vai ser tão ruim quanto o primeiro episódio do Nerdcast".

As imagens de Alexandre, Deive, Agatha e Andreia trabalhando no escritório foram feitas por Gaveta na visita que fez a Curitiba durante um fim de semana livre. Quem visse Alexandre e Deive se despedindo do editor no aeroporto, às 7 da manhã de uma segunda-feira, imaginaria que aquelas caras de exaustão seriam fruto de um fim de semana intenso de trabalho dos três. Era isto, mas também os efeitos de uma infecção intestinal devastadora.

Para receber o fã e amigo, Andreia preparou um caprichado camarão na moranga. Porém, o capricho foi tanto que sobrou muito e ninguém guardou a abóbora gigante com os camarões na geladeira. Estava muito frio, o que poderia dar errado? Infelizmente, com camarão não se brinca. O resultado foi um piriri generalizado, e todo mundo da casa — dois casais e duas crianças — tinha apenas um banheiro para aliviar o suplício estomacal. O horror, o horror. A visita, mesmo tendo comido a iguaria, escapou ilesa.

Quando Gaveta embarcou para o Rio, não havia mais câmera para mostrar o desespero de Alexandre e Deive, acelerando muito acima dos limites de velocidade de Curitiba. Mas deu tempo para um plano infalível: Deive deixou Alexandre em casa em um *pit stop* digno de Fórmula 1 e correu de carro para o escritório, onde havia outro banheiro. Deive acabou se dando melhor. Alexandre subiu aflito no elevador, apenas para encontrar o banheiro de casa ocupado por outro membro da família sofrendo com o camarão dormido.

Era algo que o agente Jack Bauer, personagem vivido por Kiefer Sutherland em *24 Horas*, chamaria de "impossible situation", uma encruzilhada moral difícil de ser ultrapassada sem medidas drásticas. Porém, Alexandre lembrou-se de uma privada desativada, sem água e sem tampa, no banheiro da área de serviço. O local servia como banheiro para os cachorros, com o chão todo forrado de jornal velho. Para garantir a privacidade, prendeu a porta da cozinha com uma cadeira (não havia tranca) e esgueirou-se pelo campo minado de cocôs caninos. Sentou-se na louça gelada da velha privada para, depois de passado o desespero inicial, pensar em como se livraria daquela cagada. Aquela seria uma situação impossível.

9

NERD OFFICE

A obsessão de um nerd por sua nova série favorita pode levar a longas maratonas na frente da tela, mas também pode ser o pontapé inicial em uma ideia fantástica.

Quem entra no canal do Jovem Nerd no YouTube e rola pelos mais de 3 mil vídeos vai encontrar uma pérola que pouco tem a ver com o que foi produzido nos anos seguintes. É um vídeo do dia 25 de agosto de 2006 intitulado "Dharma Orientation 0 of 6 The Nerd", apresentado por Alexandre em tom monocórdio, sentado à frente de seu computador usando terno e gravata: "Lambda, lambda, lambda. Eu sou Alexandre Ottoni, o Jovem Nerd, e este é o vídeo de orientações para o Nerdcast 28".

A abertura, o clima retrô e a estética de videocassete são referências a uma das maiores obsessões dos primórdios do Jovem Nerd: a série *Lost*, tema do citado Nerdcast 28.

Nunca existiu uma série como *Lost* — e talvez nunca mais exista. Por muito tempo, do meio para o fim da década de 2000, foi o assunto mais recorrente entre o grupo de amigos ao redor de Alexandre e Deive. O ponto de partida da série é um acidente aéreo: um avião da Oceanic Airlines, que fazia a rota entre Sydney, na Austrália, e Los Angeles, nos Estados Unidos, se quebra durante o voo e cai em uma ilha aparentemente deserta, deixando apenas 48 sobreviventes. A partir daí, a impressão é de que todos os personagens (inclusive a ilha) guardam segredos infinitos. As cabeças dos nerds explodiram com a série exibida em seis temporadas, entre 2004 e 2010, e o Nerdcast foi o terreno perfeito para explorar e debater teorias malucas sobre o roteiro, expurgando amor e ódio pelos roteiristas. Foram onze programas dedicados a *Lost*, um recorde nunca repetido com qualquer outro produto cultural. Mas a loucura com a série não parou no blog e no feed do podcast: pela primeira vez, foi para o YouTube.

O primeiro vídeo do canal Jovem Nerd é uma versão brasileira dos vídeos de orientação da Iniciativa Dharma, o projeto de pesquisas fictício da série, e está cheio de mistérios escondidos para a audiência do Nerdcast. Por exemplo, ao diminuir muito a velocidade do vídeo, é possível ver várias fotos de Alexandre, Deive e outros Nerdcasters.

Em 2006, o YouTube tinha pouco mais de um ano de idade e o primeiro vídeo do canal é tão antigo que foi lançado três meses antes da plataforma ser comprada pelo Google por US$ 1,65 bilhão, em novembro de 2006. Na época, muita gente comentava que fazer conteúdo em vídeo daria muito dinheiro no futuro. Mas ainda não havia monetização, nem fórmulas a se seguir para alcançar o sucesso. Era a hora de testar conteúdo, e Alexandre e Deive estavam tateando a ferramenta. *Lost* foi a primeira inspiração e a oportunidade que pegaram.

Se a principal característica do nerd é aprofundar ao máximo sua relação com o que ama, *Lost* era um paraíso de perguntas sem resposta, terreno fértil para teorias mirabolantes e produtos. A série licenciou livros sobre histórias paralelas e bonecos colecionáveis dos personagens, mas foi além e captou o espírito do tempo. Pela primeira vez, a internet e outras mídias digitais seriam fundamentais para a propagação dos mitos da trama. Durante o período em que foi exibida, *Lost* teve um podcast oficial da ABC, uma série paralela em vídeos para serem vistos em smartphones e, o principal, os ARGs, acrônimo em inglês para "Alternate Reality Game", ou "jogo de realidade alternativa", uma ação de marketing em forma de game virtual com pistas espalhadas pela internet e pelo mundo real.

Os ARGs existiam desde o fim dos anos 1990 e já haviam sido usados como peças de marketing para aumentar o alcance de filmes e séries, mas uma série de mistérios como *Lost*, somada a uma internet cada vez mais rápida, foi capaz de fazer os jogos de solução de mistérios chegarem a um novo patamar de popularidade.

Lost teve dois ARGs — "Lost Experience", de maio a setembro de 2006, e "Find 815", de dezembro de 2007 a janeiro de 2008 — que foram inspiração para uma série de campanhas de marketing que acabariam virando fonte de renda para o Jovem Nerd. Tudo começou com uma brincadeira relacionada ao universo da série. Um ano depois do vídeo emulando os filmes de orientação da Iniciativa Dharma, o primeiro conteúdo que apareceu, entre agosto e setembro de 2007, foi uma série de vídeos simulando o sequestro de Alexandre, com pistas sobre o seu paradeiro espalhadas também no blog e no próprio Nerdcast. A brincadeira era desvendar os mistérios para libertar o Jovem Nerd real e desmascarar o impostor que estava apresentando os programas com Deive. Além dos vídeos, a brincadeira teve um site dedicado e interações no mundo real, como pistas deixadas no Shopping Metrô Santa Cruz, em São Paulo, e uma ligação para um orelhão na Avenida Paulista, atendida por um fã do Jovem Nerd envolvido com a brincadeira. Os vídeos foram produzidos no subsolo dos motéis que Deive administrava. Foram ao ar na época em que fizeram o quarto (76a) e o quinto (76b) podcasts sobre *Lost*, publicados nos dias 24 e 31 de agosto de 2007.

Depois desses vídeos do ARG, entre 2007 e 2008, o canal está cheio de vídeos curtos de momentos aleatórios de Alexandre, Deive e suas famílias. Alan e André aparecem duelando com espadas de espuma em uma JediCon no Paraná; André dança "Aquarius", da banda The Fifth Dimension; Alexandre, Deive, Andreia e Agatha dão uma volta na roda-gigante que a cerveja Skol montou em Copacabana, no Rio de Janeiro; Alexandre corta uma melancia com uma espada ninja. Na mesma ocasião, o canal também foi o repositório dos vídeos das campanhas que faziam, por exemplo uma série de vídeos para promover o Nokia N95 e o *making of* de uma campanha para o Natal dos Correios.

Em agosto de 2008, apareceu no canal pela primeira vez o nome de uma pessoa fundamental para a história do Jovem Nerd no YouTube: Anderson Gaveta.

Já contamos como Gaveta esteve envolvido no incidente do camarão terrorista, mas como ele entrou nessa história?

Anderson Gaveta era muito fã do Jovem Nerd. Tinha um emprego dos sonhos na premiada produtora Seagulls Fly, no Rio, no cargo de webdesigner. Pegava um ou outro trabalho com vídeo na produtora, um diferencial seu por já trabalhar com efeitos e animações nos sites, mas nada em que pudesse extravasar seu ímpeto criativo. Os vídeos eram o parque de diversões de um fanático por audiovisual desde os primeiros anos de vida.

No começo dos anos 1980, muito antes da alcunha de "Gaveta" (apelido de criança por ter um queixo muito grande), Anderson Almeida foi com sua mãe ao tradicional Cine Theatro Baronesa, na Praça Seca, em Jacarepaguá, Zona Oeste do Rio de Janeiro, para ver *E.T.: O extraterrestre* (1982), sucesso de Steven Spielberg que teria a maior bilheteria do cinema por muitos anos. É difícil mensurar o impacto daqueles efeitos especiais na cabeça de uma criança, como os da cena do menino Elliott (Henry Thomas) eclipsando a luz da lua com sua bicicleta, flutuando com o E.T. de carona na cestinha. O fato de terem visto o filme três vezes seguidas dá uma ideia deste fascínio.

Anderson seria impactado de forma semelhante poucos anos depois ao ver *De volta para o futuro*, de Robert Zemeckis, com Spielberg de produtor executivo. Não viu no cinema, mas ficou encantado com a exibição na TV. Quando seu pai comprou seu primeiro videocassete, o menino gravou o filme da televisão e transformou-o em sua obsessão infantil, a ponto de decorar todos os diálogos. Não demorou até o aparelho virar sua primeira ferramenta de edição.

Aos 10 anos, no finzinho dos anos 1980, pegava a câmera VHS de um primo e fazia pequenas tramas, servindo como diretor, ator e, no fim, editor de vídeo. Começou fazendo transição entre cenas apenas com o pause da câmera. Logo, usava seu videocassete para editar o que havia filmado, dando play, pause e rec (stop, nunca, já que tirava a fita da marcação).

No fim dos anos 1990, depois de largar duas faculdades, Gaveta cursou e terminou Publicidade e Propaganda na Escola Superior de Propaganda e Marketing (ESPM) do Rio, entre 2001 e 2005. Na universidade, começou a ter contato com edição de vídeo em computadores e encantou-se com o After Effects, programa da Adobe usado para efeitos visuais. A paixão de infância pelos vídeos e pelo cinema voltou com força total. No começo de 2004, gravou seu primeiro vídeo caseiro trash, uma produção de humor e efeitos especiais toscos chamada Chu e Crute, onde Gaveta (Chu) e seu amigo Thiago Sá (Crute) travavam uma batalha mortal e lançavam feixes de luz com as mãos o tempo todo. A tosquice foi inspirada em grande parte pela Pepa Filmes, um grupo de amigos do Grajaú, na Zona Norte do Rio, liderado por Luís Felipe Pepa que, entre 1996 e 2004, produziu cerca de 80 vídeos caseiros de zoeira. Com Chu e Crute, que ganhou até continuação, nascia, em meados de 2004, a Gaveta Filmes.

No caso da Pepa, os vídeos eram espalhados por e-mail ou, em dado momento, via torrent, ferramenta de compartilhamento de arquivos que explodiu com a popularização da pirataria de filmes. Gaveta já tinha uma internet bem mais evoluída para divulgar seus vídeos. Usuário contumaz do Fotolog, vivia intrigado com o fato de ainda não terem feito algo parecido para vídeos. Descobriria o motivo da melhor maneira. Com muito estudo, fez um site para a Gaveta Filmes (a imagem de uma televisão velha com um menu que usava a ordem dos seletores de canais) e descobriu como fazer upload dos vídeos e exibi-los em qualidade bem baixa. O "problema" é que eles começaram a fazer relativo sucesso e, com o sucesso, veio a conta de manter arquivos tão grandes em um servidor. A hospedagem foi ficando uma fortuna.

Deu sorte dos sites de vídeo surgirem bem nessa época e escolheu um brasileiro para subir os seus. O Videolog nasceu em julho de 2004 e hospedava vídeos de anônimos na internet. O YouTube nasceria com o mesmo mote alguns meses depois, em fevereiro de 2005, tomando conta do mercado rapidamente, mas o Videolog teve uma breve mas relevante carreira na internet brasileira. Foi, para Gaveta, a opção perfeita para parar de gastar dinheiro que ele não tinha com hospedagem. Fez um perfil no Videolog para subir os vídeos e os incorporar ao site que havia feito.

Em questão de meses, a Gaveta Filmes e seus efeitos especiais toscos viraram um dos principais fenômenos da ferramenta. No dia 20 de dezembro de 2004, a revista *Época* publicou uma reportagem intitulada "Os exibidos dos videoblogs" e Anderson Gaveta foi um dos entrevistados, ostentando até aquele momento a incrível marca de 6 mil acessos em seus vídeos. Pena que a brincadeira não dava dinheiro, só despesas. Os poucos caraminguás que fazia chegavam com a produção de websites. Um mês antes da publicação da reportagem, Gaveta mandou o currículo para uma vaga de webdesign na programadora de canais pagos Globosat. Não mandou só o currículo, enviou também seus vídeos, que acabaram sendo importantes para conseguir o emprego. Como ficaria responsável pelo site do canal GNT de Portugal, seria fundamental ter experiência com edição de vídeo. Fazia pequenas animações em *Flash* para sites de novelas como a clássica *Vamp* (1991-1992), da TV Globo, reexibida em Portugal naquela época via GNT. Uma vez lá dentro, também pegou alguns trabalhos de vídeo, como vinhetas de programas de viagem.

Sua primeira incursão séria no mercado de trabalho formal acabou tirando seu tempo para a produção caseira de vídeos. Com 25 anos e vivendo um relacionamento promissor com Livia Antunes, a Livinha, tinha passado da hora de dedicar-se a algo que desse grana. A sorte é que esse determinismo nunca abafaria por completo seus impulsos criativos. Não dava para fazer vídeos trash o tempo inteiro, mas aquilo nunca sairia por completo de sua cabeça.

No fim de 2005, Gaveta definiu sua próxima meta: trabalhar na Seagulls Fly, produtora queridinha dos estudantes de audiovisual, com clientes na TV, no cinema, na música e onde mais necessitassem de efeitos visuais com padrão internacional. Gaveta descobriu por acaso que um dos fundadores da Seagulls Fly, Fernando Reule, era amigo de infância de um de seus colegas da GNT. Contato feito e portfólio enviado (com vídeos trash incluídos), Reule deu sinal positivo e disse que entraria em contato quando surgisse uma vaga.

Ela surgiu pouco depois e Gaveta entrou na Seagulls Fly como, mais uma vez, webdesigner. Mas o interesse pelos vídeos o fez enveredar pelo audiovisual inúmeras vezes. Na empresa, onde trabalhou de 2006 e 2011, Gaveta tornou-se um profissional importante no mercado. A produtora ganhou diversos prêmios com os sites que ele ajudou a fazer e, com este portfólio debaixo do braço, Gaveta trabalharia em praticamente qualquer lugar. Porém, havia se tornado um escravo de suas convicções. Fazer websites não alimentava sua chama criativa. Encontrou a pista de um caminho para seguir com outra de suas obsessões recentes: o Jovem Nerd. Esbarrou com o Nerdcast nos primeiros episódios, ainda em 2006, quando um amigo de trabalho, o ilustrador Gabriel Lopes, começou a dar risada usando fones de ouvido.

"Do que você ri tanto?", perguntou Gaveta.

"É um podcast", respondeu Gabriel.

"O que caralhos é um podcast?"

Anderson Gaveta conhecia o blog Jovem Nerd das pesquisas que fazia quando começou a desenhar websites para ganhar dinheiro. Ria das montagens e fotonovelas, mas não era fã. Quando escutou o primeiro Nerdcast, porém, ficou fascinado. Algo lhe dizia que tinha tudo a ver com aquela turma. Passaria a arquitetar um plano silencioso para juntar-se à mesa de bar criada por Alexandre e Deive. Não adiantava nada chegar como um fã maluco, pulando de um bueiro e pedindo para tirar foto, as mãos trêmulas. Sabia que precisava chegar para resolver um problema dos dois. "Pé na porta e Gaveta na cara." Por sorte, talento e muito esforço, chegou a essa encruzilhada com uma invejável bagagem profissional.

As vidas de Alexandre, Deive e Gaveta começaram a se cruzar aos poucos. O primeiro registro foi na leitura de e-mails do Nerdcast 108, sobre *Blade Runner*, de 11 de abril de 2008.

Alexandre: "Gostaríamos de agradecer ao Gaveta, 29 anos, do Rio de Janeiro, que mandou um e-mail pra gente dizendo que ele correu a maratona Super 40 com a camisa do Jovem Nerd, Azaghal!"

Na mensagem, Gaveta ainda contou que foi difícil correr com uma camiseta de algodão, porque o suor fazia ficar muito pesada, mas fez tudo em nome do amor pelo site. A próxima interação seria mais direta.

O "ataque de oportunidade" de Gaveta foi no dia 1º de agosto de 2008, quando ouviu o Nerdcast 121 ("Nostalgia Animada - Parte 2"). Durante a leitura de e-mails, Alexandre e Deive revelaram que conseguiram fechar um cinema do Rio de Janeiro para que os fãs do Jovem Nerd e do Almanaque Virtual e membros do Conselho Jedi carioca pudessem assistir à pré-estreia de *Clone Wars*, a primeira série animada oficial do universo de *Guerra nas Estrelas*.

Alexandre: "Você que é do Rio de Janeiro pode assistir à pré-estreia de *Clone Wars* com o Jovem Nerd!"

Bastava escrever um e-mail pedindo o ingresso e pronto: os 100 primeiros seriam contemplados. Mas um evento desses precisaria de um registro, e um bem feito. Só um fã seria capaz de fazê-lo assim... de graça.

Gaveta respirou fundo e começou a escrever o e-mail. Não como um fã atrás do ingresso, mas como um fã que queria participar da brincadeira. Apresentou-se e não economizou nos predicados recém-adquiridos com o sucesso na Seagulls Fly. Sua proposta era cobrir o evento com uma câmera em punho, editar e, se Alexandre e Deive gostassem do resultado, produzir um vídeo para o canal do YouTube que, na época, estava cheio de vídeos curtos e divertidos, mas nem um pouco promissores. Como seu e-mail estaria misturado ao de centenas de outros fãs querendo ingressos, não nutriu muita expectativa. Até...

Tocou o telefone na Seagulls Fly, e chamaram Gaveta. Todos sabiam que ele tinha feito o contato com o Jovem Nerd e ninguém ligava para ele no trabalho. Gaveta estava ouvindo um Nerdcast na hora e precisou tirar o fone para atender.

"Fala, Gaveta. Aqui é o Alexandre".

Escutar o Alexandre em dobro lhe parecia alucinação.

"É o Jovem Nerd?", perguntou Gaveta, arregalando os olhos e chamando ainda mais atenção dos amigos próximos.

"É o Jovem Nerd!", respondeu Alexandre.

"É o Jovem Nerd! É o Jovem Nerd!", repetiu Gaveta com os lábios, sem som, abafando o fone com a mão. Recuperando-se do choque, Gaveta continuou: "Sim, é o Anderson Gaveta. Você recebeu o e-mail?"

Alexandre disse que sim e fez só uma pergunta a mais sobre o serviço de cobertura do evento.

"É 0800?"

Claro que era.

"Então você ganhou o ingresso!", disse Alexandre.

Ingresso? Ah, sim. Alexandre imaginava que Gaveta estaria fazendo aquilo tudo para ver a pré-estreia de *Clone Wars*. Vários nerds queriam aqueles ingressos, mas não Gaveta. Apaixonado por Guerra nas Estrelas, nem tinha pensado na chance de ver o primeiro episódio da série animada daquele universo com exclusividade, e na tela do cinema. Para ele, aquilo era muito mais importante. "Foda-se o ingresso", pensou. Mas não disse.

No dia 12 de agosto de 2008, uma terça-feira, às 21h30, Gaveta estava a postos com uma câmera para registrar tudo e conhecer seus ídolos. Levou consigo um amigo da Seagulls Fly, o ilustrador Marco Potter, para fazer a segunda câmera. No vídeo, aparecem quase todos os ícones do Nerdcast, muitos à frente das câmeras pela primeira vez: JP, Eduardo Spohr, Carlos Voltor, além de Alexandre e Agatha, os cicerones do evento. Deive e Andreia estavam em São Lourenço e não puderam comparecer.

Preocupado com a qualidade do vídeo e no meio da confusão de fãs, Gaveta escutou uma voz muito familiar. Era de alguém chegando atrasado. "Sr. K?", perguntou, para receber a confirmação positiva. Fred Carstens ainda era completamente anônimo e tinha algum cabelo nas extremidades de sua cabeça. Gaveta reconheceu-o de ouvido. No vídeo, Guga é o primeiro dos amigos a cumprimentá-lo e diz, quase sem ter seu som captado pelos microfones das câmeras: "Sabe que você não vai poder mais ir à Bahia, né?". O evento tinha sido no dia seguinte à gravação do Nerdcast 123, publicado dias depois, em 15 de agosto de 2008. Nele, Sr. K destila todo seu ódio ao Carnaval baiano, sugerindo que todos os seres humanos de bom senso empurrassem a Bahia com os pés para fora do país. Um desabafo cheio de hipérboles baseado em suas preferências musicais que criaria bastante polêmica.

Gaveta foi para casa com o arquivo de imagem das duas câmeras e editou o material com esmero, apesar do pouco tempo que tinha na época. Logo, estava no canal do Jovem Nerd do YouTube com a vinheta "NerdChannel".

Alexandre e Deive gostaram tanto que continuaram pedindo essa colaboração sempre que havia um material bruto para editar, um evento para cobrir. Ouviu o primeiro elogio de Deive depois da edição que fez das filmagens de outro fã no lançamento do DVD de *Batman: O Cavaleiro das Trevas*. Foi a certeza de que tinha conquistado os dois. O plano de Gaveta tinha dado certo.

Os vídeos dos eventos de *Clone Wars* e de *Batman: O Cavaleiro das Trevas* estavam no canal do Jovem Nerd ladeados por aqueles vídeos toscos de família e algumas novas tentativas de conteúdo em série, ainda editadas por Alexandre.

O primeiro formato que deu certo e seria repetido várias vezes durante os anos surgiu por causa dos ARGs. Indiretamente.

Em conversas com as agências que visitavam em São Paulo, descobriram que um grande cliente, o banco HSBC, queria fazer um jogo no estilo ARG para uma ação nacional. "A gente sabe fazer, olha aqui", disseram, mostrando todos os vídeos dos primórdios do canal e as ações com os fãs, sem prêmio envolvido na época. O jogo do HSBC teria um carro, uma Land Rover, para quem descobrisse o enigma final. A ação no Brasil era uma parceria das agências JWT e Mídia Digital, e Alexandre e Deive ficariam responsáveis por toda a estrutura do jogo. A principal peça de campanha foi o vídeo "O Barbeiro", que mostra uma longa viagem de carro de um filho para reencontrar seu pai nos

Estados Unidos. A brincadeira partia dali: o viajante teria que encontrar outros parentes espalhados pelo mundo, e tudo o que teriam era uma teia de dicas espalhadas em um site oficial com vídeos institucionais, em blogs e nas redes sociais da época, o Orkut e o Facebook.

No meio do caminho, um perfil apócrifo no Orkut começou a postar todas as próximas etapas do jogo. Muita gente nas agências estava sabendo dos enigmas e as informações acabaram vazando, o que podia colocar em jogo toda a reputação da promoção, que daria um prêmio caríssimo. Diante disso, Alexandre, Deive e apenas duas pessoas de confiança das agências viraram noites para refazer toda a etapa final do jogo e contornar o vazamento. A dica final estava desde o início no filme original "O Barbeiro", uma mensagem escrita em código Morse. A campanha foi um sucesso.

Foi a primeira grana de verdade que o Jovem Nerd recebeu em oito anos de atividade *non-stop*. O suficiente para, finalmente, pensarem em tirar um mês inteiro de merecidas férias em família, pois quando tiravam férias dos antigos trabalhos usavam o tempo para o site e o podcast. Decidiram ir todos — Alexandre e Agatha, Deive e Andreia, as crianças Alan e André — para a Disney com o dinheiro do HSBC. Adiantaram os Nerdcasts das semanas que passariam fora, mas foi tudo tão em cima da hora que editaram o último com o táxi para o aeroporto buzinando na porta do escritório.

Estavam saindo de férias, mas combinaram de gravar tudo para iniciar, ainda durante a viagem, o que viria a ser o primeiro formato em vídeo de sucesso, a NerdTour, o registro de um sonho em família sendo realizado. Alexandre ainda seria o responsável pela edição, mas pediram ao novo amigo e colaborador "0800" Anderson Gaveta para fazer a vinheta de abertura. Alexandre conseguiu editar os primeiros vídeos durante a viagem, mas isso ficou impossível e ele só voltou a trabalhar neles após retornar.

Foram 14 vídeos, um sobre cada dia de viagem, publicados sem periodicidade definida entre julho e outubro de 2010. Os primeiros eram bem curtinhos — entre 2 e 5 minutos de duração —, e foram ganhando corpo até o final. Os dois últimos, já em outubro, saíram com quase 15 minutos cada. Depois que voltaram de Orlando e Alexandre começou a editar o conteúdo gravado com mais esmero, descobriu um formato do que viria a ser a principal atração do canal por muitos anos. Filmar a rotina durante a viagem tinha dado certo, o material era ótimo. E se fizessem o mesmo na rotina do escritório?

Alexandre contou sua ideia para Deive durante uma viagem de carro. A inspiração seria o seriado *The Office*, comédia britânica criada por Ricky Gervais que também teve uma versão americana estrelada por Steve Carell. Antes, porém, precisariam de outra ajudinha de Gaveta: uma nova vinheta de abertura feita "no amor". Gaveta teria autonomia criativa total e, dessa vez, a oportunidade de visitá-los em Curitiba para filmar algumas cenas do cotidiano para o material. Gaveta pegou uma câmera emprestada e viajou para Curitiba para um dia inteiro de trabalho. Alexandre e Deive pagaram um hotel com um ótimo café da manhã, para ele ter alguma recompensa antes de pegar o voo de volta, além do jantar com camarão já citado.

"Lambda, Lambda, Lambda nerds! Bem-vindos ao primeiro NerdOffice!", gritou Alexandre para Deive, que respondeu, com um sorriso amarelo de quem não sabia o que fazer: "Sem jeito mandou lembrança...". O primeiro NerdOffice foi publicado como piloto no dia 28 de outubro de 2010, dois dias depois do último episódio da NerdTour. Assim como os Nerdcasts das sextas-feiras, seria publicado todas as quintas-feiras a partir de então, e por muito, muito tempo. A vinheta de Gaveta trazia imagens de Alexandre, Deive, Andreia e Agatha no escritório do Jovem Nerd em Curitiba, em um formato de revista de história em quadrinhos virando a página. Além disso, Gaveta também entregou um kit com algumas transições de cena e uma imagem de encerramento para colocarem dicas de vídeos anteriores e a resposta da tradicional "Perguntinha da semana" anterior. O miolo do programa, porém, era editado por Alexandre.

O NerdOffice virou o repositório perfeito para conteúdos que não renderiam um Nerdcast inteiro, mas precisavam ser registrados de alguma forma. Lançaram um filme novo do Wolverine e ele é uma merda? Não vale um Nerdcast, mas pode aparecer no NerdOffice. Saiu o trailer de um novo filme do Stallone? É ótimo para comentarem por cima das imagens, no que viria a ser conhecido como TrailerOffice. Estão sem assunto para tratar? Basta fazer uma lista temática de filmes, séries ou livros no formato "top 10" e o episódio está resolvido.

A vinheta de Gaveta durou muitos anos com pequenas adaptações, mas o programa mudou muito entre 2010 e 2011, com Alexandre e Deive tateando atrás do formato perfeito. Nesse período, Gaveta era consultado para dicas técnicas, e continuava ajudando sem pedir nada em troca. A primeira relação de trabalho foi uma campanha para máquinas fotográficas da Kodak. Gaveta tornou-se o parceiro ideal. Fazia "no amor", mas passou a ter prioridade nos trabalhos pagos também. A partir de 2008, a Gaveta Filmes incorporou esta nova função aos cada vez mais raros vídeos trash. O gargalo de tempo existiu desde o começo da parceria com o Jovem Nerd, já que seu trabalho na Seagulls Fly exigia madrugadas viradas. Uma boa notícia na vida pessoal acabou tornando seu tempo ainda mais apertado, e a necessidade de grana fixa ficou ainda maior: no dia 11 de dezembro de 2009, nasceu Juliana, a Juju, filha dele com Livinha. No fim de 2010, quando viajou para fazer as filmagens para a vinheta do NerdOffice, Juju ainda era um bebê de colo.

Em 2011, Alexandre e Deive começaram a pedir mais e mais de Gaveta, que começou a ficar sem tempo para qualquer atividade que não envolvesse grana, e esses pedidos começaram a ficar urgentes. Até que, em um fim de semana, Deive ligou pedindo uma dessas ajudas. Pela primeira vez desde que mandou aquele e-mail se oferendo para filmar o evento de *Clone Wars* no Rio de Janeiro, Gaveta seria obrigado a dizer "não" para os ídolos e novos amigos. Deive insistiu, e Gaveta resistiu. "Estou no aniversário da minha sogra, realmente não dá", disse. Aquele "não" acabou sendo fundamental para o próximo salto de qualidade nos programas do Jovem Nerd no YouTube. E Gaveta teria, em breve, que tomar a decisão mais importante de sua vida profissional. Spoiler de um dos próximos capítulos? Ele acabou dizendo sim.

10

O MELHOR PODCAST DO MUNDO

Brasileiro adora uma boa conversa, um bate-papo interessante. Isso vem desde o rádio, chegou na TV e encontrou na internet um veículo perfeito.

No Brasil, os podcasts tiveram algumas ondas de sucesso desde a sua popularização em meados da década de 2000. Dos ouvintes pioneiros, os guerreiros com tocadores de MP3, ao fenômeno dos "mesacasts" , que explodiram a partir de 2015, só houve uma constante: desde 2006, o Nerdcast nunca saiu das listas de mais ouvidos.

Não existe uma entidade que centralize os dados sobre downloads de podcasts, mas em 2019 alguns programas começaram a reivindicar a marca de 1 bilhão de downloads. Entre eles o Stuff You Should Know, da iHeartRadio, pioneira das rádios na internet, e o The Daily, do *The New York Times*. Em setembro do mesmo ano, o Nerdcast comemorou a marca em um programa especial reunindo o time de elite. Foi o primeiro do Brasil e um dos primeiros do mundo a alcançar 1 bilhão de downloads — e sem perder a relevância. Basta acessar o Spotify ou o Apple Podcasts, os principais agregadores, para ver o Nerdcast disputando as paradas de sucesso.

O fenômeno dos podcasts em vídeo, no YouTube, fez uma geração achar que o podcast nasceu assim. O pioneiro do mesacast foi o comediante americano e comentarista de MMA Joe Rogan. Em 2013, levou seu podcast *Joe Rogan Experience* para o vídeo, em um cenário com uma longa mesa de madeira ao centro, separando o apresentador de seus convidados — daí o apelido "mesacast". A partir de 2015, seu programa se tornou um fenômeno de audiência, transformando Rogan em um dos maiores comunicadores do mundo, com seu auge de popularidade nas eleições presidenciais americanas de 2020.

A fama de Rogan chamou a atenção e o formato em vídeo foi emulado no Brasil pelo Flow Podcast, fundado em 2018 pelos streamers de games Igor Coelho, o Igor 3K, e Bruno Aiub, o Monark. "Mesacast" virou sinônimo de podcast no Brasil, como se a podosfera tivesse acabado de nascer. Porém, os próprios podcasters dessa nova geração reconhecem a história real.

Felipe Bressanim Pereira, o Felca, fenômeno do YouTube, foi entrevistado por Igor 3K no *Flow* em 2024 e declarou "O podcast no Brasil veio do *Flow*", sendo prontamente interrompido com um "Não, calma..." e uma menção ao Jovem Nerd. "Eu só queria deixar claro que eles são os pais do podcast", afirmou o *host* do Flow.

O que as declarações das novas gerações não conseguem mostrar é como o Nerdcast foi um fenômeno de público e crítica desde os primórdios. Como os podcasts ainda não eram muito populares no Brasil em 2007, segundo ano de programa, o primeiro reconhecimento foi internacional. E foi também a primeira demonstração do que Alexandre e Deive viriam chamar de "nerd power", o poder de mobilização de sua comunidade.

Em outubro de 2007, na leitura de e-mails do programa de número 84 ("Saturday Nerdcast Fever"), sobre a era da *disco music*, o Jovem Nerd anuncia a participação numa premiação internacional. O Best Of The Blogs, ou "The BOBs", como chamavam em um acrônimo estilizado, era uma premiação para blogs do mundo inteiro promovida pela gigante estatal alemã de comunicação Deutsche Welle, ou DW.

O Nerdcast aparecia como um dos 10 finalistas da terceira edição do The BOBs na categoria Podcast, "entre 7 mil sugestões de internautas", como disse Alexandre.

Deive: "Taí, cara... a comprovação do que eu venho falando há muito tempo. Nós somos os melhores do Brasil e, agora, no Top 10 mundial. Agora, veja bem: nós não fomos lá e nos inscrevemos. Não, não. Eu soube disso lendo o blog do Inagaki, Pensar Enlouquece, que também está participando."

Havia uma votação técnica — a única brasileira do júri era Soninha Francine, apresentadora da MTV —, mas a maior chance era a da votação popular. O anúncio do programa 84 era um pedido para que os fãs entrassem no site da votação. O site dava uma prévia em tempo real dos votos, o que tornava tudo ainda mais emocionante.

Alexandre: "Nós já sambamos pra cima e pra baixo. No início da semana a gente estava em primeiro. De repente... TUM!... caiu pra quarto lugar. Agora estamos em segundo... como assim?! Galera, vamos votar nessa porra, maluco!"

Deive: "É uma vergonha — não para nós, mas para vocês, ouvintes — se nós não ganharmos essa parada. Porque isso vai demonstrar o descaso dos senhores em relação a este programa."

Alexandre: "A gente recebe tanto elogio, tanto elogio toda semana... então está na hora de provar os elogios, porra! Se você gosta mesmo, vota lá!"

Deive: "Vocês não se sintam ameaçados, eu estou ameaçando mesmo! Se a gente não ganhar eu paro de fazer podcast. Eu nem me importo com o prêmio... estou só pelo ego."

(Spoiler: ele nunca parou de fazer podcast, porque...)

Alexandre: "A voz do povo disse que o Nerdcast é O MELHOR PODCAST DO MUNDO! Agora a gente pode falar, cumpadi..."

A comemoração veio no programa do dia 16 de novembro de 2007, o Nerdcast 87, uma entrevista com o ator Milhem Cortaz, astro do recém-lançado *Tropa de Elite*, de José Padilha. Deive, como o habitual, foi mais blasé.

Deive: "Se eu fosse um cara escroto, diria que os ouvintes não fizeram mais do que a obrigação."

O eleito no prêmio do júri foi um podcast alemão, *Die Gefühlskonserve* (algo como "Emoções em conserva"), do blogueiro alemão Deef Pirmasens, o que foi visto pelos nerds como uma marmelada, já que, na teoria, só a Soninha Francine conseguiria avaliar o conteúdo do Nerdcast. Não se sabe até hoje o voto da jornalista brasileira.

O prêmio popular máximo no The BOBs abriria uma sequência de invencibilidade do Nerdcast em premiações do tipo dentro do Brasil. A principal delas na época, o Prêmio iBest, concedido pelo provedor de acesso à internet e chamado de "Oscar da internet brasileira", sequer tinha a categoria podcast. Nesse caso, em 2008, foi necessário mais do que pedir votos: o nerd power fez com que a categoria fosse criada só para o Nerdcast ser votado... e vencer de forma esmagadora.

O primeiro chamado à ação foi no dia 11 de janeiro de 2008, no Nerdcast 95 ("Quem tem Koku, tem Edo"), sobre a história do Japão.

Deive: "Agora, vamos falar rapidamente sobre um prêmio que tem peso. Nós já ficamos duas vezes no Top10, quando éramos despretensiosos. Mas agora não aceitamos nada menor do que o prêmio máximo!"

Não havia categoria para o Nerdcast. Até então, o blog do Jovem Nerd tinha sido indicado na categoria Blogs/Humor e Lazer/ Entretenimento. Mas havia um setor do site do prêmio que recebia sugestões de novas categorias de premiação.

Deive: "Adivinha qual categoria vergonhosamente não tem no iBest? Não tem Podcast, Jovem Nerd..."

Os nerds tinham, então, duas missões: (1) votar nas categorias existentes em que o site tinha sido indicado e (2) fazer pressão para a criação da categoria Podcast.

A primeira missão estava muito bem encaminhada já na semana seguinte, quando dispararam na frente, mesmo tendo ficado mais complexa, já que o Jovem Nerd News também passaria a entrar na disputa na categoria Notícias. Os pedidos de votos continuavam aparecendo nos programas. Deive reforçou no Nerdcast 100, um dos tradicionais especiais de melhores momentos da atração: "Não queremos só ganhar, mas ganhar de forma esmagadora".

No Nerdcast 101 ("Traumas de Infância"), Alexandre anuncia que a segunda missão foi cumprida:

> Alexandre: "Nós falamos e vocês concretizaram: a categoria Podcast está lá!"
>
> Deive: "Agora não tem mais desculpa. Eu quero ver os votos como guerreiros medievais rompendo uma barreira de escudos e pisando no crânio deles. (...) Eu não quero mais nada, eu só quero avassalar nossos inimigos."

A missão agora era uma só: votar no Jovem Nerd nas quatro categorias. No fim das contas, vieram três prêmios iBest 2008: nas categorias Humor, Notícias (para o Jovem Nerd News) e Podcast, vencida de forma esmagadora pelo Nerdcast — que também teve a força de fazer brotar a categoria, até então inexistente! O anúncio foi feito no Nerdcast 119 ("Batman nos quadrinhos"). O prêmio foi comemorado com um banho de loja na atração em áudio: uma mesa de som com efeitos, microfones profissionais para Alexandre e Deive e headsets poderosos para os principais convidados do programa, como Tucano, Sr. K e JP. Eles passaram mais tempo brincando com os efeitos dos novos equipamentos de voz do que comemorando o iBest. No finzinho da mesma edição, ainda mais despretensiosos, anunciaram um novo prêmio para concorrerem, o Prêmio Podcast 2008, da Associação Brasileira de Podcast. Algumas semanas depois, o Nerdcast foi eleito pelo júri e pela votação popular em sua categoria, Humor. Foi também o mais votado entre todas as categorias, o que viria a ser habitual. Mesmo quando perdia em categorias técnicas, destruía a concorrência em qualquer votação de popularidade.

A longevidade no topo foi consolidada nos anos seguintes durante as edições do prêmio Melhores da Websfera, do YouPIX, realizado por Bia Granja e Bob Wollheim, que viria a substituir o iBest como referência de premiação da internet entre 2009 e 2014, principalmente por focar mais na internet como fenômeno cultural, diante da ascensão das redes sociais — os prêmios tinham nomes bem-humorados e as estrelas eram os "criadores de conteúdo" e a economia criativa que moviam. O Jovem Nerd reinaria absoluto na categoria Podcast, e chegaria a faturar alguns prêmios extras com o NerdOffice em vídeo e como Melhor Blog.

A primeira vitória no Melhores da Websfera, em 2009, foi anunciada de forma casual no Nerdcast 152 ("Nobres diplomatas"), um programa temático patrocinado por um curso preparatório para carreiras na diplomacia.

> Alexandre: "Um agradecimento: ganhamos mais um prêmio! O melhor podcast! Muito obrigado, galera!"

Depois emendou com um "Que mais..." e continuou a leitura de e-mails e caneladas. A grande conquista daquele ano seria a de Blog do Ano na 15ª edição do prêmio Vídeo Music Brasil (VMB), da MTV. Era um tradicional prêmio de música que, voltado ao público jovem, não quis perder o espírito do tempo e começou a incluir a internet no cardápio de troféus. A categoria de blogs foi anunciada pelo jornalista José Simão e as "gêmeas do nado sincronizado", Branca e Bia. Uma delas (eles não lembram mais qual) anunciou o nome "Jovem Nerd" e Alexandre e Deive vieram andando de suas cadeiras muito distantes, demorando longos 40 segundos para chegar no palco e receber o prêmio. "Lambda, Lambda, Lambda, nerds! Quem é nerd aqui faz barulho!", gritou Alexandre, para gritos da plateia. "Toma essa, @cmerigo", disse Deive, em referência ao amigo Carlos Merigo, do Brainstorm 9, que concorria com eles. "Toda sexta-feira tem Nerdcast!", grita Alexandre antes de subir a música.

(Spoiler: Uma certa Jazz Rider via a premiação em casa e conheceria o Nerdcast depois de ter ficado curiosa com essa frase e passar a ouvir o programa. Isso faria tudo mudar para eles, mais uma vez, mas esta é a história para outro capítulo.)

Voltando às premiações da internet... A segunda edição do Melhores da Websfera do YouPIX, em 2010, também foi tratada com certo desdém pelo Jovem Nerd. Dessa vez, sequer mencionaram no Nerdcast, mas tinham sido mais uma vez campeões absolutos na votação da categoria Podcast. Em 2011, houve menção no Nerdcast 257, do dia 29 de abril — e também um NerdOffice especial no YouTube —, mas vencer a categoria de Melhor Podcast pela terceira vez consecutiva ficou em último plano.

Alexandre: "Falamos com todos os nerds, a gente fez um painel sobre videologs lá, muito maneiro. Ganhamos, Azaghal! O prêmio de Melhor Podcast do Ano!"

Deive (interrompendo, entediado): "Isso já era de se esperar, né... Em compensação, todos os nerds falharam miseravelmente comigo."

Deive referia-se ao prêmio de Troll do Ano, que perdeu para o amigo Maurício Cid, do blog Não Salvo. O tricampeonato do Nerdcast foi ofuscado ainda mais por outro prêmio, este muito inesperado. O NerdOffice, atração em vídeo do Jovem Nerd que estava apenas na segunda temporada, venceu na categoria Videolog, desbancando o gigante do setor Felipe Neto.

Alexandre: "Nossa humilde audiência mostrou o nerd power."

Deive: "Como não cobramos pelo conteúdo, vocês não fizeram mais do que a obrigação."

No Melhores da Websfera do YouPIX de 2012, porém, foi tudo diferente, e ficou impossível manter o coração gelado. Com um detalhe importante: o Jovem Nerd ganhou Melhor Site e Alexandre Ottoni ganhou como Geek do Ano, mas o Nerdcast não foi indicado como Melhor Podcast.

Bia Granja e Bob Wollheim, criadores e organizadores do YouPIX, sugeriram tirar o podcast do Jovem Nerd da disputa, já que seria o quarto ano consecutivo com o mesmo vencedor, o que tirava a oportunidade de premiação dos podcasters concorrentes, muitos deles grandes amigos de Alexandre e Deive. Eles toparam. Segundo a organização, em 2009, 2010 e 2011, o Nerdcast teria desbancado os concorrentes sempre com mais de 96% dos votos, ou seja, era impossível cogitar uma disputa justa. Em vez do prêmio de Melhor Podcast de 2012 (o vencedor daquele ano seria o Matando Robôs Gigantes, que tinha acabado de entrar para o Jovem Nerd), a organização do evento daria um inédito prêmio *hors concours* para os dois, tirando-os da concorrência com uma honraria especial. Estavam avisados, e até a imprensa já estava sabendo. A surpresa foi o vídeo emocionante, no melhor estilo "Arquivo Confidencial", arquitetado pela organização do YouPIX com a ajuda de Gaveta, editor do NerdOffice e do NerdPlayer, Leo Lopes, que viria a editar o Nerdcast, e Guilherme Briggs, que emprestou sua voz para a narração.

"Junto com o Nerdcast surgiu o ritual que hipnotiza milhares de nerds todas as sextas-feiras: acordar cedo, ligar o computador, acessar o site e sorrir em êxtase. Ouvir que seu podcast preferido foi publicado mais cedo ou chorar como uma garotinha e clicar no maldito F5 compulsivamente até que o episódio da semana apareça na sua tela. A ciência ainda está estudando esse fenômeno, mas, por enquanto, não há explicação lógica. Da mesma forma, também não é possível explicar o fenômeno Nerdcast e o efeito nerd power que vem à tona sempre que alguma competição acontece. Foi assim com The Best of Blogs, em 2007, na categoria Melhor Podcast; no VMB, da MTV Brasil, em 2009; e em todas as edições do Melhores da Websfera do YouPix, onde o Nerdcast sempre venceu com mais de 96% dos votos. Daora a vida do Nerdcast, mas uma puta falta de sacanagem com os concorrentes. Se para Nelson Rodrigues toda a unanimidade é burra, para a websfera brasileira, a unanimidade é nerd. E nada burra. Foi por isso que hoje, depois de mais de 315 Nerdcasts publicados — e uma sacolada de merecidas e suadas conquistas —, resolvemos tirar os dois da competição normal, alçando o Nerdcast à classe dos imortais da websfera brasileira na categoria *hors concours* como podcast do ano forévis. Quem já ganhou mais de 10 prêmios pelo trabalho e acumulou nerd power suficiente para lançar amigos escritores ao estrelato, e tomar cafezinho com Paulo Coelho em Veneza, posando para a revista *Caras*, meu amor, está em outro patamar. Ou será que não? Assim, em nome de toda a websfera brasileira, levantamos a voz e gritamos em alto e bom som: 'Parabéns, Nerdcast! Parabéns, Jovem Nerd e Azaghal! Vocês são megaboga!'"

O vídeo é completado com depoimentos importantes: podcasters como Maestro Billy, pioneiro do ramo no Brasil, Jurandir Filho, do Cinema com Rapadura, Dudu Sales, do Papo de Gordo, e Tato Tarcan e Prof. Maury, da Rede Geek; alguns companheiros e ex-companheiros de trabalho, como Pollar, do Jovem Nerd News, além de Leo Lopes e Gaveta; velhos amigos Nerdcasters, como Afonso 3D, Fabio Yabu e Briggs; velhos amigos de juventude, como Carlos Voltor, JP e Tucano; e, é claro, as mulheres de suas vidas, Andreia Pazos e Agatha Ottoni. As irmãs foram a bala de prata da emoção.

"Alexandre é como um irmão pra mim, está na minha vida desde a adolescência. E o Deive é o amor da minha vida", declarou-se Andreia.

"Tive o privilégio de acompanhar a sua trajetória, o tanto que você ralou, todos aqueles momentos que você tinha dúvidas do que fazer... você sabia que tinha um propósito maior", Agatha disse para Alexandre, de forma ainda mais pungente. "Eu sei que a sua mãe, onde estiver, está muito orgulhosa de você".

Neste momento, Alexandre não segurou as lágrimas.

"Vocês não são *hors concours* só no Nerdcast, vocês são *hors concours* na vida", concluiu Agatha no telão, enquanto Alexandre procurava o (longo) abraço do amigo Deive no palco e o público aplaudia de pé.

No ano seguinte, em 2013, o Jovem Nerd conquistaria o Shorty Awards, maior prêmio internacional para criadores de conteúdo em redes sociais, na categoria Podcaster e na categoria Brasil. Em 2018, na PodPesquisa, a maior pesquisa sobre consumo de podcasts no Brasil, realizada pela Associação Brasileira de Podcasters em parceria com a CBN, o Nerdcast ficou em primeiro entre os mais citados pelos ouvintes, com 57% — o segundo lugar, o Não Ouvo, do Não Salvo, foi citado por "apenas" 21% dos entrevistados. A pergunta foi feita mais uma vez em 2019, e o Nerdcast continuou isolado em primeiro. Em 2020, uma pesquisa realizada pelo Google Podcasts usando o tempo de escuta de cada programa como métrica mostrou o podcast do Jovem Nerd mais uma vez na frente. Mesmo com a popularização dos "mesacasts", um dos maiores fenômenos recentes de comunicação no Brasil e no mundo, o Nerdcast nunca deixou o topo das listas. Em 2023, foi o terceiro programa mais ouvido do Apple Podcasts. Em 2024, estava na lista do Spotify como mais ouvido na categoria Cultura Digital.

As ondas vêm e vão. Tem sempre um novo *hype*. Muita gente nova pode — e deve — chegar para disputar a liderança nas paradas de podcast no Brasil. Mas ninguém ficou no topo por tanto tempo. Nesse critério, o *hors concours* do YouPIX não envelhece.

11

DELEGAR PARA CONQUISTAR

"Toda sexta-feira tem Nerdcast!", gritou Alexandre Ottoni em abril de 2009, no palco do prêmio Vídeo Music Brasil.

Por algum motivo, esse grito soou como um chamado para Mari Mafra. Apaixonada por música e guitarrista, estava em sua casa em São Paulo assistindo à premiação musical que tinha incorporado categorias para os cada vez mais famosos produtores de conteúdo da internet. Mari sucumbiu ao chamado dos dois barbudos que recebiam o prêmio de Blog do Ano das mãos do jornalista humorístico José Simão e das atletas Branca e Bia, as "gêmeas do nado sincronizado".

A relação de Mari com a música começou cedo. Criada em Brasília, foi atleta amadora de basquete até os 14 anos, quando pegou uma guitarra pela primeira vez. Nunca mais largou. Trocou as quadras pelas festas, os treinos pelos shows. Os discos que ouviu — Ramones, Nirvana, Pixies, Faith No More — alimentaram o desejo de viver daquilo. E o cenário ajudava. A capital fervia com bandas como Raimundos, Little Quail e Maskavo Roots. "Era só balançar uma árvore e caía alguém querendo montar uma banda", se dizia por lá. Mari foi uma dessas. Teve uma banda chamada Schuzz, que não chegou a romper as fronteiras da cena local, mas marcou uma fase intensa da sua vida.

Percebeu que não seria rockstar, mas resolveu fazer jornalismo para manter-se perto do rock n'roll. Seu objetivo era trabalhar na *Bizz*, a maior revista de música do país do fim da década de 1980 até a década de 2000. Entrou no curso na Universidade de Brasília em 1998, ano em que também começou um namoro à distância com Patrícia, que viria a ser sua esposa. Conheceu-a em um canal de bate-papo sobre música do ZAZ, concorrente do famoso "bate-papo da UOL", e mantiveram o relacionamento à distância nos primeiros anos, Mari em Brasília e Patrícia em São Paulo. Não demorou até que fossem morar juntas, primeiro em Ribeirão Preto e depois em São Paulo, o que a fez transferir a matrícula na faculdade. Assim que se formou, a Abril, que editava a *Bizz*, anunciou que a revista tinha acabado, quase como um aviso de que o sonho de viver de música não ia rolar.

Na falta da *Bizz*, o primeiro trabalho de Mari foi como assessora de imprensa de uma gravadora de heavy metal. Não durou muito tempo, e passou a viver de trabalhos como freelancer na área até que, em 2004, ela e Patrícia tiverem seu primeiro filho. Com a chegada da responsabilidade, veio a urgência por estabilidade. No campo da comunicação, a resposta mais certa era a publicidade, então seguiu a trilha das agências. Primeiro, como redatora. Muito pouco tempo depois, com o sucesso, deu voos maiores.

Em 2009, quando ouviu o "chamado" de Alexandre na MTV, era gerente de marketing da agência FTPi e estava se tornando sócia para tocar a operação do braço da empresa focado em internet, a FTPi Digital. Foi uma ideia sua: a empresa trabalhava muito com rádios, jornais, revistas e mídia OOH — "Out Of Home", ou "fora de casa", como os publicitários chamam outdoors, propagandas de ponto de ônibus, relógios de rua, bancas de jornal etc. E era tudo muito focado no regional: como anunciar um produto ou serviço no Pará, no interior de São Paulo, ou no Sul do país. Com o braço digital da FTPi, conseguiriam conversar com um público mais jovem e, principalmente, de forma vertical, tratando de temas que seriam de interesse em qualquer cantinho do país. A cultura pop era um desses temas.

Mari não lembra qual episódio do Nerdcast ouviu primeiro, mas, a partir de 2010, começou a ouvir todos nas longas viagens que fazia para visitar clientes e fechar negócios. Era apaixonada por rádio e, em especial, por programas de bate-papo. Já tinha descoberto os podcasts, mas nunca tinha encontrado um que fisgasse sua atenção, nem mesmo os gringos. A maioria dos podcasts da época tinha jeitão de projeto pessoal, e apenas no Nerdcast ela encontrou o profissionalismo que percebia nos programas de rádio, com uma produção caprichada e regularidade, aliado à descontração da internet e à aura de informalidade de uma conversa de botequim.

Passou a maratonar os episódios. Num deles, escutou Alexandre e Deive reclamando que tinham que ir pessoalmente vender o Jovem Nerd e o Nerdcast nas agências, porque ninguém entendia direito e precisavam explicar do zero. Era impossível alguém fazer isso por eles — infelizmente, porque achavam aquilo um saco.

"Impossível? Desafio aceito", Mari pensou. Aquele seria o segundo chamado do Jovem Nerd em sua vida, e sequer haviam se conhecido. Mari Mafra preparou seu melhor e-mail, com uma proposta matadora no fim: não só eu consigo vender o Jovem Nerd nas agências da maneira que vocês fazem, como consigo fazer *melhor* do que vocês. Como resistir a isso? O problema é que o e-mail nunca foi lido. Ela até tentou outra vez alguns meses depois, também sem sucesso. Já tinha desencanado daqueles clientes em potencial, até que surgiu uma nova oportunidade.

A FTPi Digital patrocinava um podcast sobre temas relacionados à publicidade chamado Podbility, feito pela agência paulistana Bullet. Como patrocinadora, Mari participava de alguns episódios. Nessa convivência, ela descobriu que a Bullet tinha contratado o Jovem Nerd para uma campanha das câmeras Kodak. Através de uma amiga em comum dentro da Bullet, conseguiu o contato direto de Deive para apresentar sua proposta.

Quando Deive recebeu a mensagem de Mari Mafra, indicada como "gente boa", ficou desconfiado. Alexandre e Deive odiavam a maior parte do trabalho de marketing, principalmente a parte de montar apresentações PowerPoint para vender as oportunidades comerciais e organizar tabelas de Excel com os resultados. Mas faziam bem, até porque, dentro das agências, havia muitos fãs do Nerdcast. Muitas das reuniões em agências começavam com um autógrafo em uma foto num evento nerd ou geek.

Um desses fãs publicitários era Rogério Bonfim, fundador da VirtualNet, uma das primeiras agências a perceber o potencial do Jovem Nerd para trabalhar produtos e serviços de grandes clientes. Em 2009, quando começou a trabalhar com Alexandre e Deive, a VirtualNet tinha sede no Brasil e no México e atendia clientes como Google, Sony, Disney e Universal. A ação mais marcante dessa época foi para o lançamento do filme *Anjos e Demônios*, sequência de *O Código Da Vinci*. A Sony Pictures e a rede de cinemas Cinemark chamaram o Jovem Nerd para participar da concepção e da realização de um ARG com presença no mundo virtual — site com enigmas, vídeos no YouTube e pistas no Twitter e no Google Maps — e no mundo real. Teve até funcionário da VirtualNet fantasiado de padre em um shopping center de São Paulo distribuindo pistas para os participantes.

Tudo demandava um compromisso profissional muito grande, mas as relações comerciais estabelecidas por Alexandre e Deive eram regidas pela informalidade das relações interpessoais. Muitas vezes, os fãs publicitários do Jovem Nerd fechavam negócio para depois se tornarem amigos. Em uma das visitas de trabalho a São Paulo, em 2009, Rogério convidou Alexandre e Deive para dormirem na casa dele porque a grana envolvida na visita à cidade sequer pagava a hospedagem. A ocasião marcou a família de Bonfim. Quando explicou para a filha pequena que iria receber dois amigos em casa, ela passou a referir-se a eles como "visitos", no masculino. Agora, com ela já adulta, sempre que se referem aos dois nas conversas de família usam a palavra "visitos". "Como estão os visitos? Tudo bem com eles?"

Outras relações comerciais ainda estavam baseadas nas relações de amizade iniciadas no famigerado BarCamp do Rio de Janeiro, idealizado por Nick Ellis. Ian Black, que fundou sua própria agência digital, a New Vegas, em 2011, passou a incluir o Jovem Nerd nos trabalhos com clientes grandes como a Coca-Cola e o Senac.

Alexandre e Deive podiam não ser os melhores vendedores do mundo, mas sabiam fechar negócio. Por mais chata que fosse essa parte do trabalho, ainda era melhor que um trabalho "de verdade". Como eles e suas esposas faziam tudo no blog, no podcast e na loja virtual, era muito difícil confiar que alguém seria capaz de passar aos anunciantes a essência do que fazia deles um fenômeno de comunicação. Considerando que o dinheiro estava entrando e estavam começando a viver daquilo, não havia desespero para crescer.

Mas havia um problema: a distância. Alexandre, Deive, Andreia e Agatha (e os cachorros) estavam morando em um apartamento em Curitiba e tinham poucas oportunidades de visitar as agências, a maioria em São Paulo, para vender o Jovem Nerd. Isso era fundamental para conseguir anunciantes. Sem o "ver e ser visto", era quase impossível fechar bons negócios. Sabendo disso, decidiram ouvir Mari Mafra. Afinal, era uma fã do Jovem Nerd como tantos outros contatos que já haviam feito. Só tinha tido uma ideia um pouquinho mais ousada para trabalhar com eles do que simplesmente anunciar em um programa.

A amiga em comum na Bullet mandou um e-mail para Mari, Alexandre e Deive, estabelecendo o primeiro contato e fazendo apresentações breves. E Deive, do seu jeito, respondeu de forma direta, porém amistosa: "Como posso ajudar?". O e-mail evoluiu para uma chamada de Skype, que virou uma viagem de Mari para Curitiba para conhecê-los e convencê-los pessoalmente. Também houve uma reunião em São Paulo, na FTPi. Depois que a relação de confiança foi estabelecida, a questão principal de Alexandre e Deive era de aritmética. "Vendendo sozinhos, conseguimos X. Se você conseguir tirar sua comissão e entregar mais do que X para a gente, para termos fôlego financeiro para continuar crescendo, negócio fechado."

Mari Mafra sabia o que estava fazendo, e a parceria, fechada em meados de 2011, teve resultados praticamente instantâneos. O primeiro deles foi o patrocínio de um dos programas mais populares da grade do Nerdcast, o Especial Dia dos Namorados. Era um episódio inteiro inspirado nas rádios AM bregas com canções de amor e recadinhos apaixonados dos ouvintes. A edição de 2011 foi a terceira, mas seria a primeira a ter um patrocínio, graças ao trabalho de Mari e sua FTPi Digital. Na reunião de briefing, surgiu a ideia de procurarem um motel (como os que Deive tinha gerenciado) ou uma sex shop. A escolha pela segunda foi natural, já que um dos amigos de Mari, Daniel Passos, era dono da Loja do Prazer, que em poucos anos viria a se tornar "o maior e-commerce erótico da América Latina", segundo reportagem da revista *Veja*.

O episódio lançado no dia 11 de junho, véspera do Dia dos Namorados, começa com o sax sexy de *Careless Whisper*, de George Michael, e uma narração sensual do dublador Guilherme "Voz de Veludo" Briggs. Como é de se esperar do Nerdcast, era tudo uma grande galhofa. Mas uma galhofa com ótima audiência.

Alexandre: "Estamos aqui para mais uma rrrrádio rrrromântica Dia dos Namorados Especial Nerdcast..."

Deive: "Esse ano com uma novidade! Teremos sorteios de brindes e kits para os casais apaixonados... da Loja do Prazer!"

A parceria entre o primeiro anunciante fechado sob contrato da FTPi Digital de Mari Mafra, a Loja do Prazer, e o Jovem Nerd duraria seis anos, até 2016. Em 2017, os spots publicitários do Especial Dia dos Namorados foram a Pizza Hut e os doces Fini.

Em tempo recorde — apenas dois meses de contrato —, Mari Mafra já tinha entregado as metas estabelecidas por Alexandre e Deive para fecharem negócio. A parceria entre eles duraria anos, até Mari se afastar da operação diária da FTPi e o Jovem Nerd ter crescido o bastante para ter seu próprio departamento comercial — os primeiros funcionários foram contratados da própria FTPi, já que conheciam o produto como ninguém. Esse crescimento está nos registros das apresentações corporativas de Mari Mafra. Quando começou a vender o Jovem Nerd para as marcas, a apresentação do Nerdcast exibia 60 mil downloads por episódio. Em cinco anos, esse número já era de 500 mil downloads — e não demoraria a chegar à média de 1 milhão.

Mais duradoura ainda foi a parceria de Alexandre e Deive com Mari Mafra. A desconfiança virou relação de trabalho, seguida de sucesso financeiro e, em paralelo, um laço de amizade. O primeiro indício disso foi uma viagem de trabalho que eles fizeram para a Nova Zelândia, registrada para sempre em uma série de seis NerdOffice temáticos. O patrocinador daquela NerdTour foi o New Zealand Educated, uma iniciativa que promovia cursos de idioma e intercâmbio no país. Foi um *case* de sucesso comercial — os cursos promovidos tiveram um aumento de 25% na procura —, mas foi mais marcante ainda para os fãs. Até hoje é possível ver o impacto daqueles vídeos nos comentários, com depoimentos de gente que retorna para matar a saudade e relatos de gente que foi morar lá depois dos vídeos e teve uma vida muito feliz. Para Alexandre, Deive e Mari, a viagem marca o primeiro registro de uma amizade profunda — os três viajaram com Andreia e Alan Dubox, com Mari indo na vaga de André, que ficou estudando para manter as notas altas no colégio, decisão da qual viria a se arrepender assim que visse a família se divertindo. Por pura coincidência, o primeiro vídeo dessa tour foi ao ar no dia dos namorados, dia 12 de junho de 2013.

A série começou com a visita ao set de filmagem de Hobbiton, a cidade dos hobbits nos filmes de *O Senhor dos Anéis*. A trilogia foi toda filmada na Nova Zelândia, e os cenários cinematográficos eram a principal atração para os nerds brasileiros. A viagem foi cercada de emoção, principalmente pela conexão de Alexandre e Deive com os filmes sobre a saga de Tolkien. A principal metáfora de Alexandre para seus últimos momentos ao lado da mãe, vítima de câncer, foi a de Sam acompanhando Frodo e seu fardo, o Um Anel, até as montanhas de Mordor. Deive também usou o Um Anel como metáfora para sua relação com os irmãos Diego e Tiago, mortos na juventude. Em 2013, Mari Mafra estava feliz pela realização profissional, sim, mas mais ainda por estar ajudando a proporcionar aquela experiência para os novos amigos.

No fim da viagem, estavam todos em um jantar com o prefeito da cidade de Nelson, Aldo Miccio, quando, no início da madrugada, com todos um pouco "alegres" graças aos ótimos vinhos da região, Mari percebeu que Deive estava discutindo com Andreia em um canto do restaurante. Foi impossível não escutar a frase que foi parte fundamental da argumentação de Deive: "Andreia, eu esperei a vida inteira para um índio maluco vir e me dar alguma coisa. Eu não vou dizer não!". Mari desabou de rir. "Que merda é essa que vocês tão falando?" Deive explicou que um dos anfitriões do grupo na viagem à Austrália, Butch Bradley, que era maori e dirigia uma entidade que fomentava o turismo temático de sua cultura, tinha oferecido a oportunidade de fazerem uma tatuagem Maori tradicional. E não em uma loja, mas na casa do tatuador, um primo dele. Além disso, precisava ser naquela madrugada, já que o grupo partiria de Nelson no raiar do dia. Deive estava tentando convencer Andreia de que ele queria fazer aquilo. "Eu vou também, eu também quero", animou-se Mari.

Deive e Mari foram dispostos a tatuar, e Andreia e Alan acompanharam porque acharam aquela história muito estranha. A casa era próxima do restaurante onde eles estavam, mas muito simples. Os (muitos) filhos do tatuador estavam dormindo e a esposa acordou apenas para recepcionar os convidados. O tatuador perguntou para Deive sobre sua história de vida, e ele contou tudo, um momento que acabou sendo muito emocionante para todos. Falou da ligação com Andreia e com os filhos que assumiu como seus. Falou da relação com os irmãos e com os pais. E o tatuador começou a desenhar numa folha de papel. Mari, que acompanhava tudo, deu a sua contribuição: "O Deive é um cara muito leal. Você tem que colocar isso aí", disse.

Em vídeo, ela registrou o momento em que o tatuador Maori explicou sua obra, logo antes de fazer a tatuagem. "As peças centrais, vocês quatro como uma família: duas crianças, sua mulher e você. Este é o símbolo para o entendimento holístico", disse, fazendo um círculo com as mãos. "A família é criada dentro de um círculo, formado por quatro cantos, que representam a existência do amor. Os dois Koru que você vê aqui... ", mostrou duas imagens circulares representando folhas de samambaia se desenrolando, posicionadas com o "círculo holístico" ao centro, "... são referências à energia vital de seus irmãos. A energia desce dos céus até eles, e estão ao lado de você e de sua família para protegê-los eternamente". Eram imagens abstratas, mas repletas de significados. Logo depois, o tatuador e Deive pressionaram a testa e o nariz um no outro no que os Maori chamam de Hongi. "O Hongi é para compartilharmos o mesmo sopro de vida, e compartilharmos em harmonia." O desenho foi então registrado para sempre na batata da perna direita de Deive. Mari, percebendo que não daria tempo de repetir todo o processo com ela, resolveu levar Alan até o hotel para dormirem um pouco antes do dia cheio que viria. Andreia ficou para acompanhar Deive. Os dois não dormiram nada.

A partir daquela viagem, Mari se tornou amiga de Deive e Alexandre, além de grande parceira de trabalho. Nos anos seguintes, mais nomes se juntariam a essa parceria, no processo de profissionalização e terceirização da produção dos conteúdos do Jovem Nerd.

Nos poucos registros fotográficos do histórico BarCamp de 2007, um dos rostos mais frequentes é o de um jovem magrinho e cabeludo, com boné azul enfiado na cabeça. Estava ali para mostrar a todos os convidados sua grande ideia para monetizar o conteúdo de sites e blogs. Não conseguiu espaço na programação do auditório principal, mas reservou vaga na coluna Espaço Aberto da programação do evento, na sacada do segundo andar do prédio.

Era Marco Gomes, e outro de seus objetivos era conhecer pessoalmente Alexandre e Deive. Era fã "maluco", acompanhando tudo desde a época das fotonovelas de humor publicadas no blog. Na semana anterior ao BarCamp, tinha tido seu primeiro e-mail lido no programa, no episódio 82 ("Nerd Rico, Nerd Pobre"), publicado em 12 de outubro de 2007. "Marco Gomes, 21 anos, São Paulo", anunciou Alexandre, antes de ler o comentário dele sobre o desenho *Thundercats*, um dos temas do Nerdcast anterior, sobre desenhos animados antigos. O e-mail terminava com um pedido típico dos fãs daqueles primórdios: mais exemplares de *A Batalha do Apocalipse*. Alexandre pediu calma, e logo veio a segunda tiragem de 500 exemplares, ainda independente. Marco Gomes comprou e guardou para sempre.

Encontrara o Jovem Nerd por acaso anos antes, nas pesquisas que fazia no site de buscas Aonde. Entre as palavras-chave que buscava estava "nerd", e esbarrou no blog entre os resultados. Marco andava de skate e fazia parkour na cidade-satélite de Gama, no Distrito Federal, mas havia se tornado um fenômeno da programação desde que montou sozinho seu primeiro computador aos 11 anos de idade.

Três meses antes do BarCamp, em julho de 2007, a imprensa anunciava que aquele jovem magrinho da periferia de Brasília tinha conseguido um aporte de 300 mil dólares de um fundo de investimentos para colocar sua empresa, a Boo-Box, para funcionar. A sacada dela era abrir caixas com sugestões de produtos e serviços relacionados ao conteúdo que a pessoa estava lendo enquanto navegava. Em 2015, a empresa foi vendida para a FTPi Digital, de Mari Mafra. Nessa época, já alcançava mais de 60 milhões de pessoas por mês e tinha uma lista de 1.500 anunciantes por ano.

Alexandre e Deive se referiam a Marco Gomes como "o Doogie Howser brasileiro", referência ao personagem de Neil Patrick Harris no seriado *Tal Pai, Tal Filho*, febre no Brasil na virada dos anos 1980. Na trama, Doogie Howser era um gênio que tinha virado médico na adolescência, assim como Marco Gomes tinha virado programador ainda menino. A partir de 2012, Marco passou a ser chamado de "*consigliere* do Jovem Nerd", em referência ao cargo de "conselheiro", muito comum em empresas de tecnologia e startups, mas misturado com a referência aos conselheiros da máfia italiana eternizados no filme *O Poderoso Chefão*. O contrato foi firmado em um lugar bem característico: um guardanapo de papel, durante um jantar. "Marco Gomes hoje torna-se *consigliere* do grupo Jovem Nerd. Deive Pazos, 11 de fevereiro de 2012", escreveram no pedaço quadrado de papel. Alexandre apenas riu, mas Deive assinou em cima de seu nome.

O ano de 2012 foi também o ano em que Alexandre e Deive colocaram em prática o conselho mais importante que Marco Gomes deu para o Jovem Nerd: "Vocês precisam terceirizar!".

Era uma obsessão de Marco Gomes nas conversas que tinha com os dois. Foi uma das principais transformações que passara dentro da Boo-Box, pois só foi capaz de crescer quando abriu mão do controle das atividades-chave da empresa e treinou gente mais talentosa para as funções. Por falta de grana, era normal controlarem tudo o que faziam: da programação do site ao envio das camisetas da Nerdstore, passando por tudo relacionado ao Nerdcast e, mais recentemente, ao NerdOffice. Em 2011, tinham transferido a área de marketing e prospecção de clientes para Mari Mafra e a FTPi Digital. O resultado foi quase instantâneo, e o Jovem Nerd ganhou fôlego para crescer. Em 2012, seria a vez de abrir mão do controle das operações mais importantes do negócio e as que mais tomavam tempo deles: a edição do podcast e dos vídeos. "Vocês precisam terceirizar!", aconselhava o *consigliere*. "No começo, vocês não tinham grana. Mas agora, com o faturamento crescendo, não têm mais desculpa."

A edição de vídeo foi o caminho mais fácil por dois motivos. Primeiro, era a aventura mais nova e, apesar de ser muito curioso e aprender rápido, Alexandre estava apenas quebrando um galho na função de editor do recém-nascido NerdOffice. O segundo motivo, o mais importante, era Anderson Gaveta. O fã que se tornou amigo e colaborador era a pessoa que Alexandre e Deive perturbavam a qualquer hora para pedir dicas técnicas. Gaveta atendia sempre, mas depois do nascimento da primeira filha precisava de estabilidade. Queria ser editor, mas sua função era focada no desenvolvimento de websites. Fazia o máximo de esforço para incluir vídeos e animações em seus projetos com clientes, mantendo a essência do estilo nonsense dos vídeos caseiros, a origem da Gaveta Filmes. Sua linguagem própria começava a tomar forma e Gaveta precisava dar vazão àquilo. E as colaborações esporádicas com o Jovem Nerd eram oportunidades perfeitas.

Enquanto isso, o NerdOffice ganharia companhia na grade. A nova atração era a realização de uma vontade antiga de Alexandre: colocar mais videogame no conteúdo. Porém, estava sozinho nessa, já que nem Deive nem qualquer um dos principais amigos colaboradores do Nerdcast jogavam videogame, uma paixão de Alexandre desde a infância. Naquela época, começavam a fazer sucesso no YouTube os gameplays comentados. Em outubro de 2012, o brasileiro mais visto de todo o YouTube foi o gamer Eduardo Faria, de 31 anos, do canal VenomExtreme, com impressionantes 17 milhões de acessos. A onda seria surfada por outros astros brasileiros como Bruno Aiub, o

Monark, do RandonsPlays — aquele mesmo que, anos depois, traria para o Brasil o formato de mesacasts.

As primeiras tentativas do que seria o NerdPlayer foram intervenções dentro do NerdOffice. Em março de 2011, o Jovem Nerd havia sido contratado para falar do game *Dragon Age II*, e Alexandre resolveu chamar o Sr. K. para jogarem, comentando a gameplay, mas não ao vivo. O próximo passo foi em outubro de 2011, ainda dentro do NerdOffice, desta vez com o game de tiro *Battlefield 3*. "Eu sou um lobo solitário no Jovem Nerd, só eu gosto de games", disse Alexandre, para logo depois explicar o novo fenômeno dos *game commentaries* no YouTube. Então, chegou a vez dele próprio, Alexandre, embarcar na trend. Depois de 10 minutos jogando e comentando em tempo real sua partida, Alexandre voltou a dirigir-se aos fãs: "Isso é uma parada experimental. É válido para o NerdOffice? Vocês querem? Deveria ser feito separadamente do NerdOffice?".

Deive interrompeu com um muxoxo de tédio. Alexandre riu, mas repetiu a pergunta. A resposta do público motivou a criação de uma nova atração e o primeiro NerdPlayer foi ao ar no dia 1º de novembro de 2011 com uma gameplay comentada do jogo *Batman: Arkham City*.

A primeira coisa que chamou a atenção foi a vinheta de abertura: uma animação com o Nerdinho andando na tela com uma arma na mão, numa inspiração clara da franquia clássica de jogos de tiro *Doom*. Foi mais um dos pedidos de Alexandre e Deive para Anderson Gaveta, que ainda ajudava os ídolos e amigos "no amor".

O NerdPlayer foi um sucesso instantâneo no canal. O NerdOffice tinha um público consolidado desde a estreia em outubro de 2010, mas o NerdPlayer teve, desde o começo, duas ou três vezes mais acessos. Com isso, o canal passou a ter, toda semana, um NerdPlayer na terça-feira e um NerdOffice na quinta-feira (em pouco tempo, passariam respectivamente para segunda-feira e quarta-feira). Somado ao trabalho que os Nerdcasts tradicionais das sextas-feiras davam, ficaria quase impossível para Alexandre tocar sozinho a edição de vídeo. Gaveta era a solução perfeita para o problema, e Alexandre e Deive começavam a pensar em uma engenharia financeira para, finalmente, ter um contrato fixo com o fã e eventual colaborador abnegado.

Pelo lado de Gaveta, a gota d'água foi naquele aniversário de sua sogra num fim de semana do fim de 2011. Ele atendeu o telefonema de Alexandre e Deive pedindo um favor de edição, mas pela primeira vez recusou. Deive ainda insistiu, porém chegara ao limite. Não dava mais para trabalhar de graça, ainda mais em dias e horários não ortodoxos. Dias depois, Gaveta receberia outra ligação de Deive — desta vez, não um pedido de favor, mas uma proposta de emprego: "Queremos contratar você para editar os vídeos do Jovem Nerd".

Seguiram-se longos dias de negociação e, para Gaveta, de conversas com Livinha sobre as necessidades financeiras da família. Gaveta e Livinha decidiram que a proposta deveria cobrir o que ele ganhava na Seagulls Fly, e que os novos contratantes deveriam bancar uma placa de vídeo poderosa e uma nova cadeira de escritório confortável — um mínimo de estrutura para começar a trabalhar de casa.

A parceria entre o Jovem Nerd e a Gaveta Filmes foi anunciada no dia 12 de janeiro de 2012, em um NerdOffice.

Alexandre: "Como é que eu conto essa novidade..."

Deive: "A partir de 2012, os vídeos do Grupo Jovem Nerd passarão a ser editados por um profissional!"

Alexandre: "Nós estamos falando de Anderson Gaveta, rapaz!"

E surgiu a cabeça de Gaveta atrás dos dois, para risos gerais — sem qualquer edição de vídeo, era ele mesmo em Curitiba para a ocasião especial.

Alexandre: "Anderson Gaveta é um puta profissional que trabalha com a gente por gosto, por vontade própria há muitos anos. E o que a gente fez?"

Deive: "Contratamos a empresa Gaveta Filmes!"

(Gaveta bate palma tão empolgado que sai do enquadramento): "Puta que o pariu!"

Deive: "Agora o Gaveta faz parte da família Jovem Nerd."

Depois, seguiu-se a primeira piada com a marca de Gaveta no conteúdo: Alexandre e Deive iam explicando o quanto o novo editor é incrível, dando ao vivo tarefas de edição para ele performar, e, na edição, ele fez uma sequência de efeitos toscos e memes.

O NerdOffice passou a ser totalmente seu de 12 de janeiro em diante. Começou a intervir no conteúdo nos bastidores, quando visitou Curitiba para filmar o anúncio oficial da parceria. Deu sugestões sobre o cenário, a iluminação e a posição das câmeras. Aos poucos, foi ficando à vontade para aparecer também na frente das câmeras. A primeira vez foi para avisar que não haveria NerdOffice e NerdPlayer na semana do Carnaval de 2012, em fevereiro. No vídeo, curtinho, alternou um aviso sério na frente de um computador com imagens suas em um bloco de carnaval para "justificar" a falta de programas.

Em abril de 2012, porém, sua intervenção teria que vir na forma de um programa inteiro. Já tinha comentado com Alexandre e Deive que tinha ideias para estrelar quadros dentro do canal. Parte da ideia de sair da Seagulls Fly e assinar com o Jovem Nerd era ter tempo, também, para se dedicar a projetos pessoais como os que fazia na origem da Gaveta Filmes.

A primeira oportunidade veio por acaso. Os novos patrões, que estavam viajando e filmando uma NerdTour pela Europa, calcularam mal a quantidade de programas que tinham que deixar prontos, e ficou faltando um NerdOffice na grade. Como não teriam tempo de gravar durante a viagem, Gaveta sugeriu duas ideias de conteúdo: uma visita ao antigo emprego, para mostrar um pouco da rotina da Seagulls Fly, e um programa especial dele lendo os comentários mais bizarros dos vídeos e fazendo piadas em cima, com muitos efeitos de edição. Ambas viraram o programa "Gaveta, o Tapa Buraco", mas a segunda ideia, da leitura de comentários, viraria quadro fixo no NerdOffice. No fim do vídeo original, na "Perguntinha da Semana", o editor pede sugestões de nome para o quadro. Entre as opções, Deive escolheu "Pé na Porta, Gaveta na Cara!". Foram 3 anos de sucesso, até que, no dia 1º de abril de 2015, Gaveta resolveu levar a atração para seu canal pessoal. A leitura de comentários foi o primeiro programa do Gaveta Show, e marcou o renascimento de Gaveta como produtor de conteúdo, e não só editor de vídeos para seus clientes.

Mas nenhuma intervenção foi tão marcante quanto a que fez nos vídeos do NerdPlayer. Foi quando ficou clara que aquela seria, desde o começo, uma relação de coautoria. Era impossível imaginar o sucesso do canal do Jovem Nerd no YouTube sem a magia e o humor nonsense da Gaveta Filmes.

Os primeiros NerdPlayers, ainda sob a gestão de Alexandre, tinham o formato simples que havia sido consagrado no Brasil e no mundo: ele jogando e comentando sua gameplay por cima, com pouca edição, apenas cortes de momentos desinteressantes. Os gamers mais famosos lançavam esses vídeos quase todos os dias, e não havia espaço para experimentações. Sustentavam-se no carisma de quem estava falando. O que Gaveta trouxe foi bem diferente: em parceria com Alexandre, cada vídeo passou a contar uma história. Como era um por semana, dava tempo de investir na criatividade, e um exemplo foi a gameplay do clássico *Shadow of The Colossus*. Para salvar a mulher de sua vida, o personagem principal tinha que matar monstros gigantes que, aparentemente, não estavam fazendo mal a ninguém. Alexandre jogou o jogo muito animado, pois as imagens são estonteantes, mas Deive, que estava ao lado comentando, começou a ficar incomodado com aquela matança indiscriminada. Gaveta usou isso para criar um arco dramático na morte dos colossos, culminando em um memorial do colosso assassinado no episódio, com fotos de sua infância e trilha sonora de “Brincar de Viver”, de Maria Bethânia: “Quem me chamou?/ Quem vai querer voltar pro ninho?/ E redescobrir seu lugar...”.

A terceirização mais difícil, porém, seria a do Nerdcast, principal atração do Jovem Nerd, e a que mais tomava tempo dos dois. Além do tempo gasto com a concepção do programa e da produção de convidados, Alexandre e Deive editavam quase sempre em cima da hora, fazendo com que trabalhassem toda semana nas madrugadas de quinta para sexta-feira, quando tinham que publicar “o melhor podcast do mundo”. Era uma produção artesanal — gravação, edição, design de som, trilhas sonoras — e consideravam impossível delegar a joia da coroa a outra pessoa. Seria como entregar o filho para alguém criar. Descobririam que ninguém é insubstituível, uma das teclas que o *consigliere* Marco Gomes mais batia quando defendia a terceirização. "Vai ter sempre alguém melhor do que vocês para fazer isso", repetia.

Alexandre e Deive começaram a desconfiar que tinham descoberto este "alguém" durante uma ação na Campus Party de 2011. Assim como Gaveta, tratava-se de um velho fã do trabalho dos dois.

Leo Lopes era apaixonado por rádio e TV desde a infância, nos anos 1980. Com três anos já imitava Silvio Santos, uma das vozes mais marcantes da televisão brasileira. A avó materna, que foi morar com a família, virou uma influência decisiva: toda manhã, Leo acordava com o cheiro de café e o som do radinho de pilha sintonizado em programas como os de Paulo Barboza, Zé Béttio e Gil Gomes. Aos seis anos, prestava atenção nas vozes, nos estilos, no ritmo das locuções. Usava o 3 em 1 da família, com duplo deck, para gravar e fingir que estava no ar, apresentando seu próprio programa.

A influência da avó também foi grande em sua formação espiritual. No fim dos anos 1980, por causa de um problema cardíaco, a avó passou a receber uma prática da Igreja Messiânica chamada Johrei — uma transmissão de energia espiritual pelas mãos. Sentiu-se melhor com a prática e acabou vivendo por mais de um ano, falecendo tranquila e cercada pela família. A experiência marcou Leo, que viu naquela vivência um sentido maior. Quando membros da comunidade lhe disseram que, ao praticar boas ações, poderia "dar continuidade à energia que ela recebia" , abraçou a ideia com convicção. Em fevereiro de 1990, tornou-se membro da Igreja Messiânica como uma missão pessoal em honra à avó. Em outubro de 1992, iniciou uma jornada profissional de doze anos como ministro religioso em tempo integral. Durante esses anos, aprendeu japonês, tendo visitado o Japão, o Sri Lanka e a Bolívia, além de ter morado em vários lugares no Brasil. Porém, depois de casado e com filho pequeno, essa movimentação começou a lhe dar uma sensação de instabilidade. Por fim, em 2005 ele recusou uma missão no exterior, o que desagradou a Igreja e causou seu desligamento.

Leo pegou os recursos trabalhistas que recebeu, comprou um computador e se matriculou no melhor curso de especialização em tradução para legendagem e dublagem da época, ministrado por Maria Ercilia Hug. Uma ex-colega da igreja, diretora de um estúdio que prestava serviços para o History Channel, chegou a indicá-lo para trabalhos como freelancer. Mas Leo queria algo mais sólido. Começou a correr atrás do velho sonho: trabalhar com rádio.

No "corre", participou do *Pânico* na rádio Jovem Pan, imitando Silvio Santos e recebendo elogios de Wellington Muniz, o Ceará — humorista alçado à fama justamente por fazer sátiras do apresentador. Sua participação em um programa da Rádio Fênix, estação de webradio voltada aos brasileiros vivendo no Japão, rendeu uma paródia em japonês da música "Festa no Apê", que se tornaria, dias depois, "Apaato No Pati", com ajuda do DJ Leo Breanza. A paródia viralizou entre a comunidade japonesa, fazendo com que o CD "As melhores da Rádio Fênix" vendesse milhares de cópias no Japão. Nilson Nil, dono do prédio onde a rádio funcionava, se impressionou com o talento de Leo e financiou o curso da Rádioficina para que Leo tirasse o registro profissional de radialista.

Mas Leo ainda precisava de uma renda fixa. E surgiu uma oportunidade única: a JICA — agência de cooperação internacional do governo japonês — precisava de um intérprete fluente em japonês para atuar em um projeto ambiental ligado à Represa Billings, em São Paulo. Leo foi selecionado por ter a melhor qualificação linguística entre os candidatos, com um bom salário.

No dia 8 de março de 2006, um ano e um dia após sua ida ao *Pânico*, Leo obteve seu registro profissional, o DRT — sigla para Delegacia Regional do Trabalho, órgão responsável pela emissão do registro profissional para diversas categorias artísticas e técnicas —, fundamental para que ele pudesse atuar como radialista e dublador. Pouco depois, Nilson o chamou para integrar a equipe da Rádio Banzai, uma "irmã inversa" da Fênix, que tocava músicas em japonês para brasileiros. Leo fazia o horário de fim de semana, conciliando com o trabalho na JICA e, depois, com um emprego em uma montadora de carros japonesa.

A experiência na Banzai foi uma escola prática: Leo montava a programação ao vivo, com músicas, vinhetas e interações pelo chat da rádio. Foi a origem do que viria a fazer profissionalmente anos depois. Porém, com a carga de trabalho na montadora, teve que abrir mão da Banzai. Passou a ficar imerso e só via os filhos no fim de semana. O sonho de trabalhar com a voz só voltaria ao descobrir o Nerdcast.

Em agosto de 2008, Leo estava ouvindo uma série de entrevistas com dubladores feita no programa que Almir Marques apresentava na 93 FM de Santa Catarina, e ficou obcecado pela conversa de Almir com Guilherme Briggs. Movido pela curiosidade, foi atrás de tudo o que conseguisse encontrar até esbarrar no Nerdcast 94, uma entrevista do Jovem Nerd com Briggs intitulada "Max, Traga Minha Capa!". Ouviu todos os episódios com Briggs disponíveis e, assim, esbarrou no universo dos podcasts. Mesmo com anos de experiência e estudos sobre radiofonia, Leo não sabia, até ouvir o Nerdcast, que aquela era uma forma viável de se trabalhar com a voz.

A experiência o impactou e fez com que ele se lembrasse de um antigo projeto engavetado. Numa disciplina voltada à legislação aplicada à comunicação ao vivo, os alunos precisavam criar um programa de uma hora comentando notícias de editorias policiais — sempre com atenção aos limites legais para evitar processos. Para lidar com a complexidade do tema, Leo colocou o programa em um formato de humor, criando personagens, roteiros alternativos e um tom leve e irreverente. Nasceu ali o Rádiofobia. O resultado agradou tanto que o grupo recebeu nota dez. Após o curso, Leo ainda chegou a gravar alguns pilotos, mas amigos do meio disseram que nenhuma rádio bancaria aquilo sem patrocínio ou um plano comercial pronto. O Rádiofobia ficou engavetado até o Nerdcast reacender a chama.

Leo virou um ouvinte voraz. Gravava episódios do Nerdcast em CD-R para ouvir no carro e estudava formato, ritmo e linguagem do que Alexandre e Deive faziam. Em paralelo, reatou o contato com Cleber Quessada, o Quessa, amigo de infância, com quem costumava brincar de gravar programas de rádio em fita cassete. Juntos, gravaram o piloto do Rádiofobia, com participação de Marcos Aguena, seu mentor desde a origem de sua paixão. O episódio foi ao ar em 1º de março de 2009, com clara inspiração no Nerdcast. Nos primeiros 16 episódios, o Rádiofobia seguiu a estrutura clássica: gravação bruta, edição e sonorização posterior. O episódio 16, aliás, foi um marco pessoal: contou com Guilherme Briggs como convidado e marcou o início de uma amizade duradoura entre os dois.

Mas a rotina cansativa no trabalho da montadora começava a pesar, e seria a motivação para desenvolver sua linguagem própria para o formato. Para ganhar tempo e continuar a fazer o que amava, resolveu gravar o podcast como se fosse um programa de rádio ao vivo, fazendo vinhetas e efeitos em tempo real, como nos velhos tempos da Rádio Banzai. Para isso, usava uma mesa de som com quatro canais e criou a "Técnica" — uma personagem inspirada no estilo irreverente de Djalma Jorge, ícone do humor radiofônico paulistano nos anos 1980, conhecido por seus programas caóticos e cheios de improviso. A personagem servia como justificativa cômica para qualquer atraso na sonorização. O primeiro teste veio no episódio 17. No 18, estreou o formato ao vivo, com vinhetas disparadas de um computador auxiliar. O título do episódio era quase uma declaração de princípios: "Testando 1, 2, 3... como se rádio fosse!".

A mudança chamou atenção. Ainda em 2009, começaram a surgir os primeiros convites para falar sobre podcast ao vivo em eventos da área. Foi nesse período que conheceu Leandro Caracciolo, ilustrador que havia feito uma HQ sobre o Jovem Nerd. Os dois trabalhavam em prédios vizinhos: Leo na montadora de carros e Leandro no portal Terra. A amizade nasceu ali, nos arredores do trabalho. Em janeiro de 2010, Leo acompanhou Leandro no lançamento de *A Batalha do Apocalipse*, e conheceu pessoalmente Alexandre e Deive, além de vários nomes que orbitavam o universo do Jovem Nerd. Saiu de lá com um exemplar autografado da edição limitada da NerdBooks — aquela segunda tiragem, de apenas 500 cópias — e uma nova perspectiva.

Em 2011, quando o Rádiofobia já acumulava cinquenta episódios, Leo foi convidado a participar da Campus Party. Tirou férias e resolveu investir. Durante o evento, reservou uma bancada inteira no espaço dos podcasters, com quase cem lugares, onde espalhou camisetas, brindes e equipamentos. Segundo lembra, este foi um dos últimos anos em que Alexandre e Deive ainda conseguiam circular como civis entre os demais criadores, apesar do assédio crescente.

No evento, Leo organizou, com Tato Tarcan e Prof. Maury, da Maratona Podcastal, uma sequência de doze horas ininterruptas de gravações com outros nomes do meio, como Jurandir Filho (RapaduraCast), Maurício Saldanha (Cinema com Rapadura), Daniela Monteiro e Eduardo Spohr. A performance chamou atenção: Alexandre, impressionado com os recursos ao vivo do Rádiofobia, convidou Leo e outros podcasters para gravar os e-mails do Nerdcast ali mesmo.

Pouco tempo depois, em junho de 2011, Leo assumiu o cargo de gerente de comunicação em uma das maiores editoras de mangás do Brasil. A nova função representava uma transição: deixava o mundo corporativo tradicional e se aproximava de uma cultura que admirava desde jovem. O salário era menor, mas havia mais liberdade criativa. Fora do expediente, Leo seguia envolvido com o Jovem Nerd. Após a Campus Party, participou da gravação de um Nerdcast especial com Sérgio Mallandro e Paulo César Pereio, durante o YouPIX 2011. O episódio foi ao ar pouco depois, com sua captação de áudio.

Em janeiro de 2012, durante a Campus Party, Leo foi convocado para um projeto especial. Bia Granja, que cuidava da comunicação do evento, liderava uma ação da operadora Vivo que inicialmente se chamaria Cubo Cast, mas, por sugestão de Leo, mudou de nome para Cubo Geek — o nome original poderia soar como "cu boquete" e estimular a 5ª série que mora nas pessoas. O objetivo era criar um espaço dedicado a podcasts e conteúdo nerd durante toda a semana. Como o Jovem Nerd não poderia assumir a produção, Leo foi chamado, com Tato e Maury, para desenhar o projeto e assumir a produção do Cubo Geek (com a curadoria de Alexandre e Deive). Foram os responsáveis pela seleção de equipamentos, equipe e programação.

Três meses depois, em abril de 2012, Leo participou do Nerdcast 307 ("Nostalgia do humor brasileiro"). Foi como um parque de diversões, para relembrar as diversas imitações que fazia desde criança. No mês seguinte, foi a vez de Alexandre e Deive serem entrevistados por Leo no Rádiofobia 86. Durante a conversa, mencionaram que algumas edições do Nerdcast tinham sido editadas por alguém fora da equipe. Embora o editor na época fosse Diego Moreno, parte dos ouvintes passou a suspeitar que fosse o próprio Leo — algo que teria desdobramentos importantes.

Ainda em julho daquele ano, Bia Granja pediu ajuda a Leo para coordenar a homenagem especial ao Nerdcast durante o YouPix 2012. Leo, já com status de amigo pessoal dos anfitriões, ficou responsável por escrever o texto principal. A narração ficou a cargo de Guilherme Briggs. Andreia e Agatha colheram depoimentos de familiares e amigos íntimos, enquanto Leo reuniu falas de colegas da blogosfera. Todo o material foi enviado a Gaveta, que editou o vídeo exibido no evento. Leo se emocionou com o resultado, mas também descreveu o duro retorno à realidade: depois da apoteose, fazendo o que amava ao lado das pessoas que admirava, tinha que voltar ao trabalho na editora de mangás.

O impacto ainda ressoava quando, em agosto daquele ano, Leo recebeu uma mensagem de Alexandre. O convite era direto: assumir a edição do Nerdcast. Alexandre explicou que ele e Deive não conseguiam manter a rotina de virar noites toda quinta-feira para entregar o programa no prazo. Era um esforço constante, que atrasava publicações e consumia energia criativa. Eles queriam terceirizar a edição com alguém que não apenas dominasse a técnica, mas entendesse o estilo, as piadas internas e a história do programa — alguém que falasse a mesma língua. E, para Alexandre, essa pessoa só podia ser Leo Lopes.

Leo hesitou. Disse que trabalhava o dia todo, chegava tarde em casa e mal conseguia tempo para editar seu próprio Rádiofobia. Editar um programa semanal parecia inviável. Mas Alexandre foi claro: não era um favor, era uma proposta profissional, que substituiria a ocupação principal de Leo durante a semana, com valor superior ao que Leo ganhava mensalmente na editora de mangás. Mais que o dinheiro, a proposta trazia uma possibilidade real de autonomia: empreender com segurança e gerir a própria rotina.

Leo pediu um tempo para pensar e conversar com a esposa. À espera do terceiro filho, os dois estavam em busca de uma nova direção para a vida. Apesar de representar uma mudança drástica, a resposta era óbvia. Era a chance de construir algo sólido, com liberdade e propósito. E ainda tendo mais tempo para dedicar-se ao Rádiofobia.

O Nerdcast 329 — sobre personagens femininas poderosas — foi o primeiro sob a nova edição, ainda em sigilo. A preocupação de Alexandre e Deive era de terem tempo de treinar Leo Lopes sobre os mínimos detalhes que fizeram daquele programa de áudio o maior podcast do país, e evitar que as pessoas começassem a procurar pelo em ovo para dizer que "antes era melhor", mesmo sem qualquer justificativa prática para isso. No fim das contas, deu certo, e ninguém percebeu a mudança. Só no programa 339, dez edições depois, Azaghal revelou oficialmente a novidade: "Agora nós temos vida. Temos um editor, o Leo do Rádiofobia, que está prestando um serviço para o Nerdcast".

E deu o recado para quem decidisse começar a reclamar: "Esse seu ataque de pelanca não vai adiantar de nada, porque o Leo já editou dez episódios. Vocês perceberam que o Nerdcast não atrasa mais?".

Em dezembro de 2012, com Leo e a mulher trabalhando de casa e o terceiro filho a caminho, voltaram para Serra Negra, a cidade natal dele, no interior de São Paulo. Conhecida como a "cidade da saúde", Serra Negra foi onde Leo cresceu e de onde saiu aos 18 anos, rumo ao seminário. Voltava agora aos 38, com três filhos e uma nova carreira consolidada — e, pela primeira vez, sentindo que estava onde deveria estar.

Afinal, o Jovem Nerd era uma referência na cultura pop brasileira, um lugar quase mágico. O que faltava para ser mágico de verdade? Bem, talvez um mago.

12

O MAGO DOS NERDS

Tem coisas na trajetória do Jovem Nerd que só magia explica. Como um programa nerd conseguiu fazer um mago recluso falar para um público que não era dele?

Paulo Coelho quebrou um silêncio de anos na mídia tradicional em novembro de 2011, quando apareceu em uma edição do programa *Mais Você*, da TV Globo, com a apresentadora Ana Maria Braga. A entrevista com o autor de língua portuguesa mais vendido da história, amigo pessoal de Ana Maria e Imortal da Academia Brasileira de Letras, foi um "furo de reportagem". Afinal, fazia quatro anos que ele não dava entrevistas para a imprensa. Não era ostracismo: acabara de lançar um novo livro, *O Aleph* (2010), que já estava em primeiro na lista da Amazon. Na consagrada lista do *The New York Times* — na qual *O Alquimista*, seu livro de maior sucesso, figurara por mais de 200 semanas — o novo estreou em 6º. O presidente Barack Obama, em visita ao Rio de Janeiro em março de 2011, citou-o nominalmente em uma mensagem de esperança para o povo brasileiro. Apesar de seu aparente silêncio, o Mago estava no auge.

Paulo Coelho e a artista plástica Christina Oiticica receberam a amiga Ana Maria no apartamento deles, na Suíça, em clima de intimidade. Falaram da história mágica do rapaz obcecado em virar escritor que, por um breve momento, aliou-se ao amigo Raul Seixas para criar algumas das canções mais icônicas do rock brasileiro na década de 1970, como "Gita" e "Eu nasci há dez mil anos atrás". Quando Paulo Coelho começou a falar do poder transformador da internet na literatura, foi interrompido por Ana Maria, que colocou a mão no cordão que o autor tinha no pescoço e perguntou sobre as medalhinhas ali penduradas. A mudança de assunto foi conveniente, porque um ano antes do *Mais Você*, no dia 15 de outubro de 2010, o site Jovem Nerd publicara um Nerdcast inteiro entrevistando o autor mais famoso do país.

De que maneira um site de nicho como o Jovem Nerd conseguiria tirar o autor mais vendido em língua portuguesa de seu autoimposto retiro? Não conseguiria, como a própria apresentação do Nerdcast 231 deixou a entender:

Alexandre: "Aqui é Alexandre Ottoni, o Jovem Nerd, e eu estou em busca do tesouro oculto."

Eduardo: "Aqui é Eduardo Spohr, rolando o saving throws."

Deive: "Aqui é Azaghal, e eu aprendi a ficar invisível com o nosso convidado."

Paulo Coelho: "E aqui é o convidado, Paulo Coelho, que aprendeu a ficar visível graças ao Jovem Nerd."

Alexandre Ottoni, Deive Pazos e Eduardo Spohr conversaram com Paulo Coelho naquela tarde, por Skype, a pedido do próprio convidado, coisa que, como ele admitiu no programa, faria pela primeira vez na vida.

Paulo Coelho: "Eu pedi a entrevista! Inverti os papéis!"

Os bastidores dessa entrevista remontam a alguns anos antes, e envolvem Spohr e outra jovem autora brasileira de fantasia: Carolina Munhóz. No universo Jovem Nerd, ela tivera uma breve aparição. Em um vídeo no canal do YouTube, a esposa de Alexandre, Agatha, visitou a FanMixCon de Campinas, em abril de 2009, para cobrir o evento e vender camisetas da Nerdstore. A Sra. Jovem Nerd, imbuída do espírito de "dondoca", criticava a fantasia dos participantes que fizeram *cosplay* no evento. Quem estava chique, era "Meu amor". Quem estava brega era, entre outras coisas, "Baixa renda", porque não se deu ao trabalho de gastar com a fantasia. Depois da foto de uma fada muito bem paramentada — uma fada "Meu amor" — sobrou o selo de "Baixa renda" para Carolina Munhóz, que só tinha colocado asas postiças sobre a camiseta laranja do evento.

Carolina, uma jovem de São José do Rio Preto, interior de São Paulo, tinha muito mais do que um *cosplay* baixa renda para mostrar na feira. Quando criança, ficara encantada com a literatura por culpa da saga *Harry Potter*. Aos 11 anos, foi desafiada por uma amiga a ler o primeiro livro da série, *Harry Potter e a Pedra Filosofal*. Passada uma semana, havia lido os quatro livros da saga publicados até então. Apaixonou-se pelo universo do bruxinho — e pela leitura. A paixão foi tanta que começou a ler mais a respeito nos sites e fóruns sobre o tema e descobriu as *fanfics*, histórias sobre o mesmo universo escritas por fãs da série. Não demorou até ela escrever suas próprias histórias e aprender a lidar com o *feedback* direto dos apreciadores (e detratores) na internet.

Aos 16 anos, em 2005, Carol passava por uma crise de depressão e, numa noite em que estava pedindo para que as coisas melhorassem, sonhou com uma história de amor envolvendo uma fada. Acordou e decidiu escrever sobre esse sonho. Só no terceiro capítulo percebeu que estava criando um livro e demorou nove meses até escrevê-lo por inteiro. Essa história daria origem a seu primeiro título, *A Fada*, publicado em 2012 por uma grande editora.

Na FanMixCon de Campinas, Carolina Munhóz estava na militância nerd para divulgar sua história a qualquer custo. Era a "Fada Baixa Renda" por conta de sua fantasia, mas conhecia mais sobre fadas do que a colega *cosplayer* que tinha tratado a roupa com esmero.

Conheceu Paulo Coelho por causa da mesma atitude militante, por acreditar em sua obra. Foi atrás do autor em busca de ajuda e conseguiu um contato para encontrá-lo na Europa, depois de dois anos de tentativas. Na conversa, falou sobre o Jovem Nerd e seu envolvimento no sucesso do lançamento do livro de Eduardo Spohr. A curiosidade do autor consagrado com a receptividade do autor iniciante em um processo de publicação inédito para Paulo Coelho acabou virando amizade. Com o alerta de Carolina Munhóz, ele não deixaria por isso mesmo. Perguntou à Carolina como entrar em contato com os nerds, e a sugestão dela foi que falasse com Spohr.

Como contou no Nerdcast 231, Paulo Coelho usou o então Twitter para mandar uma mensagem (bem) direta para Eduardo Spohr, no dia 19 de setembro de 2010:

"*Viu que não dei entrevista na saída do Aleph, mas adoraria dar uma p/ Jovem Nerd. Você faz o meio de campo? abs*"

Tanto Eduardo Spohr fez o "meio de campo" quanto Alexandre e Deive, do Jovem Nerd, toparam na hora. Apesar da diferença de gerações, Paulo Coelho poderia facilmente se enquadrar como um nerd de seu tempo, tamanha era a familiaridade de sua história com a de tantos outros nerds de hoje em dia. Na infância, foi o garoto que se apaixonou pela leitura e ia fundo ao analisar as obras que lia, chegando a fazer um caderno com notas e observações críticas. Na juventude, usou a literatura para sobreviver.

A conversa do Nerdcast 231, de outubro de 2010, foi como um papo entre velhos amigos, mesmo sem se conhecerem. Paulo Coelho trouxe aos "nerds", como passaria a chamar Alexandre e Deive, histórias pitorescas que acabariam por entrar no universo do Jovem Nerd. Quando falaram sobre vampiros — Paulo Coelho formou-se em Vampirologia na Europa —, os "nerds" perguntaram como ele se sentia sobre a leva de filmes sobre o tema, inspirados na saga *Crepúsculo*. Coelho disse que não tinha visto os filmes para, logo depois, corrigir-se: "Minto... Vi um, na locadora Bit Torrent".

Essa referência a um dos maiores canais de pirataria da época fez com que, para os ouvintes do Jovem Nerd, os filmes pirateados fossem aqueles vistos na "Locadora do Paulo Coelho". Outro exemplo do papo de bar foi a relação dos nerds com a história de amizade e parceria que Paulo Coelho teve com o cantor Raul Seixas. Paulo e Raul se conheceram porque Raul ficou curioso a respeito de um artigo sobre discos voadores publicado no fanzine que Paulo escrevia com amigos. O artigo era dele, apesar de ter usado um pseudônimo para mascarar a falta de repórteres e articulistas na publicação. "Hoje em dia (esse fanzine) seria um blog", disse Eduardo Spohr. "Um blog e um podcast", devolveu Paulo Coelho, concordando.

Alexandre e Deive só ficaram sabendo durante a gravação que Paulo Coelho não estava dando entrevistas havia tempos. Paulo Coelho, que pediu a entrevista, tinha a certeza de que precisava conhecer direito aquele mundo novo, mas não para vender mais livros. Não precisava disso, como provaria a performance do recém-lançado *O Aleph*. Tinha parado de dar entrevistas à imprensa por descobrir, depois de ter acesso a pesquisas nas editoras onde publicava, que estas praticamente não impactavam na venda de livros. Seu interesse era a curiosidade de desbravar um mundo novo, sobre o qual não sabia nada. Uma curiosidade nerd. Como consequência, abriria um mundo novo, também desconhecido, para Alexandre e Deive. Um mundo que poucas pessoas — a apresentadora da TV Globo Ana Maria Braga, por exemplo — conheciam.

Ana Maria Braga tirou Paulo Coelho de seu "voto de silêncio" com a imprensa tradicional um ano depois dos nerds terem publicado sua entrevista. É claro que os públicos atingidos eram diferentes, em termos demográficos e quantitativos. Mas antes que Ana Maria pudesse mostrar "com exclusividade" o bunker antiatômico de Paulo Coelho no subsolo de seu apartamento em Genebra, em novembro de 2011, o autor já tinha feito, meses antes, um tour pelo local com os nerds, publicado em setembro do mesmo ano no NerdOffice. Entre os "nerds" estavam Deive, Andreia, Andrés Amigo Imaginário e Eduardo Spohr. O escritor tinha novos amigos. E ninguém que via apenas a TV Globo os conhecia. Um ótimo negócio para todos.

Em novembro de 2011, quando Ana Maria Braga publicaria sua entrevista exclusiva com o "ermitão" Paulo Coelho, o autor já trabalhava com o Jovem Nerd em outro NerdOffice. A ocasião era o lançamento da caneta Chaos, fabricada pela empresa italiana Montegrappa em parceria com Sylvester Stallone, o grande brucutu dos cinemas e um dos ídolos máximos de Alexandre e Deive. A "brincadeira" com Stallone tinha sido deflagrada no Nerdcast 231. Paulo Coelho tinha o contato pessoal de Stallone e tentou trazê-lo por telefone ao programa. Não conseguiu, mas criou outro clássico de humor do Jovem Nerd:

> Paulo Coelho: "Eu pensei... 'Participação especial, Sylvester Stallone'. Estava pensando em mim mais do que em vocês."

Mas a "brincadeira" começou a perder suas aspas. Fora do programa, Paulo Coelho tinha conversado com Stallone por telefone, pediu para que o astro do cinema mandasse uma saudação para os "nerds" e a gravou. O áudio de Stallone dizendo "Hello, Jovem Nerd" foi exibido com orgulho no NerdOffice do dia 24 de novembro de 2011. Além disso, Paulo Coelho conseguiu uma das canetas de luxo em homenagem ao Sly — a número 193 de apenas 912 disponíveis — para ser repassada aos fãs do site em um concurso cultural. Mandou um vídeo para promover o concurso, exibido no mesmo NerdOffice.

> Paulo Coelho: "Estou aqui na condição do Mago dos Nerds, tarefa que eu levo muito a sério. (...) Eles devem dar essa caneta de presente. Em meu nome, em nome de Stallone, em nome deles mesmos, a algum vencedor. Como farão esse sorteio, eu não sei. Mas os grandes magos gostam de ver seus desejos respeitados. Portanto, não ousem desafiar o poder dos grandes magos."

A pergunta que revelaria o ganhador da caneta foi simples, e veio de Deive: "Por que você, nerd, merece essa caneta mais do que eu?". A próxima parceria entre o Jovem Nerd e o escritor Paulo Coelho seria firmada pessoalmente.

No começo de 2012, Paulo Coelho e Giuseppe Aquila, dono da Montegrappa, convidariam Alexandre, Deive e suas esposas, Agatha e Andreia, para uma visita à fábrica de canetas e para uma festa que o autor dedica anualmente a São José. A ligação entre Paulo Coelho e a Montegrappa suplantava a conexão do Mago com Stallone. Ele próprio estava para lançar uma caneta, assinada pelos designers da fábrica. A inspiração óbvia era seu livro de maior sucesso, *O Alquimista*. Mas o objetivo principal do autor na ocasião era a homenagem a São José, que Paulo Coelho fazia todo dia 19 de março para honrar uma antiga promessa de sua mãe por causa das circunstâncias complicadas do seu nascimento.

O destino dos nerds era a cidade italiana de Bassano del Grappa, aos pés do Monte Grappa, que abriga a fábrica de canetas de luxo de mesmo nome. No NerdOffice, a importância do Monte Grappa era completamente nerd. Na visita ao topo da montanha, explicaram que havia sido um ponto estratégico do exército italiano na Primeira Guerra, já que ali existia um forte que dividia os alpes suíços das planícies italianas. Se perdessem a montanha, o caminho estaria aberto para a invasão das tropas austríacas. Aproveitaram, é claro, para jogar bolas de neve uns nos outros.

Mas visitaram a fábrica da Montegrappa. E descobriram que Giuseppe Aquila era, no fundo, outro nerd. No escritório pessoal de Giuseppe estavam *action figures* do Capitão América e do Superman enfrentando Muhammad Ali. Em primeira mão, puderam anunciar que a empresa tinha firmado parceria com a DC Comics para produzir canetas inspiradas em Batman, Superman e Mulher-Maravilha. No fim, ganharam canetas da Montegrappa, um presente pessoal de Giuseppe. Deive ganhou uma caneta Chaos, de Stallone, e Alexandre ganhou uma inspirada no ator e mestre das artes marciais Bruce Lee.

A passagem por Bassano del Grappa foi uma oportunidade para Paulo Coelho oferecer uma das preciosidades de lá aos seus convidados. A grappa, uma espécie de cachaça italiana, era típica do local, como o nome poderia supor. Coelho levou seus convidados para provar a melhor versão da bebida. Sendo filmado pelo celular de Deive, declarou:

"Como Mago dos Nerds, eu tenho algumas regalias, entre as quais tirá-los dos saudáveis quartos onde estavam repousando depois de tomarem água mineral e trazê-los para beber grappa, já que estamos em Bassano del Grappa."

A grande festa de São José, promovida havia anos por Paulo Coelho, seria realizada na cidade vizinha, Marostica, no castelo local, erguido no século XIV. Lá, os nerds, suas esposas e a repórter e o fotógrafo da revista *Caras* puderam conviver com celebridades heterogêneas como Romero Britto, a estrela brasileira das artes plásticas; Jean Alesi, ex-piloto de Fórmula 1; Rudolf Schenker, guitarrista e compositor da banda de hard rock Scorpions; Celso Loducca, publicitário brasileiro; e Jorge Viana, senador pelo Estado do Acre. Sim, do Acre.

Durante a festa, Alexandre e Deive tiveram a oportunidade de presentear Paulo Coelho com uma escultura sua fazendo a saudação nerd com a mão, inspirada em Spock e, por consequência, no Nerdinho. Depois, resolveram dançar. A reportagem da *Caras* traria, na edição impressa, uma foto de Alexandre e Deive abraçando o anfitrião da festa no castelo, em 29 de março de 2012. No texto da reportagem, identificariam os dois como "Alexandre Ottoni e Deive Pazos, que fazem sucesso em blog de humor". A apresentadora Ana Maria Braga tinha sido convidada, mas não apareceu na festa.

No NerdOffice do dia 18 de abril de 2012, é possível ver Alexandre, Agatha e Andreia dançando enquanto Deive filma e ri. A música é *Sweet Dreams*, dos Eurythmics. O grupo parece deslocado em felicidade e espontaneidade naquele ambiente divertido, porém formal. Até que Paulo Coelho, o Mago dos Nerds, o motivo de todos estarem ali, se junta ao grupo para dançar. Requebrando-se com os novos amigos como se não houvesse mais ninguém ao redor, o autor de língua portuguesa mais vendido no mundo gritava "Lambda, lambda, lambda!".

13

CRISE DE IDENTIDADE

Todo super-herói que preze sua identidade secreta um dia vai entrar em crise. É uma verdade indiscutível dos quadrinhos. Em algum momento, vai se perguntar qual é seu verdadeiro "eu": o que combate o mal ou o que lida com o cotidiano.

Frederico não tinha essa dúvida antes do surgimento do Sr. K, nascido e criado no Nerdcast. É uma presença tão marcante que dá a impressão de ter sido frequente. Não foi. Dos convidados fixos originais, talvez tenha sido o que menos gravou programas — em média, aparecia em um a cada oito podcasts. A critério de comparação, Tucano aparecia em um a cada três.

Até 2014, quando passou a aparecer em público com mais frequência, Sr. K era uma voz grave, mas tão metálica que, às vezes, soava aguda. Era um mensageiro do niilismo, alguém que expandia o limite da razão até caber nela pelo menos alguns fragmentos de absurdo. Depois de tornar o ouvinte cúmplice de suas sentenças cruéis e estranhamente justas, pontuava a conquista de mais uma alma com uma risada gélida de vilão de filme de terror.

Mas o Sr. K não foi criação apenas de Frederico. É uma ação conjunta daquela voz grave e dos cortes precisos de Alexandre e Deive na edição de áudio. Sr. K ficou conhecido por suas máximas, frases pungentes, pílulas amargas de sabedoria. Mas entre uma dose e outra, era prolixo, metódico, detalhista. A função de Alexandre e Deive — e, mais tarde, do editor Leo Lopes — era encurtar o caminho entre as pérolas que todo mundo ama.

Podiam ser uma palavra apenas — "Milhões!" — ou daquelas frases que pensamos, mas nunca temos a oportunidade de dizer:

> Sr. K: "Eu acho que todo mundo tem o direito — e o dever — de fazer o que quiser da vida. Desde que não me encha a porra do saco. Se não me encher o saco pode cagar na meia, girar no quarto, passar na cara. Tá ótimo, meu irmão. Tira uma foto e me manda. Eu não vou abrir e você vai ficar feliz."

A impressão de que sua presença foi recorrente talvez venha do fato dos seus programas terem temas queridos dos ouvintes, principalmente nos primeiros anos de Nerdcast. Quase metade deles se encaixava nas categorias Nostalgia e Comportamento, em que as pautas são livres e há tempo para julgar os outros e a si próprio com sarcasmo. Desde a saga de Seu Francisco em um ônibus de retirante, o Sr. K sempre deixava sua marca. Os exemplos são incontáveis.

"Quanto mais longe do centro urbano, mais cítrica é a cor da roupa."

"O cara não tem um real pra gastar num jornal? Então ignora. Nada do que vai acontecer no mundo vai te afetar."

"Se der descarga e correr para a praia, você vê o que jantou ontem."

"É muito simples: tá com frio? Leva casaco ou engorda."

"Eu odeio contato humano desnecessário."

"Isso é de uma imbecilidade... São pessoas que, no inverno, não se alimentam. Porque a grama fica marrom."

O frasista preferido dos nerds acabou virando convidado fixo de pelo menos dois segmentos importantes (e distintos) do Nerdcast: conselhos sobre finanças e sobre o amor. Porque Sr. K entendia de dinheiro e amor? Não. Sr. K adorava dinheiro. Muito dinheiro. Milhões.

E o amor? Ele sofreu com o amor na juventude, então aprendeu a se defender. Quem melhor para dar conselhos a jovens nerds e seus problemas de relacionamento? Um talento havia sido descoberto.

Desde que passaram a investir na bolsa, no fim dos anos 2000, Alexandre, Deive e Fred citavam suas perdas e ganhos. Começou nas leituras de e-mails, mas acabou virando um programa inteiro em outubro de 2007. A "desculpa" foi o livro *Pai Rico, Pai Pobre*, de Robert T. Kiyosaki e Sharon Lechter, lançado em 1997. Baseada na experiência pessoal de Kiyosaki, a obra prega a estabilidade financeira baseada em um negócio ou bem que garanta renda — em vez de trabalhar por dinheiro, o dinheiro deve trabalhar por você. Só assim você conseguiria sair da chamada "corrida dos ratos", bichinhos que trabalham por recompensa e nunca terão construirão nada. É um livro controverso, mas inspirou um apaixonado discurso motivador no fim do Nerdcast 82, chamado, não à toa, de "Nerd Rico, Nerd Pobre".

No meio do caminho, porém, a conversa desviou para o funcionamento da bolsa de valores, salpicada com pérolas de experiências próprias dos participantes, autointitulados "três jovens investidores". Na apresentação, Alexandre deixava claro as boas intenções do trio:

"Espero que a gente passe alguma mensagem positiva."

Passaram, mas o mais importante neste Nerdcast foi o nascimento do Divino, um dos melhores conselhos para assustar investidores aventureiros. A Bolsa estava saudável no Brasil desde 2002, e o país vivia um surto de novos investidores domésticos. No começo de 2008, mais de 30% da Bovespa era formada por esses investidores, pessoas que "apostavam" de casa, usando aplicativos chamados de *home broker*, associados às pouco mais de 50 corretoras então certificadas no país. Dados de 2007 indicam que o número desses investidores havia dobrado em um ano, fenômeno explicado pela ascensão de uma nova geração de brasileiros na casa dos 30 anos, com poder de investimento e familiaridade com computadores e internet. Exatamente o caso de nossos "três jovens investidores".

Na ocasião da gravação do Nerdcast 82, em outubro de 2007, Deive estava investindo na Bolsa havia apenas duas semanas, depois de ver os casos de sucesso de Alexandre e Sr. K. Deive tinha confiança em seu faro para bons negócios — o maior erro de qualquer investidor inexperiente. Foi zombado por Fred, mais calejado: "Uma hora, aquela rola tatuada vai chegar".

Foi ao responder à descrença do amigo que Deive, sem querer, deu início a uma lenda:

"Eu fui tocado pelo Divino."

Deive quis dizer que era um ser iluminado, que não perderia nunca. Mas, na mente sacana de Sr. K, "tocado" tinha relação direta com a "rola" supramencionada e "Divino" tornou-se a entidade bem-dotada que vinha apresentar seu membro gigantesco a investidores inexperientes. A metáfora foi assumida por todos — Deive incluso — e passou a reger os relatos de insucesso do grupo na bolsa de valores.

Pouco menos de dois anos depois, em maio de 2009, foi lançado o Nerdcast 160 ("Nerd Rico, Nerd Pobre 2") o Divino voltaria à pauta. Os "três jovens investidores", desta vez menos jovens e mais experientes, trouxeram um papo ligado à história da bolsa de valores, partindo depois para a experiência pessoal dos três, pois, logo depois do primeiro Nerdcast sobre o tema, uma crise devastadora ocorrera. O programa começou com uma breve história da Bolsa, logo chegando na crise financeira de 1929, a Grande Depressão. Nas palavras do Nerdcast foi quando a humanidade conheceu a fúria do Divino. Sr. K resumiu as manchetes da época de acordo com o folclore do Nerdcast:

Sr. K: "CORRAM PARA AS MONTANHAS!
O DIVINO ESTÁ CHEGANDO!"

No dia 29 de outubro de 1929, que seria conhecido como a Terça-Feira Negra, as bolsas mundiais tiveram perda de 30 bilhões. No Nerdcast, porém, o foco do programa foi a crise da época. Branda, se comparada à quebradeira histórica que fez pessoas se jogarem de prédios em Wall Street, mas que envolvia diretamente nossos três jovens investidores. Esta também teve um nome: a crise do subprime.

O próximo Nerd Rico, Nerd Pobre foi postergado. O papo de finanças acabou virando uma nova conversa de mesa de bar, um escárnio sem grandes pretensões edificantes e reuniu o Time de Elite: Sr. K, JP e Tucano. "E se... ganhássemos na loteria?" foi o nome do Nerdcast 370, exibido em julho de 2013, e seria, até então, o ápice do Sr. K. O que fazer com um prêmio milionário? Ajudar a família? Ajudar ao próximo?

Sr. K: "Salvar o mundo? Mermão...
Eu tô aqui pra SANGRAR o mundo..."

E começaram as contas de quanto seria necessário para viver com tranquilidade apenas com a renda do prêmio.

Sr. K (aos gritos): "Não dá pra comprar nada com 20 milhões... Não dá! Não dá! Se eu ganho 20 milhões, não tenho dinheiro nem pra mim! (...) Ajudar a família... Com 20 milhões... Não dá."

Até que alguma alma mais atenta resolveu fazer a conta de um rendimento plausível para 20 milhões: 1% ao mês.

Sr. K: "200 mil por mês... Eu ACHO que consigo viver com tranquilidade. 'Sr. K é um escroto...', já vejo os comentários."

Quando a gente mais precisa de um "escroto"? Quando a gente está fazendo merda. Sr. K levou toda sua experiência de juventude — um jovem tímido, introspectivo — e vomitou nos nerds em forma de conselho na série de programas especiais do Dia dos Namorados.

O programa era feito nos moldes de uma antiga rádio romântica — e brega —, onde músicas eram oferecidas para a pessoa amada, muito antes da existência da internet. O Nerdcast Especial Dia dos Namorados juntou casais, resolveu brigas e fez traduções simultâneas hilárias de músicas românticas, um velho serviço social prestado a quem ouvia rádio nas madrugadas e não falava inglês.

Fred estreou no Dia dos Namorados de 2011, a segunda edição do programa. Nunca mais sairia de lá. Começou com o quadro Consultório Sentimental do Sr. K, onde iam parar os e-mails mais bizarros enviados pelos ouvintes. As respostas do protagonista eram proporcionais. Por exemplo: Um "nerdzinho envergonhado" que não quis revelar o nome mandou e-mail perguntando o que fazer depois de dizer para a ex-namorada que tinha "relações sexuais não satisfatórias".

> Sr. K: "Como é que você fala pra uma mulher que ela é ruim de cama? Tá maluco? Tá comendo cocô? Esquece essa porra, já cagou no pau. Já parou pra pensar que você é que pode ser um merda na cama? Pra mau fodedor até o saco atrapalha."

Não à toa, nas edições posteriores o segmento do Sr. K mudou de nome, de Consultório Sentimental para Balcão de Informações do Inferno. Alguns passaram a escrever histórias bizarras só para receber seus conselhos ácidos. Outros se apresentavam sem querer no balcão (coitados). No especial de 2012, a história de um nerd virou um clássico. Era praticamente um roteiro de Nelson Rodrigues. O menino tinha deixado sua companheira para começar um relacionamento com a namorada do irmão de sua namorada — a namorada do cunhado. Acabou ficando sem as duas, e perguntou o que fazer naquele caso. Depois das gargalhadas habituais, chega a voz da razão.

> Sr.K: "Esquece essa merda, dá como massa falida, fundo perdido... 'Fiz merda...' Levanta e anda. Vá fazer novas amizades... Uma sugestão é mudar de cidade. Ou então faz o seguinte: se tranca em casa uns cinco anos e espera a próxima geração crescer."

Em 2013, a atração já teria a nova vinheta de Balcão de Informações do Inferno, na voz de Guilherme Briggs. Um dos e-mails acabou inspirando um bom exemplo para os jovens. O rapaz, um estudante que nunca tinha visto o amor de sua vida, queria sair da Bahia para visitá-la em São Paulo, e talvez morar lá para ficar perto da amada.

> Sr. K: "Fica na Bahia, arruma um emprego... Ela fica em São Paulo, arruma um emprego... (...) 'Papai, mamãe, eu vou

ali comprar uma garrafa de Tubaína...' PÃ! Jornal Nacional: 'Adolescente sai de casa para comprar garrafa de Tubaína e é encontrado em São Paulo, amarrado, nu, no banco da rodoviária.' (Farejando) Isso me cheira a merda."

Outros conselhos eram mais diretos. Como o dado para um rapaz de 18 anos que escreveu reclamando que a namorada queria fazer ménage com outra mulher e, depois que ele topou fazer, a namorada passou a acumular "amiguinhas" e dar menos atenção para ele.

Agatha: "Ele quer amor, coitado..."

Sr.K (transtornado): "Quer amor... Compra uma chinchila, porra!"

O e-mail do rapaz continua: "Terminei com uma garota que gostava de ménage... Fiz errado?". Em milésimos de segundo:

Sr.K: "FEZ! FEZ! Você já passou do limite da burrice, você está na maluquice, você precisa de tratamento. (...) Daqui a 20 anos, você vai estar sentado na poltrona da sala tomando um uísque sozinho e pensando: 'Caralho... que merda que eu fiz'."

Ainda no Nerdcast 90, muito antes de se consolidar como um dos personagens principais do programa, ele desabafaria que as pessoas deviam achar que ele era um velho de 50 anos que viveu 100, mas reforçou que era uma pessoa normal. Pode ser impossível acreditar, mas é a mais pura verdade.

Por trás do Nerdcast, Frederico Carstens era um homem sério fugindo da popularidade a qualquer preço. Se o Nerdcast fosse uma mesa de bar no mundo real, ele só toparia participar por telefone ou fantasiado. Seu ambiente de trabalho era refratário à fama pelo entretenimento, um escritório multinacional de marcas e patentes. Para especializar-se no trabalho, fazia faculdade de Direito e aulas de alemão, um esforço hercúleo que lhe tirava todo o tempo. Por isso, apesar de querido, quase não participava.

Seu rosto só era conhecido por fotos no site ou raríssimas aparições no NerdOffice. A primeira aparição pública oficial de Fred foi em 2014, em um dos maiores palcos nerds do país, a Campus Party, em São Paulo. Nas finais da batalha de robôs que o Jovem Nerd apresentou no evento, com várias webcelebridades, Deive perguntou, de um palco fechado com uma persiana: "Quem veio ver o Cauê Moura?" Gritos. "Quem veio ver o [Felipe] Castanhari?" Gritos. "Quem veio ver o Sr. K?" E sobe a persiana, para delírio dos presentes. Sr. K recebeu os urros com os braços levantados e a clássica saudação que tinha eternizado no Nerdcast: "Bom dia, bípedes". Lá, respondeu perguntas do público ao vivo pela primeira vez.

No ano seguinte, 2015, na mesma batalha de robôs, Sr. K foi levado ao meio do ringue com uma máscara de touro, e revelado de surpresa ao público, com a mesma ovação.

Mas não foi fácil. A primeira aparição, de 2014, foi quase como um teste. Fred precisou avisar aos chefes o que estava por vir e pedir permissão. Foi concedida, mas ninguém sabia o efeito que isso teria em um ambiente de trabalho sóbrio, onde a discrição é fundamental. Não houve problemas, o que abriu as portas para a segunda tentativa, em 2015, também sem reveses. A popularidade de Sr. K era óbvia, e houve muitos pedidos por um programa em vídeo dele. Porém, para ele mesmo, sua carreira era o mais importante.

Diante do cenário positivo, começaram os *brainstorms*, envolvendo Alexandre, Deive, Agatha e Andreia. Num jantar que Sr. K e Priscila, sua esposa, ofereceram em casa, Andreia e Priscila conversavam sobre possibilidades quando Priscila veio com uma ideia crua: "Já imaginou jogar o Sr. K no Piscinão de Ramos? No Maracanã?". Andreia voltou ao resto do grupo comemorando. Nascia o "Sr. K Visita". Juntou-se a isso o que ele já fazia muito bem nos Nerdcasts de Dia dos Namorados — dar conselhos aos jovens — e *voilà*: "Sr. K Responde". Mais tarde, "Sr. K Joga" também foi incorporado ao canal do Jovem Nerd no YouTube. Afinal, o videogame era uma de suas paixões quando a vida lhe proporcionava alguns minutos para atividades solitárias e supérfluas.

O primeiro Sr. K Visita foi uma *junket* (evento onde o estúdio reúne jornalistas e o elenco de filmes ou séries para um bate-papo) do filme *Velozes e Furiosos 7* em Los Angeles. O evento já atrairia atenção pelo filme ser de uma das franquias mais rentáveis de Hollywood, mas ficou ainda mais disputado depois da morte de Paul Walker, um dos atores principais, em um acidente de automóvel em alta velocidade — justamente o mote da trama.

Foi nesse lançamento enlutado que Sr. K fez sua estreia no YouTube, em 7 de abril de 2015, pouco tempo depois de sua segunda Campus Party. De cara, mostrou personalidade como entrevistador. Estavam lá as estrelas Vin Diesel, Dwayne "The Rock" Johnson e Jason Statham. Por acaso, todos galãs viris e... carecas. Antes de qualquer pergunta, Sr. K, já um notório careca, agradeceu: "Obrigado por fazerem os carecas serem legais de novo". Sr. K conversou sobre coleções nerds com "The Rock" e sobre a paixão de Vin Diesel por RPG. Paul Walker? Deixou os jornalistas normais falarem sobre isso.

Dessa estreia em abril de 2015 a maio de 2023 — ou seja, por oito anos — Sr. K esteve à frente de diversos programas no YouTube do Jovem Nerd. O mais longevo, e também o mais emblemático, foi o Sr. K Responde: um programa em que ele respondia, com ironia afiada e nenhuma paciência para bobagens, às perguntas enviadas pelo público. Nesse, Fred foi ainda mais despojado. Usou um roupão e um copo de uísque para recriar na tela o personagem que todos imaginavam quando ouviam os Nerdcasts. Priscila auxiliava com a câmera, servindo como diretora das cenas. Como Fred mora no Rio de Janeiro, Priscila precisava secar seu suor a toda hora, já que usar roupão no Rio só é possível com intenções artísticas. O uísque? Este era real. As perguntas eram do público e as respostas, de alguém que gostaria de ter ouvido verdades de pessoas experientes aos 15 anos.

Em 2018, Sr. K iniciou aquela que se tornaria a atração de maior sucesso do canal do Jovem Nerd: o programa Queimando a Língua. A ideia surgiu de forma despretensiosa, quando ele assistiu a um episódio do Hot Ones — programa americano apresentado por Sean Evans, em que celebridades são entrevistadas enquanto enfrentam uma escalada absurda de pimentas. Achando divertidíssimo, mandou o vídeo para Deive apenas para comentar o quanto havia rido. A resposta foi imediata: "Por que você não faz?". E ele fez. No Queimando a Língua, Sr. K entrevistava um convidado enquanto ambos comiam comidas cada vez mais apimentadas. O primeiro episódio foi ao ar em 30 de janeiro de 2018, com Alexandre como cobaia inaugural. O programa teve duas temporadas, em 2018 e 2019, e recebeu humoristas como Fábio Porchat e Antonio Tabet, atores como Emílio Dantas e Sérgio Malheiros, e celebridades da internet como Cauê Moura e Felipe Castanhari. Em 2020, a pandemia suspendeu as gravações. O Queimando a Língua só retornaria em 2023, em formato de *revival*, com uma edição especial gravada ao vivo durante a CCXP, cujos episódios foram exibidos no início de 2024.

No fim de 2019, entre setembro e dezembro, Sr. K foi o apresentador de uma série especial do canal: o Nerd Trader. Em seis episódios patrocinados, a atração resgatava o espírito dos antigos Nerdcasts sobre finanças — aqueles programas de 2007 e 2008 em que ele, Alexandre e Deive narravam suas trapalhadas de investidores iniciantes, entre erros de cálculo, bravatas e reveses que acabavam virando piada. O episódio final foi gravado na sede da B3, a bolsa de valores de São Paulo, no espaço onde tradicionalmente se realiza a cerimônia de abertura do pregão. Embora não tenham aberto o mercado de fato, eles participaram do ritual simbólico e tocaram a famosa sineta — gesto tradicional reservado a convidados especiais e que simboliza o início oficial das negociações do dia. Como não poderia deixar de ser, Sr. K fez disso um espetáculo à parte.

Frederico Carstens virou youtuber. O mais improvável deles. Quantos youtubers de sucesso no Brasil começaram depois dos 40, casados e com uma carreira como prioridade? Talvez seja o único. Porém, a rotina agitada de Sr. K no YouTube — visível, comentada, celebrada — corria em paralelo à sua vida profissional e pessoal muito mais silenciosa. Por trás das câmeras, Frederico Carstens equilibrava prazos, expectativas e responsabilidades longe dos holofotes.

Em seu trabalho no escritório de marcas e patentes, lidava com clientes internacionais em inglês e alemão. O trabalho, mais a faculdade de Direito e os estudos de alemão, sugavam seu tempo. O preço era alto. As horas com a esposa escorriam por entre compromissos, o descanso era insuficiente e a alegria parecia adiada indefinidamente. “O dia só tem 24 horas”, repetia para si mesmo. “E eu não tenho mais 20 anos.”

O ponto de ruptura veio de onde ele menos esperava: um enterro. Em 2017, o pai de um velho amigo de RPG havia falecido, e Frederico foi prestar as condolências. Ouvindo os filhos do falecido falarem sobre o pai, algo o atingiu em cheio. "Ele me deixou o amor pela arte. Me ensinou a ver a beleza no mundo", disse um deles. Ninguém mencionou a carreira, a formação acadêmica ou os feitos profissionais. As lembranças vinham do que ele era, não do que ele fez para viver. As ausências, os acertos, o olhar sensível.

No mesmo dia, Frederico voltou para o escritório e chamou um dos sócios para conversar. "Se eu terminar a faculdade de Direito no ano que vem, isso muda alguma coisa aqui?" A resposta: não. "Então por que eu tô fazendo essa merda?". Essa pergunta não exigia resposta do outro — era para si mesmo. Ligou para a faculdade e trancou o curso. Também encerrou as aulas de alemão. Já sabia o bastante para trabalhar e, como dizia, "não precisava falar alemão castiço — ou alemão medieval". Em 2018, depois de um episódio de *burnout*, cobrou reconhecimento no trabalho, conseguiu um aumento e passou a ter mais liberdade para equilibrar as muitas frentes que tocava ao mesmo tempo.

Passou a investir tempo no que realmente importava. Voltou a ver a esposa nos fins de semana. Criou uma rotina que incluía cinema, jantares, bobagens, preguiça de sofá. Não queria mais viver como se fosse eterno. Como dizia a frase atribuída ao budismo, que ele passou a repetir como um lembrete: "O problema é que você acha que tem tempo".

Hoje, o Sr. K continua existindo. Está pronto para dar autógrafos e tirar fotos, porque sabe que quem está pedindo teve trabalho para vencer a timidez. Esteve por muito tempo no YouTube e no Nerdcast, e dá valor a isso. Mas sabe que a fama é apenas um detalhe bem-vindo. O Sr. K ama Nova York e gostaria de ter milhões na conta, como qualquer bípede de bom senso. Mas Fred mora na Barra, no Rio de Janeiro e tem um emprego "de verdade". São duas identidades — que não estão mais em crise.

14

A MARAVILHOSA PIZZA DE AZEITONA

Na década de 1980, a televisão exibia uma grade fixa, muito diferente dos canais de streaming que vieram depois. Você assistia o que estava passando, motivo pelo qual muitas crianças acabavam vendo programas de estilo de vida e culinária.

Fernando Russell, menino de Santos que chegou ao Rio de Janeiro em 1988, era uma dessas crianças e tinha até suas referências culinárias, incluindo dois "conterrâneos": Sílvio Lancellotti, nascido em São Vicente e pioneiro no papel de comunicador de culinária na televisão, e Ofélia Anunciato, vinda do interior de São Paulo para começar sua carreira nos meios de comunicação santistas, passando depois para voos maiores e tornando-se conhecida nacionalmente.

Fernando adorava cozinhar, e os pais eram seus grandes exemplos dentro de casa. A mãe tinha uma microempresa de refeições e trabalhava a semana inteira com comida. No fim de semana, os responsáveis pela comida da casa eram ele e o pai, outro grande cozinheiro amador. A grande especialidade dos dois era macarrão e molho, sempre infalível e rápido.

Entre 1989 e 1990, Fernando Russell, já batizado como Tucano por Deive, resolveu que precisava ganhar dinheiro para a *naite* e, inspirado pela mãe, passou a fazer pizza congelada para vender em Copacabana. Como empresário, Tucano foi incapaz de repetir o sucesso da mãe, mas nasceu uma lenda, propagada aos fãs via Nerdcast: a famosa Pizza de Azeitona.

Tucano fazia questão de produzir a massa e o recheio de suas mini-pizzas. A massa era tão boa que a mãe de Deive ligava para saber os ingredientes e modo de preparo. Porém, não vendiam muito e acabavam sobrando no freezer. As noites de RPG do grupo de amigos normalmente eram na casa de Deive ou JP, mas, quando a jogatina rolava na casa de Tucano, as pizzas saíam do freezer para o forno e alimentavam a galera. Numa dessas vezes, Tucano serviu uma pizza de muçarela aos amigos, que perguntaram o sabor. As pizzas de muçarela de Tucano vinham com uma azeitona no meio. Na hora de responder, o menino se confundiu e disse "pizza de azeitona". Foi o bastante para, por anos a fio, Deive sacanear o amigo dizendo que a pizza de azeitona dele tinha apenas uma azeitona.

Outra das receitas que Tucano traz dessa época e aprendeu em programas de TV é o Imperial Bacon Dog, que faria sucesso apenas com o renascimento dos programas de culinária em vídeo, com o advento do YouTube.

Tucano nunca esqueceu a paixão pela gastronomia, mas deixou-a de lado para formar-se em Comunicação e, de volta a Santos, virar professor universitário na área. Quando o chefe do departamento de Marketing se aposentou, em 2010, virou diretor da área e chamou dois de seus alunos para trabalharem lá: Juliana Pinto e Fábio Oliveira. Os dois seriam fundamentais para que a gastronomia voltasse a ser protagonista na vida de Tucano.

Antes, porém, o papel de protagonista nesse reencontro profissional com a comida foi a esposa de Tucano, a engenheira civil Bárbara Pola Russell. Dentro de casa, ele se impôs a tarefa de, com frequência, preparar um prato típico de um país e escolher um vinho da mesma nacionalidade para um jantar especial e era a esposa que, de surpresa, escolhia o país — para ele restava se virar. A brincadeira caseira passou a fazer parte da rotina do casal. No comecinho de 2011, ele comprou um celular mais moderno, seu primeiro smartphone, e pediu para Bárbara filmar enquanto ele preparava a receita.

Era um pato com laranja, ou *Canard à L'Orange*. Cebola ralada, cenoura ralada, alho frito, pimentão verde, salsinha, cogumelo Paris e caldo de frango para o molho. Duas coxas com sobrecoxas de pato em uma travessa de alumínio, com manteiga derretida. Uma regada do molho por cima, suco de laranja e pedaços da fruta antes de levar ao forno. No molho de guarnição, zesto de laranja (cascas sem a parte branca) fervido com um pouco de água, açúcar caramelado, suco de laranja e vinagre balsâmico. Para acompanhar, um Marquis de Greyssac, da região de Bordeaux, na França — como mandava a brincadeira. Tudo gravado com imagem granulada, uma edição simples sem instruções em voz e uma porção bem servida de "Coppers", sucesso da banda punk americana Rancid. O vídeo termina com o texto branco em fundo preto "Desculpem a iluminação e falta de qualidade. Já providenciamos novos equipamentos".

Estava pronto e publicado, no dia 15 de janeiro de 2011, o primeiro vídeo da série A Maravilhosa Cozinha de Jack. "A Maravilhosa Cozinha" ele pegou de Ofélia Anunciato e sua Cozinha Maravilhosa, a referência natural. "Jack" era o apelido que sempre quis ter, o nome de seu blog. O canal do YouTube tinha seu nome, Fernando Russell, e era usado desde 2006, o segundo ano de atividade da ferramenta de vídeos na internet, para postar vídeos de brincadeiras com os amigos, passeios de moto e shows de sua banda punk DiRTy fUN.

Os "novos equipamentos" não vieram e a ideia de fazer seu próprio programa de culinária no YouTube ficou incubada por mais um ano. Até que seus ex-alunos e companheiros de trabalho Juliana Pinto e Fábio Oliveira entraram em cena. Juliana tinha uma câmera, um computador Mac e sabia editar. Fábio também sabia editar e fazia inserções de arte. Tucano chamou os dois como sócios e deram partida no canal A Maravilhosa Cozinha de Jack. Foram oito vídeos iniciais, distribuídos entre agosto e outubro de 2012. O oitavo e último foi uma reedição, agora com qualidade de som e imagem, da receita original de *Canard à l'Orange*. O Tucano do Nerdcast virava, finalmente, o Jack da culinária no YouTube.

Não demorou até os mundos colidirem mais uma vez. A Maravilhosa Cozinha de Jack virou, por três episódios, A Maravilhosa Cozinha dos Nerds, selando uma parceria entre o canal de Tucano e o site dos amigos Deive e Alexandre. Um dos três episódios foi a receita do Arroz de São Arnaldo, um clássico da mitologia do Nerdcast. No fim desta temporada, em dezembro de 2012, foi ao ar a receita do Imperial Bacon Dog, um incrível cachorro-quente com salsicha Schüblig recheada com queijo Maasdam e enrolada em tiras de bacon. A receita ele aprendeu na televisão, na época da intentona como microempreendedor no ramo de pizzas congeladas.

Em agosto de 2013, Tucano foi um dos primeiros a assinar com a recém-criada Amazing Pixel, network do YouTube idealizada por Deive, Alexandre e Mari Mafra e batizada com o nome do blog que Deive tinha antes de entrar para o Jovem Nerd.

Tudo correu dentro dos planos até abril de 2014. Os últimos vídeos do canal eram resquícios de uma viagem que Tucano e Bárbara fizeram pela Europa. A gravação foi durante as férias do casal, e Bárbara não conseguia dar uma mordida sequer sem que Tucano a interrompesse para filmar. E vice-versa. Quando voltaram, a realidade bateu à porta. O trabalho na universidade, principal fonte de renda de Tucano, tinha tomado completamente seu tempo e o de seus funcionários e sócios. Tucano era diretor do departamento de Marketing e professor de Marketing Digital e de Planejamento de Campanha. O canal entrou em recesso obrigatório, sem data para retornar. Pela falta de frequência, acabou saindo da programação semanal do site Jovem Nerd. Vida que segue, afinal.

Até que bateu a saudade. Dois programas da viagem de Tucano e Bárbara não tinham sido editados e publicados, as gravações da Irlanda e do País de Gales. No fim de 2014, Tucano se reuniu com Juliana e Fábio para editar esses programas restantes, que foram ao ar em dezembro. Foi o estopim para a retomada. A partir de 23 de janeiro, com a receita do *Jack Daniel's Burger*, o canal renasceu de vez, com o animado e tradicional bordão: "Bem-vindos à Maravilhosa Cozinha de Jack! Estamos de volta!".

No início da retomada, os programas eram quinzenais, para enquadrar a demanda por vídeos na rotina desgastante de trabalho na universidade. No fim de 2015, a grana de alguns patrocínios bateu, e Fábio usou sua parte para comprar um computador novo para ajudar na edição. Em março de 2016, o canal passou a ter dois programas por semana.

Um programa específico, de 6 de março de 2015, dá o tom de um dos canais de culinária mais originais do YouTube brasileiro. "Hoje vamos fazer a famooosa pizza de azeitona." Sim, a famosa pizza de azeitona — mas apenas uma alegoria dela. Depois de contar rapidamente a história de pré-adolescência, Tucano diz que vai fazer outra receita de massa, e não a que a mãe de Deive desejava tanto saber. Duas coisas são recorrentes nos vídeos de Tucano, o Jack da cozinha: a trilha sonora de punk rock e hardcore — neste caso, músicas das bandas The Ataris e The Rouchneck Riot — e a cerveja como último ingrediente, para temperar o cozinheiro. Enquanto maneja a massa, ele mesmo se questiona: "Faz bagunça? Faz. Faz muita sujeira. Vale a pena? Vale". Esqueceu de botar o sal e o açúcar, mas não enganou. Colocou quando a bola de massa já está quase formada. "Quando a massa não estiver mais grudando na sua mão, tu deixa ela descansar um pouco", e derruba a bola na quina da vasilha de metal, fazendo um barulhão e provocando gargalhadas ao fundo. Massa pronta, pré-assada, coberturas em cima... Chegou a hora do ingrediente principal: "Uma azeitona. Bem no centro." Na hora de provar a "tentativa de delícia", era possível ouvir o croc croc excessivo quando a faca passava. As mordidas confirmaram a suspeita. "Tá boa, mas acho que torrou um pouco..."

Se você procurar por Tucano e Maravilhosa Cozinha de Jack no Google, vai descobrir que ainda existe um canal com esse nome comandado por Tucano. Ele ficou empolgado com a resposta aos seus vídeos e investiu ainda mais na culinária, ganhando um reality show e abrindo uma hamburgueria. Nesse meio-tempo, virou pai.

Porém, sua carreira de influencer/youtuber culinário ficou comprometida pelas responsabilidades da vida adulta. Para driblar isso, usou uma tática comum na internet pós-pandemia e começou a gravar vídeos de *react*, ou seja, vídeos nos quais reage a produções dos outros, com sua imagem editada em cima do material comentado. Começou publicando-os no Instagram e, depois, passou a colocá-los também nos shorts do Youtube.

Parecia ser uma boa ideia, pois ele falava de culinária, um dos seus assuntos preferidos, e mantinha seus canais vivos, enviando conteúdo para seus fãs, conquistados desde os primeiros Nerdcasts de que participou.

Mas... se você reparar bem, embora os vídeos no canal do YouTube sejam antigos, foram "upados" a partir de 2024. Isso porque alguns dos detentores dos vídeos a que ele reagiu o denunciaram ao YouTube por violação de direitos autorais, fazendo com que ele tomasse os famosos strikes. Três e, como no beisebol, você está fora. Ele perdeu o canal, porém ainda tinha os vídeos. Enquanto ainda tenta reverter a situação do antigo, subiu o material longo de novo. Assim, mesmo que não grave mais nada, aquele conteúdo, pelo qual ele tem tanto carinho, continua disponível.

Afinal, assim como a cozinha de Ofélia influenciou o pequeno Fernando — lá nos anos 1980, antes mesmo dele ser chamado de Tucano —, vai que a Maravilhosa Cozinha de Jack influencie algum jovem aspirante a cozinheiro por aí?

15

A VOLTA DO RPG

"Lambda, lambda, lambda, nerds! Aqui é o Alexandre Ottoni, o Jovem Nerd, e eu sou o mestre!"

"Aqui é Royston Cave, eu sou um humano, cavaleiro do cálice."

"Aqui é Nilperto, o bardo humano de aparência 99."

"Aqui é Artimus, paladino humano, renegado, e eu sou o último de minha ordem."

"Aqui é o Feldon. Eu sou um elfo druida. E bêbado."

"Aqui é Ruprest, eu sou um doppelgänger ladrão."

Em março de 2011, um grupo de amigos — na ordem, Alexandre, Carlos Voltor, JP, Eduardo Spohr, Tucano e Deive — iniciam, ao som de *Balin's Tomb*, canção de Howard Shore para a trilha sonora de *O Senhor dos Anéis*, uma jornada que mudaria a história do Jovem Nerd. E não havia qualquer pretensão de algo parecido. A intenção inicial do Nerdcast 251 ("O Bruxo, a Princesa e o Dragão") era mostrar ao público do site o que seria, na prática, uma partida de RPG.

O tema já havia sido tratado em Nerdcasts anteriores. Nos episódios 9 ("Pérolas do RPG"), de abril de 2006, e 36 ("Pérolas do RPG 2"), de outubro de 2006, os nerds se reuniram para relembrar as primeiras campanhas, as aventuras bizarras e as sessões jogadas nos lugares mais inusitados, além de relatos pessoais sobre o primeiro contato de cada um com o RPG. Já o episódio 155 ("Regras da casa"), de abril de 2009, assume um tom mais didático: é um guia para entender o que é RPG e como ele funciona. Os hosts explicam a diferença entre sistema e tema, falam sobre o legado de Gary Gygax e Dave Arneson, criadores do RPG, debatem as suas influências e descrevem os arquétipos clássicos de jogador: o ator, o explorador, o matador, o power gamer. Tudo pincelado com humor e histórias surreais, como a do barco mágico usado como míssil ou a das estatuetas sagradas que vomitavam arroz... O Nerdcast 251 foi uma nova tentativa para tratar do tema, que o público já amava, de uma forma criativa.

Alexandre e Deive estavam havia muito tempo querendo gravar uma aventura de RPG com os amigos. No comecinho de 2011, foram procurados para anunciar o game *Dragon Age II*, um RPG eletrônico desenvolvido pela BioWare e publicado pela Electronic Arts, baseado em um universo fantástico medieval (que mais tarde virou um RPG tradicional, de mesa). O responsável pelo convite foi Bruno Tibúrcio, um fã do Jovem Nerd que trabalhava na Warner Bros. Entertainment e estava ajudando a divulgar o jogo no Brasil. Bruno queria que o programa fosse como os que tinham feito anteriormente, contando histórias antigas de RPG. Como achavam que já tinham contado as melhores histórias, ressuscitaram a ideia de fazer uma aventura de RPG do zero. Alexandre seria o mestre, sem pensar muito na história. Queria apenas dar exemplos dos maiores clichês do jogo: começando numa taverna, salvando a princesa, derrotando um dragão...

Como achavam impossível reviver a experiência do RPG por Skype, o plano era uma cena de cada clichê, e depois encaixar todas num programa sobre o assunto, com comentários. Mas a história criada por Alexandre e vivida pelos amigos foi tão gostosa de jogar que resolveram ir até o fim no improviso.

O episódio começou com a apresentação dos personagens e uma sequência de eventos dentro de uma taverna, com interações cômicas, manipulações e furtos. Em seguida, um mensageiro ferido surgiu, relatando o sequestro da princesa Irulan pelo mago Zamir. A narrativa se desenvolveu com rastreamento, emboscadas, invasão de fortaleza e um encontro com o espírito do herói Ruff Ghanor, que entregou artefatos mágicos ao grupo. O episódio culmina no confronto com Zamir, que sacrifica a princesa e se transforma em um dragão. Após uma batalha, o grupo derrota a criatura, e a história termina com os personagens retornando ao castelo, discutindo recompensas e encerrando a missão. Quando a aventura acabou, com a única coisa fugindo do clichê ter sido a morte da princesa, nasceu um clássico.

O produto ainda não estava pronto. Faltava a edição, uma experiência completamente diferente do que tinham feito até ali. A aventura tinha durado tanto que não sobrou tempo para o programa que imaginaram, com as cenas de RPG entrecortadas com as explicações sobre clichês feitas por Alexandre e Deive.

O trabalho de edição começou como o dos Nerdcasts normais daquela época, com o primeiro corte feito por Deive. Quando chegou a vez de Alexandre colocar as trilhas sonoras, ele teve a ideia de ir além. Na hora, veio uma forte referência da pré-adolescência, quando escutou pela primeira vez os episódios da série em audiodrama de *Star Wars: Uma Nova Esperança*. O audiodrama tinha 6 horas e meia de duração, o que expandia a história e era um manancial de novidades para os fãs ávidos da saga, como o pequeno Alexandre.

Jogos de RPG pensados como produtos culturais, criados para serem consumidos como narrativa, se tornariam uma força poderosa anos depois, com exemplos como o do Critical Role — grupo de dubladores que transformou sua campanha em websérie a partir de 2015. Mas o Nerdcast RPG chegou antes, em março de 2011. Foi pioneiro não só pela data, mas pela forma: um amálgama de mídias e linguagens narrativas. Tem o clima de audiodrama, mas não é roteirizado. Tem o frescor de um programa ao vivo, com decisões tomadas em tempo real, mas não é live: é editado, sonorizado, finalizado. E, talvez mais importante, tem esse vai e vem entre a fantasia e a mesa: em um momento, o público está dentro da história, envolvido na ação, na emoção, no risco. No outro, está de volta com os jogadores, rindo, comentando as regras, zoando a própria estrutura do jogo. Esse movimento faz tudo parecer vivo.

O Nerdcast 251 sairia com muito atraso, de tanto trabalho que deu na sonorização. Mas valeu a pena: o programa bateu o recorde de comentários do Nerdcast até então, que era do polêmico programa "As bizarrices do rock pauleira". E, ao contrário do recordista anterior, cheio de xingamentos dos punks e metaleiros ofendidos com as imprecisões, este foi praticamente inteiro de risadas e elogios. "Vocês vão fazer mais?" foi a pergunta mais repetida. Valeu a pena também para o anunciante, que ouviu a propaganda de seu jogo no meio da aventura com a voz de Briggs. A aventura deveria terminar naquele episódio, mas, com isso tudo, acabou se tornando apenas o começo de uma jornada que ganharia vida própria.

O programa saiu em março de 2011. O segundo, em dezembro do mesmo ano. A sequência obedeceria a estrutura do primeiro: pouca preparação do mestre e muitos clichês de RPG para explorar e dar risada. O primeiro indício claro de que era um produto de sucesso foi o patrocínio, agora do banco Bradesco, que estava divulgando sua página no Facebook. Eduardo Spohr não estava mais no grupo, mas seu irmão, Tiago Rex, entraria na história como Rufus Cave, irmão do personagem de Carlos Voltor, Royston Cave. Não seria a única novidade. Afonso 3D, um amigo antigo do grupo que tinha trabalhado com Sr. K, Andrés Ramos e Alexandre Ottoni, seria o bobo da corte Edsert ("Tresdê" ao contrário, aliás).

O novo integrante do grupo de aventureiros teria uma carreira curta no episódio. No mundo real, 3D estava tenso porque em breve faria uma operação, além de estar em um momento delicado no seu relacionamento. No primeiro dia de gravação, sozinho em casa, tinha aberto uma garrafa de Jack Daniels e resolvido bebê-la toda para desanuviar. Não demorou para ficar bêbado e atrapalhar o andamento do jogo. A participação do personagem Edsert acabaria abreviada na mágica da edição. Tiraram todas as intervenções tresloucadas a partir do meio da aventura e simularam a morte do bobo da corte.

Na aventura, ele tinha ficado ferido, mas na edição seria morto e enterrado pela pedra arremessada.

Só faltava a reação. Como Afonso 3D morreria e não diria nada? Alexandre passou um trote para tirar do amigo as reações que queria. Ligou para ele, iniciou a gravação sem falar nada e inventou uma mentira sobre o chefe que tiveram em comum na TVE, dizendo que ele tinha se assumido homossexual. "Ahn?! Que isso, cara?!", "Não, maluco, não faz isso não, cara..." e "Não faz isso não, Alexandre... não brinca não..." foram algumas das reações capturadas nesta ligação e transplantadas para a aventura de RPG. Depois, 3D pediu desculpas pelo comportamento na sessão e acharia "genial" a solução improvisada. A recepção do público mostrou que os ouvintes concordavam.

> Deive: "Tivemos várias centenas de e-mails elogiando o programa, que é 'o melhor de todos', aquele negócio que a gente já sabe. É um dos programas que a gente mais gosta de fazer. É divertido gravar, é divertido editar, o resultado final é foda."

O produto preferido do público e dos sócios precisava de um final apoteótico, e Alexandre estava cuidando com carinho do encerramento daquele arco. Buscou inspiração na Bíblia, mais especificamente na história do dilúvio, quando Deus resolveu destruir a humanidade para extinguir a maldade no mundo que criou, como uma purificação. O vilão principal seria o Devorador de Mundos, que acabaria voltando à saga uma década depois.

> "Decididos a desfazer seu erro, os deuses moldaram a criatura vasta e de uma insaciável fome para que devorasse o mundo doente que haviam originado."

O texto introdutório da terceira aventura do reino de Ghanor foi narrado por Guilherme Briggs. O episódio foi publicado um ano depois do segundo, em dezembro de 2012, e o Bradesco seria de novo o patrocinador, divulgando uma promoção para quem usasse seu internet banking. Como planejado, a saga terminava de forma épica, com Tucano em forma de fênix mergulhando para a morte no peito do Devorador de Mundos para queimar-lhe o coração, a única forma conhecida para derrotá-lo.

A saga ainda teria uma extensão em outra mídia no ano seguinte, 2013, com o lançamento de um guia ilustrado intitulado *Crônicas de Ghanor*. Alexandre fez os textos e reeditou a parceria que nasceu lá atrás, quando encerrou o Jovem Nerd para se dedicar à literatura: assim como naquela época, as ilustrações de sua história foram feitas por Andrés Ramos. O livro saiu pelo selo NerdBooks e nesse caminho estaria a sobrevivência da saga de Ghanor, desta vez com outra mente criativa por trás, um fanático por RPG desde a pré-adolescência.

O gaúcho Leonel Caldela jogou sua primeira partida de RPG aos 13 anos, em 1992. Obcecado por livros, principalmente de fantasia, desde os 9 anos, naquele jogo descobriu a oportunidade perfeita de vivenciar as histórias que lia. Seu grupo inicial durou dois anos e se dissolveu em outros interesses da adolescência. Leonel, não. Teve que encontrar novos grupos para continuar exercendo sua paixão.

Em 1999, Leonel conheceu os irmãos Rafael e Guilherme Dei Svaldi no Encontro Porto-alegrense de RPG, um evento organizado pelos dois, e passou a frequentar a loja da família deles, chamada Jambô. Os três passaram a jogar juntos. Dessa amizade, nasceria a Jambô Editora, em 2002, fundada pelos irmãos Rafael e Guilherme e integrada, desde o comecinho, por Leonel, que na época era professor de inglês e a partir disso virou tradutor de RPGs. O primeiro livro publicado pela editora tinha apenas 32 páginas, e chamava-se *Backdrops: Panos de Fundo*, uma coleção de cenários para campanhas de RPG.

Leonel cursou faculdades de Artes Plásticas e de Literatura, mas nunca se formaria. Apaixonado por histórias fantásticas, seu sonho era ser escritor. O primeiro passo concreto nessa direção foi dado quando fez a prestigiada oficina de criação literária do professor Luiz Antonio de Assis Brasil, responsável por revelar autores como Letícia Wierzchowski (*A casa das sete mulheres*) e Daniel Galera (*Barba ensopada de sangue*). Pouco depois do início da Jambô, foi para São Paulo em um encontro de RPG, conheceu os editores da revista especializada em RPG *Dragão Brasil* — Marcelo Cassaro, Rogério Saladino e JM Trevisan — e entregou a eles um conto de sua autoria.

Um ano depois, Trevisan mandou um e-mail para Leonel dizendo que tinha lido seu conto. Sem ter o que ler no metrô, passou a mão naquelas folhas de papel para se distrair na viagem. Resultado? Gostou muito e queria que ele escrevesse uma história no cenário de *Tormenta*, universo de fantasia criado pelos responsáveis pela *Dragão Brasil* e publicado originalmente em 1999 como um encarte comemorativo de 50 edições da revista. Foi em *Tormenta* que Leonel ambientaria seu primeiro romance, também o primeiro daquele universo, a fantasia medieval *O Inimigo do Mundo*, que se tornaria um marco da literatura fantástica brasileira.

O livro deveria ter sido publicado em 2004, mas a editora da *Dragão Brasil* e de *Tormenta*, que iria publicar a obra de Leonel, passou por uma crise e dispensou toda a equipe. Assim que soube, Leonel ligou para Guilherme Dei Svaldi e sugeriu que a Jambô assumisse as publicações. A partir de 2005, todos os títulos de *Tormenta*, inclusive o livro de Leonel, foram publicados pela Jambô.

Com o início da carreira literária, Leonel passou a morar sozinho e adquiriu o hábito de ouvir podcasts enquanto fazia os afazeres domésticos. Procurando, descobriu o Nerdcast, o podcast do Jovem Nerd, um blog que ele acompanhava em 2002, mas que tinha deixado para lá quando os autores anunciaram seu fim. Tinham acabado de lançar o Nerdcast 17, sobre Bernard Cornwell. "Um podcast não tão engraçaralho, mas muito informativo e interessante. Vale a pena ouvir um pouco sobre este especialista em romances históricos, que tem seu gigantesco talento celebrado por nerds de todas as idades (leitura obrigatória para RPGistas)!", era a descrição do episódio. Bernard Cornwell era um de seus ídolos. Adorou o formato e passou a tê-los como companhia ao lavar louça ou fazer faxina.

Anos depois, Leonel estava participando de um evento literário e, depois da sua palestra, sentou-se para assistir a uma mesa com Eduardo Spohr e Raphael Draccon. Para sua surpresa, foi reconhecido e citado por Spohr no palco. Na época, já havia publicado, além de *O Inimigo do Mundo*, suas sequências *O Crânio e o Corvo* (2007) e O *Terceiro Deus* (2008), além de seu primeiro romance fora de *Tormen-*

ta, O Caçador de Apóstolos. O reconhecimento de Spohr virou uma amizade, e o autor acabaria sendo a ponte entre Leonel e os dois responsáveis pelo Jovem Nerd.

Em setembro de 2013, Leonel Caldela foi um dos convidados do Nerdcast 379 ("Literatura fantástica brasileira"), ao lado de Eduardo Spohr, Raphael Draccon, André Vianco e Affonso Solano. Durante o programa, enquanto contava sua experiência ambientando uma história no cenário de *Tormenta*, ouviu uma pergunta algo premonitória.

Alexandre: "Como foi escrever um livro de um cenário existente? Porque é diferente quando o autor está com tudo em branco e vai moldando do jeito que ele quer. Você tinha limites, não podia inventar tudo. Você tinha um cenário, tinha que se aproveitar dele... Como isso te ajudou e te atrapalhou?".

Leonel: "Mais ajudou do que atrapalhou. Como eu tinha um cenário pronto, podia me preocupar mais com a história. E eu tive muita liberdade. O pessoal teve uma confiança absurda em mim."

Alexandre e Deive também tiveram uma confiança absurda em Leonel Caldela — entregaram em sua mão o universo de Ghanor, a história que tinham criado coletivamente, para que ele transformasse em um romance, como havia feito com *Tormenta*. A ideia era expandir a história de Ruff Ghanor, o maior herói daquele mundo. Leonel nunca tinha escutado os episódios do Nerdcast de RPG, apesar de ser fã antigo. Antes de começar a escrever, ouviu todos para entender o universo e identificar tudo o que já havia sido mencionado sobre Ruff. O título de trabalho era "A Lenda de Ruff Ghanor" e não havia nada definido além disso — só o desejo de contar a história completa daquele personagem lendário que, nos episódios originais, aparecia apenas como um mito do passado.

Leonel enfrentou um desafio curioso: dar sentido narrativo a elementos visuais já consagrados pela comunidade, como a armadura de Ruff, cheia de espinhos. A imagem, criada por Andrés Ramos, impunha respeito, mas não tinha uma origem definida. Coube a ele preencher essas lacunas e construir justificativas que fizessem sentido dentro da narrativa. Além disso, havia limitações: o universo já existia, o passado de Ruff estava ligado ao Devorador de Mundos, e seu destino era conhecido: ele morria e era colocado numa cripta, com seu escudo e martelo. Em vez de receber uma história pronta, Leonel recebeu pontos fixos. Tinha nomes como Cavaleiros do Caos, Dama de Ferro, Castelo do Outono Eterno e devia construir a partir dali.

Leonel queria escrever um romance de formação que mostrasse toda a trajetória de Ruff, da infância à morte. Mais do que contar seus feitos, o objetivo era entender o que fazia dele uma lenda e o que ele representava para a cultura de Ghanor. Um dos pontos de partida foi a ausência de deuses nomeados nos episódios do Nerdcast. Isso o levou a imaginar que esses seres seriam distantes, inalcançáveis, e que os santos, como São Arnaldo, cumpririam o papel de mediadores. São Arnaldo, aliás, era uma piada recorrente nos episódios, criada por Azaghal e Tucano. No romance, Leonel decidiu tratá-lo com seriedade, explicando até mesmo o uso incorreto do "São" como reflexo da simplicidade dos fiéis.

Ruff foi concebido como um arquétipo do herói de origem misteriosa: uma criança deixada num mosteiro, já com idade para agir e desafiar o mundo. Isso lhe conferia autonomia desde cedo, dando início imediato à sua jornada. Outros personagens surgiram da mesma lógica colaborativa. Korin foi ideia de Azaghal, que queria alguém mais humano, que pudesse morrer e gerar tensão. Axia, por outro lado, foi criação de Leonel: inspirada em pessoas com traumas profundos e comportamentos tóxicos, ela representava o oposto de Ruff. Ele era genuinamente bom, mas ineficaz. Ela, antiética, mas eficaz e compreensível. Os dois se completavam, em confronto e contraste.

O título do primeiro livro — *O Garoto-Cabra* — surgiu de um apelido usado pelo prior para se referir a Ruff. O termo parecia estranho, mas carregava força simbólica: reduzia o herói à sua origem humilde. A escolha definiu a regra informal para os títulos seguintes: todos trariam animais no nome.

Em 2014, Leonel lançou com o Jovem Nerd o primeiro volume de *A Lenda de Ruff Ghanor: O Garoto-Cabra*, dando início à sua colaboração direta com a marca. O segundo volume, *O Herdeiro do Leão*, saiu em 2015 e teve seu lançamento na ComicCon Experience, em dezembro daquele ano. Durante o evento, cercado de leitores e fãs, Leonel e a esposa receberam uma notícia que mudaria suas vidas: ela, advogada e ligada ao meio acadêmico, havia conquistado uma bolsa de doutorado para estudar na Alemanha. Entre 2016 e 2017, viveram por um ano e meio no país, enquanto ela escrevia, em alemão, a tese. Leonel, que começou a estudar o idioma antes da mudança, terminou aprendendo "na marra". Lá, escreveu o terceiro livro da série, *O Melhor Amigo do Homem*, lançado em 2018. Mesmo do outro lado do oceano, continuou escrevendo e alimentando o universo de Ghanor.

Enquanto os livros de Leonel Caldela eram publicados, Alexandre, Deive e seus amigos estavam engajados em uma nova aventura. Desta vez, a ambientação foi cyberpunk. "Vamos entrar nas aventuras futuristas do grupo de RPG mais galhofa da podosfera!", anunciou Alexandre no primeiro episódio da nova série, "O Grande Assalto", publicado em dezembro de 2013. As aventuras de RPG no Nerdcast tornaram-se uma atração anual, como um presente de fim de ano para os ouvintes. A edição do Nerdcast já estava com Leo Lopes, mas, nos episódios de RPG, Alexandre e Deive dedicavam-se pessoalmente para matar a saudade dos tempos em que faziam isso toda semana (*spoiler:* não tinham nenhuma).

Estavam de volta os jogadores que terminaram a aventura de Ghanor — Tucano, Carlos Voltor, JP e Rex, além de Deive — com uma adição importante, o ilustrador e quadrinista Harald Stricker, o Android. Na aventura cyberpunk, Harald seria, é claro, um androide, o NDR. Tucano foi Oleg Korolenko, um sniper russo. Voltor era Steven T. Durden, um soldado de elite. JP era o Dr. Angus Silvana, "renomado cientista, professor e gênio do mal". Rex era James Rexus, piloto e contrabandista... "e gato", como todos os seus personagens.

Mas nenhum personagem se compararia em popularidade com o de Deive: Ozob, um replicante albino especialista em explosivos — a ponto de usar uma granada no lugar do nariz. "Tu é babaca, cara!"

era seu principal bordão. Foi criado por Deive na juventude para uma aventura de RPG que nunca aconteceu e, desde os primeiros desenhos do personagem, Ozob ("Bozo" ao contrário) já tinha o nariz de granada. Na aventura, usava a clássica frase do Bozo, "Dá uma bitoca no meu nariz!", quando queria explodir algum inimigo.

Na primeira parte da campanha criada por Alexandre, o grupo fora da lei se encontrou no topo de um prédio de Delta City, cidade criada em cima de Nova York em um futuro distópico, para receber a encomenda de uma operação criminosa cercada de mistérios. No segundo episódio, publicado no fim de 2014, Alexandre precisou criar um universo no ciberespaço para receber os jogadores que tentariam entrar na cabeça do robô para tomar controle da máquina.

No terceiro e último episódio, "Estrada para o Inferno", o mestre Alexandre queria um final catastrófico, e induziu o grupo a mandar uma mensagem para o passado. Com isso, teriam a oportunidade de refazer o primeiro episódio, do assalto, com estas informações de forma totalmente diferente. O grupo contaria com um novo personagem, Shimira Aisu, um samurai ciborgue vivido pelo amigo Sr. K, e acabou invadindo a base militar da Hirawata para encontrar a máquina do tempo... e terminou tudo com uma bomba nuclear. O grupo achou o final uma merda, e de nada adiantou a ideia de Alexandre sobre refazer o primeiro episódio.

Resolveram jogar de novo o final, ficando mais livres para tomarem as decisões. O final que foi ao ar, canônico, deu margem para várias interpretações dos fãs, mas foi um sucesso, e deixou as portas abertas para uma futura continuação.

Na vida real, Alexandre, Deive e família resolveram passar o fim de ano de 2015 na Disney em uma casa alugada. Ainda faltava muita coisa para editar do último episódio da aventura cyberpunk, mas decidiram que iriam se dedicar a isso nos primeiros dias e depois curtir os parques com as famílias. Porém, a cena corriqueira foi a de todo mundo saindo para se divertir, Alexandre e Deive ficando frente ao computador para terminar o trabalho. Por causa disso, o episódio, programado para dezembro de 2015, só saiu em 8 de janeiro de 2016.

A aclamação fez tudo valer a pena. Na última cena, Ozob partiria com o senhor Hirawata em uma nave rumo ao Asteroide Vegas para entrar para a história e virar o maior personagem já criado no universo Jovem Nerd. Sua trajetória estava só começando, e mais uma vez Leonel Caldela seria responsável por ajudar a expandir o um universo do Jovem Nerd.

Leonel cresceu em meio à cena nerd porto-alegrense dos anos 1990, que não tinha medo de se misturar. Quadrinhos, literatura, punk rock e RPG conviviam lado a lado, sem ninguém achar estranho. O punk, para ele, não era só uma trilha sonora, era uma lente cultural, um jeito de ver o mundo que acabaria moldando sua ficção.

Quando recebeu o convite para escrever *Ozob: Protocolo Molotov*, Leonel já pensou que o RPG cyberpunk do Jovem Nerd tinha uma pegada tecno-thriller, com ação, assalto, tensão. Ou seja, o Nerdcast mostrava o cyber. O livro precisava mostrar o punk. A música e a contracultura são os personagens principais da trama, e nada mais punk do que a luta contra as grandes corporações e o *establishment*. Tudo isso foi feito em ritmo alucinante, que dá textura ao livro. A sinopse foi aprovada e, seis semanas depois, o texto estava pronto. Foi lançado na CCXP de 2015, antes mesmo do lançamento do último episódio da franquia, e seria relançado anos depois pela Jambô.

Um dos picos da fama de Ozob veio com a reação do diretor Ridley Scott ao ver o personagem. O encontro aconteceu em Londres, num evento da Fox para a divulgação de *Alien: Covenant*, que seria lançado em maio de 2017. O filme foi exibido no dia anterior às entrevistas, o que só aumentou a tensão. "Tomara que seja bom, senão o que eu vou perguntar pro Ridley Scott?" E... não era.

Alexandre foi estudar, para talvez falar sobre seus primeiros filmes, como *Alien* e *Blade Runner*. Descobriu que Ridley começou como designer e fez pessoalmente os storyboards de *Alien*. Na entrevista, comentou que também vinha do design. A conversa fluiu e, no fim, mostrou a arte da capa do livro do Ozob, ilustrada por Marco Teixeira, inspirada nas capas da biografia de Keith Richards, dos Rolling Stones, e de *O Evangelho Segundo Lobo*, da DC Comics. Ridley olhou Ozob no traço de Teixeira e disse, impressionado: "Está fantástico. Muito bem desenhado. Obrigado. Que personagem marcante, não?".

Em 2015, antes mesmo da publicação do terceiro episódio da série cyberpunk, uma coincidência ajudaria a trazer fama internacional para Ozob. A CD Projekt Red estava prestes a lançar *The Witcher 3*, um dos maiores sucessos da história dos videogames. Para celebrar, organizaram um evento gigantesco em Varsóvia, na Polônia, cidade-sede do estúdio. Convidaram jornalistas e influenciadores do mundo inteiro, incluindo Alexandre e Deive. O evento era uma imersão total no universo de Geralt de Rívia: uma vila medieval construída do zero, com cenografia, atores, duelos de espada e performances ao vivo.

Em 2013, o estúdio polonês havia lançado um teaser de outro jogo, chamado *Cyberpunk 2077*. Era só uma *cutscene*, com uma mulher replicante levando tiros em câmera lenta. O vídeo explodiu na internet. A comunidade gamer foi à loucura. Um RPG cyberpunk feito pela galera do *Witcher*? A expectativa era absurda.

Foi inevitável ligar as coisas: o Jovem Nerd tinha o seu próprio universo cyberpunk. Um personagem forte. Uma base de fãs. Estavam cara a cara com os criadores de um jogo cyberpunk de mundo aberto muito antecipado pelos fãs. Precisavam conversar com eles.

Durante o evento, viram um dos fundadores do estúdio, Marcin Iwiński, e decidiram que aproveitariam a oportunidade para apresentar Ozob. Mostraram as artes dos fãs, contaram sobre o podcast, explicaram o impacto. Nos anos seguintes, continuaram encontrando a equipe da CDPR em eventos da indústria, sempre com uma novidade de Ozob debaixo do braço para mostrar: o livro do Leonel, a capa do Marco Teixeira, o busto que seria feito pela Iron Studios.

O que queriam? Qualquer menção ao Ozob no ambiente do jogo. Uma pichação com suas frases clássicas, um cartaz de "Procura-se" com seu rosto... qualquer coisinha. Teriam bem mais do que isso.

A entrada do Ozob em *Cyberpunk 2077* não foi acaso. Foi insistência, estratégia, timing. Depois de anos enchendo o saco da equipe da CD Projekt Red, veio a oportunidade perfeita. O estúdio decidiu abrir espaço para influenciadores de vários países dentro do jogo, uma jogada para dar capilaridade cultural ao maior lançamento da história recente dos games. Quando chegou a hora do Brasil, já sabiam quem procurar. A proposta não foi um convite genérico, foi direto ao ponto: "o Ozob pode estar no jogo". Os representantes brasileiros da CDPR conheciam o personagem, sabiam da força que ele tinha com o público.

A partir dali, foi hora de tratar o personagem com o cuidado que ele merecia. Deive contratou um artista para produzir artes inéditas, incluindo um pôster com Ozob num strip club, cravando uma faca na mão de um figurante. O material vinha acompanhado de páginas internas explicando quem era aquele palhaço albino, replicante, armado até os dentes (ou melhor, até o nariz). A ideia era convencer todos os setores da CDPR, não só o chefão. O pacote incluía arte 3D, sugestões de roteiro, contexto narrativo e até uma modelagem pronta. A granada, claro, estava lá, inconfundível.

Quando veio a confirmação, foi um baque. Ozob estaria dentro de um jogo "triple A". Um personagem criado num podcast brasileiro ganharia vida num dos títulos mais aguardados da década. E não era só isso. Deive foi convidado para dublar o personagem — primeiro em português, depois veio o pedido para a versão em inglês. Ele recusou, achou que o sotaque forte tiraria o foco. Gravou em português, fez o teste, ajustou trechos, reescreveu diálogos, adaptou expressões. Mais que dublagem, foi localização cultural e ficou com a cara do personagem.

O anúncio foi feito primeiro no Brasil, com aval da própria CDPR, e, quando a notícia de que Ozob estaria no universo de *Cyberpunk 2077* saiu, os fóruns internacionais explodiram. Surgiram vídeos explicando quem era aquele palhaço de nariz explosivo, qual era sua origem, por que os brasileiros estavam comemorando. Tudo espontâneo, sem ninguém organizar campanha. O próprio público correu para os comentários, para o YouTube, para os *threads* em inglês, explicando quem era Ozob. Criaram textos, vídeos, análises — em português e em inglês — para que o mundo entendesse.

Na hora do lançamento, a missão era clara: encontrar Ozob dentro do jogo e mostrar ao público. Alexandre e Deive contaram com a ajuda do filho de Deive e Andreia, André "Almôndega" Duboc, para acelerar a busca. João Paulo Pereira, o Patife, amigo da casa e um dos maiores gamers do YouTube brasileiro, também entrou na busca, competindo amigavelmente para ver quem conseguia primeiro.

Quando Alexandre e Deive enfim encontraram Ozob entrando num carro, a emoção foi instantânea. Os gritos de surpresa estão registrados em vídeo. A comunidade foi ao delírio. Em entrevista ao Jovem Nerd, o diretor Paweł Sasko lembrou do personagem com carinho: "Lembro que vieram me falar que existe esse personagem bem famoso da cultura pop no Brasil e perguntaram se poderíamos pensar em uma maneira de colocá-lo no jogo. Comecei a pesquisar e ler sobre ele e pensei: 'Bem, ele é realmente esquisito pra caralho!'. O que era perfeito".

No Jovem Nerd, tudo acontecia ao mesmo tempo. Enquanto o universo de Ozob se expandia, um novo capítulo nas aventuras de RPG começava a ser escrito. Dessa vez, uma tetralogia, com episódios que seriam lançados em janeiro de 2017, janeiro de 2018, março de 2019 e dezembro de 2020. Um novo universo estava nascendo, baseado no horror cósmico de Cthulhu. A história se passava na Alemanha nazista, em 1936, às vésperas das Olimpíadas de Berlim, quando o regime tentava convencer o mundo da farsa da superioridade da raça ariana. A atmosfera era densa, marcada por referências históricas e detalhes reais que serviriam de pano de fundo para os horrores ainda mais profundos que a ficção traria à tona. Era o início de uma fase sombria do Nerdcast RPG.

O novo enredo reunia personagens marcantes. Um grupo de veteranos da Primeira Guerra Mundial, amigos que se encontravam uma vez por ano para lembrar aquilo que ninguém mais poderia entender. O horror do front havia criado entre eles um vínculo inquebrável e uma espécie de ressentimento com o mundo civil, que parecia infantil diante do que haviam vivido. Tucano era Jimmy O'Flannagan, 62 anos, ex-padre irlandês que largou a batina para virar cozinheiro e ateu convicto. Carlos Voltor interpretava Stephen Venkman, um professor de psicologia de Oxford que havia migrado para a parapsicologia e mergulhado no estudo de fenômenos sobrenaturais. Rex assumia o papel de Giacomo "Búfalo" Di Monti, um ex-lutador de boxe, celebridade rica e católica devota, protegido pela Igreja que o acolheu na juventude. Deive surgia como Don Azaghal, um exorcista espanhol severo, careca e sempre acompanhado de sua maleta com água benta, crucifixo e bíblia. Alexandre, pela primeira vez, era um jogador: Thomas Faraday, físico teórico de 55 anos (e primo distante de Michael Faraday), professor em Oxford e um gentleman britânico que vivia com seu beagle Billy em uma mansão em Londres. Para conduzir esse grupo, agora que Alexandre não era mais o mestre, uma pergunta precisava ser respondida. Quem assumiria esse papel? Leonel foi convidado para mestrar a aventura de Cthulhu principalmente por causa do papel central que desempenhou na expansão dos mundos que definiram as trilogias anteriores.

A decisão de passar o bastão não veio sem peso ou resistência. Quando a equipe começou a discutir o que fazer depois de Cyberpunk, a intenção era clara: virar a chave. Foi Deive quem sugeriu mergulhar no terror, explorar uma atmosfera diferente das aventuras anteriores e provocar o público com algo novo, sombrio, capaz de tirar tanto os jogadores quanto os ouvintes da zona de conforto. Nesse momento a escolha de Leonel como mestre surgiu como inevitável. Era alguém envolvido com o horror, experiente em sistemas de jogo que priorizavam o clima, a tensão psicológica e a imersão narrativa.

Alexandre não hesitou. Ligou para Leonel e fez o convite. Não parecia uma ruptura, mas uma continuação natural. Para ele, fazia muito mais sentido entregar a condução dessa nova história a alguém que dominava o gênero do que tentar forçar uma narrativa fora de sua zona de afinidade. Alexandre não tinha familiaridade com o universo de Cthulhu, nem com suas referências literárias ou estéticas. Leonel, sim. O convite foi aceito com entusiasmo. Leonel teria liberdade total para criar o mundo e o clima da nova trilogia. Cthulhu, ao contrário de Ghanor ou Cyberpunk, era um território novo. Isso obrigava Leonel a construir quase tudo do zero — ambientação, tom, atmosfera, conflitos. Sabia que não fazia sentido tentar imitar o estilo de Alexandre, um mestre espontâneo e engraçado. Leonel preferia ser a escada para os jogadores brilharem. Sua força estava na construção de mundo, na narrativa que se sustenta no detalhe.

Alexandre explorou seu novo lugar, em uma nova dinâmica criativa. Aproveitou a oportunidade e criou Billy, o beagle, companheiro definidor de seu Thomas Faraday. Billy trazia ternura, leveza e humor, mas também funcionava como dispositivo de tensão. Em uma campanha de horror, a fragilidade de um animal de estimação tornava tudo mais denso, mais doloroso. E a morte do beagle se tornaria um dos momentos mais comentados de toda a tetralogia.

Leonel mestrou Cthulhu da Alemanha, que era também o cenário da história — no fuso de lá, as gravações começavam às três da manhã. Tentou dormir antes da primeira sessão, mas não conseguiu. O nervosismo era tanto que, durante toda aquela gravação, não conseguiu sequer falar com o Tucano, seu nerdcaster preferido. Foi só na segunda sessão, que também foi parte do primeiro episódio, que conseguiu se soltar. Tinha passado pela estreia, sentiu que o grupo funcionava e, dessa vez, conseguiu dormir antes da gravação. Entrou mais calmo, mais presente. A tensão cedeu lugar à condução segura, e Leonel começou, de fato, a ocupar seu espaço à mesa.

Sabia que a reação do público poderia ser intensa. Lembrou de quando entrou em *Tormenta*, assinando sozinho uma história naquele mundo. A resistência veio rápido. Era o primeiro autor fora do trio original a criar algo com peso de cânone. E o público, num primeiro momento, odiou. Com o tempo e com o acúmulo de histórias, a rejeição deu lugar à aceitação — e, depois, à celebração.

Com Cthulhu, o padrão se repetiu. Nas menções diretas do Twitter, chegaram mensagens de carinho, elogios, agradecimentos. Mas bastava procurar seu nome no campo de busca para encontrar críticas duras, ataques pessoais, ódio puro. Um usuário chegou a dizer que esperava que ele morresse de câncer. Não era discordância criativa, era raiva ritualizada.

Alexandre, para acalmá-lo, contou que, nas primeiras aparições do Sr. K, o público também torceu o nariz. Como demorou para aparecer no Nerdcast, quando finalmente entrou, o público já tinha seus favoritos. Demorou até ele conquistar sua audiência. Mas bastou o episódio de Carnaval, com a clássica história do Seu Francisco, para tudo virar. O personagem caiu nas graças da audiência e se tornou um dos nerdcasters mais queridos.

Depois disso, as coisas engrenaram. O tom se firmou, o público acompanhou e Leonel foi acolhido de vez. A tetralogia de Cthulhu entraria para a história do Nerdcast RPG como uma das fases mais marcantes do projeto. Depois de Cthulhu, ele voltaria ao mundo de Ghanor como mestre das aventuras finais daquele universo.

Ghanor foi o projeto que definiu a relação de Leonel com o Jovem Nerd. Além de ter marcado o começo da parceria, era, até então, o universo mais expandido do grupo. Era o projeto mais ambicioso do Jovem Nerd. Tudo começou quando ele foi convidado para escrever os romances e perguntou como queriam que fosse feito. A resposta foi simples: faça do seu jeito. A liberdade criativa virou pacto de confiança.

No terceiro volume da trilogia, *O Melhor Amigo do Homem*, o mundo cresceu. Os personagens atravessaram as fronteiras do reino e Leonel desenhou todo o mapa do continente: deuses, igreja, mitologia, cosmologia. O que era narrativa virou estrutura, a base para o livro de RPG *A Lenda de Ghanor*, lançado pela Jambô. O mesmo material que, alguns anos depois, usaria para mestrar a primeira campanha oficial de RPG dentro daquele universo.

A nova campanha de Ghanor estava prevista para ser gravada e lançada ainda em 2021, um ano depois do encerramento da saga de Cthulhu. Mas dois acontecimentos mudaram os planos. O primeiro foi a pandemia, que transformou as prioridades e perspectivas de Alexandre, Deive e suas famílias. A primeira vacina havia sido aplicada no Brasil em janeiro de 2021, mas o pico de mortes veio em março daquele ano, e só depois os números começaram a cair. O segundo aconteceu nos bastidores: a venda do Jovem Nerd para a Magazine Luiza, a Magalu, e todas as adaptações burocráticas, jurídicas e estruturais que esse processo exigiu. As gravações precisaram ser adiadas. O que era pra ser lançado em 2021 só ganhou forma de verdade no ano seguinte.

O público não perdoou e os fãs ficaram inconsoláveis. Em 2021, foram ao ar três episódios sobre RPG: 761 ("Bastidores do Nerdcast RPG Call of Cthulhu"), 767 ("RPG na História") e 805 ("Magias do

RPG: Da bola de fogo à aposentadoria"). Nenhum de jogatina, como já havia se tornado tradição.

A gravação aconteceu em 2022, quando o mundo ainda vivia os efeitos da pandemia de Covid-19. Leonel teve a sorte de não perder ninguém da família, mas estava cercado por pessoas que ainda enfrentavam consequências sérias. Foi nesse cenário que assumiu a condução de um mundo que era muito amado, quase sagrado para os fãs.

Naquele momento, fazia sentido que fosse ele o mestre. Primeiro, porque tinha ido muito bem em Cthulhu. Segundo, porque era ele quem mais conhecia aquele mundo. Alexandre criou Ghanor, mas com o tempo, os livros e os anos de construção narrativa, Leonel mergulhou mais fundo. Sabia detalhes que nem os criadores originais lembravam mais. Assumir como mestre era natural.

A ideia inicial era fazer um episódio único, um especial que marcaria a volta dos heróis de Ghanor. Mas a história cresceu. O episódio ganhou corpo e acabou se desdobrando em quatro novos capítulos — os episódios 4, 5, 6 e 7 da saga. O último, inclusive, tão denso que foi lançado em duas partes. A cronologia refletia esse crescimento: o episódio 4 foi ao ar em dezembro de 2022. O episódio 5, em julho de 2023. O episódio 6, em janeiro de 2024. E o episódio final, o 7, dividido em duas partes, entre janeiro e fevereiro de 2025. Para o público, foi um presente. Depois de uma década com episódios especiais de RPG todos os anos, 2021 tinha sido um hiato. Quando Ghanor voltou, a audiência estava sedenta e encontrou mais do que um epílogo: era uma saga que completava o que tinha que ser contado.

Os obstáculos vieram de outro lugar. Como os personagens eram muito queridos, todos precisavam estar presentes na nova aventura. Mas reunir todo mundo na mesma chamada virou um desafio logístico: as agendas estavam cheias, as rotinas bagunçadas. Ficou claro que seria impossível manter todos em todas as gravações.

A solução veio de dentro do próprio enredo: os grupos se separariam na narrativa e fora dela. Cada parte da história seria conduzida em sessões distintas, com elencos diferentes, até se reencontrar no final. Era a única forma de garantir que a história seguisse.

E seguiu com uma voz nova entre os jogadores clássicos do universo de Ghanor. Assim como Harald Stricker foi a grande adição da saga em Cyberpunk, e o próprio Alexandre estreou como jogador em Cthulhu, Ghanor teria Katiucha Barcelos.

Alexandre e Deive conheceram Katiucha quando os três participaram da transmissão oficial da premiação do Oscar de 2019. Gostaram do que ouviram e resolveram convidá-la para falar sobre cinema no Nerdcast, no episódio sobre o filme da Capitã Marvel, em março de 2019. Deu tão certo que ela logo se tornaria convidada recorrente para outros temas da cultura pop e faria parte do time de elite que passou a discutir os episódios finais de *Game of Thrones*. Foi lá que conheceu Leonel, e acabou convidada pelo novo amigo para jogar RPG em plena pandemia, numa campanha online de *Tormenta* chamada "Fim dos Tempos". No episódio de estreia, em setembro de 2020, ela avisou: "Estou voltando a jogar RPG depois de muitos anos". RPG era uma paixão antiga, mas que ela não costumava expor nas redes. Ainda assim, topou de coração aberto e reencontrar o RPG reacendeu algo importante. A mesa virou espaço de afeto. Um grupo de RPG vira uma família, ela costuma dizer. Foi ali que se aproximou ainda mais de Leonel — e onde jogou com Deive e Alexandre, que entraram na campanha no episódio 16, em janeiro de 2021.

O convite para o Nerdcast RPG veio depois. A notificação ficou um tempo parada na tela. Era o Deive, perguntando se ela gostaria de participar da nova campanha. Katiucha travou. A resposta foi um entusiasmado "quero sim!", mas o impacto era difícil de medir. Ela era fã do Nerdcast RPG — tinha acompanhado Cthulhu como ouvinte. E agora seria a única pessoa de fora do grupo original a participar da retomada de Ghanor. O nervosismo era real, porém foi passageiro.

Na sessão zero, Leonel apresentou o mundo de Ghanor e Katiucha mergulhou na criação da personagem. A tensão voltou nos dias de gravação e, depois, no lançamento. Assim que o jogo começou, a insegurança se transformou em entusiasmo. Foi ali que nasceu Alma — e foi ali que ela cresceu. A personagem rapidamente conquistou o público, mas seu maior admirador estava dentro da própria história: Feldon, o elfo druida vivido por Tucano. Entre os dois se construiu, de forma orgânica, uma relação de mestre e aprendiz. Feldon, com sua conexão profunda com a natureza e o dom de se transformar em animais, tornou-se guia para Alma, uma anã que cavalgava um bode e buscava, com coragem e melancolia, o alívio da morte. A relação entre os dois foi tão rica que viraria, mais tarde, um livro de contos escritos por alguns dos principais nomes da literatura fantástica brasileira. *As Aventuras de Feldon & Alma* teria, inclusive, um conto escrito por Alexandre Ottoni, e seria parte de uma prolífica campanha de financiamento coletivo. Mas disso falamos depois.

Em 2024, enquanto a aventura rolava nos novos episódios, o universo de Ghanor ainda teve tempo para pular em uma nova mídia ainda não explorada. Depois de virar podcast, romances e sistema próprio de RPG, Ghanor se transformou também em videogame. *Ruff Ghanor*, lançado para PS4, PS5, Xbox, Nintendo Switch e PC, combina mecânicas de deckbuilding e *roguelite*: o jogador monta seu baralho de cartas e enfrenta batalhas em *runs* únicas, que recomeçam do zero a cada derrota. Com combates táticos, narrativa guiada por encontros e a possibilidade de lançar milagres com a fé em São Arnaldo, o game expandiu ainda mais o mundo de Ruff. O projeto foi realizado em parceria entre Jovem Nerd, DX Gameworks, Magalu Games e Nonsense Creations.

Por fim, a aventura retomada terminou em grande estilo, no episódio final, lançado em fevereiro de 2025. Depois de uma longa e intrincada batalha infernal travada no Paraíso, os heróis originais — Ruprest, Rufus, Royston e Feldon — foram recebidos no Inferno com um show celestial comandado por Nilperto, o bardo. Artimus reapareceu brevemente na história, embora não tenha seguido com o grupo. Agian, o personagem interpretado por Alexandre quando Leonel assumiu como mestre, também estava lá. Alma não apareceu — ainda que desejasse a própria morte, não havia conseguido alcançá-la. Enfim reunidos, os heróis improváveis de Ghanor puderam fazer o que haviam feito no início de tudo, desta vez com todo o tempo do mundo: sentar ao redor de uma mesa e compartilhar uma bebida, como na primeira vez que se encontraram em uma taberna.

16

ZERANDO A VIDA

"Previsibilidade: o bater das asas de uma borboleta no Brasil pode causar um tornado no Texas?"

Este foi o título de uma palestra do cientista estadunidense Edward Lorenz em 1972, uma metáfora quase poética para explicar o conceito da Teoria do Caos, que tem uma premissa simples: pequenas mudanças nas condições iniciais de um sistema dinâmico podem gerar consequências drasticamente diferentes no futuro. Em outras palavras, sistemas como o clima, a economia ou mesmo a trajetória de uma vida são tão sensíveis a variações mínimas que se tornam imprevisíveis em longo prazo. Assim nasceu o "efeito borboleta" — a ideia de que até mesmo um evento trivial, como o bater de asas de uma borboleta no Brasil, poderia influenciar a formação de um tornado no Texas semanas depois. (Nasceu também um filme nada científico com Ashton Kutcher que usa a Teoria do Caos, mas não é disso que estamos falando.)

Estamos falando — e parece mentira — que o bater de asas de uma fada provocou uma cadeia de acontecimentos que levou o Jovem Nerd a Los Angeles e ao lançamento de uma caneta chamada Chaos, onde conheceram Sylvester Stalone, o ídolo máximo dos brucutus, e assim "zeraram a vida". Asas de borboleta, asas de fada, Teoria do Caos, caneta Chaos... O pior é que faz sentido, especialmente se acrescentar que foi tudo por causa de um mago de verdade.

Recapitulando: em um vídeo de 2009, Agatha Ottoni, a Sra. Jovem Nerd, comenta as fantasias na FanMixCon de Campinas e apelida uma moça de "fada baixa renda". Era Carolina Munhóz, jovem escritora de São José do Rio Preto, que três anos antes, tinha sonhado com uma história de fadas, escreveu *A Fada* e, na luta para fazer seu livro acontecer, além de ir na FanMixCon, bateu suas asinhas postiças e foi até a Europa falar com o mago Paulo Coelho sem sequer conhecê-lo. Na conversa, mencionou Eduardo Spohr, e fez com que Paulo Coelho se interessasse pelos nerds brasileiros e pelo Jovem Nerd. O mago mandou mensagem para Spohr no Twitter se oferecendo para uma entrevista e tudo desaguou no Nerdcast 231, de 15 de outubro de 2010, o "Nerdcast com o Mago". Ali, ao vivo, descobriu a fixação de Alexandre e Deive por Sylvester Stallone, seu amigo pessoal, e tentou ligar para o astro de Hollywood, sem sucesso.

Stallone era um assunto muito sério no Jovem Nerd. O primeiro Nerdcast com Deive, o de número 4 ainda em 2006, foi todo sobre a carreira de Sylvester Stallone, intitulado "Rocky Balboa está de volta: comemorar ou chorar?". Falaram, nesses e em outros episódios, dos "brucutus do cinema" (Chuck Norris, Van Damme, Charles Bronson, Dolph Lundgren, entre outros), mas só Stallone ganhou um programa exclusivo. Talvez só competisse com Arnold Schwarzenegger no imaginário daqueles nerds.

O grupo voltou aos brucutus por causa de Sylvester Stallone anos depois, no Nerdcast 223, de 20 de agosto de 2010, com o lançamento de *Os Mercenários*, filme coalhado de brucutus dirigido e co-escrito pelo Sly. O papo começou com a revelação de que dois Nerdcasters participaram diretamente do filme, que teve cenas gravadas no Brasil. O primeiro deles foi Andrés Ramos, que fez alguns storyboards de cenas do filme e tirou onda no ar por ter participado de uma call em que Stallone fazia observações a seu interlocutor pelo viva-voz.

Alexandre: "Você ouviu a voz dele no viva-voz?"

Andrés: "Claro, claro."

Andreia: "Você já se sentiu pago, né?"

A alfinetada de Andreia foi porque a maioria dos fornecedores brasileiros, Andrés entre eles, tomou calote da equipe de produção. O outro amigo do grupo a ter a honra de interagir com Stallone foi o Rex. E a honra foi ainda maior: foi extra no filme e apareceu em close no corte final.

Quando Rex disse que tinha participado, ninguém acreditou. Uma semana antes do filme estrear, em agosto de 2010, mandou um e-mail para todos com as fotos no set de filmagens, vestido como um soldado de boina vermelha.

Alexandre: "A gente foi ver o filme com aquele espírito de 'Onde Está Wally', né?"

Deive: "Sempre que aparecia uma galera de boina vermelha, principalmente quando tinha um caminhão — ele falou, 'Prestem atenção no caminhão' —, a gente ficava em frenesi, cara... em frenesi!"

A primeira aparição de Rex foi mesmo descendo de um caminhão, de relance, mas foi o bastante para o grupo gritar empolgado na sala de cinema.

Deive: "Ninguém entendeu nada, porque começou a aparecer um bando de capangas e a gente bateu palmas!"

Depois de duas ou três cenas com Rex correndo por milésimos de segundo, chega o momento da glória eterna. Depois que um dos (muitos) vilões, o general Garza (vivido por David Zayas), toma um esporro homérico de James Munroe (vivido por Eric Roberts, indicado ao Oscar pelo filme de ação *Expresso para o Inferno*, de 1985 e, por acaso, irmão da estrela Julia Roberts), a câmera foca o rosto contrariado de Garza para, logo depois, desfocar e focar em um figurante: Tiago De La'Marca, o Rex. Voou pipoca para todo lado.

O Nerdcast com Paulo Coelho foi ao ar dois meses depois e, apesar da tentativa frustrada de conseguir falar com Stallone ao vivo, o Mago não esqueceu o assunto. Um ano depois, em 24 de novembro de 2011, Alexandre e Deive mostraram ao público uma gravação que o escritor fez como presente para seus novos amigos.

"Sylvester, posso te pedir um favor?", pergunta Paulo Coelho. "Porque você tem um grupo de fãs aqui no Brasil e eu vou gravar essa frase agora... Você poderia dizer 'Hello, Jovem Nerd'?". Stallone, do outro lado da linha, não entende muito bem e pergunta: "Qual foi a última parte?". O escritor responde, palavra por palavra. "Hello. Jovem. Nerd". "Hello, Jovem Nerd?", repete Sly, meio em dúvida, mas é o suficiente para o Mago, que agradece a gentileza. "Está perfeito! Muito, muito obrigado. Eles são loucos por você e vão ficar muito felizes."

Foi mais do que o suficiente para Alexandre e Deive também, que enlouqueceram em vídeo. As surpresas não acabaram aí, pois Paulo Coelho estava decidido a aproximar os amigos nerds de seu ídolo. Neste mesmo NerdOffice, os dois anunciaram um concurso cultural da caneta Chaos, que a Montegrappa fez em homenagem a Sylvester Stallone. Haviam conseguido uma para ser sorteada para o público do Jovem Nerd, feito anunciado em vídeo pelo próprio Paulo Coelho. Como Deive queria muito ficar com a caneta, lançou uma pergunta simples: "Por que você merece esta caneta mais do que o Azaghal?". O autor da resposta mais criativa ganharia uma caneta numerada da Montegrappa de Natal.

Um mês depois, em dezembro de 2011, o vencedor, um fã do Rio de Janeiro, foi anunciado nas redes sociais do Jovem Nerd. A resposta impressionante foi o seguinte cordel:

“Atenção, agora irei provar
Porque, mais que o rei da Oceania
Que, soberbo e fanfarrão, a nós desafia
A caneta do Cobra mereço ganhar!

Vossa majestade me dê licença,
Para, com minha singela rima,
Homenagear esse Demolidor
A cura de nossas moléstias, Um Lutador,
Que mostrou a nós a Missão Cumprida!

O cabra da peste da Terra dos Tiras,
Campeão dos campeões,
Amigo dos afegãos,
Terror dos vietnamitas!

Mesmo quando o Risco era Total
O Desafio, Supremo
E a Condenação, Brutal
O Garanhão Italiano, esse Falcão
O Implacável saía maioral!

Herói de Mil Faces,
Balboa, Rambo, Tango, Latura
Panteão de imortais,
Cuja lenda perdura!

E mesmo sexagenário,
Depois de altas velocidades, desintoxicações
Ajuizamentos um tanto ordinários
Traz de volta nossa empolgação juvenil,
Sendo um Mercenário!

Com isso, espero ter mostrado por onde
Ser tão hábil com a pena
Como tu és com o machado
Então, feroz anão, entregue a mim a caneta do Stallone!”

O concurso cultural foi um sucesso para a marca Montegrappa no Brasil, com mais de 11 mil participações, e ajudou a estreitar a relação entre Alexandre e Deive e Giuseppe Áquila, dono da empresa italiana de canetas de luxo. No ano seguinte, os dois, além de Agatha e Andreia, foram convidados para visitar a fábrica das canetas em Bassano del Grappa e para participar da festa anual de Paulo Coelho dedicada a São José. A relação de Paulo com a marca se tornaria mais profunda e ele lançaria sua própria caneta, inspirada em *O Alquimista*. No escritório de Giuseppe, Deive poderia escolher, como presente do anfitrião, uma caneta de qualquer das marcas licenciadas pela empresa. Claro que, fazendo jus à pergunta do concurso cultural, escolheu uma caneta Chaos, de Stallone. Era mais um capítulo improvável naquela cadeia de acontecimentos que começara com o bater de asas de uma fada "baixa renda". Mas ainda havia o final.

Um ano se passou, e logo depois da estafante maratona que foi editar a NerdTour Nova Zelândia para o NerdOffice, Anderson Gaveta recebe uma foto e a mensagem de que Alexandre e Deive tinham finalmente realizado seu sonho, no dia 11 de julho de 2013. Importante: não poderia contar pra ninguém sobre aquilo, o sigilo era absoluto. A revelação seria toda feita no NerdOffice mais especial do Jovem Nerd até ali. Gaveta ficou maluco com a notícia. Estava só o pó da rabiola, e tirou energias que nem sabia ainda ter para transformar o pedido em realidade. Acabou sendo fundamental na construção dramática daquela viagem relâmpago que seus clientes tinham feito de surpresa para Los Angeles. Ganharia, como bônus de agradecimento, as principais despesas pagas de uma viagem dele, da esposa e da filha para a Disney, a primeira que fariam em família.

O vídeo começa com Alexandre e Deive dirigindo um Camaro preto pelas ruas de Los Angeles, rindo feito adolescentes. Alugaram o carro a 100 reais por dia — uma pechincha inacreditável, considerando que, segundo eles, aquela diária custaria pelo menos 3.500 reais no Brasil. "Isso é Los Angeles, maluco, isso é Beverly Hills!", comemorava Alexandre. Deive, no banco do motorista, pediu ao editor: "Agora sim: toca a musiquinha do *Tira da Pesada*, Gaveta!", disse, em referência ao filme clássico do policial Axel Foley, vivido por Eddie Murphy. Passaram pelo hotel onde Julia Roberts se hospedava no clássico *Uma Linda Mulher*, e apontaram o Fox Plaza transformado no inesquecível prédio Nakatomi Plaza. Era um safári cinematográfico.

Enquanto cruzavam a cidade no Camaro conversível, Deive se queixava da careca "fritando" sob o sol californiano. Boné, nem pensar, afinal iria "voar no primeiro semáforo", decretou. Tiveram que fechar o teto conversível. "Problema de primeiro mundo", ironizava, rindo, enquanto passavam pela entrada dos estúdios de Hollywood. Era uma zona turística tomada por figuras familiares: um Homem-Aranha em busca de gorjetas, um Batman falante demais, um pirata que distribuía autógrafos. A caminhada pela Calçada da Fama era obrigatória: nomes como Harrison Ford, Scarlett Johansson, Hugh Grant e The Carpenters pavimentavam o chão sob os pés. Pararam diante dos murais do Dolby Theater, onde estavam gravados os nomes dos vencedores do Oscar ano após ano — e com espaço já reservado até 2060. Tudo ao redor fervilhava: a rua estava sendo preparada para a pré-estreia de *Pacific Rim*, e cogitaram voltar mais tarde só para tentar um aceno do diretor Guillermo Del Toro.

Mais adiante, fizeram uma pausa no restaurante El Pollo Loco para "comer frango frito às 10 da manhã". Deive brincou que estavam ali "para fazer negócios", em referência direta à série *Breaking Bad*. Já Alexandre se lamentou: "Dei mole. A atendente perguntou meu nome e eu não disse Heisenberg", fazendo piada com o codinome do protagonista da série.

No mirante do Griffith Observatory, Deive zombou dos binóculos instalados para ver as paisagens de Hollywood: "Tu paga pra ter conjuntivite." Na garagem do observatório, fizeram piada com o RastaBus, um ônibus de excursão pintado com as cores da Jamaica — Gaveta completou a cena com "Is This Love", de Bob Marley, trilha sonora para as inevitáveis piadas sobre maconha. Lá dentro, o museu de astronomia virou palco para outras ironias. "Ninguém liga pra astronomia", decretou Deive, que preferia lembrar das cenas de *As Panteras 2* filmadas ali, com direito a Demi Moore e muita ação. "Muito científico", provocou. Do alto, observando a skyline de Los Angeles, veio a lembrança de *Esquadrão Classe A*. "A avenida cortando o horizonte... esse é o famoso 'vira ali e segue toda vida'", brincou Deive. Já dentro do museu, viram réplicas das estrelas e um meteorito que caiu há 50 mil anos no deserto do Arizona.

No California Science Center, Alexandre e Deive posaram em frente ao *Blackbird*, avião espião que parecia saído de um filme de ficção científica. Passearam entre maquinários de naves espaciais e pararam diante do vaso sanitário dos astronautas — uma engenhoca complexa que exigia, segundo Alexandre, um "alinhamento entre Uranus e a privada", brincou, com um sorriso satisfeito pelo trocadilho escatológico. A grande estrela do passeio, no entanto, era a *Endeavour*. "É muito foda ao vivo, é muito gigante, essa porra já voou no espaço mais a distância da Terra a Marte. Já consertou a Hubble. É uma das aposentadas. É um absurdo ver ao vivo e custa só três dólares a entrada", empolgou-se Alexandre, caminhando ao redor do ônibus espacial. Falaram sobre o revestimento cerâmico da aeronave, aplicado peça por peça na época — e que não podia falhar. "Se estiver quebrado, já era." Deive, claro, encontrou uma rachadura. "Ainda bem que não voa mais", comentou, satisfeito com a descoberta. Também viram duas das primeiras espaçonaves da história: a *Mercury* e a *Gemini*, pequenas cápsulas que pareciam brinquedo perto da imensidão da *Endeavour*.

Em Venice Beach, a trilha sonora virou a clássica abertura de *Baywatch*, escolhida por Gaveta para embalar as palhaçadas de Alexandre correndo pela areia como se fosse um salva-vidas fora de forma. "É a praia de maluco, de doidão, tem muita gente de todo estilo andando pra lá e pra cá", explicava enquanto apontava para o muro grafitado que servia de cenário para os vídeos do vlogger americano Kassem G. Sentiam-se deslocados, mas abraçavam o ridículo: "Essa galera deve estar olhando pra gente e pensando 'dois branquelos malucos de preto na praia'", disse Alexandre.

Na entrada do YouTube Space LA, a dupla encontrou um helicóptero estacionado só para impressionar — "do Howard Hughes, só pra tirar onda na porta", descreveu Alexandre, filmando a fachada com entusiasmo. "É um mega estúdio pra ajudar os criadores de conteúdo a se profissionalizarem ainda mais", explicou, lamentando que não pudessem gravar ali sem enfrentar uma montanha de burocracia. Mesmo assim, tiraram fotos, mostraram detalhes na edição e celebraram o fato de aquele tipo de estrutura existir em cidades como Los Angeles, Nova York, Londres e Tóquio. "A gente espera que o YouTube construa um espaço desses no Brasil, porque a Amazing Pixel vai precisar", comentou, pensando nos próximos passos da empresa. Um ano depois, em 2014, o YouTube Space São Paulo abriu as portas — e a profecia se cumpriu.

"Esse é o momento que a gente vai zerar a vida. Tô muito nervoso. Minha boca estourou de herpes", confessou Deive, dentro do carro, com a voz embargada entre o riso e a tensão. Era o anúncio do ápice, o clímax de tudo o que vinha sendo prometido com tanto suspense ao longo daquele episódio do NerdOffice. A essa altura, depois de trinta minutos de um tour cinematográfico por Los Angeles, o espectador talvez até tivesse esquecido que havia uma "zeração" prestes a acontecer. Mas ela veio.

Chegaram ao evento da Montegrappa — a marca de canetas de luxo que tinha conduzido toda aquela cadeia improvável de acontecimentos. Entre estandes e vitrines recheadas de itens colecionáveis, Deive segurava um catálogo de arte com brilho nos olhos. Nele, a surpresa: uma ilustração assinada por Brão Barbosa, fã do Jovem Nerd e designer gráfico, que havia desenhado todos os personagens que ganharam edições especiais de canetas Montegrappa.

Antes do grande encontro, Deive e Alexandre conversaram com Giuseppe Aquila, CEO da Montegrappa, que os recebeu com entusiasmo. "Estamos muito felizes em trabalhar com os nerds. É uma honra ter vocês aqui em Los Angeles", declara, entre sorrisos e brindes. Deive comenta que "ninguém sabe o que a gente tá fazendo aqui". Aquila entrou na brincadeira: "Nem eu". O clima era de descontração elegante — vinho na taça, risadas fáceis, e aquele tipo de conversa que mistura charme italiano com síndrome do impostor brasileira. Deive resumiu o momento com simplicidade e precisão: "Isso que é vida. É isso que eu quero todos os dias, até os últimos momentos".

Nesse ponto, entra a trilha de Rocky Balboa na edição. A câmera cortou para o lado de fora do evento e, como em um filme, revelou a chegada de Sylvester Stallone. O clima mudou. Giuseppe Aquila pegou o microfone e anunciou para o público o verdadeiro motivo do encontro: o lançamento do relógio Chaos, inspirado no design ousado da caneta homônima, mais um item de luxo da Montegrappa. Stallone assume a palavra, com ares de maestro no palco. "Era só uma ideia rabiscada no papel, mas quando você entrega para artesãos primorosos... e é por isso que sempre quis me envolver com a Montegrappa, porque eles são artistas. Pintores, escultores, criadores. Eles são a vida e o ar que faz meu mundo girar." Sly começaria uma sequência de apertos de mão e sobrancelhadas protocolares com os muitos convidados da festa. Por conta da amizade com Giuseppe, um dos responsáveis pela festa, o astro do cinema finalmente parou na frente de seus fãs para cumprimentá-los. Recebeu uma longa e emocionada declaração de amor, relembrando os principais pontos até ali.

De frente para Stallone, no meio da festa, Alexandre respirou fundo e falou, em inglês: "Viemos do Brasil só para apertar a sua mão. Prazer em conhecê-lo. Nós somos amigos do Paulo Coelho. Ano passado, ele falava com você no telefone. Ele te pediu: 'você poderia gravar uma mensagem para uns fãs? Eles são nerds do Brasil'. E você disse 'Hello Jovem Nerd'. Ficamos felizes de coração, obrigado por esta honra". Com o sorriso cada vez mais largo, seguiu contando a história: "Nós temos uma história engraçada. Quando você esteve no Brasil para gravar *Os Mercenários*, um amigo nosso acabou se tornando figurante do filme. Por muito tempo nós não acreditávamos. Ele era um cara forte e acabou sendo um soldado do general Garza. Então nós fomos ao cinema muito empolgados. Por dois motivos. Primeiro pelo filme em si. Segundo porque queríamos ver se nosso amigo aparecia no filme. A cena em que ele aparece é a cena em que os guardas descem do caminhão e começam a bater em várias pessoas. Nessa cena nós vimos nosso amigo pela primeira vez. E nós ficamos tão felizes que fizemos um YEAH! Um monte de guardas batendo nas pessoas e nós vibrando de emoção. E as pessoas no cinema ficavam 'ei, seus fascistas!'"

Alexandre apresentou Deive, que sorria em silêncio, visivelmente emocionado. E continuou: "Eu pensei em muitas maneiras de lhe agradecer. Como ator, diretor, produtor, como um artista. Eu cresci com seus filmes. Mas depois que vimos *Rocky Balboa*, o último, um filme que tocou nosso coração... a cena em que você fala que devemos seguir em frente. Eu não estava no cinema. Eu estava numa sala de aula. Então eu quero te agradecer como a um professor. Muito obrigado." Apertaram as mãos, firmemente, como dois veteranos que se reconheciam. E então, com o cuidado de quem não queria quebrar o encanto do momento, Jovem Nerd pediu uma foto. Que, claro, foi consentida.

Deive não disfarçava a euforia. "Nós acabamos de zerar a vida. O que mais a gente pode querer? Eu apertei a mão do Sly três vezes. E foi uma luta porque ele queria quebrar a minha mão", contou, rindo. "Foi foda, a gente falou o que queria, o Jovem Nerd falou mais, eu só fiquei agradecendo. Mas a mensagem foi passada. Nunca mais vou discutir com ninguém na vida. Antes, vou falar: 'olha essa foto'." Em tom de provocação, completou: "Vai vir o Tucano querer falar de *Highlander 2*. Mas antes, clica nesse link. Jurandir Filho com as maluquices dele? Vou responder: clica nesse link. Zerar a vida é isso. Você ganha um prêmio e pode usar pra sempre".

E ainda tinha um presente final para o público. Para substituir aquele áudio constrangido que Paulo Coelho tinha capturado em uma ligação telefônica, Sly voltaria a repetir a frase "Hello, Jovem Nerd", ainda cheia de sotaque, mas agora com confiança, olhando para a câmera e dando um soquinho no ar. Agora ele sabia exatamente para quem estava dizendo aquelas palavras.

Depois daquele encontro em Los Angeles, Sylvester Stallone ainda esticaria até a última gota a franquia dos *Mercenários*, seu universo de testosterona e nostalgia. Mas também passaria a esgotar sua própria imagem, misturando-se cada vez mais com a política americana. Comemorou a vitória de Donald Trump, exaltando o republicano como um "personagem mítico" e "o segundo George Washington". Mais do que isso: comparou-o ao próprio Rocky Balboa — o mesmo personagem que tinha feito Alexandre e Deive se apaixonarem pelo brucutu. A memória do encontro perderia o brilho.

Algo também mudava do lado de cá. Aquela era a última vez em que um encontro com uma celebridade hollywoodiana seria cercado de mistério, com direito a trilha sonora dramática e câmera tremendo. Por causa do trabalho, encontros como aquele passariam a ser frequentes. O encantamento permanecia, mas passou a vir com a naturalidade de quem também faz parte do jogo.

Deive, que raramente fazia as entrevistas, costumava curtir mais o momento. Em 2019, também em Los Angeles, participou da coletiva de imprensa de *Era Uma Vez em... Hollywood*, de Quentin Tarantino. Estava na primeira fileira, vestindo uma camiseta criada pelo artista brasileiro Butcher Billy: uma releitura da personagem de Uma Thurman em *Pulp Fiction*, estilizada como uma santa. Assim que abriram para perguntas, Brad Pitt apontou para ele: "Posso perguntar uma coisa... o que é essa camiseta?". Deive congelou. A mesa inteira — Tarantino, Margot Robbie, Leonardo DiCaprio — caiu na risada, curiosa com a estampa. No final do evento, Margot Robbie se aproximou e perguntou: "Onde você comprou essa camiseta?". Deive prometeu marcar no Instagram. E marcou.

Já seria uma história e tanto. Mas, no ano seguinte, na coletiva de imprensa de *Aves de Rapina*, quem estala lá de novo? Margot Robbie, vivendo mais uma vez a Arlequina. Deive chegou à entrevista usando a mesma camiseta. Antes que dissesse qualquer coisa, ouviu: "Olá! Você sempre usa as melhores camisetas". Ele ficou em choque. "Você se lembra de mim?", perguntou. "Lembro sim!", respondeu ela. "Eu queria comprar aquela camiseta da última vez que te vi." Deive puxou da sacola a tal camiseta, novinha, e entregou como presente. Margot arregalou os olhos, surpresa, e soltou um sorriso espantado: "NO WAY!". E completou: "Eu amei. Obrigada". No fim da entrevista, Deive pediu uma selfie e foi prontamente atendido.

Alexandre, que acabou se tornando o titular das entrevistas com astros de cinema e TV, até por se sentir mais confortável com o inglês, desenvolveu uma relação ambígua com essas coletivas. O público costuma elogiar sua habilidade como entrevistador, reconhecendo o cuidado nas perguntas e o tom sempre respeitoso e interessante das conversas. Mas cada uma delas é precedida por uma dose generosa de angústia. Perfeccionista, ele se prepara com dias de antecedência, evita perguntas óbvias e tenta transformar cada encontro em algo que realmente valha a pena. O resultado quase sempre impressiona — foi elogiado por Robert Pattinson na entrevista sobre *The Batman*, em 2022, e pela equipe de Gary Oldman após outro papo marcante. Mas o processo cobra um preço. Para um tímido crônico com TDAH, o ambiente superestimulante pode ser exaustivo. Por mais que os elogios venham, ele nunca se sente, de fato, à vontade nesses momentos.

O lugar mais confortável continuava sendo o de fãs — papel que ocupavam com naturalidade quando resolveram, sem pretensão, comentar os filmes que moldaram suas referências. Foi o papel que assumiram naquele 2 de abril de 2006, quando se reuniram com o amigo Carlos Voltor em torno de um microfone para discutir, com empolgação e afeto, o retorno de Sylvester Stallone às telas, naquele que seria considerado o primeiro Nerdcast de verdade: "Rocky Balboa está de volta: comemorar ou chorar?".

O tempo mostrou que daria para fazer os dois.

O Nerdcast foi extremamente importante em um processo de cura e superação. Em 2014, passei por um término de relacionamento tão pesado e traumático que me causou uma crise de insônia. Por mais louco que isso pareça, o Nerdcast me ajudou (e ainda me ajuda) a dormir melhor — não porque o conteúdo me dá sono, mas porque é tão bom que me faz parar de prestar atenção nos meus próprios pensamentos. Assim, além de alegria, ouvir vocês me traz paz. Hoje, depois de ter superado tudo e estar vivendo a melhor fase da minha vida, o Nerdcast ainda me acompanha todas as noites. Muito obrigado..

— Paulo de Aguiar, 39 anos, São Paulo/SP.
Acompanha o Jovem Nerd desde 2010.

Aos poucos, a empresa vai ganhando estrutura e patrocínios.

Primeiro evento, no Rio de Janeiro, com uma banquinha para vender camisetas.

Primeira palestra, na Fest Comix, em 2007.

Trabalho e mais trabalho!

O casamento nerd.
Muito chique, meu amor!

E o casamento de Azaghal e Portuguesa.

Tarde de autógrafos de *A Batalha do Apocalipse* em uma arqueria em São Paulo, em 2010.

Acima, Eduardo Spohr e seu pai em Roma. Ao lado, criador e cria.

Trabalhando noite adentro, até o dia clarear.

Primeira leva de envios de *A Batalha do Apocalipse*.

Acima, a primeira sala comercial da NerdStore. Abaixo, a loja de Andreia em São Lourenço, Portal da Harmonia.

O Nerdoffice em sua versão mais cássica, e mais espaçosa, em Curitiba.

A cara do Azaghal ao bater a foto acima.

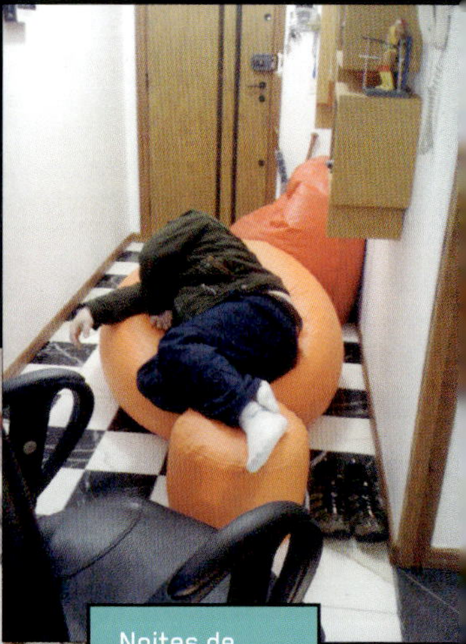

Noites de quinta para sexta viradas no escritório editando o Nerdcast. Um clássico!

Mas sempre com o reforço de amigos.

Bônus: Gaveta com um futuro amigo dos nerds.

Saudoso Harald Stricker, o Android.
Um grande amigo que partiu cedo demais.

Aqui, com Fabio Yabu, no lançamento de *Independência ou Mortos*, em Curitiba.

Marcelinho e Erik Gustavo.

Lucas Radaelli.

Atila e Sr. K.

Dudu Spohr, Irado e Sr. K.

Leo Lopes.

Eric e Jazz.

Maestro Billy e Marcos Gomes.

Muitas amizades ao longo da jornada.

Gravação da leitura de e-mails no meio da galera, na Campus Party de 2011.

Campus Party de 2009.

Rex (de Ozob)...

Nick Ellis e Alexandre Inagaki na Barcamp Rio.

...e Rex (de Conan), além de Andreia, Sr. K, Tucano e Barbara Russel.

Acima, uma das maiores pegadinhas sofridas por Alexandre. À direita, a emblemática foto "O Poder do Cagaço".

Mais hein?

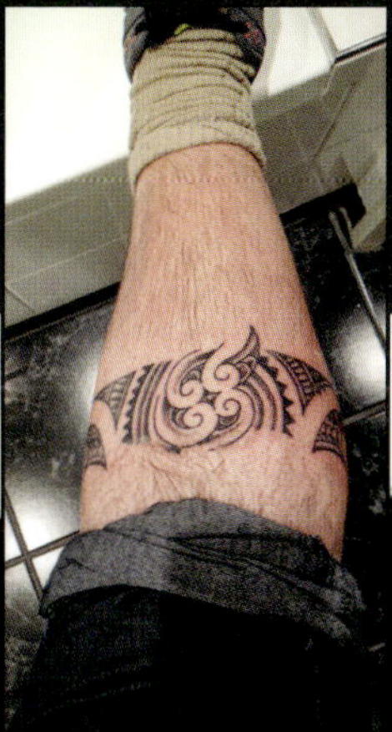

As Nerdtours, viagens dos nerds pelo mundo. Aqui, a visita a Nova Zelândia.

Com o mago Paulo Coelho, em Santiago de Compostela.

E em Bassano del Grappa.

Galeria de encontros: Maurício de Souza, Ana Maria Braga e Beakman.

Guilherme Briggs e o saudoso Orlando Drummond.

Valderrama.

Serginho Malandro, Supla, Carlos Villagrán
e a turma do Choque de Cultura.

Com o querido amigo
Giuseppe Aquila,
da Montegrappa.

E com lendas do cinema: Sly,
Peter Jackson e Andy Serkis.

Em 2011, depois de ouvir o Nerdcast Profissão: Fotógrafo, tive aquele clássico surto existencial. Percebi que estava na profissão certa... mas do lado errado da câmera.

Após 15 anos na pós-produção fotográfica, com empresa funcionando e boletos sendo pagos, decidi dar uma guinada profissional. Troquei o mouse pela câmera e fui fazer o que sempre amei de verdade: fotografar.

Hoje, 14 anos depois, tenho meu estúdio consolidado, focado no mercado de moda. Crio campanhas, conto histórias e vivo da minha paixão.

Que venham mais 1.000 Nerdcasts!

— Junior Rodrigues, 43 anos, Blumenau/SC.
Acompanha o Jovem Nerd desde 2002.

PARTE 3

1

VOZES DIFERENTES

Existe um episódio do Nerdcast inteiro com homens falando, por mais de uma hora, sobre fazer sexo dentro de um carro. O episódio não está escondido, mas tampouco há motivos para ouvi-lo.

Até hoje, o episódio é lembrado em discussões na internet, quase sempre em tom de escárnio, com ironias que questionam a veracidade dos relatos. Não importa se o que foi dito era verdade ou invenção, trata-se de um desfile patético de clichês machistas e de objetificação explícita de mulheres.

A psicóloga, pesquisadora e professora Valeska Zanello, da Universidade de Brasília, cita em seus livros e artigos o conceito de "casa dos homens", criado pelo sociólogo francês Daniel Welzer-Lang. É uma metáfora para o processo pelo qual, desde cedo, meninos aprendem com outros homens que precisam provar constantemente sua masculinidade. Essa prova, muitas vezes, passa pela objetificação das mulheres para conquistar respeito e aceitação do grupo. Quem não segue a lógica corre o risco de ser excluído. E quem tenta escapar dessa objetificação é alvo de ataques, sendo chamado de "mulherzinha", "viado" ou qualquer outra ofensa homofóbica.

A formação desses meninos dentro da "casa dos homens", sob uma masculinidade agressiva, é parte da causa das violências contra mulheres e pessoas LGBTQ+. Inclui desde as agressões extremas, que viram notícia, até as violências sutis, perpetuadas e incentivadas nesses espaços masculinos. Na "casa dos homens", mulher não entra. Gays também não.

O nerd não inventou o machismo, mas muitas vezes o pratica para excluir a mulher de suas brincadeiras: filmes de ação, gibis, videogames, RPGs... A geração do Nerdcast cresceu nos anos 1980 e 1990 ouvindo que, na hora de brincar, era "meninos de um lado, meninas do outro", como pregava Xuxa, a Rainha dos Baixinhos. Esses baixinhos cresceram com filmes de ação cheios de brucutus sarados e mulheres objetificadas. São frutos de seu tempo, como qualquer outra geração o é.

O Teste de Bechdel, criado como brincadeira em 1985 pela cartunista americana Alison Bechdel, estabelece três regras para avaliar a representação feminina no cinema: o filme precisa ter pelo menos duas personagens mulheres, elas precisam conversar entre si e o assunto não pode ser um homem. Quase nenhum dos filmes adorados por nerds oitentistas passaria no teste. E não estamos falando apenas das franquias de ação de Stallone ou Schwarzenegger: mesmo os *Star Wars* originais e a trilogia *O Senhor dos Anéis* reprovariam. Tudo isso explica, mas não justifica. É preciso ouvir, entender e mudar.

E mudar de verdade, não só por circunstância, mas por reflexão profunda.

O Nerdcast, principal produto do Jovem Nerd, nasceu com uma mulher no elenco: Maisa Fonseca, a Lady Lark. Ela produziu um podcast sobre sua experiência morando na China, publicado no fórum do Jovem Nerd. Alexandre ouviu, perguntou como ela fazia e a convidou para participar das três primeiras gravações. Foi Maisa quem sugeriu que Alexandre abrisse o programa, então chamado

NerdConnection, com uma frase marcante para gerar identificação no ouvinte. Assim nasceu o "Lambda, lambda, lambda, nerds!". Apesar desse papel, sua presença foi quase apagada da história do programa. Quase duas décadas depois, ela ainda é alvo de comentários sexistas onde quer que esses episódios sejam republicados.

Por muito tempo, as únicas vozes femininas do Nerdcast foram as de Andreia e Agatha. Não que houvesse uma reunião semanal para decidir como deixar mulheres de fora. O fato é que o Nerdcast se estabeleceu como um programa que reunia os amigos de juventude de Alexandre e Deive, todos homens (afinal, "meninos de um lado, meninas do outro"). Porém, quando o programa começou a receber convidados, foram raros os casos de mulheres convidadas, como Bia Kunze, que falou sobre a revolução dos smartphones em dois nerdcasts, ou Marcela Versiani, que foi ao programa algumas vezes falar sobre games.

O episódio sobre sexo no carro é um extremo que nunca se repetiu. Mas, no cotidiano, a falta de representatividade feminina, assim como étnica e de pessoas LGBTQ+, começou a ficar evidente. Em 2013, no episódio "Literatura Fantástica Brasileira", por exemplo, havia cinco homens na vitrine. E só. Não faltavam autoras que pudessem participar, como Rosana Rios, Martha Argel, Giulia Moon ou Carolina Munhoz, já citada neste livro (aliás, é uma mulher, a escritora cearense Emília Freitas, a pioneira da literatura fantástica brasileira, com o livro *A rainha do Ignoto*, publicado em 1889).

Também em 2013 o assunto passou a ser mencionado pelo público. No antigo Twitter, a publicitária Laura Buu apontou o machismo no conteúdo do Nerdcast e passou a ser atacada pelos fãs do Jovem Nerd (o que, ironicamente, justificou as críticas dela). Buu fundara, em 2010, o blog Pink Vader justamente como um espaço para comentar cultura pop sob um ponto de vista feminino e feminista. Não era a primeira onda de ataques misóginos que sofria por falar de temas nerds, um assunto sequestrado pela "casa dos homens". Mas a proporção foi tanta que ela, como escreveria mais tarde, em um texto publicado em 2015, resolveu parar de postar. O Pink Vader não era seu sustento, mas, como relatou: "é uma das coisas mais importantes que já me aconteceu, e mudou a minha vida". Qual foi a reação dos líderes do Jovem Nerd? Segundo Buu, na época Alexandre pediu desculpas em privado. Em público, silêncio.

A repercussão multiplicou-se depois desse relato de 2015. Duas pessoas, uma que trabalhara no Jovem Nerd e outra um ex-participante que nunca se enquadrou bem, resolveram se juntar em um podcast. Ao fim das duas horas e meia de conteúdo gravado, ficava a impressão de que o Nerdcast era o principal culpado pelo machismo entre os nerds brasileiros. Alguns dos comentários mordazes do programa atingiram até mesmo quem estava, de verdade e havia algum tempo, tentando mudar essa situação de dentro.

Alan Dubox, filho mais velho de Andreia, começou a perceber que era diferente aos 12 anos. Passou a adolescência, período de muitas transformações para qualquer pessoa, tentando entender na sua cabeça e em seu corpo as fronteiras entre gênero e sexualidade. Foi, aos poucos, percebendo ambos e sofrendo as consequências dessa realidade. As coisas começaram a ficar mais claras em 2012, ano em que fez 18 anos e quando teve certeza de que era um homem trans. Passou a falar a respeito com os amigos mais queridos e recebeu apoio irrestrito. Dois anos depois, em novembro de 2014, entrou numa sala de cinema para ver o filme *O jogo da imitação*, em que Benedict Cumberbatch vive o matemático Alan Turing, e saiu rebatizado. "Podem me chamar de Alan por um tempo, para ver o que eu sinto?", pediu aos amigos. O novo nome pareceu certo logo de início, como se sempre estivesse em sua certidão de nascimento. Mas só contaria tudo para a família algum tempo depois.

Desde a adolescência, Alan se incomodava com muito do que era dito nos Nerdcasts. Quando ouvia uma declaração machista ou homofóbica, ia discutir a respeito com o pai e o tio. No começo a conversa virava confronto, tanto pelo ímpeto revoltoso do adolescente quanto, pelo lado de Alexandre e Deive, pela falta de noção da gravidade e dos impactos nocivos do que era dito em forma de brincadeira.

Aos poucos, as críticas de Alan passaram a ser mais acolhidas. As brigas viraram ponderações, e a maioria dos ajustes sugeridos passaram a ser aceitos. Não houve um momento de ruptura, mas sim um longo processo de reflexão e aprendizado que ainda estava acontecendo em 2015, ano em que explodiu no Twitter a polêmica do Pink Vader. Dentro de casa, em paralelo, os desafios de Alan passaram a ser de foro pessoal.

Foi em 2015 que Alan revelou para André, seu irmão mais novo, que era um homem trans. Foi acolhido e também acolheu. Na mesma conversa, André contou pela primeira vez que era bissexual. Superado o passo de finalmente se assumir para alguém da família — o irmão e grande amigo foi a escolha natural —, Alan passou a se preparar para a etapa mais difícil de todas: contar para sua mãe.

Mesmo sem saber do tamanho do desafio que o filho enfrentava, Andreia percebeu que Alan passava por um período de tristeza. Por isso, ofereceu a ele uma viagem para a Inglaterra, país que o filho adorava. Essa tática de viagem já havia funcionado com a irmã Agatha depois de sua gravidez anembrionária de 2012 (sobre a qual falaremos mais tarde); por que não a usar com seu filho? Nessa viagem, em dezembro de 2015, Alan comprou em segredo seu primeiro *binder*, o colete que diminui o volume no peito. Quando voltou ao Brasil, passou a usá-lo quando saía com os amigos e fez um corte de cabelo bem curto.

Estava ficando quase impossível esconder qualquer coisa. Certo dia, a tia Agatha entrou em seu quarto quando ele estava no computador, sentou em sua cama e perguntou, sem rodeios: "Você é trans?". Apesar da surpresa, Alan resolveu retribuir a franqueza e abriu seu coração. Alexandre também ficaria sabendo de tudo logo depois e, com Agatha, foi demonstrar seu apoio. Os três concordaram que Andreia seria mais resistente, mas Agatha e Alexandre deixaram claro que estariam ao lado de Alan para o que desse e viesse, quando ele resolvesse revelar.

Antes da mãe, falou com o pai. Alan não tinha receio dessa conversa e também recebeu apoio irrestrito, mas descobriu que Deive já desconfiava, e sua mãe também. Deive prometeu sigilo, mas contar para ela ficou ainda mais urgente. Para piorar, o clima com ela estava péssimo e, nessa época, qualquer desentendimento virava discussão. Alan aguentaria ser rejeitado por qualquer pessoa, exceto sua mãe.

A conversa não foi fácil. Anos depois, em um episódio do Caneca de Mamicas (podcast que Andreia e Agatha viriam a criar), Andreia relatou o processo, com delicadeza e franqueza:

> "Eu achei que era uma escolha, que ele estava escolhendo aquilo e que no futuro ele poderia se arrepender. E eu ia me sentir culpada de ter incentivado uma coisa que poderia não ser."

Nesse relato, Andreia entendeu que sua reação foi causada pelas dúvidas de uma mãe diante do inesperado, tentando conciliar amor, medo e insegurança, não pela recusa em aceitar o filho. O conflito dela serviu como ponte para outras mães passando pela mesma situação.

Andreia, na própria infância, vivera o inverso dentro de casa. Sonhava em se vestir de princesa nas festinhas, mas sua mãe não queria impor feminilidade. Andreia era filha dos anos 80, encantada pelas princesas da Disney e pelas bonecas Barbie, mas tem fotos de infância fantasiada de pirata, com um bigode pintado. Tudo o que não conseguiu viver tentou realizar com Dubox, que, desde a primeira infância, não demonstrava interesse naquilo. Com roupas de menina, brinquedos de menina e uma vida de menina, carregava consigo uma tristeza que a mãe só conseguiu entender e processar anos mais tarde, em seu podcast:

> "Eu sempre tive uma percepção, antes de saber de tudo, de que o Alan tinha um olhar triste. Eu sempre pensava: 'por que o Alan tem esse olhar triste?'. Ele sempre teve. Era uma criança que teve de tudo, não passou necessidade, nada disso. Mas sempre havia um olhar de tristeza que eu não entendia. Eu tentava achar um motivo. E no dia em que ele teve o apoio 100% da família, nunca mais vi esse olhar no Alan. Aquele olhar era uma tristeza sutil, que talvez só eu percebesse. Eu me cobrava muito por isso. Por que ele tinha esse olhar? O que estava faltando pra ele?"

A revelação de Alan para Andreia foi longa e tensa, uma discussão que passou por quase todos os cômodos do apartamento onde moravam em Curitiba. Terminou no quarto de Alan, com ambos sentados em sua cama, chorando. Quando a mãe saiu, ele ainda não tinha noção de como seria a relação entre eles dali para frente.

Dias depois, Alan estava na casa de amigos quando recebeu uma ligação de Alexandre e Agatha: Andreia queria conversar com todos juntos. Alan gelou. Foi para o apartamento dos tios pronto para mais uma briga desgastante... que nunca aconteceu. Naquele encontro, Andreia chamou Alan de "filho" pela primeira vez. A partir daquela palavra tão cheia de afeto e do apoio incondicional que passaria a receber da mãe em sua transição, a vida de Alan começou a mudar para melhor. Andreia estava ao lado de Alan quando, em outubro de 2016, ele tomou a primeira dose de testosterona. E foi ela quem cuidou dele na recuperação da mastectomia. A cirurgia foi um dos momentos mais libertadores de sua vida: ao acordar da anestesia, Alan olhou para baixo e deu um sorriso que, de certa forma, nunca mais se apagou. A mãe lembraria como a transição sepultaria de vez a sombra de tristeza que sempre enxergara no filho:

> "E esse olhar... não existe mais. Hoje você vê que a pessoa está feliz. O rosto do Alan mudou. Não tem mais aquele olhar que talvez só eu percebesse. Havia uma tristeza ali que talvez ele mesmo não tenha entendido por muito tempo."

Ao lembrar desse processo, Andreia não falava apenas de si mesma, mas também dos pais e mães que se veriam diante dessa situação:

> "Você não vai perder seu filho ou sua filha. Não vai. É a mesma pessoa, não muda. Continua com a mesma personalidade. O medo de que vá se transformar em outra pessoa é natural, mas não acontece. Ela continua sendo ela mesma, com as mesmas características, se é extrovertida ou não, se é engraçada, se é tímida. Isso não muda. A diferença é que ela vai estar bem consigo mesma, feliz de verdade."

A partir de 2019, Alan participou por um tempo da produção do Nerdcast, ajudando com a revisão técnica dos episódios antes da revisão final de Alexandre e Deive. Sua função era pegar o primeiro corte enviado por Leo Lopes e avaliar se estava tudo certo, se a história fazia sentido e, no fim das contas, se estavam "falando merda". Era um trabalho técnico com foco no andamento do episódio e na coesão da narrativa, mas as sugestões sobre linguagem e expressões que soavam machistas ou homofóbicas eram a sistematização dos toques que dava desde a adolescência, sem a revolta de antes. Com o relatório de Alan, Alexandre e Deive tomavam a decisão final sobre as sugestões, quase sempre acatando e aprendendo. Deu resultado.

Quem entrasse no site do Nerdcast em 2015 e fizesse uma busca de episódios por participante encontraria apenas dez mulheres, contando Andreia e Agatha. Dez. Em 2025, a mesma busca mostra 187 mulheres. Além disso, um podcast feito por mulheres, o Caneca de Mamicas, foi ao ar em abril de 2021, para diversificar o público do Jovem Nerd e atrair novos perfis de anunciante. Andreia e Agatha, que tocam o programa, ficaram inseguras com a missão. Participavam do Nerdcast eventualmente e eram queridas pelo público, mas nunca haviam apresentado nada. O talento de comunicar sempre existiu, mas escolheram não investir nisso. Veio também a insegurança com os desejos dos fãs do Jovem Nerd. Parte desse público tinha, cinco anos antes, perseguido Laura Buu, a criadora do Pink Vader. Será que existia, dentro da comunidade, um público só para elas a ser conquistado? Ou, nas palavras de Andreia para Deive, diante da ideia: "Será que as pessoas não vão estranhar ouvir só a Minnie e a Margarida, sem o Mickey e o Pato Donald?".

Nos bastidores, as duas irmãs sempre foram protagonistas. Foram elas que, desde as primeiras vendas e por vários anos, tocaram a Nerdstore, que por muito tempo respondia por metade do faturamento do Jovem Nerd. Quando Agatha engravidou da Piccola, Andreia, que não tinha tido tempo para curtir a infância dos filhos, resolveu assumir sozinha a administração e dar tempo para a irmã exercer a maternidade. Antes de irem morar nos Estados Unidos, percebeu que não conseguiria administrar a loja de longe e lutou para fazer uma boa venda. Conseguiu, e seu foco também passaria a ser para si e para a família.

Em 2020, com a pandemia, o mundo mudou, e também os objetivos de Andreia e Agatha. Aceitaram a sugestão de criar o novo programa, mas pediram tempo para testar o conteúdo com calma. A química das irmãs no comando da atração funcionou desde o episódio piloto. Andreia lembra que Alexandre e Deive morreram de rir ouvindo a gravação teste. Foram pelo menos oito episódios gravados antes do primeiro ir ao ar, para azeitar a parte técnica. O período foi importante para cada uma delas descobrir seu papel na produção da atração. Agatha passou a cuidar mais da pauta — os assuntos para abordar e os especialistas para convidar — e Andreia, graças ao hiperfoco do TDAH, assumiu a primeira versão da edição, organizando os blocos e montando o quebra-cabeça de cada episódio.

No Nerdcast, Andreia e Agatha gostavam de participar fazendo troça, contando desventuras nostálgicas e promovendo a união dos casais de nerds nos especiais do Dia dos Namorados. No Caneca de Mamicas, falariam com uma perspectiva feminista sobre, por exemplo, a experiência da maternidade, os desafios para manter a saúde física e mental, as ditaduras da beleza e da moda, os caminhos da espiritualidade — ou da falta dela — e o etarismo. Mas também falariam besteira sobre relacionamentos amorosos, reflexões sobre filmes e séries e trocas de experiências das viagens que fizeram e ainda sonham em fazer. Na época do episódio 1.000 do Nerdcast, o Caneca de Mamicas já terá ultrapassado sua 200ª edição.

Os picos de emoção até agora foram, sem dúvida, os episódios sobre sexualidade e identidade de gênero, também um manifesto político pelo direito das pessoas trans de existirem e terem uma vida feliz e plena. Os episódios 20 e 21, respectivamente "O amor TRANS-forma" e "TRANS-borde gentileza", introduziram o tema sob a perspectiva dos relacionamentos amorosos de pessoas trans, sendo o segundo dedicado ao relato emocionante das experiências dos ouvintes. Meses depois, o assunto ganhou a pauta mais uma vez, numa sequência de três episódios carregados de emoção. O 120 foi intitulado "Crianças trans existem", sobre os desafios das descobertas na infância e na adolescência, tanto para quem vivencia a transição quanto para suas famílias, em meio a dúvidas, medos e acolhimentos. Os episódios 121 e 122 foram focados nas experiências de velhos conhecidos do Nerdcast: o primeiro sobre Mari Mafra, a Jazz Rider, chamado "JazzRider e a sua vida rock'n'roll" e o segundo sobre Alan Dubox, nomeado simplesmente como "Meu nome é Alan".

Em entrevista para este livro, Alan lembrou do dia em que, poucos anos depois de se revelar homem trans para a família, decidiu fazer o mesmo na internet, no ex-Twitter, onde reunia milhares de seguidores vindos em sua maioria da comunidade do Jovem Nerd. Escolheu o Dia da Visibilidade Trans, 29 de janeiro, para falar sobre o assunto. Deive e Andreia temeram a reação. Alan sabia que, pelo histórico, a resposta poderia ser dura, mas acreditava que valeria a pena. Desde que começou a questionar sua identidade de gênero, aos 12 anos, tinha pouquíssimas referências que mostrassem ser possível viver com felicidade sendo quem era. Se conseguisse inspirar ao menos uma pessoa, qualquer onda de ataques teria valido o esforço.

Para sua surpresa, o que recebeu da comunidade do Jovem Nerd foi uma enxurrada de amor e acolhimento. Descobriu um exército de aliados. Nas raras aparições que fazia nos conteúdos do grupo, sobretudo jogando games no NerdPlayer, ou nos tópicos em que era mencionado no fórum do Jovem Nerd no Reddit, alguns ataques esparsos surgiram, quase sempre na forma de menções ao nome morto, que doem por negar quem a pessoa é. Mas Alan nunca precisou reagir: a própria comunidade passou a defendê-lo e a espalhar nas redes os aprendizados que tirava dos relatos de sua vivência. Depois de ouvir vozes diferentes, algo essencial mudou naquela "casa dos homens" — e para melhor.

2

A PEQUENA PICCOLA

As mudanças no Jovem Nerd refletiam as mudanças pessoais dos seus protagonistas, principalmente em relação aos filhos. Afinal, com pequenos seres, vêm grandes responsabilidades.

Alexandre e Agatha estavam na fila de um brinquedo na Disney, em 2011, durante a primeira viagem internacional que fizeram juntos, só os dois, quando perceberam um casal com uma filha na frente deles e passaram a observar e conjecturar. O pai já era um pouco grisalho; devia estar na faixa dos 40 anos. A filha tinha uns 10. Como eles estavam no começo dos 30, começaram a fazer as contas: "A gente vai estar daquele jeito ali, se a gente tiver filho agora". A imagem daquele casal com aquela filhinha trouxe certo senso de urgência para o casal. Aquela seria uma boa idade para pensarem em ter filhos, porque teriam tempo para curtir, ainda jovens, as fases mais cruciais na vida de uma criança. Se esperassem mais, enfrentariam a adolescência da criança perto dos 50. Será que já não era a hora? Aquele momento marcou a tomada de decisão: a partir dali começariam a tentar ter um bebê.

As circunstâncias da vida de Alexandre e Agatha estavam, finalmente, jogando a favor de uma decisão tão importante. Era um momento de rara calmaria após uma sequência de aventuras e desventuras desde que deram seu primeiro beijo naquela boate do Leblon, em 1994, ainda em suas adolescências. Muita coisa havia acontecido entre colégio, faculdade, trabalho e o início do Jovem Nerd.

A primeira vez que o casal morou junto fora na casa dos pais de Agatha na Tijuca. Depois da morte da mãe de Alexandre, os dois se mudaram para o apartamento dela no Leblon, onde ficaria o primeiro estoque da Nerdstore, época de muito trabalho e pouco tempo livre. Quando se mudaram para Curitiba, em 2008, ficou ainda mais difícil: no começo, moraram no mesmo apartamento com Deive, Andreia, crianças e cachorros. Em 2010, quando por fim conseguiram separar os orçamentos das duas famílias, mudaram sozinhos para uma quitinete em um prédio do outro lado da rua.

Com a saída de Alexandre e Agatha do apartamento, Deive e Andreia decidiram reformar a casa. Para isso, se mudaram para um apartamento alugado vago no mesmo andar. Quando a obra acabou, perceberam uma oportunidade: por que Alexandre e Agatha não ficavam com o apartamento?

Assim era a configuração das famílias em 2011, quando Alexandre e Agatha fizeram a viagem para os Estados Unidos. Cada uma com sua casa, mas vizinhas. Seria assim dali para frente.

Na viagem de 2011 para os Estados Unidos, Alexandre e Agatha filmaram a parte de Nova York para o NerdOffice com Sr. K e a Ruiva, mas foram para a Disney sozinhos, como em uma nova lua de mel. A original, em outubro de 2005, havia sido um mico. Pegaram os R$ 900 da gravata que picotaram para a contribuição dos convidados e partiram para Campos de Jordão. Porém, viajaram fora de temporada e quase todas as lojas estavam fechadas. Foi tão chato que voltaram antes do planejado. Agora, com os primeiros frutos do Jovem Nerd, podiam curtir de verdade. Na fila daquele brinquedo da Disney, pensaram pela primeira vez na família que queriam ser dali para a frente.

Agatha aproveitou que estava nos Estados Unidos e comprou um estoque de testes digitais de ovulação, que no Brasil eram uma fortuna. Funciona como os testes de gravidez: a futura mamãe faz xixi no aparelhinho e, se estiver no período fértil, uma carinha feliz surge. Mesmo com esse auxílio tecnológico, não engravidou.

A demora passou a preocupar a família de Agatha, e o "saco do Jovem Nerd" virou uma instituição de gestão participativa. Será que o aparelho reprodutor de Alexandre tinha alguma responsabilidade naquilo? A sugestão de intervenção mais radical veio de dona Ieda, avó de Agatha: "gelinho nos testículos". Aparentemente, esfriar o saco de Alexandre favoreceria a fertilidade. Outra corrente defendia que esquentar era a solução viável. O que, morando em Curitiba, demandava disciplina. Quando as intervenções no corpo de Alexandre não deram resultado, chegou o momento de apelar para o divino.

Na agora já longínqua década 1990, Andreia estava em uma das muitas viagens a São Lourenço com os pais quando encontrou uma portinha de madeira escrito "artigos esotéricos". Deu de cara com os dois gnomos mais realistas que já tinha visto, com cabelinho de boneca, roupinha de tecido e o escambau. Eram um casal, sendo que a mulher carregava dois bebezinhos gnomos no colo. Custavam R$ 17 cada. Ela tinha R$ 50 para as férias inteiras, mas ficou tão encantada que levou os dois. Quando chegou em casa, olhou a base dos bonecos e descobriu: o papai era o "Gnomo da Sorte" e a mamãe era a "Gnoma da Fertilidade". Quando desejava ganhar na loteria, colocava o da sorte em cima do bilhete. Nunca funcionou. Já a gnoma da fertilidade fez seus milagres sem qualquer esforço.

Um ano depois da compra, Andreia ficou grávida de Alan, seu primeiro filho. "A Gnoma da Fertilidade me engravidou!", pensou na hora, ignorando todos os outros fatores que fazem as pessoas engravidarem. Assustada com os poderes místicos daquele objeto, pegou a gnoma e seus bebezinhos, embalou-os e jogou-os no fundo de um armário, para nunca mais correr risco — o inócuo Gnomo da Sorte continuou à vista.

Quatro anos se passaram até que Andreia resolveu mudar-se para São Lourenço. Arrumando suas coisas, esbarrou com o pacote da gnoma e, surpresa com o reencontro, abraçou e beijou a bonequinha. No mesmo ano, engravidou de André. Na cabeça de Andreia, não havia mais dúvidas: aquela gnoma e seus bebês precisavam de um novo lar.

Quem ganhou a gnoma de presente foi a filha da faxineira da mãe de Andreia, que estava sofrendo para engravidar. Resultado? Poucos meses depois, já estava grávida. Quando teve o segundo filho, ficou com medo e, assim como Andreia havia feito, passou a gnoma à frente. A partir daí, perdeu-se o paradeiro daquele objeto místico.

Muitos anos depois, em março de 2012, no auge da gestão coletiva da fertilidade do casal Alexandre e Agatha, a família estava fazendo um Nerdtour pela Europa. Na Itália, numa estrada que ligava Florença a Roma, viram a placa de Assis e resolveram fazer um desvio. Foram recompensados. Apaixonaram-se pela arquitetura medieval do lugar, um cenário perfeito para uma aventura de RPG. O comércio local de lembrancinhas é focado em santos católicos, mais especificamente em São Francisco de Assis, conhecido assim por ter nascido (e sido sepultado) ali, mas nada escapava aos olhos treinados de Andreia, por muito tempo proprietária do Portal de Harmonia em São Lourenço. Encontrou a única lojinha mística do local.

"Ali, Agatha. Quer engravidar? Você precisa de uma Gnoma da Fertilidade", decretou, entrando na lojinha.

"Necessito la gnoma da fertilità", arriscou Andreia, misturando português, espanhol e italiano de novela da Globo. "Capisci? Capisci 'fertilità'?"

A funcionária da lojinha "capiscou" e mostrou uma gnoma com propriedades mágicas. Era linda, mas enorme e cara: custava a proibitiva fortuna de 100 euros.

"Nem pensar, cancela a fertilidade", disse Agatha. A vendedora percebeu a hesitação e tentou remediar:

"Aspettate, ne ho una più piccola" ("Espera, eu tenho uma menor").

"Isso, traz a *piccola*! Eu quero a *piccola*!", respondeu Andreia.

Agatha levou a gnoma menor e, a partir dali, a criança que nem existia ainda passou a ser chamada de Piccola, "a pequena". Não demorou muito para o exame de Agatha dar positivo, ainda no fim de 2012. A gnoma funcionou? O "saco do Jovem Nerd" tinha finalmente esfriado (ou esquentado) o suficiente? Não importava. O resultado foi comunicado e a família ficou exultante. Havia muita expectativa para o primeiro ultrassom. Seria um Piccolo ou uma Piccola? Alexandre e Agatha estavam na sala de exames com os olhos fixados na tela, ávidos pelos primeiros batimentos cardíacos da criança. Onde deveria estar a criança, porém, havia um vazio.

Agatha teve uma gravidez anembrionária, quando o saco gestacional se desenvolve, mas o embrião não, resultando em uma gestação sem bebê. O vazio do ultrassom ficaria em seu peito por meses. Por algum tempo, Agatha nutriu esperanças de ser um engano. Até que um segundo exame confirmou sua condição, e que o mais recomendado seria fazer uma curetagem. Temendo que uma intervenção como essa dificultaria ainda mais suas tentativas futuras de engravidar, decidiu que o melhor seria esperar que o corpo expelisse o saco gestacional vazio. O que demorou, agravando o quadro de tristeza.

Na mesma época, Alexandre começou a comentar com Agatha sobre uma viagem que Deive, Andreia e as crianças tinham decidido fazer para a Disney. Sugerindo que o mundo mágico talvez fosse, mais uma vez, determinante na vida do casal, propôs irem junto. A primeira resposta foi negativa. Mas Alexandre insistiu, com cuidado. O grande entrave era a curetagem. Seria perigoso viajar sem fazer o procedimento e Agatha ainda não estava pronta. Até que, aos poucos, foi se convencendo. Que mal faria a Disney em família? Tinha sido emocionante quando foram todos juntos em 2010, na primeira NerdTour. Quando Agatha contou que iria, Alexandre ficou feliz como havia muito tempo ela não o via. A curetagem foi marcada e mostrou-se um procedimento mais simples e rápido do que ela imaginava. Na Disney com o marido, a irmã, o cunhado e os sobrinhos, recuperou a alegria e, mais do que isso, o ânimo para continuar tentando colocar a Piccola no mundo.

Não demorou. Entre agosto e setembro, Agatha estava grávida de novo. Desta vez, porém, ela e Alexandre não contaram para ninguém.

Uma das partes mais doídas da gravidez anterior foi contar para cada um que vinha perguntar sobre o assunto, revivendo o trauma. Dessa vez, só revelaram quando tiveram certeza de que havia um embrião na barriga de Agatha. Em novembro de 2013, quando Agatha estava com quase 3 meses e ficou difícil disfarçar a barriga, levou a irmã Andreia para mostrar um par de sapatinhos lilás em seu armário.

A Piccola — que se chamaria Gisele, mas quase nunca seria chamada pelo nome de batismo — passaria a fazer parte da família no dia 27 de maio de 2014. Veio transformar para sempre e para melhor a vida de todo mundo. O parto foi documentado. Além dos médicos e de Alexandre, havia um fotógrafo, um cinegrafista e até um fã do Jovem Nerd que estava no hospital acompanhando outro parto e reconheceu o casal. Agatha, mesmo nervosa com a cirurgia, achou que o pior das imagens da cesárea nem era a barriga aberta — era o fato de estar, segundo ela, "horrorosa" no vídeo.

"Só os íntimos podem ver essa filmagem", decretou.

A exposição da Piccola à comunidade nerd aconteceu em grande estilo. "O mundo dos nerds está em festa!", postou Deive no Instagram, com uma foto de Alexandre com a Piccola no colo. "Detalhe: ela tem orelhinhas de elfa!", afirmou Andreia. No NerdOffice, Alexandre compartilhou com os fãs a emoção do momento:

> "Começamos a namorar há 20 anos, e passamos por todas as fases juntos... Agora é a mais feliz. E a mais preocupante. Filho só traz preocupação."

Foi interrompido por Deive, fazendo *merchan* de um lançamento da Nerdstore:

> "E prejuízo! Compra a camiseta Dracarys, a fralda é muito cara e tem fezes."

Os primeiros meses com um bebê em casa foram desafiadores para a família inteira. Eram fraldas, mamadas, choros e cólicas que pareciam não ter fim. Mas, por volta do terceiro mês de vida, tudo mudou. As cólicas sumiram, as noites passaram a ter sono, e a vida começou a ganhar ritmo. As noites difíceis logo deram lugar à disciplina. Gisele tinha duas sonecas diárias e dormia tarde, como boa integrante da família. Deive chegou a chamá-la de "robô" por seguir tão bem a agenda. Para organizar tudo, usavam o aplicativo Baby Log, uma dica preciosa do amigo Fabio Yabu, pai recente. A cada novo desafio, como cólica, sono, troca de fralda, vinham também conselhos divergentes de pediatras. Alexandre dizia: "Cada pediatra fala uma coisa. É muita tradição e pouca ciência".

Agatha, que tinha foco praticamente exclusivo no trabalho, passaria a dedicar-se à maternidade. Andreia, que havia sofrido muito na juventude tendo que trabalhar para sustentar sozinha os dois filhos, fez questão de apoiar a decisão.

"Esquece a Nerdstore", disse à irmã, assumindo as atribuições de Agatha na loja. Mas sua principal atribuição a partir dali seria a de "Didim", a madrinha da Piccola. Numa ida ao shopping, a criança fez xixi para todos os lados, como um sprinkler de jardim, enquanto Deive a segurava, deixando o "Didinho" enjoado e a dinda às gargalhadas. Quando era chamada de "mamãe" pelas atendentes, nunca corrigia. Adorava brincar de roubar a Piccola. A chegada da pequena foi como um encantamento na vida de Andreia. Um dia, enquanto gritava ao telefone com o proprietário do galpão da Nerdstore que estavam entregando para alugar um maior, foi fitada pela família inteira com olhares assustados. Tudo passou como num passe de mágica quando Alan chegou com a Piccola no colo e entregou a Andreia.

"Toma, vai desestressar", disse Alan. Andreia ligava o modo Didim e funcionava sempre. Piccola, apesar de pequena, tinha grandes poderes sobre sua família. Inclusive, foi um dos motivos para a mudança mais radical que em breve ocorreria na saúde física dos adultos da família Jovem Nerd.

3

BARIÁTRICAS SELVAGENS

Por anos, Alexandre e Deive foram uma dupla de peso – em todos os sentidos. Mas, quando esse peso tornou-se uma ameaça à saúde, resolveram tomar medidas drásticas.

No dia 9 de outubro de 2017, Alexandre escreveu um tuíte que destoava de seus usuais: "I love you all". As reações foram diversas, de gente devolvendo amor a gente achando que a conta tinha sido invadida. O que ninguém sabia era que aquilo era uma espécie de despedida preventiva. Alexandre, o Jovem Nerd, achava que podia morrer e queria que seu último tuíte fosse positivo.

Alexandre não morreria, mas sua vida estava prestes a mudar. A razão por trás da mensagem de amor aos fãs era a cirurgia bariátrica marcada para aquele dia. Deive também passaria pela operação — e na mesma semana. Quem abriu esse caminho foi Andreia, a primeira da família a tomar a decisão.

Andreia passou a adolescência sem se preocupar com sobrepeso. Porém, depois de ter André, seu segundo filho, e terminar o relacionamento com o pai de suas crianças, a balança passou a ser parte importante de sua vida. Desde então, passou mais de 20 anos fazendo mais dietas do que conseguiria se lembrar. Quando se casou com Deive, passou a incluí-lo nas tentativas de perda de peso, todas frustrantes. No clássico Nerdcast 494 ("Desista da dieta"), ela disse:

> "Fui hoje num endocrinologista (...) Todos falam a mesma coisa. 'Faça exercício', 'Feche a boca'... como se a gente fosse dizer 'Nossa! Nunca tinha pensado nisso! Toma aqui quinhentos reais!'"

Andreia, Deive e Alexandre, acompanhados de Anderson Gaveta e Mari Mafra, que também batalhavam contra a obesidade, se reuniram em dezembro de 2015 para tratar do assunto de forma pouquíssimo motivacional.

Ao longo dos anos, todos haviam tentado emagrecer diversas vezes. Teve quem começasse o dia convicto de que "dessa vez vai", almoçasse direitinho e, à noite, se rendesse a um doce gigantesco. Teve gente que saiu de madrugada pelas ruas de Curitiba em busca de um pedaço de bolo no meio de um detox rigoroso. Experimentaram as dietas da moda (de pontos, de baixo índice glicêmico, sem glúten, sem lactose, sem alegria) e desistiram dias depois, tomados por culpa, cansaço ou puro desespero. A relação com a comida era descrita como vício: escondiam, mentiam, tinham recaídas.

> Gaveta: "A gente é tipo viciado em droga. Quando larga um tempo [a comida], sente abstinência. (...) Dois dias depois da dieta, eu já estou vendo as pessoas com cara de hambúrguer."

Os endocrinologistas e nutricionistas sempre falavam as mesmas coisas: "fecha a boca", "come de três em três horas", "é só ter força de vontade". Haviam recorrido até mesmo às "canetinhas", as injeções de hormônios usados contra o diabetes tipo 2, que ajudavam a controlar o apetite e acabaram virando febre entre quem tentava emagrecer. Nada funcionou. Havia também a frustração de ver amigos magros comendo as mesmas porcarias e não engordando um grama, enquanto o próprio corpo parecia responder a uma folha de alface como se fosse um ataque.

No campo do humor, este Nerdcast marcou a consagração de um dos momentos mais engraçados de todos os tempos, frequentemente lembrado em compilados comemorativos. Durante a conversa, o grupo criou o reality show fictício Bariátricas Selvagens, inspirado nos programas bizarros dos Estados Unidos.

Deive: "A pessoa falou assim pra mim: 'Eu quero fazer a cirurgia, mas eu tenho que emagrecer 30 kg'. Porra, se o médico fala isso pra mim, eu falo: 'Vai tomar no cu'. (...) Eu tô aqui no desespero máximo querendo que você me mutile, e você me diz que pra emagrecer eu tenho que emagrecer? Que merda é essa? Um inception?"

Andreia tentou justificar, sem conhecimento técnico, que talvez fosse por causa da anestesia, "pra pegar melhor". Ele não perdoou:

Deive: "Na África, pegam uma espingarda, dão um tiro no rinoceronte e o bicho dorme! Como é que a anestesia não pega? Me dá um tiro com aquela merda!"

Gaveta: "No meio da sala de operação. Ele aponta a arma na sua cara: PÁ!"

Deive foi além: o paciente precisava, como o rinoceronte, estar correndo para ser anestesiado.

Gaveta: "Pode crer! Você não pode estar na mesa, tem que estar correndo. O cara vai atrás num jipe branco, com a luzinha vermelha da ambulância..."

Deive descreveu a cena do corpo caindo no chão, "com os bracinhos pra trás", e Gaveta simulou o relatório do anestesista:

Gaveta: "Começamos o processo de emagrecimento do senhor Deive. Pode remover o corpo."

Andreia (rindo): "Não, meu filho. Vai no chão mesmo."

Deive: "Opera no chão, coloca uma tag na orelha e vai embora."

Gaveta imaginou a médica alisando a cabeça do paciente e dizendo que tudo ia ficar bem.

Deive (entre gargalhadas): "Depois passa no Discovery. Bariátrica Selvagem!"

O nerdcast "Desista da dieta" foi ao ar em dezembro de 2015. Dois anos depois, em novembro de 2017, os três anunciaram que fizeram a bariátrica que tanto foi motivo de piada, sem precisar de dardos tranquilizantes. Os dois episódios do Nerdcast em que comentaram sobre seus procedimentos cirúrgicos foram carinhosamente chamados de "Bariátricas Selvagens", em homenagem ao clássico programa desmotivacional sobre dietas.

A cirurgia bariátrica (tecnicamente, gastroplastia) é um procedimento indicado para casos específicos de obesidade, quando o excesso de peso representa risco à saúde e outras tentativas de tratamento não surtiram efeito. Existem várias técnicas possíveis, mas as duas mais populares no Brasil são o *sleeve* gástrico e o *bypass* gástrico. Na *sleeve*, o cirurgião remove cerca de 80% do estômago, deixando o órgão com o formato de um tubo estreito, o que reduz muito sua capacidade. Ou, como resumiu Deive, no NerdOffice de 1º de novembro de 2017: "transforma seu estômago, que era do tamanho das nossas cabeças, numa salsicha". Já no *bypass*, o estômago não é removido, mas é separado em uma pequena bolsa e reconectado a uma parte mais distante do intestino, o que altera também a absorção dos nutrientes. Quando perguntado no vídeo qual técnica eles tinham feito, a resposta teve o deboche habitual:

Deive: "Nenhuma das duas. Nós fizemos uma terceira técnica que junta os nossos dois mini estômagos numa terceira criatura que vai começar a andar com a gente."

Tanto Alexandre quanto Deive — além de Andreia, a primeira a operar — fizeram o procedimento para resolver problemas de saúde que estavam relacionados à obesidade, e o objetivo daquele anúncio não era incentivar as pessoas a operarem. Quem sente problemas com sobrepeso deve procurar médicos, nutricionistas, psicólogos e outros profissionais de saúde. A decisão por uma gastroplastia não deve vir de um podcast ou de um vídeo (ou deste livro). O objetivo do anúncio, e dos dois nerdcasts que fizeram sobre o assunto depois, era o de alertar para o fato de que ambos emagreceriam drasticamente depois da operação, o que poderia causar estranhamento para quem os acompanha pelo YouTube.

Deive: "Eu não vou falar da minha vida pessoal. Eu só vou comunicar para ninguém achar que eu tô doente."

Alexandre já conversava sobre o assunto com outros dois bariátricos famosos da internet, Rodrigo Fernandes, do blog Jacaré Banguela, e Gustavo Matsufugi, o Davy Jones, youtuber de games. Até pedia desculpas por insistir tanto no assunto, mas queria tirar suas dúvidas sobre o procedimento. Deive e Andreia, mais práticos, foram em busca dos melhores cirurgiões. A primeira tentativa foi no Rio de Janeiro, cidade natal dos três. O médico, recomendado pelo clínico geral da família, operava com um robô de última geração, em tese o método mais moderno e indolor. O problema? O plano de saúde não cobria o robô, caríssimo. Para piorar, souberam de uma pessoa que tinha sido internada na UTI após ser operada com aquele mesmo robô, o que gerou pânico geral.

Deive: "Eu fiquei imaginando igual o *Ghost in the Shell*. O robô pegando o cara pela cara, escorregando na parede..."

A segunda tentativa foi em Curitiba, com um médico famoso, desses que aparecem na televisão e têm consultório com colunas de mármore sustentando o ego. Andreia, que seria a primeira a entrar na faca, chegou a agendar a operação, fez exames, comprou pijaminha de botão para o hospital e até fez a unha. Mas na véspera, ao ajustar a barra do seu pijaminha com uma costureira, descobriu que o pai dela havia morrido de câncer no estômago — um risco aumentado em quem faz *bypass* sem retirar o estômago inativo. Era a mesma técnica que o médico tinha indicado, sem ao menos perguntar se havia histórico familiar da doença. Andreia cancelou tudo no mesmo dia. "Até nunca mais", disse ao médico, antes de ir embora para sempre.

Foi só na terceira tentativa que encontraram o médico ideal. Indicação da dentista, o cirurgião atendia em Curitiba, era acessível, calmo, experiente e, nas palavras do grupo, "gente como a gente". Respondia pelo WhatsApp, passava confiança e todos os outros médicos que ouviam seu nome respondiam com tranquilidade: "Ah, tá em boas mãos". Era o que faltava para a decisão se concretizar.

Andreia operou em agosto de 2017 e Deive e Alexandre, em outubro. O timing foi cruel, já que, na mesma época, Tucano estava mostrando para o mundo sua grande invenção gastronômica, tão deliciosa quanto calórica: o Camemburguer. Em setembro do mesmo ano, Tucano participou do concurso para descobrir "o melhor hambúrguer do Brasil", promovido no programa matinal Mais Você, da TV Globo. A principal característica da criação de Fernando Russel era a utilização de uma peça inteira de queijo camembert. Empanado e frito. Quando Tucano abria seu sanduíche com uma faca, o queijo derretido se espalhava sobre o hambúrguer, numa cena gastronomicamente pornográfica. Mesmo com um dos jurados aparentemente trabalhando contra — era, ele próprio, dono de uma hamburgueria que tinha o mote da atração, "The Best Burger in the World" —, Tucano foi o vencedor do programa. E ainda teve as mãos elogiadas por Ana Maria Braga, o que lhe rendeu o apelido de "Mãos Lindas" no Jovem Nerd. No futuro, o Camemburguer ganharia novo nome, "Rei Carlos Magno", e viraria a joia da coroa da *Seven Kings*, a hamburgueria que Tucano abriu em Santos e depois levou para São Paulo.

Andreia assistiu à glória do amigo pela TV no pior momento da recuperação da bariátrica: a temida dieta líquida. Enquanto via o camembert derretendo na tela, alimentava-se apenas com um copinho de caldo de legume com gosto de castigo. Após a cirurgia bariátrica, o paciente passa por fases para adaptar o novo estômago. A dieta líquida é a primeira etapa, com líquidos claros e leves, que evitam esforço na digestão e permitem a cicatrização. Para quem sempre usou a comida como válvula de escape, a dieta líquida é mais do que um desafio físico — é um teste psicológico. Gaveta, por exemplo, passou o Natal e o Ano Novo praticamente amarrado à cama para não devorar o peru da ceia. Outros esperavam religiosamente o alarme que tocava a cada meia hora para lembrar que era hora de tomar 50 ml de sopa com a cor e o cheiro menos convidativos do mundo.

A segunda fase da recuperação é a dieta pastosa, com alimentos em consistência de purê, que ajudam o corpo a se acostumar aos poucos com texturas mais densas. Quando essa fase chegou, o alívio não foi tão grande quanto o esperado. As instruções eram rigorosas, e cada colherada mal mastigada podia trazer dor. Ainda assim, Deive tratou de burlar o sistema da forma mais literal possível: decidiu que se o alimento precisava virar pasta, ele mesmo faria o trabalho com os dentes:

> "Eu transformo tudo em pastoso com a boca. (...) Dá vontade de botar o ovo [com gema mole] na testa, deixar a gema estourar e escorrer pela sua cara e entrar na sua boca."

Carne moída virou a obsessão de Gaveta, que durante o primeiro nerdcast "Bariátricas Selvagens", estava no último dia de dieta líquida — o programa foi várias vezes interrompido com o alarme do celular indicando um novo gole no caldinho. O prazer de comer, mesmo que mínimo, voltava aos poucos e, com ele, o medo de errar a mão. Andreia entrou em vários grupos de WhatsApp de pessoas que já tinham feito a bariátrica, na tentativa de se informar melhor com quem tinha passado pela experiência. Mas o que era para ajudar virou fonte de angústia. Os grupos pareciam um obituário: toda hora surgia uma nova história de alguém que teria morrido no 15º dia por ir ao cinema, passado mal por tomar água do chuveiro ou explodido depois de beber refrigerante.

Felizmente, nenhum dos nerds morreu ou explodiu. No dia 8 de maio de 2020, pouco mais de dois anos depois dos procedimentos, Alexandre, Deive, Andreia e Gaveta fizeram uma segunda edição do "Bariátricas Selvagens". Nele, surgiu um dos principais vilões dos bariátricos: o *dumping*. Ele acontece quando algum alimento, geralmente muito doce ou gorduroso, sai do estômago reduzido e chega rápido demais ao intestino delgado. O corpo reage como se tivesse sido invadido: batimentos aceleram e vem uma onda de calor, tontura, suor frio, náusea e, às vezes, diarreia. Nada que tenha feito Andreia desistir dos doces. Segundo Deive, ela tornou-se adepta do "*double dumping*". Diante de uma mesa de brigadeiros, ela come dois, passa mal, sente o corpo inteiro reagir ao ataque de açúcar, avisa que vai vomitar, senta no colo do marido e considera ir embora da festa. Mas basta alguns minutos de recuperação para que os olhos voltem a brilhar diante dos docinhos. "Agora já tô curada, em nome de Jesus", diz, antes de atacar mais uma leva. Vem o segundo *dumping* da noite, a dica de que é melhor ir embora da festa.

Além do *dumping*, há também a sensação de entalo, que vem da nova anatomia do sistema digestivo: menor, mais sensível e sem paciência para pressa. Alimentos secos, fibrosos ou mal mastigados podem travar no caminho, causando desconforto e até vômito. Entre os vilões dessa travessia, Gaveta elege dois campeões: arroz e farofa. Deive discorda, argumentando que a sensação de comida entalada faz a pessoa comer menos:

> "O arroz e a farofa pro bariátrico são o Super-Homem e o Batman." (lembra do *dumping*) "E o sorvete é o Lex Luthor".

Apesar das dificuldades, o saldo foi positivo: todos perderam dezenas de quilos. Ninguém ficou magrelo, mas todos deram um passo decisivo para afastar riscos concretos à saúde. A gordura no fígado foi revertida. A hipertensão deu uma trégua. O pré-diabetes ficou no passado. E a apneia do sono, uma pausa perigosa na respiração durante a noite, deixou de ser parte da rotina. Mais do que perder peso, eles recuperaram algo ainda mais valioso: o fôlego. Quem mais se beneficiou dessa transformação foi a Piccola, que passou a contar com a disposição renovada do papai e dos dindos para acompanhar a energia inesgotável da infância.

Alexandre e Deive continuaram sendo uma dupla de peso, mas agora só no sentido figurado. Ganharam fôlego, disposição e saúde — o que seria importante, considerando os desafios que estavam à frente.

4

NEGÓCIOS SÃO SÓ NEGÓCIOS?

"Lambda, lambda, lambda, nerds! Aqui é Alexandre Ottoni, o Jovem Nerd, e eu vou sair da corrida dos ratos! "

A frase de abertura acima remonta aos primórdios do Nerdcast. Foi dita em 12 de outubro de 2007, no episódio "Nerd Rico, Nerd Pobre", motivado pela leitura que os três participantes daquele programa, Alexandre, Deive e Sr. K, haviam feito recentemente: o livro *Pai Rico, Pai Pobre*, de Robert Kiyosaki e Sharon Lechter. Lançado de forma independente em 1997, em pouco tempo foi adotado por famosos — Kiyosaki focou a promoção do livro em programas de rádio e TV, e o da apresentadora Oprah Winfrey foi a principal alavanca de vendas. Virou uma franquia de sucesso, transformando seus autores nos principais gurus de autoajuda do mundo financeiro.

Os três estavam lendo o livro e, como mencionamos antes, fizeram o programa inteiro sobre suas aventuras no mercado financeiro, tendo como pano de fundo um incentivo empolgado, quase apaixonado, para que os ouvintes saíssem da temida "corrida dos ratos". Um dos principais conceitos da obra, a corrida dos ratos é uma metáfora que os autores usam para descrever um ciclo de trabalho extenuante, sem fim e que não gera prosperidade, no qual a pessoa corre constantemente atrás do dinheiro para pagar despesas. Este ciclo vicioso levaria à exaustão física e mental, à estagnação e a uma sensação de não sair do lugar, impedindo a acumulação de riquezas e a conquista da liberdade financeira.

Os autores fariam dezenas de livros com "Pai Rico" no título e venderiam milhões de cópias. Na mesma época, Robert Kiyosaki publicou dois livros em co-autoria com Donald Trump, ainda apenas um empresário de sucesso, muito antes da carreira política. Em *Por que queremos que você fique rico* (2006), Kiyosaki e Trump incentivam o investimento em empresas de marketing multinível, ignorando o perigo das pirâmides financeiras. Cinco anos depois, em 2011, publicaram *O toque de Midas: Por que alguns empreendedores enriquecem e a maioria não chega lá*. Não explicavam que a principal resposta à pergunta do título seria a de que a meritocracia é uma farsa e a única maneira garantida de ser um milionário é herdar a fortuna de um "pai rico" e não aprender sobre como ele ganhou seus milhões. Kiyosaki passaria a ser assombrado por rumores sobre a falência de suas empresas e dívidas que passariam de 1 bilhão. Trump também sofreria escrutínio sobre falências e dívidas, mas viraria presidente dos Estados Unidos.

A base do pensamento dessa linha editorial é de que seria impossível ficar rico estudando e conseguindo um bom emprego: empreender seria o único caminho viável. Era justamente este o movimento que Alexandre e Deive estavam fazendo na época daquele primeiro programa sobre finanças, o de largar seus empregos para investir todo o tempo e dinheiro no Jovem Nerd. "Nerd Rico, Nerd Pobre" foi sucedido pouco depois pelo Nerdcast 89 ("Nerdca$h"), em novembro de 2007, sobre como ganhar dinheiro na internet. Em setembro de 2008, publicaram o Nerdcast 129 ("Os Piratas do Vale do Silício"), exaltando o espírito empreendedor de Steve Jobs na Apple e de Bill Gates na Microsoft. A partir daí, começaram a estruturar uma série de programas temáticos sobre empreendedorismo chamados de Expresso Empreendedor, com ajuda de Marco Gomes.

O primeiro Expresso Empreendedor foi o Nerdcast 203, publicado em março de 2010 com a seguinte descrição: "Conheça ideias que transformaram vidas, descubra que quebrar não significa fracassar, aprenda a correr antes de subir no trem, entenda a importância do networking e calcule seu coeficiente de felicidade!". Os dois seguintes, na mesma linha, foram publicados em janeiro de 2011, com Marco Gomes e outros dois empreendedores de sucesso, e em maio de 2012, com publicidade do SEBRAE.

No quarto Expresso Empreendedor, publicado em 18 de abril de 2014, os caminhos do Jovem Nerd se cruzaram com o de Flávio Augusto, em outra ponte feita por Marco Gomes, e o programa foi sobre a história do empresário brasileiro que saiu de vendedor de cursos de inglês para construir um império de empresas, incluindo um time de futebol, o americano Orlando City. Foi também o início de uma longa parceria. Flávio queria virar um guru do empreendedorismo no Brasil, lançou uma plataforma de cursos sobre o tema e patrocinou uma série de podcasts com Alexandre e Deive chamada Nerdcast Empreendedor. Foram 93 episódios publicados (praticamente) todos os meses entre janeiro de 2015 e maio de 2023. No começo, o foco eram dicas práticas e ensinamentos sobre abrir os próprios negócios. Com o tempo, passaram a ser intercalados com promoção dos negócios do patrocinador, presente em quase todas as edições, e no reforço de sua imagem de empresário de sucesso.

O Jovem Nerd cresceu e se multiplicou nesse período, expandindo sua presença na podosfera e no YouTube. Nesse caminho, venderam a loja e, depois, a própria empresa, um caso clássico de sucesso: crescer, lucrar e vender. Mas, dentro do Nerdcast e do NerdOffice, o público começou a notar, pouco a pouco, que a jornada de Alexandre e Deive havia tomado um desvio importante. A guinada ficou evidente quando o pensamento liberal na economia, tão presente nas conversas que cercaram a fase empreendedora do programa, passou a se confundir com o discurso político que sustentava a ascensão da extrema-direita no Brasil e no mundo.

Alexandre e Deive gostavam de História, mas nunca foram especialmente interessados em política. Uma das primeiras manifestações políticas claras dentro do conteúdo do Jovem Nerd foi um vídeo sobre os protestos que estavam ocorrendo pelo país em junho de 2013. As chamadas Jornadas de Junho começaram com protestos contra o aumento no preço das passagens de ônibus em Porto Alegre. Logo, outras reivindicações se somaram, como a revolta contra os custos da Copa do Mundo que aconteceria no Brasil no ano seguinte, e se espalharam por outras cidades brasileiras. Quando as forças policiais passaram a reprimir as manifestações com violência e as imagens dos abusos passaram a correr a internet, mais pessoas se juntaram aos protestos. O Twitter e o Facebook se consolidaram como arenas políticas, sem a mediação da imprensa, que precisou correr atrás para entender o que estava acontecendo.

No NerdOffice de 26 de junho de 2013, mencionaram os eventos históricos, a escalada de violência — grupos contrários se enfrentando, a forte repressão da polícia — e o porquê de não terem feito ainda um Nerdcast sobre o assunto, mesmo diante da forte cobrança dos fãs.

Deive (usando a máscara do personagem de *V de Vingança*): "O Brasil está pegando fogo! Era inevitável. É muita gente diferente, é muita coisa guardada... é horrível, mas é inevitável. (...) Tem acontecido muita coisa num período de tempo curtíssimo, do dia pra noite. E esse é o motivo por que a gente não vai fazer nenhum Nerdcast sobre isso por enquanto. A gente vai esperar acontecer mais coisas. Não vai ser daqui a um ano, claro.

Esse prometido Nerdcast temático nunca sairia.

Alexandre: "A gente está nas redes sociais direto falando sobre isso. No Twitter, no Facebook e tal... E estamos nas ruas também."

As consequências das Jornadas de Junho de 2013 ainda não foram totalmente compreendidas, nem mesmo pelos especialistas. Mas é inegável que uma delas foi o fortalecimento de movimentos políticos de extrema-direita, que transformaram o ódio à política em sua principal bandeira... política. Naquele momento, pesquisas de opinião registravam níveis recordes de desconfiança em relação a governantes, parlamentares e ao próprio judiciário. Esse caldo de insatisfação abriu espaço, em 2014, para a Operação Lava Jato, conduzida com apoio quase irrestrito da imprensa e, mais tarde, sequestrada por figuras que abandonaram os ritos legais para transformar a investigação em instrumento de perseguição política.

A base ideológica desse movimento estava ligada ao neoliberalismo, que prega que o mercado é o melhor organizador da sociedade. Privatizações, desregulação, abertura irrestrita ao comércio internacional e redução do papel do Estado foram apresentados por décadas como uma fórmula de liberdade, prosperidade e eficiência. Na prática, o modelo aprofundou desigualdades, precarizou relações de trabalho e alimentou frustrações sociais. Líderes populistas souberam canalizar esse descontentamento, atribuindo todos os males à corrupção e à "má gestão", ao mesmo tempo que deslocaram a responsabilidade sistêmica para um inimigo difuso: as minorias políticas, os imigrantes, os movimentos sociais. Tudo isso embalado na defesa de uma suposta identidade nacional, muitas vezes reforçada por um viés religioso, que legitimava ataques ao pluralismo e à própria democracia, e numa exaltação apaixonada aos empresários, milionários e bilionários, tidos como "revolucionários", ajudando a população contra a máquina corrupta do Estado.

Alexandre e Deive não faziam ideia disso na época. "É muito mais fácil enganar uma pessoa do que convencê-la de que ela foi enganada", diria Alexandre anos mais tarde. A conscientização política veio com clareza a partir das eleições de 2018, quando a massa que tinha saído às ruas sem bandeiras definidas e "contra tudo isso que está aí" foi obrigada a se posicionar contra ou a favor dos projetos de poder político oferecidos. A polarização virou regra na arena política, inflamada nas ruas, nos grupos de WhatsApp de amigos e familiares e, de forma especial, nas redes sociais. Não dava mais para ser "isentão". Com quase 58 milhões de votos — 55% dos votos válidos —, Jair Bolsonaro, um político profissional que pregava a antipolítica, foi eleito presidente do Brasil. A partir daí, ficou mais fácil perceber de que lado do muro eles tinham que ficar.

O Jovem Nerd nunca foi um espaço de debate político e talvez por isso o assunto tenha demorado a aparecer nos programas, mesmo que a indignação com os rumos políticos do país já fizesse parte das conversas familiares. Aos poucos, Alexandre, Deive e suas famílias começaram a entender mais sobre a origem das desigualdades, e sobre a importância de seus próprios privilégios — a famosa "consciência de classe". Diferentemente do que pregaram ao ler *Pai Rico, Pai Pobre*, nem todo mundo pode ser milionário só com esforço.

Com a pandemia de Covid-19, nos primeiros meses de 2020, ficou impossível não falar a respeito — como já havia acontecido em 2013, quando as manifestações de junho colocaram a política no centro de todas as conversas do país. A diferença era que, agora, Alexandre e Deive estavam mais preparados para encarar o tema. A postura do presidente foi de oposição a um dos valores mais cultivados no conteúdo do Jovem Nerd: a ciência.

Durante 2020, o presidente Jair Bolsonaro minimizou a gravidade da doença, chamou-a de "gripezinha" e rejeitou medidas de isolamento. Demitiu dois ministros da Saúde por discordarem de sua postura e entrou em confronto com governadores e prefeitos que implementaram restrições. Ao mesmo tempo, promoveu medicamentos ineficazes, transformando-os em política pública. Fez isso não por simples ignorância, mas como resposta direta à pressão de parte do empresariado brasileiro, que reagia com fúria a qualquer tentativa de intervenção estatal, incluindo nisso o SUS. Nos bastidores, mas também muitas vezes de forma escancarada, esses empresários exigiam que seus negócios permanecessem abertos e sem restrições, mesmo que o preço fosse a morte de milhares de pessoas.

No dia 20 de maio de 2020, Alexandre e Deive apresentaram um NerdOffice que se tornaria um ponto de ruptura. Intitulado "Presente Cyberpunk Distópico", foi um programa nascido da sensação de que o mundo havia virado ficção científica. Em plena pandemia, os dois desfiaram uma lista de acontecimentos reais — das ruas esvaziadas aos avanços tecnológicos acelerados, passando pela vigilância digital e pelas crises políticas — e os interpretaram como sinais de que já vivíamos dentro de uma distopia cyberpunk. O tom era de conversa solta, mas carregada de espanto: entre uma piada e outra, misturavam referências de filmes, livros e games às notícias do dia, construindo um mosaico em que a ficção e a realidade se fundiam.

No fim do vídeo, Alexandre inicia, em tom de desabafo, a primeira menção clara à condução política desastrosa de Jair Bolsonaro e de outros governantes com perfil autoritário, como Donald Trump, presidente americano, e Boris Johnson, primeiro-ministro do Reino Unido. O tema trazia comparações da realidade vigente com a do livro *1984*, de George Orwell, que retrata um governo autoritário que manipula a informação, reescreve a História e reprime as dissidências.

> Alexandre: "Outro dia, um monte de maluco estava jogando bexiga em cartaz, vaiando hospital, metendo o dedo na cara de uma enfermeira. Puta que pariu, isso não é *1984*? Isso não é o que a gente está vivendo agora, gente? Pelo amor de Deus. É a nossa realidade. A coisa mais perigosa que a gente está vivendo, de todas as brincadeiras que a gente fez aqui com o cyberpunk, é justamente isso: a forma de você negar a ciência, negar a realidade, criar uma narrativa. (...) Assim que se destrói reputações de pessoas que estão levantando a bandeira do perigo que é a pandemia e do perigo que são certos governantes. Certos governantes como Donald Trump. Certos governantes como Boris Johnson. Certos governantes como Jair Bolsonaro. Há muito tempo se fala sobre isso. E aí o que acontece? A realidade estoura na cara de todo mundo. E agora, o que a gente vê? Todo dia é uma loucura diferente de criar novas histórias, de negar a gravidade. Você vê todos os líderes dos principais países, dos Estados Unidos, do Reino Unido, do Brasil, dizendo que está tudo bem. E, enquanto isso, a comunidade científica falando 'não está tudo certo, vai dar merda isso'. E aí, quando a realidade explode na cara de todo mundo, ainda se nega, ainda se inventa história."

Nesse momento, Alexandre começou a elencar, dentro do histórico do que já foi publicado no conteúdo do Jovem Nerd, as razões pelas quais estavam assumindo aquela posição. De alguma forma, apesar da ignorância política, aqueles valores sempre estiveram lá, sempre foram importantes para eles.

Alexandre: "É claro que a gente está entendendo. Nós, que defendemos a ciência, nós que defendemos o pensamento crítico, o pensamento científico. A gente gravou tantos Nerdcasts sobre isso. A gente gravou Nerdcast sobre ditadura. A gente gravou Nerdcast sobre a ascensão de Hitler... esse a gente gravou em 2012. Uma coisa que é dita bem no início desse Nerdcast: todo mundo coloca na conta do Hitler, por ele ser o grande demônio da humanidade, dele ter feito o pacto com o diabo, dele ter sido o filho do cramulhão. Mas ele não fez sozinho. Ele chegou ao poder com comoção popular. Ele chegou ao poder porque a Alemanha estava quebrada economicamente desde a Primeira Guerra Mundial. Ele chegou ao poder aos aplausos. Ele chegou ao poder falando absurdos, com discursos fascistas, com discursos destruidores, com discursos de 'Alemanha acima de tudo'. Tudo isso aconteceu. Tudo isso foi mapeado pelo George Orwell, entendeu? George Orwell não é um vidente. Não é um futurólogo. Isso já aconteceu! E a gente fala sobre isso. (...) A gente foi em Auschwitz e gravou um vídeo lá pra fazer uma reflexão dos resultados absurdos, dos resultados mais extremos possíveis do que o fascismo pode fazer."

Alexandre voltou a falar sobre os líderes distópicos que estavam no poder, em referência ao Nerdcast sobre a ascensão de Hitler.

Alexandre: "A mensagem mais importante desse Nerdcast, que tem tudo a ver com o que a gente está vivendo hoje, é que um líder perverso como o que nós temos hoje, um líder terrível como o que os Estados Unidos têm hoje... Esses líderes chegam ao poder como sintoma de uma doença social. Porque as pessoas que votaram nesses caras continuarão votando e procurando outro fruto dessa árvore. E se não acharem nos filhos, vão achar em outra figura que vai se erguer com esses mesmos discursos. A solução pra gente sair desse futuro distópico que virou um presente distópico — e sem carros voadores, Azaghal... nem isso a gente tem! — é a gente se informar e desenvolver pensamento crítico. Isso é o que a gente tenta fazer no Jovem Nerd, através do Nerdologia, através dos nossos nerdcasts de História, através das nossas análises racionais da realidade. (...) Talvez nem todas as pessoas que estejam alucinadas nesta onda fascista que vivemos sejam convertíveis. Mas a ideia é aplicar esse tipo de pensamento para que a pessoa chegue à conclusão por ela mesma: sobre que mundo louco nós vivemos e sobre que mundo nós queremos construir daqui pra frente. Certamente é um mundo longe dessa doença social que é o fascismo. E com carros voadores, por favor."

Lembraram, no recado final, de um empresário bilionário que tinha sido muito defendido em conteúdos do Jovem Nerd como bom exemplo e que estava fazendo coro com o empresariado, minimizando a pandemia e fazendo pressão para suspender a quarentena e retomar os negócios e os lucros.

Alexandre: "Até o Elon Musk virou vilão, Azaghal!"

Deive: "Não é de hoje que eu tô
falando desse cara aí... não é de hoje..."

Alexandre: "Azaghal tem razão."

Assim que acabaram de gravar o desabafo no escritório na casa de Alexandre, em Orlando, Alan, que estava na sala e ouviu tudo em silêncio, ficou surpreso — e feliz — com a atitude do pai e do tio. Mas desconfiou:

"Vocês vão falar isso tudo mesmo?," perguntou Alan.

Sim. E seria apenas a primeira vez. O programa teve quase meio milhão de acessos e um número de comentários muito acima do normal, ultrapassando os 5 mil. As discussões ficaram quentes, e muita gente cancelou a inscrição. Mas o número de novos inscritos também foi grande. A partir daí, comentários políticos ficaram muito mais comuns no Nerdcast e no NerdOffice. E não houve mais defesas de empresários bilionários. Muito pelo contrário.

Teve até quem os chamasse de comunistas... mesmo que eles, nessa época, já estivessem morando em um dos lugares menos comunistas do mundo.

5

MUDANÇA DE ARES

Alexandre, Agatha e Andreia voltavam para casa tarde da noite, depois de um dia intenso no escritório de Curitiba, quando dois homens se aproximaram, um de cada lado.

Faziam esse caminho a pé quase todos os dias, pois moravam perto do trabalho. Alexandre e Agatha estavam conversando, alheios ao perigo. Andreia chegou a perceber a aproximação, mas hesitou e, logo, um dos homens estava apertando uma faca em sua barriga.

"Vou te furar!", sussurrava o homem com a faca, enquanto o outro exigia dinheiro e pertences.

"Não faz isso, amigo. A gente é trabalhador, está voltando pra casa, cansado", disse Andreia. Se fosse no Rio de Janeiro, nunca tentaria dissuadir os bandidos. Mas achou que em Curitiba, bem mais pacífica, valeria a pena negociar. Ganhou a confiança de seus interlocutores quando um caminhão parou na esquina onde estavam e, percebendo a movimentação estranha, questionou o grupo.

"Tá tudo bem aí, moça?", disse o caminhoneiro.

"Tá tudo bem, estamos entre amigos aqui."

O assalto continuou em outro tom.

"Tira a faca da barriga dela", ordenou um dos bandidos ao comparsa que havia rendido Andreia. Saíram de lá com alguns trocados.

Quando decidiram morar em Curitiba em 2008, procuravam uma cidade com a infraestrutura de uma grande capital, mas sem a violência do Rio de Janeiro. Com o passar dos anos, perceberam que também seria difícil se sentirem seguros na capital paranaense, e que isso provavelmente aconteceria em qualquer grande capital do país. O episódio da faca fez com que mudassem a rotina. Ficavam até tarde no escritório trabalhando e achavam normal voltar andando. Depois do assalto, passariam a fazer o curtíssimo trajeto de carro nos dias de serões noturnos. A sensação de insegurança adiantou um sonho antigo de todos: morar fora do país.

A mãe de Alexandre trabalhava com turismo e ele, desde cedo, teve a oportunidade de visitar a Disney e se encantar com aquele mundo mágico. Além disso, cresceu consumindo a cultura pop dos Estados Unidos, um trabalho de *soft power* exercido com maestria pelo Tio Sam. Desde que começou a namorar Agatha, ainda na adolescência, passou a fazer planos com ela de como seria viver fora do Brasil.

Deive, filho de imigrantes e apaixonado por viagens, sempre quis ter a experiência de mora em outro país. Desde que passou a dividir a vida com Andreia, também dividiu com ela o sonho de se aposentar na Europa.

O nascimento de Piccola em 2014 acabou tornando os planos ainda mais urgentes. Fosse no Rio ou em Curitiba, Alexandre e Agatha sempre tinham morado em apartamentos em ruas movimentadas. Queriam criar a filha em uma casa com quintal. Se quisessem viver essa experiência no Brasil, em um lugar no qual fosse viável tocar a empresa, teriam que morar na redoma de cancelas e seguranças de um condomínio. Mas não fariam nada sozinhos. Naquela ocasião, já moravam todos em Curitiba, no mesmo andar, e Piccola tinha livre circulação entre a casa dos pais e a dos dindos e primos. Não faria sentido viver sem esta proximidade. A partir de 2014, estavam oficialmente começando a pensar juntos no sonho de morar fora.

A Flórida — "o estado mais ao norte do Brasil", como dizia Deive — era uma escolha natural. Quando visitavam os amigos JP e Francine ou Mari e Pati Mafra, que moravam lá há muitos anos, percebiam que o lugar era tranquilo para criar os filhos. Quando visitaram a Disney em 2010, André, então com 11 anos, chegou a chorar na hora de voltar ao Brasil e pediu para morar com os amigos dos pais.

O lugar também fazia sentido para os negócios. Estar nos EUA significava se aproximar do mercado internacional e abrir caminhos para novas oportunidades. Estariam a poucas horas de grandes eventos de cultura pop e dos grandes estúdios de cinema, com mais chances de participar das *junkets* e visitar sets.

Começaram a estudar a burocracia que envolvia a mudança. Como fariam para transferir a empresa? Como seria o pagamento dos impostos? Que tipo de visto as famílias precisariam para imigrar? Onde teriam condições de morar, de acordo com a realidade financeira do Jovem Nerd? Deive e Andreia viajaram para a Flórida e ficaram em uma casa alugada, para sentir como seria morar lá de verdade. Tudo estava sendo pensado com muito cuidado... mas também muito lentamente.

Mari Mafra resolveu entrar em campo, assumindo a missão de trazer os parceiros de negócios que haviam virado grandes amigos para perto. A coisa só andou quando ela percebeu que, para fazer aquele pessoal se mexer, teria que convencer Andreia. O ápice da estratégia de Mari foi durante o casamento de amigos em comum. Ela colou em Andreia e, entre taças de champagne, trouxe argumentos emocionais e práticos, incluindo o contato do escritório de advocacia especializado em imigração que havia cuidado de seu processo anos antes. Ficaram bêbadas, porém decididas.

O fatídico casamento foi em julho de 2016. Três meses depois, em setembro de 2016, Andreia tirou uma foto ao lado da placa escrito "Sold" ("Vendido") nos terrenos que escolheram para viver. Escolheram a dedo, na planta de um condomínio. As casas ficariam de frente para ruas diferentes, com os fundos se encontrando, formando um grande quintal compartilhado. Uma evolução tremenda em relação ao corredor de Curitiba.

A partir daí, os dois núcleos familiares — Alexandre e Agatha, Deive e Andreia — passariam a focar em duas etapas importantes: construir suas casas e conseguir seus vistos.

A primeira parte foi mais simples. Cada terreno precisava ser combinado a um modelo de casa, e só um deles estava pronto para visitação. As demais opções existiam apenas no papel. Escolheram a casa que puderam ver de pé, com dois andares e quartos bem distribuídos. Depois veio a etapa mais desgastante: o "dia do design". Em poucas horas, tiveram de decidir tudo — pisos, tintas, puxadores, armários e até os eletrodomésticos, da geladeira ao fogão —, entre poucas opções pré-fabricadas, ou aceitar o modelo mais básico. Apavorados com a ideia de errar, preferiram equipar tudo de uma vez, copiando boa parte da casa modelo. A sorte é que Andreia, sempre meticulosa, tinha conseguido no dia anterior uma lista completa dos eletrodomésticos e chegou sabendo exatamente o que pedir.

Cinco meses depois, no começo de 2017, as duas casas já estavam construídas e tornaram-se fontes de despesas extras. Além das taxas de condomínio, precisavam deixar o ar-condicionado sempre ligado, mesmo com as casas vazias: além de climatizar, o aparelho tinha a função a de controlar a umidade, muito grande na Flórida. Sem o ar ligado, as casas ficariam mofadas em poucos dias.

Ainda precisavam do visto. Para isso, consultaram o advogado indicado por Mari. O escritório tinha fama de só aceitar casos com boas chances de aprovação, e o advogado não hesitou: o deles tinha ótimas chances. A base do processo seriam cartas de recomendação e provas de "habilidades extraordinárias". Vieram declarações de gigantes como Facebook, YouTube, Sony, Warner e Paramount, além de amigos importantes que fizeram nos anos de Jovem Nerd, como o escritor Paulo Coelho e o empresário Giuseppe Áquila, dono da Montegrappa.

Enquanto o processo andava, foram comprando o que faltava on-line: móveis extras como camas e mesas, além de lençóis, toalhas, cortinas... Entre os poucos que sabiam da mudança, estava o amigo e criador de conteúdo Carlos Mondadori, o Carlinhos Troll. Na época, ele tinha um galpão para sua empresa, que virou extensão da mudança: tudo o que compravam deixavam lá. Quando a mudança definitiva chegou, foi só transportar o acervo já acumulado, um estoque silencioso esperando a vida nova.

O visto de Alexandre e Agatha acabou saindo antes do de Deive e Andreia por pura burocracia: cada família era tratada como um processo distinto e, como existe um limite de vistos emitidos a cada ano, o deles entrou no lote de 2018, enquanto o de Deive e Andreia só viria em 2019. Isso significava que não podiam esperar e, assim que o documento saísse, tinham que embarcar.

No dia 5 de novembro de 2018, data que Agatha jamais esqueceria por causa da frase clássica "Remember, remember, the fifth of November", que aparece em *V de Vingança*, pisaram em solo americano. A mudança foi uma operação complexa. Morando de aluguel em Curitiba, precisaram desfazer-se de quase tudo. Passaram os últimos dias na casa dos pais de Agatha, enquanto o apartamento era entregue. No dia da despedida, Agatha voltou sozinha ao apartamento vazio. O cenário lembrava a cena final da série *Friends*, quando Monica deixa as chaves no balcão e fecha a porta. Ali tinha sido o lar onde a Piccola nasceu; o quartinho cuidadosamente montado estava agora despido, as paredes repintadas para a entrega. Sabia que nunca mais voltaria.

Quando o avião decolou de Curitiba rumo a São Paulo, Agatha chorou. A sensação era a de deixar uma vida, como se subisse aos céus para se despedir de tudo o que conhecia. O choro vinha misturado ao luto recente pela morte de um tio, ao vazio da casa desfeita e à certeza de que nada mais seria como antes. Ao lado, Alexandre parecia sereno, quase aliviado. "Você está emocionada?", perguntou. Agatha tentou explicar que adorava Curitiba e a rotina que tinha ali. Mesmo com uma casa nova esperando na Flórida, a mudança trazia um peso que entusiasmo nenhum resolvia.

A chegada escancarou esse choque. A casa estava vazia, exceto pelas camas. Sem cortinas, improvisaram papelões nas janelas com fita adesiva. A primeira noite foi de exaustão. Ao acordar, parecia que haviam cruzado uma linha invisível. A vida nova começava, com tudo o que vinha junto dela. Agatha reconhecia em si mesma uma resistência a mudanças; foi assim até no casamento, quando Alexandre precisou insistir para não adiarem mais um ano. Agora, diante da mudança definitiva, o impulso dele se repetia: "Vamos logo", dizia, enquanto ela ainda buscava se adaptar.

Nos meses seguintes, a ausência de Andreia e Deive ampliou a sensação de isolamento. A solidão era quebrada apenas pela proximidade de JP e Francine, que se tornaram o principal apoio. Com filhos de idades próximas a da Piccola, Francine ajudava a brincar com a menina, então com quatro anos. Para Piccola, a mudança teve outro peso. Sem raízes profundas no Brasil, encarou como uma aventura. Rapidamente criou vínculos nos Estados Unidos. Em casa, a regra era falar português para manter a língua viva, mas aos poucos passou a pensar em inglês e a se expressar melhor nele. Seus amigos e suas memórias foram se formando ali. Para ela, aquela casa, aquela cidade e aquele país deixaram de ser novidade e se tornaram um lar. Não demorou muito para ter, também, os dindos por perto.

O visto de Deive e Andreia saiu no início de 2019, e a mudança aconteceu no domingo de Páscoa, 21 de abril daquele ano. Para Andreia, a ansiedade da viagem vinha carregada de expectativa positiva misturada com tristeza por Alan, o filho mais velho, ter decidido não ir. Estava na faculdade e em um relacionamento, e escolheu ficar no Brasil. Foi difícil se afastar do filho, mas em breve ele também se mudaria para a Flórida.

Houve ainda uma adaptação menor, mas curiosa, que demoraria para ser percebida pelos fãs. À época, Andreia estava bastante ativa no IGTV, a tentativa do Instagram de emplacar vídeos longos para disputar com o YouTube — numa ironia que anos depois seria invertida, quando o YouTube lançaria os Shorts para enfrentar os vídeos curtos do Instagram. No IGTV, Andreia se divertia mostrando cenas da sua rotina em vídeos quase diários. Com a mudança, porém, tudo precisou parar abruptamente: a ida para os Estados Unidos era segredo absoluto. Para quem acompanhava seu conteúdo, os vídeos simplesmente desapareceram, sem nenhuma explicação.

Enquanto as famílias ainda estavam separadas, Alexandre e Deive gravaram todos os programas à distância — ele de Curitiba, Alexandre já na Flórida. No NerdOffice, o truque era a edição mágica de Gaveta, que colava os dois digitalmente no mesmo cenário. Para o público, nada foi dito: Alexandre e Deive conheciam a comunidade, receosa de mudanças que poderiam afetar o conteúdo que amavam. A tática do silêncio não era novidade. Quando o Nerdcast passou a ser editado por Leo Lopes, anos antes, só revelaram a troca dez episódios depois, quando tinham certeza de que ninguém havia notado — muito menos reclamado. Com a mudança para os Estados Unidos, o raciocínio foi o mesmo: manter segredo até que tudo estivesse sob controle.

Só revelariam em 4 de agosto de 2021. Em plena pandemia, preocupados em estimular a vacinação, tiveram de esconder que já estavam imunizados — a vacina chegara mais cedo nos EUA — porque, se mostrassem, poderiam ser acusados de "furar a fila". Era um bom motivo para, finalmente, anunciar a mudança. Quando confessaram, fizeram questão de falar ao público que quase ninguém tinha percebido. Apenas uns poucos, como bons detetives, desconfiaram de detalhes: uma tomada no formato americano que aparecia ao fundo de uma imagem, ou a semelhança da casa com as dos vídeos do canal Realidade Americana, de Carlinhos Troll, que usava o mesmo molde.

O vídeo publicado no canal, com o título direto "Mudamos para os EUA (não é bait)", foi a revelação oficial. A mensagem era simples: nada havia mudado e tudo estava bem na casa Jovem Nerd...

Mesmo que lá fora, nesta época, o mundo estivesse de cabeça para baixo.

6

O ASSUNTO FICOU SÉRIO

No começo de 2020, quando o mundo ficou de cabeça para baixo, a ciência se tornou uma arma importante. O Jovem Nerd teve sua participação nesse movimento, não só através das palavras dos próprios donos, mas ao dar espaço para um divulgador científico que foi crucial nessa época sombria.

Em 2009, Atila Iamarino e Paloma Sato tentavam montar um armário, ouvindo um podcast para amenizar a tarefa. Estavam de mudança dentro do bairro do Butantã, em São Paulo, perto da Universidade de São Paulo, onde os dois faziam doutorado — ele estudava a evolução do vírus HIV, e ela, a cana-de-açúcar transgênica. Nas caixas de som tocava o episódio 144 do Nerdcast, "A História da Terra", com participação de Caio Lúcio Boiteux, o Bluehand, e Eduardo Spohr, ainda sob o pseudônimo de Vince Glotto, além de Alexandre e Deive. A descrição do episódio dizia: "Neste podcast: aprenda como acender uma fornalha de fusão nuclear, conheça as fases mais quentes e geladas do nosso planeta, entenda porque as rochas e o chumbo não mentem e não esqueça de venerar os estromatólitos todos os dias!".

Alexandre: "Estamos aqui para falar de um assunto espetacular, Azaghal."

Deive: "Sim, fui eu que dei a ideia."

Aquele seria o primeiro Nerdcast de ciências, e foi proposto por quem menos se envolvia com o tema. O papo foi divertido e nenhum especialista falou, um exemplo perfeito de uma obsessão de Atila: como comunicar a ciência de forma eficaz para o grande público? Paloma foi a primeira a transformar em discurso a oportunidade óbvia que se apresentava. "Você devia estar aí participando com eles", disse.

Atila já acompanhava o Nerdcast desde pelo menos 2007. Mas pela primeira vez sentiu que podia aplicar seu conhecimento ao que estava ouvindo. O podcast chegou a ele por recomendação de duas pessoas que tiveram papel importante no início de sua trajetória como divulgador científico: o designer Victor Vasques, do blog Com Limão, e o biólogo Rafael Bento Soares, conhecido como Fafá, do blog RNAmensageiro. Os dois apresentaram o mundo dos blogs, a "blogosfera",, a Atila, e o Nerdcast foi o exemplo maior.

O primeiro blog de Atila, em 2007, foi o Transferência Horizontal. Ele logo virou Rainha Vermelha, porque quase ninguém sabia o que era transferência horizontal — quando um organismo recebe DNA de outro sem ser por herança dos pais. Quase ninguém sabia também o que era Rainha Vermelha (uma teoria evolutiva do biólogo americano Leigh Van Valen), mas pelo menos era uma menção à personagem de *Alice através do espelho*. Fafá ensinou Atila a fazer um blog e logo ele começou a trocar mensagens e comentários com outro blogueiro de ciência, o também biólogo Carlos Hotta, do Brontossauros em meu Jardim. Dessas conversas nasceu a Lablogatórios, a primeira rede de blogs de ciência do Brasil, que logo passaria a representar aqui a gringa ScienceBlogs, como ScienceBlogs Brasil.

Em janeiro de 2009, no mês do lançamento do Nerdcast 144 sobre a História da Terra, foi realizada em São Paulo a segunda edição da Campus Party Brasil. Alexandre e Deive estavam lá para dar uma palestra sobre podcasts — a mesa foi mediada por Cris Dias e era composta também por Maestro Billy e Maria Fernanda Bastos (Estúdio Mellancia e ABPod) e Guilherme Felitti e Daniela

Braun (Podcast IDG Now!). Os biólogos blogueiros Atila Iamarino e Carlos Hotta participaram de um painel sobre divulgação científica e apresentaram o ScienceBlogs Brasil para o público. Atila aproveitou para conhecer suas referências em podcast e tentar vender seu peixe.

Tratou os dois como amigos íntimos e deu seu feedback sobre o episódio que acabara de ouvir para Alexandre, que parecia mais inclinado às ciências: "Gostei muito do episódio que vocês fizeram sobre a História da Terra, eu acho que vocês deviam chamar um cientista para participar. Se vocês quiserem, eu sou um cara que estuda vírus e acho que vocês deviam fazer um episódio sobre vírus e bactérias. Eu preparo uma pauta para você". Alexandre mostrou-se muito solícito com o fã que acabara de conhecer, e deixou uma palavra de incentivo, o suficiente para convencer o interlocutor. "Ah, legal, pensa numa pauta aí!", respondeu. Atila deixou seu contato com Alexandre e, nos dias seguintes, fez uma pauta detalhada falando sobre vírus e bactérias. Alexandre não ligou de volta.

Podia ficar por isso mesmo, mas um convite em outubro de 2009 mudou tudo. Jonny Ken, veterano de Atila no curso de Biologia da USP, tinha um podcast e precisava de um especialista para falar sobre o tema "vírus é vida?". O Decodificando era feito por Jonny — que tinha abandonado a Biologia para empreender na internet com o Migre.me, o primeiro e mais popular encurtador de URLs brasileiro — junto com a bióloga Amanda Wanderley e a advogada Danielle Toste. A pauta juntava as especialidades dos três, um balanço pouco comum na internet, mesmo hoje. "O podcast que fala de código genético, código jurídico e código-fonte", falava Jonny na apresentação.

Atila aceitou o convite e participou da edição 22, "Vírus, castração química e algas". Na parte "vírus", os hosts do podcast leram uma pergunta enviada para Amanda, a bióloga do grupo: "Como se classificam os vírus hoje em dia?".

> Amanda: "Pra gente discutir melhor, eu achei melhor a gente ligar pro Atila, que escreve o Rainha Vermelha. Ele trabalha com vírus".

Atila começou a explicar o assunto, usando como base a pauta detalhada que tinha feito para o Jovem Nerd quase 10 meses antes.

Jonny: "Vírus é vida?"

Atila: "Depende. Depende do que você considera vida."

A ligação falhava, o som de sua voz pelo fone estava sofrível, mas estava ali, desde sua primeira participação em um podcast, o carisma envolvente e o tom do professor legal da escola, aquele que consegue explicar até os assuntos mais complicados.

Foi dando aula que Atila percebeu o impacto transformador da educação. Durante a graduação, lecionou em um cursinho comunitário voltado a jovens e adultos. Não era como dar aula para quem prestava vestibular por obrigação ou por pressão da família. Os alunos do cursinho viam a universidade como uma chance de mudar de vida. O interesse era genuíno e a troca, profunda. O compromisso em ajudar aquelas pessoas a atravessar o portão da USP o marcou e, quando deixou o cursinho por causa das exigências do mestrado, sentiu falta. Foi quando Rafael Fafá sugeriu: "Por que você não escreve num blog?". A vontade e o talento para o ensino encontraram um novo caminho na internet.

Atila fez mais participações no Decodificando e em outros blogs da época. Tinha também um blog na Biblioteca Virtual em Saúde (BVS) para falar de H1N1, vírus famoso na época pela pandemia da "gripe suína". Foi a primeira vez que aquela geração passou a usar máscaras nas ruas para evitar o contágio, principalmente no México, onde os primeiros casos foram identificados. Por causa disso, muita gente passou a chamar a doença de "gripe mexicana", o que impulsionou comportamentos xenofóbicos. As semelhanças com a pandemia que mudaria o nosso mundo 10 anos depois não são coincidência.

No começo de 2011, Jonny Ken, que tinha se aproximado dos sócios do Jovem Nerd, recebeu uma ligação de Alexandre. Eles queriam que Jonny participasse de um programa que estavam planejando sobre a teoria da evolução das espécies. Jonny topou, mas tinha mudado havia muito tempo da Biologia para Tecnologia. Lembrou do colega de USP e chamou Atila para participar com ele. Atila topou na hora. Alguns dias depois, o próprio Alexandre ligou para Atila, fazendo uma espécie de pré-entrevista para explicar a dinâmica do programa e dizer do que se tratava, para o convidado novo não ficar deslocado no clima de mesa de bar que o Nerdcast inaugurou na podosfera brasileira. Alexandre não se lembrava de Atila, muito menos que ele tinha se oferecido como convidado durante o rápido encontro que tiveram na Campus Party de 2009. "Eu já falei com vocês", revelou. A resposta ao convite oficial foi mais simples: "Quero, quero muito".

Seria o segundo episódio de ciência do Nerdcast. O programa teria o time do primeiro, Bluehand e Eduardo Spohr, e também traria Jonny Ken e Marco Gomes. Todos, de certa forma, afeitos aos assuntos científicos, como Alexandre Ottoni. Atila se preparou para a gravação com um objetivo secreto: precisava provocar alguma reação em Deive, que seria como um daqueles aluno difíceis e dispersos, não muito interessado em biologia, que ele tentava conquistar nas aulas do pré-vestibular. A apresentação de Deive no episódio casou perfeitamente com suas intenções.

Deive: "Aqui é o Azaghal, e uma professora de biologia me disse uma vez que eu ia chafurdar na lama (...) eu tava escrotizando demais a aula dela."

Alexandre justificou a presença de Atila entre os antigos amigos.

Alexandre: "Nós estamos aqui com Jonny Ken, que é um biólogo de araque, mas o Atila é um doutorando em biologia, né?"

Atila: "Eu faço Microbiologia. Meu doutorado é sobre a evolução do HIV."

Atila aproveitou a chance e falou do Rainha Vermelha, seu blog, que fazia parte da "rede de vários blogs de ciência" ScienceBlogs Brasil.

Deive: "Blogs de ciência... quem diria... Blog de ciência... 'Hoje o meu macacão rasgou... foi foda'".

Todos riram. Mas o "aluno difícil" ficou curioso com o nome do blog do convidado, Rainha Vermelha, e perguntou o que era — por acaso, uma teoria evolutiva, o tema do programa. "Olha só!", exclamou. O objetivo de Atila tinha sido alcançado nos primeiros segundos.

Seus truques de sala de aula continuariam a fazer milagres com seu novo aluno, mesmo que ele ficasse fazendo piadinhas, como durante uma explicação sobre características que o ser humano perdeu no caminho evolutivo.

Deive: "Tem gente que nasce com rabo, né?"

Atila: "Tem! E tem gente com rabo que até mexe! O Goku."

Os participantes caíram na gargalhada com a referência ao personagem principal do anime *Dragon Ball*, que tem uma cauda no começo da série. Deive foi fisgado instantaneamente.

Deive: "Tem muita gente que mexe o rabo..."

Como se fechasse um ciclo, o próximo episódio de ciência, lançado em outubro de 2011, não só teve a participação de Atila como foi baseado na pauta que ele havia preparado para Alexandre logo após a Campus Party. No Nerdcast 283, "Vírus, bactérias e macacos", Atila dividiu o microfone com Jonny Ken, Bluehand e Tucano. A partir dali, tornou-se membro fixo do que passou a ser conhecido como o "time de ciência" do podcast. Mais do que isso, passou a influenciar o elenco dos episódios científicos, trazendo para o programa nomes vindos dos "blogs de ciência". Se ele não dominava o tema, conhecia alguém perfeito para falar a respeito. Alexandre não duvidava do conhecimento técnico das indicações, mas queria se certificar de que a pessoa falava bem e não estragaria a dinâmica de mesa de bar do Nerdcast. Atila assumiu a responsabilidade e acertou muito mais do que errou. No episódio 324, sobre o bóson de Higgs (apelidado, para desespero dos cientistas, de "partícula de Deus"), o convidado de Atila foi o físico Caio Gomes, do blog Ars Physica, que estreou e nunca mais saiu do elenco. O mesmo aconteceria com Ana Arantes, a Aninha, psicóloga e autora do blog O Divã de Einstein (entre outros), que entrou para o time no episódio 429, sobre o filme *Divertidamente*, para ficar.

Atila ia experimentando, aos poucos, os limites de seu alcance como divulgador científico. Em 2013, um e-mail de Alexandre fez com que ele vislumbrasse uma nova fronteira.

O e-mail de Alexandre havia sido enviado para os colaboradores contumazes de ciência do Nerdcast com um pedido especial. O Jovem Nerd tinha uma atração no NerdOffice, chamada Nerdologia, que até então era focada em uma exploração nerd de polêmicas de filmes e séries. Porém, Alexandre achava que ela tinha potencial para abrigar conteúdo com respaldo científico feito por cientistas, como eram os Nerdcasts de ciência. De fato, a identidade visual da atração, criada por Gaveta, mostrava um quadro negro em que as teorias eram explicadas com palavras e setas em giz branco, como uma aula sobre o assunto.

Foram cinco tentativas de emplacar o quadro: em 23 de junho de 2011, o tema foi a polêmica do compositor de trilhas sonoras James Horner, acusado de autoplágio. Em dezembro de 2011, fizeram uma análise de um pôster fake do filme *Os Mercenários 2*; em março de 2012, destrincharam os erros científicos de *Matrix*; em junho de 2012, explicaram por que acharam o filme *Prometheus* uma porcaria; e, em abril de 2013, fizeram um apanhadão de coisas que ninguém havia entendido nos filmes *Indiana Jones*, *Inteligência Artificial* e, novamente, *Matrix*. Era interessante, mas estava estagnado. Será que a turma de ciências tinha alguma ideia para o Nerdologia?

Atila ficou animado com a possibilidade e perguntou se poderia mandar um programa inteiro. Tinha acabado de defender seu doutorado e estava prestes a viajar como pesquisador para um pós-doutorado nos Estados Unidos, mas tinha tempo. Acabou escrevendo um roteiro sobre o que poderia causar uma infecção zumbi no mundo real, baseado principalmente nas infecções virais, sua especialidade, e em filmes recentes da cultura pop, como *Contágio* (2011) e *Guerra Mundial Z* (2013). Gravou em vídeo de forma tosca, sem aparecer, mas narrando e passando slides, como se fosse uma aula. Ficou com cerca de 4 minutos. Mandou. Deive respondeu, animado, que aquilo era mais que um vídeo. Tinha potencial de virar um canal.

A ideia casava com o novo empreendimento que Alexandre, Deive e Mari Mafra estavam criando naquele ano de 2013: a Amazing Pixel. No começo do ano, um pouco antes da viagem que os três fizeram para a Nova Zelândia, Alexandre e Deive receberam um convite para um jantar de negócios sobre uma proposta de criar uma network no Brasil. As networks do YouTube — ou MCNs (Multi-Channel Networks) — eram empresas que se associavam a vários canais da plataforma com a promessa de ajudar na monetização, crescimento de audiência e acesso a recursos exclusivos, ficando com uma porcentagem do lucro do criador de conteúdo. Alexandre e Deive ficaram interessados na proposta, mas ligaram para Mari. Se fizessem aquilo, seria com ela, uma prova de lealdade que ela nunca esqueceria. Mari os acompanhou no jantar, ouviram a proposta e não gostaram. Saíram de lá decididos: iriam criar a própria network. “Com jogos e prostitutas”, brincavam, em uma referência a uma frase famosa do personagem Bender na animação *Futurama*. Por algum tempo, o novo empreendimento teve o nome provisório de Bender Network.

Na época, o Jovem Nerd estava sendo muito assediado para entrar com seus programas em uma network. Em encontros com outros criadores de conteúdo, perceberam que muitos estavam assinando contratos com esse tipo de empresa e sendo abandonados à própria sorte. Alexandre, Deive e Mari usaram isso como incentivo para fazer diferente. A Bender Network viraria a Amazing Pixel, em homenagem ao velho blog de Deive Pazos.

Ao contrário das outras, os três sócios queriam criar uma espécie de anti-network. Em vez de assinar canais em massa, preferiam escolher a dedo tanto os convites que fariam quanto os que aceitariam. O foco, desde o início, seria desenvolver os próprios canais e, com eles, impulsionar a expansão do YouTube no Brasil. Entre os primeiros a entrar estavam os canais de Rodrigo Fernandes, o Jacaré Banguela; o Matando Robôs Gigantes, de Affonso Solano, Beto Estrada e Diogo Braga; e o Nostalgia, de Felipe Castanhari — além, é claro, do Jovem Nerd. Novos projetos também nasceram ali, como o canal de animação Toró de Miolo, coproduzido com o Studio Pyx e com dublagem do amigo Guilherme Briggs, e o canal de culinária Maravilhosa Cozinha de Jack, comandado por Fernando Russell, o

Tucano. Foi nesse contexto que a ideia de programa enviada por Atila Iamarino começou a ganhar força: o momento era perfeito para transformar o Nerdologia, até então parte do NerdOffice, em um canal independente. Mas seria preciso convencer o próprio Atila.

De viagem marcada, Atila gostou da ideia, mas achou que ia ser para mandar um vídeo como aquele dos zumbis eventualmente. Nada disso. O programa precisava ser semanal, disseram Alexandre e Deive. Atila negou. Com a pesquisa para tocar fora do Brasil, seria impossível fazer aquilo com tanta frequência. Tinha penado para fazer o primeiro, com apenas 4 minutos, e nem tinha ficado muito bom. Com tanta frequência, seria impossível. Só foi convencido quando os sócios do Jovem Nerd contaram que ele só precisaria fazer o roteiro e mandar os programas em áudio, que os editores e animadores fariam o resto. Depois de pensar muito, acabou topando.

A ideia foi anunciada ao público em um vídeo no dia 4 de outubro de 2013. A base da identidade visual foi a mesma criada por Anderson Gaveta para o NerdOffice, mas arte e a edição logo seria assumida pelo Estúdio 42. Alexandre e Deive foram os diretores e, ao lado de Mari Mafra, produtores do canal via Amazing Pixel. O roteiro e a apresentação foram de Atila Iamarino. O primeiro Nerdologia lançado em canal próprio foi a pauta sobre o levante zumbi, sua ideia original. "As infecções são realistas? O que é possível de acontecer, e o que é pura fantasia? Um animal normal poderia nos infectar? E os cientistas malucos e suas soluções milagrosas, estão certos?", eram as perguntas da descrição a serem respondidas no vídeo. As previsões de Atila deram muito certo. O primeiro vídeo passou de 1 milhão de acessos, e os demais acompanharam a tendência, estabelecendo uma média impressionante de views, principalmente para um canal recém-nascido. O número de inscritos disparou.

Era um momento prolífico do YouTube brasileiro. Em 2015, uma reportagem do *El País* destacava o "fenômeno dos youtubers, uma geração de jovens que gosta de se comunicar através de vídeos na internet, seja para falar sobre música, para mostrar como se joga um game, ensinar uma receita ou fazer um tutorial de maquiagem." Os maiores canais brasileiros da época em número de inscritos eram de humor — Porta dos Fundos, Parafernalha e Galo Frito — ou de vloggers — Kéfera, Felipe Neto e Cauê Moura —, com uma recente ascensão de canais gamers, como o VenonExtreme e o Coisa de Nerd. Com muitos canais crescendo ao mesmo tempo, o principal parâmetro de sucesso era romper a marca de 1 milhão de inscritos, o que rendia uma placa especial do YouTube.

Segundo dados da época no VidStatsX, que media a corrida de inscritos em tempo real, o Jovem Nerd foi o 40º canal brasileiro da história a alcançar a marca de 1 milhão de inscritos, em dezembro de 2014. E precisou de oito anos e mais de 400 vídeos para o feito. Três meses depois, no dia 27 de março de 2015, o Nerdologia foi o 60º canal brasileiro a bater essa marca, e precisou de pouco mais de um ano e 74 vídeos. Na sua categoria, de canais dedicados à ciência, foi o segundo brasileiro milionário, atrás apenas do Manual do Mundo, de Iberê Thenório e Mariana Fulfaro. E todo mundo conhecia a cara do Iberê e da Mari. Atila era, até aquele momento, apenas uma fotografia no comecinho dos vídeos. Ou a voz nos nerdcasts de ciência.

A rotina de Atila em 2014, o ano de crescimento no canal, era estudar e fazer os experimentos de seu pós-doutorado nos Estados Unidos durante a semana e, nos fins de semana, escrever o Nerdologia. O conteúdo apresentado nos programas era consumido em forma de audiolivro durante seu tempo ocioso no laboratório, preparando reagentes ou fazendo experimentos de bancada. Nessa época, sua esposa também estava estudando fora, só que no Canadá. Conseguia dedicar quase todo seu tempo livre à divulgação científica.

No fim de 2014, Atila voltou ao Brasil porque seu visto de estudante estava perto de vencer e só poderia voltar para concluir os estudos dois anos depois, no fim de 2016. O que fazer? Dedicar-se ao Nerdologia e à divulgação científica. Aos poucos, fez a transição para a frente das câmeras. Sua primeira aparição em vídeo foi o episódio de comemoração ao 1 milhão de inscritos, em 14 de maio de 2015, reagindo e respondendo aos principais comentários enviados até ali. Depois, começou a aparecer às vezes no começo e no fim dos vídeos, mas se divertia quando frequentava encontros de divulgadores científicos em eventos de internet como YouPix e Campus Party e passava incógnito. Acontecia muito quando circulava ao lado do paleontólogo Paulo Miranda Nascimento, o Pirulla, seu amigo, também participante contumaz dos nerdcasts de ciência e outro grande divulgador científico do YouTube brasileiro. Pirulla é uma figura marcante, com cabelos longos e encaracolados, sobrancelhas grossas e sorriso largo. Atila era abordado pelos fãs de Pirulla para pegar o celular e clicar a foto, para risadas gostosas do amigo, que tinha menos inscritos mas era bem mais famoso. Bastava dar um "bom dia", porém, que era rapidamente reconhecido também: "Nerdologia!".

Em 2016, o rosto de Atila já estava acompanhando a fama de sua voz — e não só nos eventos de internet. Certa vez, estava com a esposa, Paloma, no shopping Eldorado quando passou a ser perseguido por um homem e tinha certeza de que seria assaltado. Tentou se refugiar entre as araras de uma loja de roupas, mas a abordagem foi inevitável. Porém, em vez de assaltante, era apenas um fã atrás de uma foto. A cena se repetiu algumas vezes nas ruas de São Paulo. No fim do ano, tinha uma decisão importante para fazer. De um lado, tinha o convite de seu ex-chefe para voltar aos Estados Unidos e dedicar-se à pesquisa. De outro, era uma das principais vozes da divulgação científica no Brasil. Será que não era a hora de se dedicar à internet? Além da paixão por falar de ciência, o canal tinha passado a ser uma renda importante. Depois de conversar muito com Paloma, resolveu ficar no Brasil e viver o momento.

No canal, porém, não estaria mais sozinho, como explicou na abertura do dia 24 de maio de 2016.

Atila: "Sejam bem-vindos ao Nerdologia! Eu sou... não, pera, não sou eu que me apresento hoje. O Nerdologia começou comentando sobre ciência no cinema, e hoje falamos sobre vários assuntos. Mas claro que temos muito mais sobre o que descobrir. Então que tal... História? E em ótima companhia. Sim, se faltava falarmos mais sobre humanidades aqui no Nerdologia, ninguém melhor que o Felipe Figueiredo, do Xadrez Verbal, para fazer isso. Que além de ser formado em História, professor, redator, ter o seu próprio canal e um podcast, agora fará parte do Nerdologia. Falando aqui todas as terças. Seja bem-vindo, Filipe! Ah, e eu espero vocês na quinta."

O amigo Pirulla, de quem havia tirado muitas fotos antes dele próprio ficar famoso, seria fundamental para isso acontecer.

Filipe Figueiredo formou-se em História pela USP em 2009 e logo passou a se dividir entre dar aulas em cursinhos para vestibulandos, traduzir livros e artigos e, principalmente, estudar para o concurso do Itamaraty, com o objetivo de seguir a carreira diplomática. Por conta disso, seu assunto preferido era a política internacional. Em 2013, aos 27 anos, decidiu que precisava extravasar as horas que passava estudando na biblioteca e, para isso, criou um blog chamado Xadrez Verbal para escrever sobre o que estava lendo e organizar os pensamentos. No dia 6 de maio de 2014, a brincadeira foi também para o YouTube. Criou um canal com o nome de seu blog, gravou um vídeo em formato simples sobre os conflitos na Ucrânia e publicou.

Logo em seu primeiro vídeo, ainda tosco, mas com roteiro bem explicadinho — fruto das longas horas de estudo, dos exercícios com o blog e, principalmente, da experiência como professor — Filipe chamou a atenção de Pirulla, divulgador já consagrado na internet, que fez um elogio público ao youtuber iniciante, para completo espanto de Filipe. "Gostei bastante do seu vídeo", escreveu em um comentário. "Você é muito didático e simplificou muito bem. (...) E, como eu sou chatão, vou lembrar: podia ter citado que a música 'The Trooper' do Iron Maiden, narra a história da batalha de Sevastopol, no século XIX (mas isso é porque eu sou fã do Iron). Abraços."

O comentário simpático e generoso de Pirulla em seu primeiro vídeo virou uma troca de mensagens, que virou uma amizade que, mais tarde, mudaria sua vida. Antes, a primeira guinada de sua vida seria em texto.

O material de seu blog tinha muito mais função para ele do que para os poucos leitores que tinha. Até que, em 6 de janeiro de 2015, Filipe escreveu uma análise longa e embasada sobre os últimos protestos contra o aumento dos preços das passagens no transporte público de São Paulo. O post, intitulado "Não é só pelos centavos: aumento da tarifa e a caixa preta do transporte" chamou a atenção da jornalista Tatiana Dias, editora do *Brasil Post*, versão brasileira do americano *Huffington Post*, jornal nascido na internet que investiu no poder dos blogs e passou a bater de frente com os gigantes do setor. Tatiana entrou em contato elogiando o post e perguntando se ele tinha interesse em republicar o conteúdo. Ele topou e, no dia seguinte, seus textos passaram a ser publicados no Xadrez Verbal e em seu blog no *Brasil Post* ao mesmo tempo, alcançando um público novo.

Filipe Figueiredo gostou do reconhecimento que estava começando a ter, e decidiu pensar em outras formas de comunicar História na internet. No dia 8 de maio de 2015, inaugurou no Xadrez Verbal seu próprio podcast, sem entender muito da coisa. Não conhecia bem a mídia porque não era consumidor, pois não conseguia se concentrar nos conteúdos em áudio enquanto fazia qualquer outra tarefa. Para esses momentos, preferia ouvir música.

Por isso, ficou ainda mais surpreso quando recebeu a mensagem de Pirulla dizendo que o pessoal do Jovem Nerd precisava de alguém para falar de História no Nerdcast e que ia indicá-lo para a tarefa: "Azaghal pediu seu contato, vou passar". O tema do Nerdcast era A Batalha de Stalingrado, e o principal motivo para ter sido chamado foi um vídeo que tinha feito sobre o filme *Círculo de Fogo*, estrelado por Jude Law, que tratava exatamente sobre o assunto. Filipe conhecia o Jovem Nerd por dois conteúdos que nada tinham a ver com o Nerdcast: a fotonovela The Skywalkers, dos primórdios do blog de Alexandre e Deive, e o Zona de Spoilers sobre o filme *Comando para Matar*, quando o Jovem Nerd ainda testava conteúdos para o YouTube.

Recebeu o contato de Deive, topou na hora e se preparou revendo um documentário da BBC sobre o assunto e lendo alguns livros a respeito. Estaria ao lado do "time de História" da atração, formado por Bluehand, Eduardo Spohr e Tucano. Não queria fazer feio. No ar, foi celebrado pelo elenco.

Alexandre: "Agora temos um historiador, apesar do Filipe dizer que não é historiador. Ele é formado em História."

Filipe: "É, eu sou graduado em História. Historiador é tudo chato".

Deive: "Es-pe-cia-lis-ta."

Tucano: "Pra acabar com o mimimi."

Tudo parecia ter corrido bem na gravação, mas Alexandre pediu para que ele voltasse para a ligação de Skype. Achou que tinha dado alguma coisa errada com o áudio ou que o programa tinha ficado ruim... Quando entrou, foi surpreendido com uma pergunta. "Conhece o Nerdologia?"

Alexandre e Deive tinham gostado muito da gravação, e o programa sobre a Batalha de Stalingrado tinha servido, sem que ele soubesse, como uma entrevista de emprego. Filipe tinha ido muito bem. Demorou quase um ano para o primeiro Nerdologia de História com ele ir ao ar, mas o trabalho começou praticamente minutos depois de sua primeira participação no universo Jovem Nerd, no susto. Nesse tempo, além de ter virado titular no "time de História" do Nerdcast, Filipe e a equipe do Nerdologia desenvolveram pautas e gravaram pelo menos oito programas antes dos seguidores ouvirem o primeiro, publicado no dia 24 de maio de 2016. O esquema era o mesmo de Atila: fazia a pauta e mandava o áudio para a equipe do Estúdio 42. Depois das apresentações e das boas-vindas do companheiro de canal, que viraria também seu amigo, falou sobre a origem histórica do apocalipse para diversos povos no planeta.

A partir de 2016, Atila estava aparecendo mais nos vídeos do Nerdologia e começou a perceber que algumas coisas que queria comunicar não cabiam no formato do canal. Por isso, em agosto de 2019, Atila lançou um canal do YouTube com seu nome, para falar de ciência do seu jeito, sempre em paralelo ao Nerdologia. Seu canal pessoal só foi possível porque Paloma aprendeu a filmar e a editar, assumindo toda a parte técnica, além da produção. Enquanto Atila escrevia os roteiros e falava na frente da câmera, ela cuidava de todo o resto. Afastado da pesquisa, e agora com a ajuda da esposa, conseguia tempo para dedicar-se por inteiro à divulgação científica.

O 10º vídeo de seu canal seria histórico. Especialista em vírus, foi inevitável tratar de um assunto que havia tomado conta dos noticiários em janeiro de 2020. O título, visto hoje, tem até um certo tom de ingenuidade: "E se o CORONAVÍRUS chegar no Brasil?". No fim de 2019, médicos chineses identificaram casos de uma pneumonia misteriosa em Wuhan. Em poucas semanas, a doença se espalhou pelo planeta, transformando-se em uma pandemia que paralisaria o mundo no início de 2020. Quase todos foram pegos de surpresa, mas quem acompanhava o Atila no Jovem Nerd passou a espalhar que ele fora um profeta de tudo aquilo que estava acontecendo.

Atila sempre falou nos nerdcasts dos perigos dos vírus e de sua rápida propagação. Mas nada se comparou ao que ele falou no Nerdcast 528, de 5 de agosto de 2016, "À beira da extinção". Atila e o time de ciência, representado naquele episódio por Caio Gomes e Pirulla, comentavam com o bom humor de sempre sobre as possibilidades de extinção da raça humana, tema de incontáveis clássicos da cultura pop. Em determinado momento do programa, Alexandre pergunta para Atila: "o que poderia causar esse tipo de extinção?".

Atila: "Eu já contei pra vocês o que aconteceu com a SARS?" (referindo-se à epidemia de síndrome respiratória aguda grave que aconteceu entre 2002 e 2004, causado pela SARS-CoV-1, um tipo de coronavírus) "Um professor do interior da China foi para Hong Kong, para um congresso de medicina, e foi doente. Ele passou mal no hotel (...), vomitou no corredor, foi internado e acabou morrendo. (...) O vírus se espalhou pelo ar ali, o pessoal pegou e foram doentes pros respectivos países.

Alexandre tentou ser mais incisivo, sem dar muita bola para o poder devastador de uma doença respiratória.

Alexandre: "Mas tem alguma doença que a gente já conhece, que seja potencial, se não for cuidado, se não for parada..."

Atila: "A gripe."

Alexandre: "Gripe?"

Atila: "A gripe aviária, ou qualquer forma nova de gripe que se espalhar. Porque ela primeiro infecta, e depois você tem os sintomas. E ela espalha muito bem pelo ar. (...) A gripe espanhola matou entre 50 e 100 milhões de pessoas. É o dobro da Primeira Guerra, ou mais do que a Primeira e a Segunda Guerra somadas, se você somar quem morreu nos conflitos e de fome depois. É esse volume de gente. Só que ela só matava coisa de 3% dos infectados. (...) Não precisa ser um negócio que mata todo mundo. O ebola, matando um terço das pessoas [que infecta], não espalha tanto, porque você sabe quem está doente. O cara fica super mal, vai ter febre, vai passar mal e depois ele tá infectando alguém. A gripe, não. A pessoa infecta antes e depois vai dar sintoma. Então ela espalha, você não sabe nem por onde ela tá passando. (...) E você pegar uma coisa que espalha como a gripe e mata coisa de 10% dos infectados, acabou a infraestrutura."

Alexandre ficou curioso sobre a SARS, e perguntou se ela era uma versão da gripe. Atila explicou que não, ela era um "coronavírus", uma palavra que, em 2016, quase só infectologistas conheciam.

Atila: "A SARS em si veio de morcego. Passou de morcego pra um bichinho chamado civeta, que os chineses criam pra comer no interior do país. E dos cozinheiros de civeta e criadores, passou pras pessoas. (...) Porque a gente tá em contato com tanto bicho novo hoje em dia, em tanta frente, com tanta gente junta, que qualquer doença tem a chance de espalhar."

Quando a Covid-19 (causada, como a SARS, por um coronavírus, o SARS-CoV-2) começou a aparecer nos jornais e os voos foram cancelados, cidades inteiras entraram em quarentena e a palavra "pandemia" ressurgiu. Nesse contexto, fãs do Jovem Nerd que lembravam do programa mencionavam Atila como profeta nas redes sociais, citando as declarações dele no Nerdcast. Depois, vieram textos mais antigos ainda do biólogo, explicando os perigos de doenças como a gripe suína e a gripe aviária.

No começo de 2020, Atila e Paloma faziam vídeos em seu canal pessoal sobre temas variados, mas, quando a pandemia começou a se impor como assunto, ele fez, em 31 de janeiro de 2020, o vídeo "E se o coronavírus chegar no Brasil?", usando a hashtag #FiqueEmCasa para estimular o isolamento social, medida eficaz contra a transmissão do vírus. Tentou voltar aos demais assuntos programados, mas a realidade se impôs de uma vez por todas com a chegada do vírus no Brasil. No dia 15 de março de 2020, no vídeo "Por que o coronavírus pode parar a sua vida?", explicou sobre o vírus que ainda era confundido com a gripe. Dois dias depois, a primeira morte de Covid-19 foi confirmada no país. Até o fim de março, as ruas das cidades brasileiras ficaram desertas.

Conhecido nas universidades, na blogosfera de ciência e no universo do Jovem Nerd, Atila virou referência nacional quando começou a fazer lives no seu canal pessoal. No início, reunia 10 mil pessoas. Quando, no fim de março, encerrou uma transmissão com 120 mil espectadores, pensou: "Acabei de falar com um Maracanã de gente". O número de mortes pela doença começava a subir, e ele entendeu o peso da sua responsabilidade como divulgador científico, a paixão que escolhera como profissão. O primeiro marco de que tinha passado a ser conhecido pelo grande público foi sua participação no programa *Roda Viva*, da TV Cultura, no dia 30 de março de 2020. A audiência foi gigante, e seu nome chegou ao topo dos assuntos mais comentados nas redes sociais, rivalizando com os nomes dos participantes do BBB daquele ano.

Atila tornou-se uma das vozes mais firmes em defesa da ciência e das medidas recomendadas por médicos e pesquisadores para conter o avanço do vírus: isolamento social, uso de máscaras, responsabilidade coletiva. Coube a ele também alertar que, se o vírus se espalhasse de fato pelo Brasil, não seriam apenas 15 dias de quarentena ou um mês de sacrifícios, mas muito mais. No caminho oposto, grupos negacionistas passaram a pressionar pela retomada da normalidade. E tinham apelo. Quem não queria que tudo voltasse a ser como antes? Atila se tornou um dos principais alvos desses grupos.

Uma de suas declarações mais atacadas foi a de que, se medidas drásticas não fossem tomadas, o coronavírus poderia causar 1 milhão de mortes no Brasil. Medidas drásticas foram tomadas, mesmo que a contragosto dos negacionistas, e mesmo assim, o Brasil teve 700 mil mortes confirmadas pela Covid-19 até o fim do status de emergência da pandemia, declarado pela Organização Mundial da Saúde em maio de 2023. O alerta de Atila estava certo.

Como Atila havia previsto no Nerdcast 528, de agosto de 2016, a pandemia de Covid-19 provocou uma crise global de saúde pública, com milhões de mortes e sistemas de saúde sobrecarregados. Também desencadeou recessões econômicas, aumento da desigualdade e impactos na saúde mental de muitas pessoas. Além disso, colocou em xeque a confiança em governos, instituições e na própria ciência. Muita gente que poderia ter sido vacinada não foi, por estar convencida de que não era importante, uma derrota para a ciência.

Atila sentiu na pele o peso dessa descrença. Uma das principais táticas da desinformação organizada é simples: quando não se consegue atacar os argumentos, ataca-se a pessoa. Quando as mortes passaram a ser incontornáveis, o alvo deixou de ser a ciência e passou a ser os cientistas, profissionais de saúde e divulgadores científicos.

Atila e sua família passaram a receber ligações com ameaças de morte, muitas delas no meio da madrugada. Nas redes sociais, vários desses ataques são visíveis até hoje. Mais tarde, ao voltar para recuperar alguns prints e apresentar em congressos internacionais sobre divulgação científica, Atila percebeu um padrão: boa parte dos perfis havia mudado de foco e agora divulgava casas de apostas, política ou futebol. A conclusão parecia inevitável: eram, provavelmente, perfis-robôs usados para ataques coordenados. Por outro lado, quando o mundo começou a entrar no "novo normal" e Atila começou a sair às ruas como todos nós, passou a ser abordado por gente que, muitas vezes aos prantos, relatava a importância que ele teve na conscientização do que era importante de verdade para combater a Covid-19.

A lembrança mais positiva que Atila guarda do período da pandemia é o nascimento de seu filho. Ele e Paloma tornaram-se pais em 2021 em pleno isolamento social, de forma planejada. Era um desejo antigo, e, diante da incerteza sobre quando as coisas voltariam ao normal, decidiram não esperar mais. O que Atila não previa era o tamanho do desafio. Criar um bebê exige muito e, sem o apoio da família, tudo se intensificou. Os avós só puderam conhecer o neto depois de seu primeiro aniversário. Foi um período solitário de pai, mãe e filho, mas também um período de transformações profundas.

Quando o teste clínico da vacina infantil contra a Covid-19 foi aberto no Brasil, o filho de Atila tinha exatamente a idade necessária. Como a vacina já estava sendo aplicada com sucesso nos Estados Unidos e na Europa, ele se sentiu seguro para cadastrá-lo. O menino foi chamado e tomou a dose, mas por meses ninguém sabia se ele havia recebido o imunizante ou se fazia parte do grupo de controle. Quando os dados foram abertos, veio a confirmação: ele tinha sido vacinado. Atila e a esposa choraram ao saber, uma emoção maior do que quando eles próprios ou seus pais tinham sido imunizados.

O nascimento de seu filho, apelidado de Jacarezinho nas redes — uma referência bem-humorada a uma das mais absurdas desinformações da pandemia, a de que a vacina transformaria as pessoas em jacarés — fez com que tudo ao redor perdesse importância. A pandemia, os ataques, a pressão das redes sociais, a exposição pública... nada parecia mais relevante do que aquela nova vida. Foi no meio do caos que Atila encontrou sua vocação mais profunda. Ele e Paloma decidiram diminuir drasticamente os compromissos profissionais para se dedicar à criação do filho. Isso incluiu se afastar do Nerdologia e das participações nos nerdcasts de ciência.

Uma das perguntas que Atila Iamarino mais ouve na rua é: "Por que você saiu do Jovem Nerd?". Ele responde sempre do mesmo jeito. Pega o celular e diz que vai revelar, em tom de segredo, o verdadeiro motivo. O interlocutor se inclina, curioso, esperando uma fofoca. E então vê, na tela do celular... uma foto do Jacarezinho.

7

A UNIÃO FEZ A FORÇA

Quando nerds se unem com um objetivo em comum, toda resistência é inútil. A comunidade do Jovem Nerd provou isso algumas vezes.

Em 21 de junho de 2019, o Nerdcast 679 foi ao ar como uma carta de amor ao RPG brasileiro. O episódio era uma celebração dos 20 anos de Tormenta, universo de fantasia que era um marco da cultura nerd do país. O momento era especial: o financiamento coletivo de *Tormenta20*, novo RPG da marca, que modernizava o jogo e o tornava-o mais acessível para iniciantes, era um sucesso estrondoso no Catarse. Participavam do programa três dos criadores de Tormenta: Leonel Caldela, J.M. Trevisan e Guilherme Dei Svaldi, também fundador da Jambô Editora, responsável por Tormenta desde 2005.

Seria apenas uma homenagem a um projeto de sucesso de Leonel e dos amigos de Tormenta, mas, nos minutos finais, uma fagulha acendeu algo maior. Leonel explicou porque o financiamento coletivo combinava tanto com o espírito do jogo dizendo que a ideia do RPG é construir uma história em conjunto. Afinal, uma campanha não existe sem seus jogadores. Deive gostou da metáfora:

Deive: "Vamos deixar a galera participar, Jovem Nerd..."

Alexandre: "Em 2022 o Jovem
Nerd faz 20 anos. 'Jovem Nerd 20'!"

Guilherme: "Ó, se vocês quiserem um estrategista de campanha..."

Quando a gravação terminou, Alexandre e Deive perguntaram: "Você estava falando sério?". Guilherme confirmou com um "sim".

Guilherme e sua então namorada, Karen Soarele, estavam começando uma vida a dois na gelada Halifax, no litoral atlântico do Canadá. Era nessa situação — muito longe de casa e num relacionamento recente, de amor e de trabalho — que estavam tocando a campanha *Tormenta20*.

Guilherme crescera atrás do balcão da pequena loja da família em Porto Alegre junto de seu irmão, Rafael. O pai deixou a carreira militar e abriu uma loja de roupas nos anos 1980 chamada Jambô. O nome ficou, mas o ramo foi mudando: nos anos 1990 virou videolocadora, depois passou a alugar videogames e, quando os CDs piratas do primeiro Play-Station dominaram o mercado e derrubaram a demanda, encontrou um novo caminho ao virar uma loja de RPG e *Magic: The Gathering*, duas paixões de Guilherme e Rafael. Guilherme levou o *Magic* tão a sério que chegou à seleção brasileira e foi campeão de torneios internacionais.

Quando chegou a hora de prestar vestibular, escolheu Administração, vislumbrando um futuro como empresário. Em 2002, aos 18 anos, já na faculdade, o primeiro projeto de negócios que tocou foi a Jambô Editora. Na prática, o empreendimento era um computador em seu quarto e a paixão que dividia com o irmão, seu sócio, e com Leonel, que começou como o tradutor da editora e depois se tornaria sócio. O primeiro livro publicado foi um suplemento de RPG com apenas 32 páginas — não havia dinheiro para nada maior —, mas aos poucos a editora foi crescendo. A partir de 2005, seria a casa de Tormenta, tornando-se referência nacional no assunto.

A infância de Karen foi feita de caixas e recomeços. Seus pais eram funcionários concursados do Banco do Brasil e mudavam de cidade quando uma oportunidade de melhorar de cargo surgia. Nascida em Açaí, pequena cidade do interior do Paraná com forte presença japonesa, ela passou por Londrina, São João do Ivaí, Ibaiti, Curitiba e Brasília — cada nova mudança trazia uma nova escola, novos colegas e a constante sensação de começar do zero. Em quase todos os lugares, carregava o mesmo rótulo: a "esquisitinha" da sala.

Seu primeiro contato com RPG aconteceu aos 9 anos, quando o irmão trouxe para casa uma caixa de *Dragon Quest* emprestada de um amigo. Por ser menina e mais nova, quase sempre ficava de fora das brincadeiras, mas daquela vez foi diferente: o jogo exigia quatro participantes, e naquele dia não havia meninos suficientes. Jogou, se encantou e nunca mais deixaria de pensar em aventuras e mundos mágicos.

Com 12 anos, em 2000, mudou de Brasília para Campo Grande com o pai, já separado da mãe. Ali finalmente se estabeleceria e passaria a adolescência e a juventude. Começou a comprar mangás na banca e sonhava em ser uma mangaká e morar no Japão. Nunca realizou esse sonho, mas desenvolveu o talento para o desenho. De fato, apesar de ter feito faculdade de Publicidade e Propaganda, sua principal ocupação por muito tempo foi como ilustradora e designer.

Seu futuro, porém, estava em outras duas paixões adolescentes: o RPG e a literatura fantástica. Karen começou a escrever assim que chegou em Campo Grande, inspirada pelos animes que via na TV. Criava histórias, desenhava personagens e aos poucos foi deixando de lado elementos copiados e construindo um universo próprio, cada vez mais original e coeso. Foi assim que nasceu Myríade, o mundo fantástico que ela criou. Continuou desenvolvendo aquele universo por anos, mas, trabalhando como ilustradora e designer, não tinha tempo para se dedicar como gostaria. Até que, no último ano da faculdade, a Jambô, editora que já acompanhava como leitora, anunciou um concurso de contos. Ela pensou: "É agora". Tinha um objetivo e uma data de entrega. Era o desafio que precisava. Escreveu o conto correndo e mostrou para uma amiga da faculdade, que adorou e a incentivou a enviar para a editora. A resposta veio como um balde de água fria: o texto não havia sido selecionado. Em vez de desanimar, Karen sentiu-se desafiada: "Agora vou escrever um livro de verdad".

Transformou a frustração em motivação. Utilizando o mesmo universo de Myríade, imaginou um novo enredo e escreveu *Línguas de Fogo*. Como não tinha editora, criou um selo editorial próprio, o Cubo Mágico, dentro do estúdio de ilustração que já mantinha. Tirou dinheiro do bolso, imprimiu e publicou por conta própria. Montou um e-commerce, divulgava nas redes sociais, vendia pelo site e despachava pessoalmente pelo correio. Vendeu o suficiente para recuperar o investimento e até deu entrevista na TV por causa do livro. Para o segundo título, resolveu reaproveitar o conto recusado e escreveu o romance *A Rainha da Primavera*. Os dois livros foram lançados em 2012 e logo encontraram um público que se conectou com suas histórias. Empolgada, escreveu mais dois volumes do mesmo universo: *Tempestade de Areia* (2013) e A *Canção das Estrelas* (2014), ambos também lançados por seu selo Cubo Mágico. Com os quatro livros prontos, montou um portfólio falando de Myríade, dos livros e de suas conquistas e enviou para a Jambô, que tinha rejeitado tudo anos antes. Não custava tentar. Como não conhecia ninguém lá, escreveu apenas "Aos cuidados do editor-chefe". O pacote acabou chegando nas mãos de Guilherme, que só conseguiu vê-lo em 2015. Como o tempo era escasso, pegou o livro mais curto e o levou para ler durante uma viagem de avião. Era justamente *A Rainha da Primavera*, o texto que, anos antes, havia sido recusado como conto. Guilherme gostou tanto do que leu que convidou Karen para escrever um romance no universo de Tormenta.

Os livros anteriores de Karen eram infanto-juvenis, e esta seria sua estreia com um livro adulto e em uma editora de verdade. *A Joia da Alma* foi lançado em 2017 e Karen Soarele foi a primeira mulher a escrever um romance naquele universo.

Karen, que morava no Canadá desde 2015, veio ao Brasil para a turnê de lançamento de *A Joia da Alma* e encontrou Guilherme presencialmente pela primeira vez na Bienal do Livro do Rio, primeira parada da turnê. Os dois se apaixonaram e, quando ela voltou para o Canadá, em 2019, para terminar o período de 3 anos no país antes de pedir a cidadania, Guilherme foi junto. Durante este breve período, tocou com o namorado e agora também colega de trabalho a campanha de *Tormenta20*. Karen foi fundamental no projeto. Foi a principal incentivadora, porque havia tido experiências anteriores com financiamentos coletivos na plataforma internacional Kickstarter e, como autora, sabia que o projeto daria certo diante da base de fãs apaixonados que Tormenta tinha no Brasil. Ofereceu-se para colocar as mãos na massa, assumindo a gerência de comunicação.

A campanha foi um sucesso e saiu nos principais jornais e revistas brasileiros — *Estadão, Folha, Globo, Zero Hora, Veja...* —, mas, quando Guilherme falou dela no Nerdcast, teve um gosto especial. Guilherme era fã desde os primórdios do blog. Karen conheceu já com o Nerdcast como atração principal, mas bem no comecinho. Quando saiu o episódio sobre *Tormenta20*, a quase duas semanas do prazo final para os apoiadores, a campanha havia arrecadado quase R$ 1 milhão. Terminou com quase R$ 2 milhões. Na época, foi o maior financiamento coletivo já realizado no Brasil. Quando Guilherme se ofereceu para trabalhar no financiamento que Alexandre e Deive pensavam em fazer — e ouviu de Karen que ela estaria no barco — estava dada a largada para uma parceria de sucesso.

Fazia tempo que Alexandre e Deive matutavam em como expandir o universo das aventuras de RPG que estavam criando no Nerdcast, primeiro com Ghanor, depois com Cyberpunk e, finalmente, com as histórias de horror de Cthulhu. Na ocasião do Nerdcast sobre Tormenta, tinham lançado o terceiro episódio do Nerdcast RPG: Cthulhu, e se preparavam para o episódio final. A escolha pelo financiamento coletivo era perfeita para envolver a comunidade apaixonada que entregava a média de 1 milhão de downloads por episódio. Mas a ideia já havia sido abandonada uma vez.

Em 2016, os sócios do Jovem Nerd tinham planos de envolver a comunidade em um financiamento coletivo. O produto seria uma animação do universo Ghanor, expandido pelos livros de Leonel

Caldela desde 2014. Mas, no dia 25 de agosto de 2016, três jovens paulistanos de classe média alta — entre eles um vencedor do *Masterchef* e uma famosa empreendedora da internet — fizeram um financiamento coletivo para abrir uma hamburgueria. As redes sociais foram à loucura: por que essa gente que já tinha dinheiro estava pedindo dinheiro para ganhar ainda mais dinheiro? O projeto foi interrompido no dia seguinte e, por muito tempo, financiamentos coletivos feitos por pessoas com público já formado carregaram o estigma de picaretas. A animação de Ghanor foi engavetada, mas o sucesso de Tormenta viria a inspirar uma nova tentativa.

Guilherme e Karen começaram a trabalhar no projeto em 2020, com um planejamento minucioso do que viria a ser a Coleção Cthulhu. Composta por um romance em dois volumes de Leonel Caldela e uma *graphic novel* de Fabio Yabu e Fred Rubim, a coleção também tinha camisetas, canecas e até uma pelúcia do Billy, o cãozinho que se tornou uma lenda durante a aventura mestrada por Leonel. Para fechar, dois itens de luxo: uma estátua de Cthulhu e uma caneta feita pela Montegrappa, em edição limitadíssima de apenas 13 exemplares.

A campanha da Coleção Cthulhu foi lançada no dia 4 de dezembro de 2020, semanas antes do lançamento do último episódio da saga, que saiu no dia 25 de dezembro. O que aconteceu foi inédito e deu uma ideia do poder de mobilização da comunidade do Jovem Nerd em torno das principais atrações do grupo, os Nerdcasts de RPG. A meta para produzir os itens básicos, de R$ 300 mil, foi batida com apenas 34 minutos de campanha. As metas estendidas foram estraçalhadas: a última divulgada era um livro extra, um livro-jogo que seria escrito por Karen se a campanha alcançasse R$ 1 milhão. Essa marca foi alcançada em 2 horas, 17 minutos e 56 segundos. Em 15 horas, a campanha já havia arrecadado R$3.128.593,36, marco que a tornou o maior financiamento coletivo da América Latina.

A campanha foi encerrada no dia 2 de fevereiro de 2021 arrecadando um total de R$ 8.519.827,00. Foram 19.358 apoiadores de 33 países. Cerca de 270 pessoas, coordenadas por Guilherme Dei Svaldi, foram mobilizadas para produzir as recompensas, gerando diversos empregos para artistas e artesãos. Com tantas pessoas envolvidas, aconteceu de tudo — incluindo tragédias.

A *graphic novel* da campanha, além de adaptar a aventura do Nerdcast RPG, trazia histórias menores e inéditas, cada uma com um ilustrador diferente. Durante a produção do álbum, um desses artistas foi morto em um caso de violência doméstica. Matteo Santos era um fã do Jovem Nerd. Foi chamado para o projeto após postar *fan arts* suas de um trecho da aventura cthulhiana, antes mesmo de a HQ ser anunciada. Seria seu primeiro trabalho profissional, mas nunca foi concluído. Na matéria do G1 que noticiou sua morte, foi descrito de forma genérica como "homem", não como "artista", pois ainda não tinha obras publicadas. Mas já era um artista, e seu nome foi eternizado: a *graphic novel* foi dedicada a ele.

A produção também teve outros dois grandes desafios para resolver. O primeiro veio do destino: a pandemia de Covid-19. Gerenciar um projeto deste porte com toda a equipe de forma remota foi um desafio. Para piorar, houve o caos logístico. Algumas recompensas foram produzidas na China e, naquele período, o mundo enfrentava a chamada "crise dos contêineres", causada pela retomada da produção global após o fim do isolamento. Com muita demanda reprimida e falta de transporte, algumas recompensas tiveram que esperar semanas no porto de Xangai até conseguirem embarcar.

O segundo desafio foi a aquisição do Jovem Nerd pela Magalu, de que iremos falar mais a frente. A campanha começou quando o Jovem Nerd ainda era uma empresa independente, sob controle total de Alexandre e Deive e agilidade para tomar decisões. Porém, durante a campanha, o Jovem Nerd foi adquirido pela gigante Magalu, o que mudou o ambiente operacional. Tudo passou a ser submetido a regras muito mais rígidas, a auditorias e a um nível de responsabilidade próprio de uma empresa de capital aberto, em que cada movimentação envolve o dinheiro de acionistas.

Esses fatores fizeram as entregas atrasarem 7 meses, mas não afetaram a qualidade do trabalho, apreciada pelos apoiadores.

Karen Soarele também teve desafios com o que viria a se tornar o livro-jogo *O Enigma do Sol Oculto*, uma aventura interativa que se passa nos anos 1920 e inclui uma viagem pela Europa e pela África atrás de uma jovem desaparecida e de uma verdade sombria que ameaça a humanidade. Como muitos nerds da sua geração, havia sido impactada ainda criança com os livros-jogos da série *Fighting Fantasy* (na época "Aventuras Fantásticas"), criada por Ian Livingstone e Steve Jackson. Também conhecia a fundo os livros-jogos de Tormenta, como *Ataque a Khalifor*, escrito pelo próprio Guilherme. Porém, seu título seria mais complexo que todos esses. Em uma das lives de divulgação da campanha, Alexandre sugeriu que o jogo fosse no estilo *legacy*, em que as decisões do jogador afetam permanentemente o curso da história, com mecânicas que incluem colar adesivos e até mesmo rasgar páginas. Isso aumenta a "rejogabilidade" do livro, pois cada aventura é diferente da anterior. Karen anotava as sugestões ao vivo e procurou adaptá-las ao máximo em sua história. Teve a ajuda de Guilherme e de Lucas Borne, também autor de livros-jogos ambientados em Tormenta.

Apesar da complexidade técnica, tudo corria bem... Até que uma notícia acabou apressando a *deadline* do livro para muito antes do previsto: Karen ficou grávida. "De autoria de Karen Soarele e Guilherme Dei Svaldi, vem aí o novo lançamento da Jambô: o Bebê Tormenta!", anunciou Karen no Instagram no dia 15 de julho de 2021, em post ilustrado com uma foto dos dois olhando espantados para um exame de gravidez. Na vida real não havia espanto, pois a gravidez era planejada. Porém, deu ao livro urgência extra: tudo precisa ficar pronto antes da criança nascer. Também fez Guilherme tomar uma medida ainda mais importante. Durante uma mesa da 20ª edição da Bienal do Livro do Rio de Janeiro, em que Karen participava como autora e Guilherme como mediador, ele surpreendeu o público, ajoelhou-se em pleno palco e a pediu em casamento. Ela disse sim.

Karen Soarele colocou ponto final no livro-jogo *O Enigma do Sol Oculto* no dia 2 março de 2022. Uma semana depois, no dia 9 de março de 2022, às 11:30 da manhã, nasceu Gaia, a filhinha dos dois.

Apesar dos enormes desafios, para Guilherme esse projeto foi uma verdadeira aventura — colaborativa, intensa e transformadora. Foi o início de uma jornada com o Jovem Nerd, que se desdobraria em novas colaborações e projetos nos anos seguintes. Com o sucesso da campanha para Cthulhu, foi natural pensar no que fazer para reunir a comunidade em torno da próxima história do Nerdcast RPG.

O novo financiamento seria para Ghanor, lar da primeira aventura de RPG do Jovem Nerd. A campanha Tesouros de Ghanor foi lançada no dia 6 de outubro de 2023, agora em uma plataforma própria, novidade tornada possível pela aquisição pela Magalu. Isso possibilitou, entre outras coisas, que o público pudesse parcelar seus apoios sem juros. Como a Coleção Cthulhu, os Tesouros de Ghanor também teriam muitas recompensas, incluindo miniaturas dos personagens e uma estátua do dragão Zamir feita pela Iron Studios.

As principais recompensas seriam novos livros relacionados ao universo de Ghanor. Havia *Asas de Abutre*, o quarto (e último) volume da série *A Lenda de Ghanor*, de Leonel Caldela — os três primeiros também foram incluídos como recompensas. Havia *As Aventuras de Feldon & Alma*, uma coletânea de contos sobre os personagens de Fernando Russell, o Tucano, e Katiucha Barcelos, organizada por J.M. Trevisan. Nela, estão textos inéditos de escritores consagrados de Tormenta — entre eles o próprio Trevisan, Leonel e Lucas Borne —, de quatro leitores da comunidade, selecionados em concurso, e de três escritores estreantes do mundo do Jovem Nerd: Tucano e Katiucha, que viveram Feldon e Alma na aventura, e o próprio Alexandre. Também haveria livros de Guilherme e Karen. Guilherme faria, com Leonel e Lucas, o livro-jogo *A Coroa de Ghanor* (também em formato *legacy*). E Karen teria uma grande responsabilidade: seria a autora do romance *As Máscaras do Metamorfo*, focado na história de Ruprest, o personagem de Deive na saga. Para essa história criou Lady Faustine, interesse romântico de Ruprest, uma mulher madura, mãe e que não estava preocupada com príncipe encantado. Inspirou-se, é claro, em Andreia.

A campanha dos Tesouros de Ghanor foi encerrada no dia 10 de novembro de 2023, tendo superando a Coleção Cthulhu em arrecadação. Com a experiência do primeiro financiamento, a Jambô estava mais bem preparada para lidar com os desafios da produção e da entrega das recompensas. Só não contava com o imponderável.

Em maio de 2024, o Rio Grande do Sul enfrentou a maior enchente da sua história. Foram milhões de pessoas atingidas e bilhões de reais em prejuízo. Mais do que isso, 183 vidas foram perdidas. A equipe da Jambô, que fica em Porto Alegre, foi diretamente afetada — alguns funcionários perderam tudo dentro de casa. O estoque da empresa foi alagado e a editora perdeu milhares de livros. Praticamente um mês desapareceu do calendário de todos os envolvidos com a tragédia das águas. Guilherme e Karen acabaram usando sua experiência com financiamentos coletivos para ajudar os funcionários. Usaram para isso o livro *Guerra Artoniana*, suplemento de RPG do universo Tormenta, escrito por Guilherme. O título estava pronto para venda tradicional, mas ela foi convertida em um financiamento coletivo solidário que transferiu 10% da arrecadação para vítimas da tragédia. Alexandre e Deive acompanharam o drama de perto e ajudaram a impulsionar a iniciativa da Jambô. No fim das contas, foram 2.656 apoiadores e R$ 700 mil levantados.

No fim de 2024, o Jovem Nerd e a Jambô se uniram novamente em um financiamento coletivo baseado no Nerdcast RPG. Desta vez o produto principal não seria uma coleção de livros, mas um antigo sonho de Alexandre. A campanha lançada no dia 9 de outubro de 2024 foi para financiar um jogo de tabuleiro. *Ozob: A Cyberpunk Board Game* foi feito pelos renomados designers brasileiros Jordy Adan e Renato Simões, trazendo diversos personagens da saga mestrada por Alexandre e estrelada por Deive. Seria mais um teste. Será que a comunidade estava pronta para abraçar um jogo de tabuleiro moderno, um produto tão de nicho? A resposta, mais uma vez, foi positiva. A campanha foi concluída em 22 de junho de 2025 com R$ 5.963.889,00 arrecadados e mais de 4.208 apoiadores. E ainda teve uma novidade: a campanha foi feita também no exterior, com o jogo traduzido para o inglês. Mesmo sem o apelo do Jovem Nerd e de sua comunidade, a campanha gringa teve 781 apoiadores e arrecadou US$ 200 mil.

Mesmo em outra língua, os nerds mostraram que a união fazia a força.

8

VENDE-SE O JOVEM NERD

De vez em quando, a dupla do Jovem Nerd mirava no futuro e acertava sem querer.

No NerdOffice do dia 2 de novembro de 2016, "Vende-se Jovem Nerd (tratar aqui)", Alexandre e Deive estavam visitando o YouTube Space em Nova York, um espaço disponibilizado pela plataforma de vídeos para criadores de conteúdo do mundo inteiro, e aproveitaram para fazer um programa sobre o assunto do momento no mundo dos negócios: a gigante das telecomunicações americana AT&T havia acabado de anunciar que compraria a gigante de mídia de massa e entretenimento Time Warner, dona, entre outras coisas, do canal de notícias CNN, dos estúdios HBO, da revista *Time* e da DC Comics. O valor do negócio? 85 bilhões de dólares.

A notícia foi pretexto para um programa dedicado às Mergers and Acquisitions ("Fusões e Aquisições"), ou M&A, uma estratégia corporativa que consiste em unir empresas para somar suas forças. Alguns rumores de M&As que corriam no mercado daquela época foram comentados, como o medo da Disney ou da Apple comprarem a Netflix para entrarem no mundo do streaming. Medo porque, na época, a Netflix produzia o que havia de mais inovador na TV — 2016 foi o ano de estreia de *Stranger Things*, por exemplo —, e um dos motivos apontados para sua qualidade era a sua independência dos grandes estúdios. Isso não aconteceu, e tanto a Disney quanto a Apple lançaram seus próprios serviços de streaming com "+" ("plus") no nome.

A brincadeira do título, colocando o Jovem Nerd à venda, foi mencionada duas vezes durante o programa. Na primeira, veio atrelada a outro rumor.

Deive: "A Disney tava querendo comprar o Twitter outro dia, não tava?"

Alexandre: "Isso eu realmente não entendo... pra que comprar o Twitter?"

Deive: "Podia comprar o Jovem Nerd, né, Disney?"

O Twitter acabou comprado por Elon Musk, que o transformou em X, e a Disney nunca comprou o Jovem Nerd. A segunda menção à brincadeira do título veio no fim do vídeo, no segmento fixo Perguntinha da Semana, em que os fãs são estimulados a responder sobre algo, e as melhores respostas aparecem no fim do vídeo seguinte. O questionamento da vez foi "Quem poderia comprar o Jovem Nerd?".

Naquela época, Alexandre e Deive já refletiam sobre o futuro do Jovem Nerd. As conversas do Nerdcast Empreendedor, gravadas com o empresário Flávio Augusto e outros nomes de peso do mundo dos negócios, haviam deixado a lição clara de que toda empresa tem apenas três destinos possíveis: ser herdada, ser vendida ou quebrar. Qual seria o deles? A falência parecia impensável, pois o negócio prosperava. A sucessão tampouco era realista — os filhos eram muito novos (Piccola, era apenas um bebê de dois anos) ou não mostravam qualquer inclinação para seguir o caminho dos pais. Restava a venda. Mas quem teria interesse em comprá-la? A resposta passaria por um velho amigo do Sr. K.

Eduardo Galanternick conheceu Frederico Carstens, o Sr. K, ainda adolescente, jogando RPG. Nos anos 2000, a vida levou Eduardo para São Paulo e o contato se perdeu. Até que, em 2007, no chá de bebê de sua filha, ele reencontrou Fred. Amigos cochichavam que o velho parceiro de jogo tinha ficado "famoso" por causa de um podcast. Eduardo nem sabia o que era, mas ficou curioso. Pouco depois, ao ir ao cinema com Fred, assistiu, surpreso, a plateia aplaudi-lo. Foi aí que percebeu a dimensão do programa. Começou a ouvir o Nerdcast, lá pelo episódio 70 ou 80, e logo se viu fisgado. As histórias soavam familiares e lembravam situações que vivia em sua própria casa. Sem ainda conhecer Alexandre e Deive, Galanternick já estava conquistado.

O primeiro contato profissional entre Galanternick e o Jovem Nerd deu-se anos depois, em 2010, quando ele já era diretor comercial do e-commerce do Carrefour. A rede de supermercados estava virando uma loja de tudo na internet e, entre outras atribuições, Galanternick estava lançando a loja de games da rede. Lembrando do engajamento do Nerdcast, ligou para Fred e pediu um contato com Alexandre e Deive. Assim nasceu a primeira ação comercial com o Jovem Nerd: uma campanha de cadastro. O anúncio, feito durante o Nerdcast, oferecia uma promoção de PlayStation 3 por R$ 899, valor muito abaixo do mercado, para quem se cadastrasse entre sexta e domingo. O impacto foi imediato: cerca de 10 mil cadastros para uma oferta de apenas mil a duas mil peças. Para Galanternick, foi a confirmação do que percebia como ouvinte: o Jovem Nerd tinha um engajamento raro e uma conexão fortíssima com a audiência.

Ainda nessa época, começaram as primeiras conversas sobre compra e venda dos negócios do Jovem Nerd, mas sobre a Nerdstore. Eduardo Galanternick, ainda no Carrefour, estava interessado, como pessoa física, em comprar a loja de produtos nerds administrada por Andreia e Agatha. Ele tinha dois sócios com expertise no ramo, e as conversas chegaram a avançar, mas acabaram esfriando. Do lado dos compradores, Galanternick descobriu que teria que deixar seu cargo no Carrefour e preferiu não arriscar. Do lado do Jovem Nerd, ninguém estava pronto para perder o controle da loja.

Embora esse negócio não tenha saído, Eduardo continuou próximo do Jovem Nerd. A nova parceria surgiu em 2014, durante a

Campus Party. Galanternick era então diretor de marketing da B2W, responsável por gigantes como Submarino e Americanas, quando Alexandre e Deive apareceram com uma proposta ousada: organizar uma batalha de robôs dentro do evento. O executivo topou de imediato. Assim nasceu o "Submarino Ultimate Robot Combat", um vale-tudo de máquinas criadas em universidades brasileiras, cada uma com um influenciador como padrinho. Felipe Castanhari, Cauê Moura, Rodrigo Fernandes (o Jacaré Banguela) e o trio do Matando Robôs Gigantes (Affonso Solano, Beto Estrada e Diogo Braga) estavam entre os mais celebrados. Durante os combates, Alexandre e Deive agitavam a plateia com o grito: "Dois robôs entram, um robô sai!", emprestado de *Mad Max: Além da Cúpula do Trovão* (1985). O resultado foi estrondoso: auditório lotado, fãs em êxtase e até cobertura do *Jornal Nacional*, o espaço mais cobiçado na imprensa brasileira.

Um dos momentos mais marcantes, porém, foi a primeira grande aparição pública do Sr. K. Por anos, sua identidade fora cercada de mistério: muitos ouvintes conheciam apenas a voz irreverente e os comentários ácidos no Nerdcast. Naquele dia, Alexandre e Deive o colocaram na cabine de transmissão, abriram as persianas e revelaram a surpresa. De braços abertos, Fred recebeu a ovação de um público incrédulo e emocionado. Ele foi o responsável por entregar o prêmio de R$ 10 mil e mais uma viagem ao Vale do Silício, nos Estados Unidos, para a equipe Uairrior, da Universidade Federal de Itajubá, do robô vencedor General, apadrinhado por Castanhari. Ao final, centenas de fãs formaram fila para vê-lo, conversar e tirar fotos, cena que mais uma vez impressionou Eduardo. O vínculo do Jovem Nerd com sua comunidade e o poder de mobilização de Alexandre e Deive se solidificaram na mente dele.

No ano seguinte, Eduardo Galanternick viraria diretor executivo de negócios de outra gigante do varejo, a Magazine Luiza, o que ajudaria a selar o futuro do Jovem Nerd. Antes, porém, a primeira venda do grupo seria a da Nerdstore, que ele próprio, como pessoa física, não tinha conseguido concluir.

"COMPRAMOS A NERDSTORE", anunciou, no título de um vídeo, Maurício Cid, do blog Não Salvo e do canal Cid Cidoso no YouTube. Era 28 de novembro de 2019. O mesmo vídeo foi publicado simultaneamente no canal do Jovem Nerd. Teria mesmo Cid Cidoso comprado a maior loja nerd do Brasil? Alexandre, no vídeo, avisava que podia parecer uma brincadeira, mas era verdade. Cid já era consagrado na internet por suas trollagens — algumas das quais já haviam quase provocado incidentes diplomáticos.

Sua obra-prima foi durante a Copa do Mundo de 2014, quando criou um vídeo falso mostrando a Coreia do Norte campeã do torneio, como se tivesse sido criado pelo governo do próprio país para ludibriar os norte-coreanos e convencê-los de que o país era uma potência do futebol. Para dar credibilidade à farsa, abriu no YouTube o canal Korea News Backup, abastecido com vídeos reais do país, e contou com a narração de uma locutora sul-coreana descrevendo vitórias fictícias, como 7x0 sobre o Japão, 4x0 contra os Estados Unidos e 8x1 sobre o Brasil. O material, planejado em cada detalhe, enganou veículos de comunicação em várias partes do mundo e circulou amplamente antes de ser desmentido. Ao revelar a brincadeira em seu blog, Cid ainda recebeu um inusitado elogio da embaixada norte-coreana no Brasil.

> Alexandre: "A gente está sempre pensando em fazer da Nerdstore algo melhor. Então nós bolamos uma nova estratégia. Talvez fosse a hora de colocar uma mente fresca na loja. Uma nova cabeça. Uma nova direção. Por isso mesmo, eu tenho um anúncio muito importante. Nós vendemos a Nerdstore! E eu quero anunciar o novo dono."

Entrava Maurício Cid. Não só para anunciar a compra, mas também para dizer que seu pai seria o novo CEO da empresa. O vídeo não passou de mais uma das inventivas propagandas de Black Friday da Nerdstore, que havia se tornado a data mais importante no calendário da loja desde a primeira edição, em 2014, ano da Campus Party dos robôs. A ideia foi de Priscila Gama, a Ruiva, esposa do Sr. K, que trabalhava na empresa que cuidava da infraestrutura de comércio eletrônico da Nerdstore. Na época, a Black Friday ainda estava se consolidando, e Priscila insistiu com Andreia e Agatha para aproveitarem aquele movimento e esvaziar o estoque, capitalizando-se para investir nos produtos que venderiam no Natal.

Criou-se, a partir de 2014, uma tradição de vídeos histriônicos protagonizados por Alexandre e Deive aos berros, anunciando as promoções mais chocantes. A cada ano, a loucura do vídeo especial escalava. O de 2019 era mais um desses passos, sendo no final apenas uma brincadeira. Com exceção de um fato importante: o público ainda não sabia, e demoraria mais de um ano para saber, mas a Nerdstore *já havia* sido vendida, em fevereiro de 2019. "Assistir a esse vídeo depois da notícia que a Nerdstore realmente foi vendida é uma outra experiência", comentou, anos depois, um espectador que voltou ao vídeo antigo. "É tipo assistir ao filme *O Sexto Sentido* pela segunda vez".

Doze anos depois de criada em família, a Nerdstore mudaria de mãos. Não foi por falta de paixão ou dedicação, mas pela mudança para os Estados Unidos. Antes de deixarem o Brasil, tentaram estruturar a loja para ser tocada à distância. Chegaram a testar a ideia de colocar um dos funcionários antigos como CEO, mas nada funcionava sem Andreia à frente. Às vésperas da mudança, ela tomou uma decisão corajosa: precisava vender a Nerdstore, e rápido.

Deive achava impossível. O tempo era curto, e só o processo de avaliação de uma empresa normalmente levava um ano. Andreia ignorou o ceticismo e saiu em busca de compradores. Foi a São Paulo e reuniu-se com parceiros antigos, sem sucesso. A solução, no entanto, estava perto de casa. A esposa de um dos sócios da empresa que cuidava da TI do Jovem Nerd em Curitiba tinha interesse em trabalhar com confecção e topou assumir o negócio. A venda se concretizou em tempo recorde. O anúncio oficial, porém, só veio em 26 de agosto de 2020, em um episódio do NerdOffice intitulado "VENDEMOS A NERDSTORE!". Nele, contaram a história da loja, criada do zero quando Alexandre e Agatha ainda viviam no Leblon, no Rio, e Deive e Andreia em São Lourenço. Explicaram também os motivos da venda. Além da dificuldade em gerir à distância, a nova gestão abriria caminho para expandir os negócios, inclusive com a possibilidade de vender camisetas e produtos Jovem Nerd no exterior. A demora de 18 meses entre a venda e o anúncio tinha uma explicação: foi o tempo necessário para garantir uma transição sólida, transmitindo aos novos donos a visão que havia transformado a Nerdstore em referência no mercado.

Anos mais tarde, a Nerdstore seria recomprada pelo Jovem Nerd, após o próprio Jovem Nerd ter sido vendido, em uma aquisição que surpreenderia o mundo dos negócios no Brasil.

O ano de 2019 foi intenso, entre a adaptação dos primeiros meses morando nos Estados Unidos e as viagens de negócios para o Brasil. Em uma dessas viagens, Deive chegou esbaforido e empurrando sua mala em São Paulo, onde faria uma reunião na Magazine Luiza com Eduardo Galanternick, na época já seu amigo, e Pedro Alvim. Eduardo e Pedro eram, respectivam, diretor executivo de e-commerce e gerente de marketing e redes sociais da empresa. A Magalu e o Jovem Nerd já haviam feito diversas ações de sucesso juntos. A intenção de Deive era falar sobre uma ação envolvendo a produção de um podcast, mas acabou surpreendido: além de Eduardo e Pedro, estava na reunião o CEO da empresa, Frederico Trajano, sobrinho neto da fundadora Luiza Trajano Donato e filho de Luiza Helena Trajano, que ficou mais de 25 anos à frente da Magalu.

A reunião transcorreu normalmente. Deive contou sobre o Jovem Nerd, sobre o Nerdcast e sobre as ideias que tinha para a ação. Nas despedidas, Eduardo pediu para Deive esperar enquanto conversava com Frederico Trajano. Na volta, levou Deive para uma sala menor e perguntou, sem rodeios: "O que você acha de vender o Jovem Nerd?" Deive e Alexandre já vinham pensando sobre isso, e sua resposta foi um sonoro "Sim!". No mesmo dia, Alexandre também chegaria ao Brasil e os três, Deive, Alexandre e Eduardo, jantaram em uma casa de carnes em São Paulo para começar a falar dos detalhes.

O que Galanternick falou para Trajano naquela rápida conversa foi que o Jovem Nerd seria uma peça importante no movimento que a Magalu estava fazendo na direção de empresas que produziam conteúdo. Naquela época, a Magalu estava negociando a compra da

Canaltech e do Steal the Look, plataformas de tecnologia e moda, respectivamente. Para entender por que uma grande varejista estaria interessada em produção de conteúdo, bastava olhar para a Amazon, a gigante do varejo americana que, no começo dos anos 2000, passou a investir na produção de vídeos, músicas e podcasts, com direito até a um canal de streaming e um estúdio de cinema e televisão.

Por causa de sua proximidade com Alexandre e Deive, que viraram amigos pessoais desde que foram apresentados por Frederico Carstens, Eduardo quis evitar qualquer suspeita de conflito de interesses e passou a condução da compra para Simon Olson, diretor de novos negócios. A partir de março de 2020, Felipe Kachan, contratado como gerente de novos negócios e M&A da Magalu, conduziria o processo de aquisição na linha de frente.

O processo teria sido concluído ainda em 2020, mas a pandemia de Covid-19 acabou atrapalhando e adiando as negociações. Com o fechamento do comércio, a Magalu, como qualquer outra varejista com lojas físicas no mundo, sofreu um baque econômico poderoso e todas as atenções da empresa voltaram-se para o período de adaptação à quarentena e à mitigação dos efeitos financeiros dela.

Para Alexandre e Deive, o ponto central era assegurar que o controle criativo do Jovem Nerd continuasse com eles, sem interferência da Magalu. A venda seguia a mesma lógica das terceirizações, quando haviam transferido a venda de publicidade e a edição de vídeos e podcasts para ganhar tempo e energia naquilo que realmente importava: criar conteúdo e desenvolver soluções inovadoras de negócio. Dessa vez, abririam mão também da gestão administrativa da empresa, conquistando a liberdade necessária para tirar do papel projetos ambiciosos, como levar o Jovem Nerd ao audiovisual e investir em suas próprias propriedades intelectuais, cultivadas nas aventuras de RPG.

A venda foi consolidada às vésperas do anúncio oficial. Como a Magalu é uma empresa de capital aberto, não tinha como fazer mistério: o dia do anúncio, 14 de abril de 2021, deveria ser sincronizado com a comunicação oficial aos acionistas. A data, porém, era bem especial para Alexandre e Deive, como foi marcado no NerdOffice.

Alexandre: "Hoje, no aniversário de 19 anos, o Jovem Nerd entra pra família Magalu!"

Às vésperas do anúncio oficial, apenas Gaveta, que editou o vídeo, sabia o que estava acontecendo. Na hora de assinar, Alexandre e Deive tinham escolhido a caneta Montegrappa perfeita. Acabaram, por questões burocráticas relacionadas aos tempos do anúncio, tendo que fazer tudo por assinatura digital, no meio da madrugada, sem qualquer glamour. A venda era segredo até para parentes e amigos de Alexandre e Deive e para os funcionários do Jovem Nerd. Com exceção de um, que recebeu um e-mail por engano com todas as informações e decidiu ficar quietinho até virem contar a novidade.

Maurício Faccio, mais conhecido como Mau Faccio, cresceu na São Paulo dos anos 1980 com uma paixão que o acompanharia pela vida: o rádio. Era fã do programa de humor *Djalma Jorge Show*, transmitido pela Jovem Pan, e gostava tanto que gravava os episódios em fitas cassete para poder ouvir quando quisesse. Seguiu a carreira formal em Sistemas de Informação e trabalhou como programador e webdesigner, mas nunca abandonou o sonho de menino. Em 2005, decidiu dar uma chance real a ele e se matriculou na Rádioficina, escola de rádio e TV de São Paulo. Formou-se no ano seguinte e estagiou na Rádio Transamérica, mas depois disso não conseguiu novas oportunidades no rádio. Foi a internet, mais uma vez, que se apresentou como o caminho para transformar a paixão em profissão.

Foi também na internet que Mau conheceu outro apaixonado pelo Djalma Jorge Show: Leo Lopes. Assim como ele, Leo também havia estudado na Rádioficina e decidiu preservar a memória do programa em seu site, o Rádiofobia, onde reuniu um vasto acervo de gravações antigas. Mau encontrou esse material, ouviu tudo e, inspirado, decidiu criar seu próprio podcast de humor no Site do Mau. Fazia todas as vozes, brincando com entonações e efeitos de pitching para transformar-se em vários personagens. Quando enviou o material por e-mail para Leo ouvir, ouviu que aquilo parecia um "programa de esquizofrênico", com todas aquelas vozes conversando entre si em sua cabeça. Mas Leo também disse que tinha adorado e, logo em seguida, fez o convite para Mau colaborar em seu podcast.

Na vida pessoal, Maurício atravessava uma fase difícil. Seu pai, diabético e já tendo sofrido cinco ataques cardíacos, estava com a saúde muito debilitada. Com a doença do pai, apenas a mãe pode continuar trabalhando. Mau, filho único, seguia fazendo sites como freelancer e alimentava o sonho de trabalhar no rádio, mas teve que acompanhar o pai nos tratamentos, o que passou a ser sua principal tarefa dentro de casa. A partir de 2009, quando seu pai perdeu a função dos dois rins e passou a depender de longas sessões de hemodiálise, essa rotina se intensificou. Nesses momentos de angústia, a principal companhia de Mau para aliviar a mente era o Nerdcast.

Em 2010, o pai de Maurício morreu. Sem cabeça para nada, Mau disse para Leo Lopes que não faria mais parte do Rádiofobia. Leo entendeu, mas recusou-se a liberar o colaborador. "O seu lugar é fixo. Vai esfriar a cabeça, mas quando quiser, volta", disse. Voltou a trabalhar como freelancer em webdesign e estava tentando tocar a vida assim. Nos tempos livres, passou a escrever no Site do Mau sobre os games que jogava.

No fim de 2012, Maurício recebeu uma mensagem que mudaria sua vida. O amigo Leo Lopes havia sido convidado para cobrir uma licença médica no site Jovem Nerd News, escrevendo notícias sobre cultura pop, mas, sobrecarregado com a edição do Nerdcast, não podia aceitar. "Eu não consigo, mas indiquei você, tudo bem?", perguntou. Para Maurício, estava mais do que bem. O pagamento não era grande coisa, mas trabalhar com pessoas que tanto admirava, que haviam sido sua companhia nos momentos mais difíceis de sua vida, as horas acompanhando o pai na hemodiálise, era inestimável.

Duas semanas depois, o telefone tocou. Do outro lado da linha, a voz se apresentou: "Aqui é o Alexandre do Jovem Nerd". Maurício congelou. Em 2012, o Jovem Nerd acabava de receber o prêmio *hors concours* do YouPix na categoria Podcast, saindo da competição para abrir espaço para que outros pudessem vencer. Eram gigantes. Mesmo que o trabalho fosse apenas no site, e não como locutor, mesmo que fosse temporário, apenas para cobrir uma licença, e mesmo que o salário fosse de R$ 1.200,00, a felicidade era imensa. Anos depois,

Maurício lembraria daquele momento como o instante em que sentiu que finalmente sua vida voltava a ter um rumo.

A pessoa que estava de licença voltou ao trabalho e Mau estava pronto para entregar o cargo. Mas estava indo bem e Alexandre o convidou para ficar, dessa vez com carteira assinada. Aceitou sem pestanejar, começando oficialmente em janeiro de 2013. Além de escrever para o *Jovem Nerd News*, passou a dividir com quem tinha voltado de licença a tarefa de fazer a triagem das centenas de e-mails que chegavam e mereciam ser lidos nos programas. Em breve, ficou sozinho na função. Para o público do Jovem Nerd, passou a ser conhecido como Mau Roboto, apelido que ganhou dos patrões, como se fosse uma inteligência artificial que cuidava de tudo nos bastidores.

Mau não era jornalista e não tinha qualquer aptidão especial para as notícias, mas dedicou-se tanto à oportunidade que lhe foi dada — muitas vezes com a disciplina que o roboto teria — que ficou bom no que fazia. Em 2015, dois anos depois da carteira assinada, foi alçado ao cargo de editor e passou a ter jornalistas de verdade sob sua tutela. Logo, daria seu lugar de editor a Pedro Duarte, mais bem preparado para o cargo, e se tornaria gerente administrativo.

Na prática, Mau Faccio era o responsável por tudo o que Alexandre, Deive, Andreia e Agatha não poderiam ou não teriam tempo para resolver. Relacionamento com os clientes, contato comercial com as agências, entregas de publicidade... Era o preposto dos donos. Isso ganhou uma nova proporção quando, entre 2017 e 2018, foi um dos responsáveis pela instalação do Jovem Nerd em São Paulo, em uma redação fixa chamada Nerdbunker, o conceito que substituiria o velho Jovem Nerd News.

Em fevereiro de 2018, no vídeo de inauguração do Nerdbunker — cuja principal promoção foi da Magazine Luiza, que apareceu munindo o local com eletrodomésticos como TVs e geladeira — Alexandre saiu pela festa entrevistando os convidados com um microfone, simulando coberturas de eventos da alta sociedade, como os programas de Amauri Jr.. O primeiro que ele entrevistou foi Mau Faccio. Na tela, embaixo de seu nome, surgiu "Gerente administrativo - Número 2", como o segundo em comando da empresa, depois dos chefes.

Alexandre: "Mau, o que você está sentindo agora que finalmente está saindo da sua casa? O cara que trabalhava em casa, de cueca e chinelo... agora você tem seu lugar para trabalhar. Como está sendo?"

Mau: "Quando eu cheguei aqui era tudo mato! Estou feliz, porque quando eu comecei aqui era eu fazendo notícia..."

Alexandre: "Ele era o Jovem Nerd News!"

Mau: "E agora virou esse negócio gigante, com quase 10 pessoas editando notícia... Acompanhar esse crescimento do Jovem Nerd é muito legal, é quase inacreditável. Primeiro, é realizar um sonho de estar trabalhando com vocês. Porque eu era fã... eu conheci vocês desde o começo. Era um sonho trabalhar aqui no Jovem Nerd. Não só trabalhar aqui, mas acompanhar todo o crescimento, e ter a confiança que vocês depositam em mim... é muito legal."

Alexandre deu um abraço carinhoso em seu funcionário. Cinco meses depois, Mau Faccio pediu demissão. Por ter virado a pessoa de confiança da empresa em São Paulo, onde ela estava se estabelecendo, Mau virou também o para-raios de todos os problemas relacionados a isso. A casa escolhida para sediar o Nerdbunker, em Pinheiros, era um sobrado muito antigo e, apesar de lindo, tinha todos os problemas de uma casa velha, de infestação de ratos e baratas a vazamentos generalizados. O estresse das obras somava-se ao estresse de gerenciar a operação do Jovem Nerd, incluindo, por exemplo, entregar a publicidade contratada nas redes sociais do site e de Alexandre e Deive. Seus patrões eram viciados em trabalhar, o que, naquela época, passava sem qualquer filtro para os funcionários. O primeiro a ter que viver o trabalho 24 horas por dia era Mau, o "número 2".

Diante dos problemas aparentemente infinitos da obra do Nerdbunker, o nível de estresse ficou insuportável depois que Deive, com quem Mau tinha pouco contato na lida diária — Alexandre cuidava de perto das notícias do site e assim tornou-se o ponto de contato —, mandou uma mensagem com um esporro porque ele tinha errado uma entrega de publicidade nas redes sociais. Um esporro acima do tom, principalmente diante de tudo o que ele estava entregando para a empresa. Mau respondeu com uma mensagem de áudio para o grupo que tinha só com Alexandre e Deive: "Você não está satisfeito com o meu trabalho? Estou pedindo as contas".

Fez exatamente isso. Pegou suas coisas, entrou no carro e foi para casa. Ignorou todas as ligações que passaram a apitar em seu telefone. Primeiro, Deive e Alexandre. Depois até Andreia passou a tentar ligar para ele. Só quando contou à mãe, com quem morava, foi convencido a refletir melhor sobre a decisão. Ela insistiu que ao menos ouvisse, ponderasse e, se fosse preciso, desabafasse sobre tudo o que o havia levado até ali, mesmo que não voltasse atrás. Seguindo o conselho materno, atendeu a uma das ligações de Deive. A conversa serviu para reorganizar a relação: estabelecer limites mais saudáveis, alinhar expectativas e definir com clareza o que cada lado poderia esperar do outro. Mau abriu o coração sobre os problemas que vinha enfrentando e, a partir daquele momento, passou a ter com Deive a mesma proximidade que já nutria com Alexandre. Deive avisou que não aceitava a demissão: ele podia tirar quantos dias precisasse para esfriar a cabeça, mas continuava no Jovem Nerd. No dia seguinte, Mau Faccio estava de volta ao trabalho.

No começo de 2020, quando terminou um longo relacionamento, foi com Alexandre e Deive que passou a maior parte do tempo desabafando e recebendo conselhos de vida. A relação de trabalho ganhou camadas sólidas de confiança e virou amizade eterna. No mesmo ano, Mau foi copiado por engano em um e-mail que falava de tratativas burocráticas para a aquisição pela Magazine Luiza. Outro funcionário talvez ficasse preocupado, talvez fosse perguntar a respeito aos chefes... Mau Faccio, não. Sabia que não corria riscos e aguardou pacientemente o anúncio.

Em uma das primeiras reuniões de integração do Jovem Nerd com a Magalu, ouviu de Alexandre, na frente de todos, que eles poderiam fazer muitas mudanças, mas que em Mau Faccio ninguém mexeria. "Esse cara é insubstituível," disse Alexandre aos executivos da Magalu.

Mau assumiu o cargo de gerente sênior e chefe de operações do Jovem Nerd em 2021. Logo de início, enfrentou dois anos desafiadores de adaptação. O Jovem Nerd ainda funcionava como uma empresa pequena e de espírito familiar, ainda que com um faturamento expressivo. Precisava se alinhar à estrutura da Magalu, uma gigante do varejo, com processos complexos, fluxos padronizados e uma burocracia que exigia tempo e paciência para ser assimilada.

A transição não foi fácil. Muitos profissionais da equipe não conseguiram se adaptar ao ambiente corporativo. Havia gente que tinha passado a vida inteira dentro do Jovem Nerd, começado como estagiário e crescido na empresa, mas sem vocação para o perfil exigido em uma companhia de grande porte. Além disso, a Magalu estava acostumada a integrar negócios com DNA parecido, como a Netshoes e a Kabum, empresas de e-commerce de artigos esportivos e de tecnologia, respectivamente. O Jovem Nerd era uma anomalia dentro desse portfólio: uma empresa de conteúdo, com processos próprios e um ritmo muito diferente do varejo. Eram dois mundos diferentes tentando encontrar uma forma de trabalhar juntos.

Com o tempo, as adaptações foram feitas e a relação se consolidou. A estrutura robusta da Magalu, que no início parecia um peso, acabou se transformando em trampolim: deu a Alexandre e Deive a sustentação necessária para sonhar alto e arriscar mais. Não foram comprados pela Disney, mas, nas mãos da gigante brasileira do varejo, encontraram algo fundamental: um modelo sustentável para dar o tão aguardado salto rumo às produções audiovisuais.

Um salto que seria um voo.

9

PARA O ALTO E AVANTE

O Jovem Nerd nasceu na era dos blogs e se firmou no auge dos podcasts. Hoje, em 2025, o cenário é outro: a maior parte do público não procura mais os canais, nem escolhe o que consumir.

Hoje, a audiência espera que as plataformas entreguem o conteúdo direto em sua timeline, em meio a um *scroll* infinito. O trabalho nesse meio virou uma guerra pelos segundos das pessoas, disputada com todo o resto do feed. Para piorar, as batalhas não são apenas contra outros seres humanos, mas também contra bots e inteligências artificiais. No fim, o consumo deixou de estar nas mãos do público para ficar sob o controle das grandes empresas de tecnologia.

Alexandre e Deive não deixaram de produzir o Nerdcast nem vídeos para o YouTube, mas não se baseiam mais na guerra sem regras em que a internet se transformou. O foco é outro: realizar projetos criativos que independam das plataformas digitais. Nesses projetos, priorizam produções que provam a força de suas propriedades intelectuais e consolidam sua posição de realizadores capazes de tirar do papel projetos de qualquer escala.

É justamente essa capacidade de criar e executar que explica por que o Jovem Nerd sobreviveu aos caprichos da internet enquanto outros ficaram pelo caminho. É claro que eles não estão imunes a mudanças ou erros. O grupo criou uma rede social, que nasceu e morreu entre 2012 e 2014, e um canal de animações durou apenas 6 meses. Tentou investir na produção de notícias sobre cultura pop para além do Jovem Nerd News, criando o Nerdbunker em 2018. Mas, em 2025, já dentro da Magalu, o projeto precisou ser reduzido por falta de retorno. Contudo, entre idas e vindas, Alexandre e Deive se mantém como produtores de conteúdo desde 2002. Não porque se adaptam a cada moda, mas porque continuam encontrando formas de tirar novos projetos do chão, independentemente do cenário.

"Como esses caras conseguem fazer tanta coisa? Que horas eles dormem?", perguntou-se o astro da TV e do cinema Selton Mello quando, em meados de 2022, iniciou uma pesquisa sobre o Jovem Nerd. Queria entender quem eram aqueles dois que haviam lhe feito uma proposta de trabalho tão fora do padrão. Selton já estava tentando realizar algo com o Spotify, gigante mundial de conteúdos em áudio, mas não encontrava o formato certo. Outro podcast, entre milhares? Uma série de entrevistas, como já havia feito no *Tarja Preta*,do Canal Brasil? A resposta veio com a sugestão de um audiodrama, herdeiro das antigas novelas de rádio. Seria a chance de exercitar uma técnica que dominava desde criança: interpretar apenas com a voz. Mais do que isso, havia um projeto pronto — e com seu nome no topo da lista de desejos.

Alexandre e Deive haviam vendido ao Spotify a ideia da série *França e o Labirinto*, a história de um detetive cego, Nelson França, que guiava o ouvinte por uma trama de enigmas e suspense psicológico. O roteiro foi assinado pelos amigos e colaboradores de longa data Leonel Caldela e Fabio Yabu e o diferencial seria o áudio binaural: gravado em 360 graus, criaria a ilusão de espaço realista, com vozes e ruídos ao redor do ouvinte, como se ele estivesse dentro da história ao lado de França. Desde o início, pensaram em Selton, embora soubessem que seria difícil convencê-lo.

O Spotify, que ficou responsável pelo casting principal, tentou um ano antes, em 2021, mas o ator estava tão ocupado que nem conseguiu ouvir a proposta. Então começaram a percorrer o resto da lista de nomes com vozes fortes e talento de atuação para interpretar França: Wagner Moura, Lázaro Ramos, Seu Jorge, Rodrigo Santoro — com este, as conversas chegaram a avançar. Mas, no fim, por diferentes motivos, nenhum deles estava disponível. Alexandre, Deive e o time do Spotify até cogitaram uma lista B, mas sem entusiasmo. Foi quando Deive sugeriu: "Faz tanto tempo... por que a gente não começa do topo de novo?". No dia seguinte, em um alinhamento de arrepiar até os mais céticos, Selton procurou o Spotify dizendo que passaria um ano nos Estados Unidos e, o mais importante, sem filmar nada. Estava disponível para um projeto.

Depois de sua pesquisa sobre o Jovem Nerd, Selton disse ter descoberto um mundo novo a ser explorado e fez questão de propor uma conversa com os dois. Assim que souberam, Alexandre e Deive responderam: "A gente vai até você, precisa ser pessoalmente". Eles estavam em Nova York gravando uma publicidade de celular. Selton, em Los Angeles. Os dois voaram até lá e o encontro aconteceu no restaurante do hotel em que o ator estava hospedado. Sequer dormiram na cidade: à noite, embarcaram de volta para casa em Orlando.

Para Selton, aquele primeiro contato o deixou impressionado com a avalanche de ideias que os dois traziam. *França e o Labirinto* foi apenas uma delas — a que se concretizou. Para Deive, aquele encontro já vinha sendo construído havia quase vinte anos. Em 2003, quando começava a colaborar no blog do amigo Alexandre, ainda chamado O Jovem Nerd, estava obcecado por uma peça em cartaz no Teatro Glória, no Rio: *Zastrozzi*, do dramaturgo canadense George F. Walker. Voltou inúmeras vezes, sempre levando alguém consigo. A montagem era produzida e estrelada por Selton Mello, que ali estreava como diretor de teatro. E 2003 não foi um ano tranquilo para ele: além da peça, fazia parte do elenco fixo de *Os Normais*, da TV Globo, com Luiz Fernando Guimarães e Fernanda Torres, e era protagonista no cinema em *Lisbela e o Prisioneiro*, de Guel Arraes.

Em 2019, muitos anos depois, Deive foi assistir a uma peça estrelada por Emílio Dantas, ator, fã do Jovem Nerd e já amigo pessoal.

Saíram para jantar em uma pizzaria depois do espetáculo quando, de repente, Selton Mello apareceu para cumprimentar Emílio e Fabiula Nascimento, sua conjugê e colega de Selton em *Sessão de Terapia*. Para Deive, foi um momento de puro deleite. Após as apresentações, não perdeu a chance de mencionar o quanto havia se fascinado por *Zastrozzi*, um dos trabalhos menos conhecidos de Selton, mas inesquecível para quem realmente acompanhava sua carreira.

Pouco tempo depois, o fã se tornaria diretor. Durante as gravações de *França e o Labirinto*, em um estúdio no Brooklyn, em Nova York, coube a Deive dirigir Selton Mello. O ator confessaria mais tarde, em entrevistas de divulgação, que essa havia sido uma das experiências em que mais precisou de direção: sozinho diante do microfone, sem apoio visual, dependendo apenas da imaginação para entender como interagir com o cenário. Deive foi sua ponte com o mundo ao redor. Depois de gravar a voz de Selton, o material seguiu para o Brasil, onde Fernanda Baronne dirigiu o restante do elenco, que incluía nomes como Luiz Carlos Persy, Maíra Góes e Jorge Lucas.

França e o Labirinto estreou em 29 de agosto de 2022, com 13 episódios, tornando-se a primeira audiossérie do Spotify produzida no Brasil. O impacto foi imediato: em 23 de setembro, reportagem da *Folha de São Paulo* registrava que o programa seguia "no topo da lista dos podcasts mais ouvidos do Brasil". Um sucesso absoluto. Foi também a primeira vez que o público teve contato com o nome Nonsense Creations, empresa criada durante a mudança das famílias de Alexandre e Deive para os Estados Unidos, estruturada como holding que controlava o Jovem Nerd no Brasil. Com a compra pela Magalu, as empresas foram separadas e adquiridas em conjunto; na prática, Alexandre e Deive passaram a ser funcionários da Nonsense. A companhia serviria para dois propósitos: internacionalizar a marca — já que "Jovem Nerd" soava impronunciável lá fora, e versões como Young Nerd ou Young Geek foram logo descartadas — e abrigar os chamados "projetos especiais". A Nonsense assinava os Nerdcasts de RPG e também produziu, por exemplo, um podcast para a Microsoft sobre a franquia de jogos de tiro Halo. Mas foi com *França e o Labirinto* que o nome ganhou reconhecimento no Brasil. Logo, ganharia também no resto do mundo.

A oportunidade veio da Ogilvy, agência de publicidade que atende a Magazine Luiza e com a qual estreitaram conversas depois da aquisição em 2021. Em um dos papos, os representantes da agência comentaram sobre uma ação que queriam realizar por sentirem que tinha chances de ganhar prêmios: uma animação em stop-motion de *Caverna do Dragão*, desenho animado que havia sido febre no Brasil na década de 1980, usando os bonecos dos personagens fabricados pela Hasbro. Tinham aprovado a ideia com a Hasbro, que deu sinal verde. Perguntaram se o Jovem Nerd estaria interessado em tirar a ideia do papel com eles.

Algumas palavras daquela conversa chamaram a atenção, começando por "*Caverna do Dragão*" — além de jogarem muito RPG, Alexandre e Deive eram da geração que via os 27 episódios do desenho em looping nos programas infantis da Globo. A segunda palavra-chave foi "animação". Havia muito tempo que o Jovem Nerd tinha vontade de migrar para o audiovisual. Tentaram em 2016, com a primeira ideia de financiamento coletivo que nunca saiu do papel, a de uma animação sobre a história de Ruff Ghanor. E tentaram de novo em 2023, durante o financiamento coletivo Tesouros de Ghanor. A última meta estendida era um curta em animação naquele universo, e um teaser chegou a ser produzido pela Unhide Studios. Mas a meta, de R$ 10 milhões, seria a única não alcançada.

A terceira palavra que chamou a atenção de Alexandre e Deive foi "prêmio". Eles já tinham ganhado quase todos os prêmios importantes da internet brasileira, como YouPIX e iBest, e ainda beliscaram alguns internacionais, como Shorty Awards e o The Best of Blogs. Com o tempo, foram perdendo interesse em inscrever produtos do Jovem Nerd em premiações do tipo, que passaram a querer apenas fagocitar o engajamento alheio em troca de uma plaquinha e um tapinha nas costas. O prêmio a que a Ogilvy se referia era Cannes Lions, a maior premiação mundial da publicidade. Isso sim seria importante para a internacionalização de suas propriedades intelectuais, o objetivo principal da Nonsense Creations.

Alexandre e Deive embarcaram com a Ogilvy na ideia. Ficaram responsáveis pelo roteiro, dublagem, áudio e direção geral, enquanto a agência cuidaria da animação, em parceria com o estúdio Os Bonequinhos. Deive chamou o parceiro de longa data Fabio Yabu para desenvolver o roteiro com ele. Como um *boost* de emoção para o público brasileiro, chamaram os dubladores da versão original dos anos 1980: Ricardo Schnetzer (Hank), Marlene Costa (Sheila), Mario Jorge (Eric), Mônica Rossi (Diana) e Nizo Neto (Presto). Estes foram acompanhados por Pedro Alcântara (Bobby), Walter Cruz (Mestre dos Magos) e Glauco Marques (Vingador), que substituíram respectivamente Henrique Ogalla, Ionei Silva e o mestre Orlando Drummond, já falecidos. Outro parceiro de longa data, Guilherme Briggs, completou o time dublando a Uni e o vilão Muk. A direção foi de Fernanda Baronne, que havia dirigido *França e o Labirinto* e dublado Sheila na terceira temporada do desenho.

O produto final dessa aventura foi um curta em animação stop motion de 14 minutos chamado *O Episódio Perdido*. Na história escrita por Deive e Yabu, estão quase todas as teorias da conspiração envolvendo a série, que foi interrompida com o final ainda em aberto. Será que os personagens finalmente conseguiriam sair do mundo mágico e voltar para casa? A principal teoria dos fãs ganha corpo — e, com o aval da Hasbro, até ares canônicos: o Mestre dos Magos, o guia das crianças naquele mundo, estava, na verdade, prendendo todos ali.

O trabalho foi revelado ao público em grande estilo no dia 6 de dezembro de 2024, durante uma apresentação com auditório lotado no palco principal da CCXP, o maior evento nerd do país, onde estúdios como Disney e Marvel vêm anunciar seus lançamentos. Exibiram o episódio inteiro e levaram muitos fãs às lágrimas. A choradeira nostálgica foi ainda maior quando, de surpresa, os dubladores subiram no palco. Foram ovacionados. Frederico Trajano, CEO da Magazine Luiza, estava no evento e, dos bastidores, acompanhou com espanto aquela comoção. Com ou sem prêmio, já tinha valido.

Aquilo tudo foi filmado e, em janeiro, a Ogilvy inscreveu a ação para apreciação dos jurados do festival de publicidade de Cannes. Alexandre e Deive acompanharam de longe o andamento e, aos poucos, recebiam informações de que estavam passando pelas etapas entre os jurados. Das centenas de inscrições, apenas dezenas entram na chamada *short list*, a partir da qual os jurados escolhem quem fica com os leões de bronze, de prata e de ouro, além do prêmio principal, o Grand Prix. Só sobe no palco do Palais des Festivals (o mesmo do festival de cinema de Cannes) quem ganhou Leão de Ouro ou Grand Prix.

Em junho, às vésperas do evento, Deive estava almoçando com a família quando descobriu que *O Episódio Perdido* tinha chance de vencer o Leão de Ouro em Cannes, uma das maiores glórias da publicidade mundial. Despediu-se de todo mundo, pediu para a secretária comprar uma passagem para a França, correu para casa, fez uma mala improvisada em 15 minutos e foi para o aeroporto. Saiu de Orlando, mas acabou perdendo a conexão de Nova York para Paris. Teve que ir para Nice e, de lá, pegar um carro até Cannes. Chegou em cima da hora, mas a tempo de levantar o troféu com os colegas da Ogilvy.

Dentro do meio publicitário, o prêmio serviu para estabelecer o Jovem Nerd em outro patamar. Conseguiram provar que tinham poder criativo para ações, e para ajudar agências a ganhar prêmios.

Enquanto isso, o passo mais importante no audiovisual do Jovem Nerd e da Nonsense Creations estava sendo dado em paralelo. No mesmo palco da CCXP em que apresentaram o curta animado de *Caverna do Dragão*, em dezembro de 2024, Alexandre e Deive revelaram um segredo guardado há anos: iriam lançar um filme de terror chamado *A Própria Carne*. Não no YouTube, nem em um serviço de streaming. No cinema. Com estreia nacional marcada para outubro de 2025, em parceria com o Cinemark, maior rede exibidora do Brasil.

O sonho de fazer cinema era antigo, mas só ganhou corpo depois da venda para a Magalu. Com mais tempo para se dedicar a projetos criativos, Alexandre e Deive começaram a conversar com realizadores sobre transformar suas propriedades intelectuais em filmes e séries. Ghanor e Ozob estavam na lista de desejos, mas o primeiro passo veio de outra frente: o universo de Cthulhu. Uma parceria inicial com uma produtora nacional não avançou por questões financeiras. Foi então que Felipe Kachan, gerente de novos negócios da Magalu e um dos maiores entusiastas da ideia, sugeriu: "Vocês não são amigos do Ian?". Referia-se a Ian SBF, fundador do Porta dos Fundos e diretor de cinema. Sim, a amizade existia desde 2010, e Ian se empolgou desde o contato inicial.

A primeira conversa foi em torno do roteiro que Leonel Caldela estava desenvolvendo, mas Ian tinha um projeto na gaveta: uma história de terror ambientada na Guerra do Paraguai, toda passada em uma única locação. Relativamente barata de produzir, mas intensa no potencial dramático. Juntos, foram incorporando elementos do universo de Cthulhu, que Ian não conhecia. Segundo o diretor, parecia que o roteiro estava apenas esperando Alexandre e Deive para ficar pronto. A produção se consolidou como uma parceria da Nonsense Creations e da Neebla, produtora de Ian.

O elenco liderado por Luiz Carlos Persy — uma das vozes centrais de *França e o Labirinto* — também conta com Jade Mascarenhas, Jorge Guerreiro, Pierre Baitelli e George Sauma. Kachan, além de abrir as portas com a sugestão de Ian, costurou a distribuição nacional com o Cinemark. Para complementar, o público terá a chance de participar de sessões especiais do filme em sete capitais brasileiras, com direito a debate após a exibição com elenco e criadores.

Com *A Própria Carne*, Alexandre e Deive deram um passo ambicioso, e não pretendem parar. Já pensam na continuação do filme, de *França e o Labirinto* e de todos os filmes e séries em potencial que existem nas histórias de Ghanor e de Ozob, para ficar nos principais exemplos. Mas vão manter a essência, aquilo que os fãs sempre acompanharam. O Nerdcast continua, os vídeos também. A diferença é que, daqui para frente, o público terá acesso às superproduções que, antes, existiam apenas na imaginação dos dois.

10

OS NERDS, A VIDA E O UNIVERSO*

Aquele período turbulento da vida chamado adolescência. O fim de um relacionamento longo ou curto – mas infinito enquanto durou. Uma viagem de ônibus com uma duração inacreditável feita durante a infância. Um evento cataclísmico global.

Talvez seja impossível traduzir em palavras o que inúmeros relatos de ouvintes do Nerdcast tentaram expressar sobre a importância do programa em suas vidas — muitas dessas histórias foram lidas na famosa seção de e-mails após a vinheta do podcast, perdidas em meio a um oceano de análises de cultura pop, reclamações sobre o final de uma série de TV ou algum relato escandaloso, digno de uma crônica de Nelson Rodrigues.

Quando um correio eletrônico conseguia driblar os rigorosos, mas mutáveis, critérios de Azaghal/Deive para ser lido, não eram poucos os relatos de como o programa entrou no dia a dia do público, conectou pessoas diferentes em torno de uma comunidade, juntou casais ou provocou gargalhadas inesperadas que intrigavam colegas de trabalho ou demais passageiros do transporte público.

*Capítulo escrito por Davide Di Benedetto.

Como essas vozes em um fone de ouvido podiam ser um bálsamo para a solidão? Como uma coisa tão etérea quanto ondas de áudio transmitindo algo que começou essencialmente como um papo de boteco gravado entre barbudos podia ter efeitos tão concretos sobre a vida de outras pessoas?

Ou até mesmo salvá-las.

Aqui, no final deste livro, encaramos a gigantesca tarefa de revisitar alguns desses relatos, enviados diretamente à equipe do podcast. Uma minúscula amostra que representa incontáveis outras. Quanto ao porquê destas histórias terem sido escolhidas, alguém poderia afirmar que os fatos falam por si.

Na ficção, temos a sagacidade do Batman, os poderes da Mulher Maravilha, o fator de cura do Wolverine, a tenacidade de Frodo e Sam marchando a pé até Mordor, ou mesmo a fúria do Rei Ruff Ghanor e o seu poder do terremoto.

A essas figuras míticas da cultura contemporânea chamamos heróis. Lutam — mesmo que alguns ao seu próprio modo — por um mundo melhor ou para proteger os demais. Nem sempre a lei está do lado deles, mas todos são maiores que a vida.

Marlos Sanuto é talvez maior do que todas elas, porque é herói na vida real.

Fez de tudo antes de se tornar bombeiro e passar por treinamento especializado para resgates de altitude. Entre muitos conhecimentos indispensáveis da sua profissão, como rapel, aprendeu a arte de descer o infame "pole dance" — apelido da viga de ferro que permite acesso quase instantâneo ao veículo que levará a equipe a um incêndio ou acidente (não, não é só em filmes, ela de fato existe em alguns quartéis!).

Sanuto se dedicou à área de busca e salvamento, como afirma nos relatos que ele mesmo traz também como podcaster e produtor de conteúdo na internet, após ter sido iniciado no formato por meio do pioneirismo do Nerdcast na divulgação dessa mídia no Brasil.

Como os heróis citados, nem sempre a ordem vigente esteve ao lado dele e de seus colegas. Mesmo fazendo parte de uma legião de pessoas que arrisca a vida todos os dias, em uma rotina imprevisível, onde cada um desses dias pode ser diferente do outro e trazer surpresas terríveis, não era valorizado. Sanuto relata estar presente quando 439 bombeiros foram detidos por ocupar o quartel-general da corporação no Rio de Janeiro, em protesto contra o piso salarial mais baixo do país.

Nos registros jornalísticos sobre o evento, ainda se encontram vívidos relatos do momento em que esses trabalhadores foram levados pela tropa de choque, ou quando se agruparam em pátios e campos de futebol, formando a sigla "SOS", enquanto outros companheiros raspavam a cabeça em solidariedade. Os mesmos bombeiros que um político proeminente e empossado da época chamou de "vândalos e irresponsáveis", afirmando que deveriam responder criminalmente pelo protesto.

A única acusação que este livro pode sustentar sobre Sanuto, porém, é que ele foi responsável por salvar vidas — e o Nerdcast, que o acompanhava madrugada após madrugada durante o serviço, esteve ao seu lado durante um momento crítico.

Certa madrugada, por volta das duas horas, no Quartel Central onde servia, soou um alerta sobre a colisão de um veículo próximo à Praça da Cruz Vermelha. Pouco depois de chegar ao local, Sanuto e sua equipe constataram que um automóvel havia colidido com um caminhão-baú. O motorista do caminhão sofrera apenas ferimentos leves, mas as duas pessoas no carro ficaram presas às ferragens. O veículo estava prensado contra um poste, sendo o lado do passageiro o mais afetado, pois havia absorvido a maior parte do impacto. O uso do cinto de segurança, aliado ao peso da parte dianteira do carro, foi decisivo para que escapassem do que de outra forma poderia ter sido uma morte instantânea.

O motorista do carro foi retirado, mas o passageiro estava com as pernas presas, exigindo o corte completo da lataria — um processo demorado. A vítima sangrava muito e estava prestes a perder a consciência. Era fundamental mantê-la acordada e lúcida, para que pudesse ser medicada.

Sanuto notou, para sua surpresa, que o homem usava a camietsa *Lost*, produto da Nerdstore. Percebendo que tinha à sua frente outro fã, Sanuto iniciou uma conversa para distraí-lo da situação devastadora. O objetivo era ganhar tempo e mantê-lo calmo, pois a maior preocupação era tentar preservar sua perna, que corria sério risco de ter que ser amputada no local. Em alguns momentos, a vítima desmaiava, mas o bombeiro insistia, fazendo de tudo para mantê-lo consciente.

Em certo momento, o diálogo passou a girar em torno de *A Batalha do Apocalipse*. Sanuto conhecia o livro de Eduardo Spohr, mas admitiu que ainda não o tinha lido. O passageiro começou a descrever toda a mitologia da obra, exaltando o fato de um autor brasileiro escrever naquele gênero, enfatizando o quão "foda" era, com a empolgação típica dos nerds e que ele devia lê-la. Mesmo. A conversa se manteve ininterrupta por toda a duração do resgate, que levou mais de duas horas. Enfim, o homem foi retirado. Sua perna estava quebrada em três pontos diferentes, mas escapou com vida, aplaudido pela população que segurava o fôlego e acompanhava a operação. A vítima foi levada à ambulância por Sanuto e toda a equipe vibrou muito, pois era altíssima a chance de um final trágico.

Semanas depois, o pai da vítima visitou o quartel. Foi até Sanuto para entregar a ele uma camiseta *Lost* como agradecimento, informando que o filho estava bem e com saúde, embora usasse ferros na perna. A camiseta foi pendurada com destaque na seção do quartel que abrigava uma mostra de outros presentes recebidos em agradecimento por salvamentos.

Sanuto nunca soube dizer se era a mesma camiseta, ou se haviam comprado outra para presenteá-lo. O certo mesmo é que jamais esqueceu daquela madrugada.

Empreendedorismo.

Uma palavra amaldiçoada. Em tempos recentes, um termo apropriado por coachs, gurus e toda sorte de falso profeta e demagogo na internet. Para além das distorções, promessas de enriquecimento fácil ou ilusões de que a sociedade vai sempre recompensar nosso suor, há dois inegáveis átomos de verdade que impulsionam o que poderíamos chamar de um verdadeiro impulso empreendedor. O primeiro é que a maioria esmagadora dos habitantes da Terra sonha com uma vida melhor do que tem. Todos ruminamos constantemente diferentes métodos para alcançar esse objetivo.

A outra é que a necessidade é o motor mais poderoso da criatividade humana.

Essas verdades se tornam ainda mais evidentes quando se vem da quebrada ou — como também afirma André Henrique "Walker" Paiva — quando se é "um adolescente da Classe C ou D". Aos 16 anos, André já era ouvinte fiel do Nerdcast. Naquela época, para ouvir era preciso baixar os episódios no computador ou em um MP3 player. Ele não apenas ouvia: gravava os programas, compilava-os em discos e vendia na escola. A "máfia de venda de Nerdcast", como ficou conhecido às gargalhadas no final do episódio do Spotify Podcast Festival.

Essa "atividade paralela" foi rendendo o suficiente para algo maior: comprar os primeiros livros de Tolkien e de outros autores, camisetas de herói, CDs de heavy metal, um computador melhor, ingressos de cinema, cursos — de roteiro, de inglês — e, em especial, ajudar a mãe. Pequenas conquistas que moldaram não só o nerd, mas também o profissional e a pessoa que viria a se tornar. Essa conexão imediata com o programa fez que André nunca o largasse.

O hábito de ouvir e aprender com o podcast atravessou as fases da vida. Conversas sobre drinks e gastronomia, por exemplo, lideradas por figuras como Tucano e Sr. K, despertaram um interesse real por mixologia. E, num *crossover* perfeito, um episódio sobre *Breaking Bad*, que ele acredita ter sido em 2013, apresentou a série que se tornaria a sua favorita. Mais de uma década depois, em 2024, essa bagagem se transformaria no *Heisenberg*: um bar com elementos inspirados na série, onde a criatividade dos coquetéis carregava toda criatividade química do personagem Walter White. Nada mais coerente para a trajetória de quem começou como um traficante de podcasts.

Mas a história não parou aí. Inspirado pela dinâmica e espírito criativo do Nerdcast, André iniciou, cinco anos antes, o seu próprio programa. Não chegou a "estourar", nem a ter câmera e mesa de estúdio, mas a experiência rendeu entrevistas com nomes que jamais imaginou conhecer: o comediante Helio de La Peña, o baixista Luis Mariutti, o cartunista Carlos Ruas, a imperecível atriz Alessandra Negrini, entre outros. Isso culminou na direção de um documentário em áudio estrelado pela também atriz global Samara Felippo.

E como todo ciclo bem-sucedido tende a gerar novos projetos, André criou uma produtora de eventos e conteúdo — um "laboratório de ideias", nas suas palavras — voltado a apoiar artistas e mentes criativas vindas da periferia, como ele. Traficante de áudios? Agora essa alcunha parece meio injusta. Talvez Azaghal dissesse que a profissão que melhor descreve a carreira de André é a de "imagineer" — em referência aos famigerados funcionários Disney responsáveis por criarem, projetarem e desenvolverem experiências, combinando engenharia, design e narrativa.

André termina seu breve relato dizendo que, se nesses anos todos ele foi o motorista dessa van, foi o Jovem Nerd a fornecer o combustível e a manter o tanque cheio.

Dante tinha 13 anos quando começou a ouvir o Nerdcast — no exato dia de seu aniversário! Hoje, descreve-se como uma pessoa completamente diferente: com muitos amigos, sociável, capaz de se encaixar em qualquer lugar e conversar até não poder mais. Credita essa transformação ao podcast. Muitas das conversas que iniciava e das amizades que surgiam vinham de conhecimentos, curiosidades ou histórias ouvidas ali. Também foi por essa influência que o interesse pelo mundo geek cresceu. A maioria dos seus gostos atuais começou com o programa: uma recomendação, uma citação, uma piada, um episódio. E veio até o fenômeno recorrente de, ao começar qualquer filme ou série novos, pensar quase que automaticamente: "Deve existir um Nerdcast sobre isso!"

Dois programas, em especial, marcaram a vida de Dante. O primeiro foi o episódio "O lado bom da vida", com o dublador Guilherme Briggs e o escritor Fabio Yabu. Ele foi ao ar em um dos momentos mais baixos da adolescência dele, quando uma depressão profunda tornava difícil seguir. Em todas as ocasiões em que a esperança ou a vontade de agir desapareciam, o recurso final era ouvir novamente esse episódio — talvez um dos mais *wholesome* da história do Nerdcast.

E funcionava, sempre funcionava.

Ainda naquela fase, Dante escondia quem era e do que gostava para não afastar as pessoas. Privava-se de fazer coisas que lhe dariam prazer por medo de julgamentos, tornando-se, segundo descreve, uma pessoa triste e amargurada. Sentia uma dor e um vazio quase insuportáveis. Neurodivergente — algo que descobriria apenas anos mais tarde em acompanhamento com psicólogos e neurologistas — e uma pessoa de gênero não binário, sempre viveu situações que descreveu como atípicas, esforçando-se ao máximo para estar dentro da norma.

Esse episódio foi a virada de chave: a decisão de parar de se importar, aceitar-se plenamente e aprender a gostar de si.

A ver o lado bom da vida.

O apoio não veio apenas da dupla Jovem Nerd e Azaghal, mas também da Senhora Jovem Nerd e da Portuguesa, cujas participações no Nerdcast e no próprio podcast do Caneca de Mamicas emocionaram Dante muitas vezes. Receber validação e acolhimento, mesmo à distância, foi fundamental. Como parte de grupos discriminados, ter o carinho e a consideração de pessoas que admirava, saber que suas referências no mundo geek (por vezes, tão tóxico ou reacionário) não odiavam sua existência foi fundamental.

A partir dessa "virada de chave", Dante deixou de ter vergonha de se esconder ou de mudar o que acreditava ser bom e certo. Criou amizades e conexões que antes não teria coragem de buscar. Entrou para a área de tecnologia por influência do podcast. Hoje, tem o que poderiam chamar de um bom emprego. Aprendeu inglês em grande parte graças às recomendações dos episódios, e isso abriu as portas do mundo. Passou a criar também: tornou-se cosplayer e artista, com um público fiel que aprecia sua arte e sua pessoa tal como é.

O Nerdcast esteve presente nos momentos de riso e de choro. Foi o ponto de partida para aprender a mestrar RPG, para se interessar por história, geografia e cinema. Hoje, Dante caminha com as próprias pernas, mas segue recomendando o programa para amigos próximos e gente nova que conhece.

O segundo programa que teve grande influência em sua vida foi, na verdade, uma série de episódios: os Nerdtours. Se o aprendizado do inglês já havia aberto portas para outros países, esses relatos de viagem acenderam uma paixão por conhecer o mundo e outras culturas. Ouvindo sobre as experiências vividas pela equipe, Dante sentia crescer um desejo intenso de viver, criar memórias, ter uma "família de amigos" para compartilhar essas aventuras. Esse passo — o simples ato de sentir vontade de continuar existindo — foi decisivo no contexto que enfrentava.

Em 2024, veio um momento simbólico: sua primeira CCXP, bancada com o próprio esforço e dinheiro. Foi ao evento por causa do Nerdcast. Não chegou a conversar com os integrantes, mas assistiu à gravação no palco da Omelete. Segundo o próprio testemunho, passou quase uma hora aos prantos, tamanha foi a emoção.

Dante encerra com um agradecimento sincero aos nerds: por inspirar sonhos, por ajudar a ser uma pessoa melhor para si e para os outros — e com um último pedido, fiel à sua nerdeza: que Jovem Nerd e Azaghal deem uma chance para *Vinland Saga*, pois, levando em conta o que foi comentando em outros programas sobre vikings, tem profunda convicção de que irão gostar!

O Padre Ricardo tinha quase 37 anos quando decidiu compartilhar a história do seu contato com os nerds. Morava em Poá, uma pequena cidade próxima à São Paulo. Conhecera o Nerdcast há mais de uma década — o primeiríssimo episódio foi sobre Nikola Tesla e Thomas Edison — e depois disso o hábito de ouvir podcasts se enraizou em sua vida.

O impacto não se deu apenas pelo conteúdo ou pelas curiosidades apresentadas. O que mais o marcou foi perceber a dedicação com que a equipe buscava e realizava seus sonhos. O crescimento como família, a postura pessoal — e, acima de tudo, a meta de fazer sempre o melhor. Não o melhor possível, mas simplesmente "O" melhor.

Na época, Padre Ricardo estava em uma encruzilhada profissional. Já havia estudado muito e trabalhava em uma grande universidade. A influência do podcast foi decisiva. Pouco tempo depois, organizou sua primeira viagem internacional, para visitar amigos. Desde então, o Nerdcast passou a acompanhá-lo em momentos de dúvida e mudança, incentivando-o a enfrentar novos desafios.

Esse vínculo se manteve mesmo depois de ingressar no seminário. Ricardo já havia escrito algumas vezes para o programa e sentia a presença das vozes do Nerdcast em diferentes fases de sua vida. Escutava quase sem interrupções desde 2009. Em certo momento, a inspiração o levou a criar, junto a um amigo, outro padre, um podcast próprio, focado em questões da vida sacerdotal sob a perspectiva de quem crê, mas sem se prender a formalismos excessivos. Abordavam temas como conforto de vida, educação e comportamento, mostrando que dois padres podiam conversar sobre qualquer assunto de forma humana, sem serem quadrados ou excessivamente beatos. O projeto durou três anos, com programas de grande alcance.

O Nerdcast também moldou gostos e opiniões: apresentou novos produtos, filmes e pontos de vista que permanecem no cotidiano de Ricardo. Muitos episódios foram ouvidos enquanto realizava tarefas diversas, tornando-se companhia constante.

Ele não se considera um nerd típico, mas um "nerd de curiosidades" — alguém que aprende e compartilha, que presta atenção aos detalhes, que observa como as coisas são feitas e como novos hobbies nascem. E muito desse olhar nasceu ali, na convivência silenciosa, mas duradoura, com um podcast que, em suas palavras, o ensinou a buscar.

A fazer sempre, não o melhor possível. E sim o melhor!

Finaliza este capítulo um último relato, um pouco mais detalhado e pesado. O tema é delicado. Não recomendamos a leitura se você estiver em um momento sensível ou emocionalmente fragilizado. Essa é uma história sobre uma tentativa de suicídio — ou talvez, sobre ideação suicida, embora essa diferença jamais tenha ficado muito clara para tal ouvinte.

No início dos anos 2010, vivia no interior de Minas Gerais, onde cresceu e nunca havia saído até então, após se mudar para lá ainda criança, com seus pais, vindo de outro país. Mais tarde, mudanças se tornariam uma das poucas constantes em sua vida.

Durante uma consulta com um psiquiatra local, que o ouviu com total descaso, precisou praticamente gritar pelo que estava passando para receber, ao final, uma pergunta feita de forma fria e formal: “Você já teve pensamentos de autoextermínio?”.

O termo o atingiu como um soco. “Autoextermínio” soava — e ainda soa — violento demais. Um eufemismo (nada eufemístico!) para descrever o desejo de interromper a própria vida. Embora mais tarde tal ouvinte tenha superado esse impasse e buscado terapia e tratamento, isso não aconteceu naquela ocasião — em grande parte devido à postura desumanizante do profissional daquele consultório de cidade pequena.

Só depois compreenderia que a distimia — uma forma moderada, mas ainda assim perigosa, de depressão, agravada naquele momento — não era a causa, mas sim consequência de ter crescido com outro transtorno, bem como do seu entorno e vários outros fatores. Na época, não sabia de nada disso. O que havia eram os rótulos. Por mais se esforçasse, era sempre estigmatizado como uma pessoa avoada, difícil, irresponsável, preguiçosa. Junto disso, vinha a culpa e a paralisia que marcavam sua vida.

Enquanto outros iniciavam e terminavam relacionamentos, entravam e saíam de empregos, permanecia preso a um ambiente familiar hostil — por vezes violento — sempre sufocante e controlador. No interior, as limitadas oportunidades de trabalho ficavam ainda mais escassas para alguém sem experiência e com um trato social minado desde o berço.

Foi esse ambiente repressivo, aliado ao desejo de conquistar independência econômica e sair de casa a qualquer custo, que levou essa pessoa a um ato desesperado: mentiu à família dizendo ter conseguido trabalho em cidade maior, mas ainda interiorana. Mudou para lá, hospedando-se temporariamente com amigos. Pouco depois, o plano acabou dando certo e uma oportunidade de emprego surgiu. Aceitou sem pensar duas vezes.

Foi trabalhar no turno da noite, das 22h às 6h, em uma fábrica de envase de suco de soja. Apesar de ir bem na entrevista, logo se mostrou inapto para atuar na ponta da linha de produção, sendo remanejado para o setor de descartes. Ali, um laser detectava microfungos nas caixinhas, e sua função era retirá-las da calha e estourá-las na mão contra uma quina de ferro, para que litros de suco fossem jogados pelo ralo.

O trabalho no setor era mais administrável, mas ainda seguia em ritmo intenso: era preciso encher barris com as embalagens descartadas e, quando cheios, empurrá-los em um carrinho de mão, no frio da madrugada, até um minicaminhão que recolhia o lixo. Era uma tarefa exaustiva, que deixava o corpo impregnado pelo forte odor de frutas. Passava o dia na cama e, quando percebia, mal havia levantado... já era noite outra vez!

O ciclo se repetiu até que, em determinado momento, entrou em um avançado processo de vampirização e já não via mais a luz do sol. A almejada independência econômica não veio com o novo emprego. Após pagar o aluguel altíssimo, dividido com mais duas pessoas, sobravam apenas cerca de trezentos reais para o mês. A vida social também não melhorou na nova cidade. Amigas conhecidas pela internet começaram a namorar e sumiram. Os amigos, com situação financeira um pouco melhor, mas viciados de forma patológica em *League of Legends*, simplesmente se recusavam a sair de casa. Não que pudesse sair muito: trabalhava em escala 6x2 (seis dias trabalhados para dois de folga), o que significava folgar geralmente em dias como segundas ou terças-feiras, às vezes esperando mais de um mês para ter um fim de semana livre.

Desnecessário dizer que toda essa situação apenas agravou sua vida, já difícil por ter vindo de fora. É claro que, em retrospecto, mil soluções possíveis vieram a sua mente, como quando um nerd aponta inconsistências em um filme ou série: "Por que não se mudou para um lugar mais barato?", "Por que não procurou outro emprego na sua área?", "Por que não foi tentar a sorte fora do país?", mas diferente da ficção, a vida real não precisa fazer sentido. A situação só agravou sua depressão.

Foi nesse momento crítico que conheceu o Nerdcast, embora não se lembre — por mais que tente — qual foi o primeiro programa que ouviu. Mas já conhecia o programa quando chegou o Carnaval — o mais melancólico e chuvoso da história daquela cidade do sul de Minas, que ficou deserta. Os amigos viajaram para ver suas famílias. Ficou só em casa por três dias.

Felizmente, havia o podcast.

Era um programa variado, que falava de cultura, quadrinhos, filmes e outras nerdices que essa pessoa já amava, mas também de histórias do cotidiano, da vida, do universo e tudo mais. Na época, já havia um enorme acervo de episódios antigos. Mesmo em depressão, prendendo-se à cama em dias sombrios que não traziam o alento da luz solar, podia ouvir, se distrair. E até mesmo rir. Tendo cursado História, não deixava de reprovar, mas ainda se divertia com as caneladas do programa, achando que podiam mesmo ser uma ferramenta didática e interessar alguém no assunto, antes de aprofundá-lo. Descobriu coisas que não fazia menor ideia que existiam, como o grupo de comediantes Monty Python ou a obra do escritor britânico Douglas Adams. Acompanhou longos debates indignados sobre teorias de *Lost*, as muitas viagens dos Nerdtour (uma para seu país de origem!) e testemunhou uma antiga paixão — o RPG — ser apresentado em um formato acessível e alcançar milhares de pessoas.

Chegou até a rever posições, passando a nutrir simpatia, se não pelos livros, ao menos pela figura carismática do escritor Paulo Coelho, entrevistado pelos nerds, e pela ideia, talvez ingênua, de ir atrás de um sonho. Foi ali que decidiu voltar a escrever e alimentar seu blog pessoal da época. É claro, nada disso resolveu, como mágica, os problemas que enfrentava. Naquele período de mente nublada, até questões banais pareciam insuperáveis. Não foi nesses três dias de monotonia e chuva que tomou a decisão, mas algumas semanas depois — ou talvez semanas antes — uma ideia bastante fixa surgiu em sua mente: em breve, iria se matar.

O método escolhido foi o mais simples e menos calculado possível: saltar de um lugar alto no centro da cidade. No dia marcado para sua morte, foi a um restaurante. Pediu o prato mais caro do lugar, esvaziando o pouco dinheiro que restava na conta — afinal, não teria mais despesas. Veio um entrecôte ao molho madeira, acompanhado de arroz à piemontesa e batatas. Em uma TV, naquele lugar que já podia ser descrito como "instagramável" e falsamente requintado a ponto de ser brega, tocava a dupla de violoncelistas croatas 2Cellos.

Depois disso, seguiu para o que acreditava ser seu destino final.

Como é comum em relatos de tentativas de suicídio, no fim, algo pequeno pode fazer toda a diferença. Mais tarde, ele ouviria de uma amiga que passara por algo semelhante que a aproximação súbita de um pai com uma criança a impediu de pular. Outros, que chegaram a cometer o ato e sobreviveram, relatam ter se arrependido imediatamente assim que seus pés saíram do solo— deixando entrever que nenhuma decisão, por mais radical, está escrita em pedra.

Foi até a beirada. Contemplou o salto e ficou horas encarando o vazio. Mil pensamentos passaram na sua cabeça. Imaginou que o local era baixo demais, que a morte não seria instantânea e que poderia agonizar até morrer. Pensou na mãe recebendo a notícia. E foi percebendo que, no fundo, no fundo, não queria se matar. Não queria cometer "autoextermínio" nem qualquer outro eufemismo macabro.

Queria escapar, fugir. Queria continuar vivendo. Queria sair dali e voltar para casa, mesmo que isso significasse engolir o orgulho, enfrentar a humilhação e voltar a trabalhar com o pai por um tempo. Mas mesmo isso não lhe pareceu o pior obstáculo. Mais difícil, mesmo que fosse bem mais leve do que descartar soja, era imaginar dias e dias sem fim em um escritório, em uma rotina solitária e monótona, feita de um vazio tão grande quanto o que estava agora à sua frente.

"Mas não preciso mais me preocupar com isso", pensou, naquele momento, de forma quase infantil, mas sincera. Não precisava, porque agora tinha o Nerdcast — e outros podcasts que surgiam no Brasil na esteira do sucesso do programa. E isso fazia toda a diferença. Podia ouvi-los enquanto trabalhava, distrair sua mente hiperativa. Trocar as vozes na sua cabeça pelas vozes nos fones de ouvido.

Dessa vez algo seria diferente, porque ele não estaria sozinho.

Teria companhia.

Munido desse pensamento, afastou-se da beirada, voltou para onde morava e, naquela mesma noite, ligou para a família anunciando que retornaria à cidade em que crescera.

Talvez tenha sido em um Nerdcast sobre escrita — não se lembra ao certo — que ouviu que boas histórias raramente terminam com "e tudo voltou ao normal", mas sim com "e nada nunca mais foi o mesmo". No seu caso, isso foi especialmente verdadeiro. Na vida real, as histórias não terminam assim. A sua ainda está em curso. Os problemas não desapareceram. Desde então, houve muitas outras mudanças de endereço, continuando a busca. Nunca acreditou que o universo conspira a nosso favor, mas a ideia de perseguir um sonho, ingênua ou não, era uma *ideia* — e são ideias que nos conduzem, orientam nossas decisões e, com isso, moldam a realidade.

Mais de uma década depois, após transitar por outros estados do país, conseguiu trabalhar com a escrita, uma habilidade que vez ou outra conseguia cultivar entre outros empregos. Fez dela seu sustento e enfim conquistou a independência que tanto buscava. No setor editorial, publicou mais de uma centena de colunas e quase duas dezenas de contos. Também participou como redator em diversos projetos nos quais seus conhecimentos de RPG e da mitologia interna do Nerdcast se provaram, além de passatempos, habilidades profissionais.

Deu também sua humilde colaboração a este livro, escrevendo o capítulo que você acabou de ler.

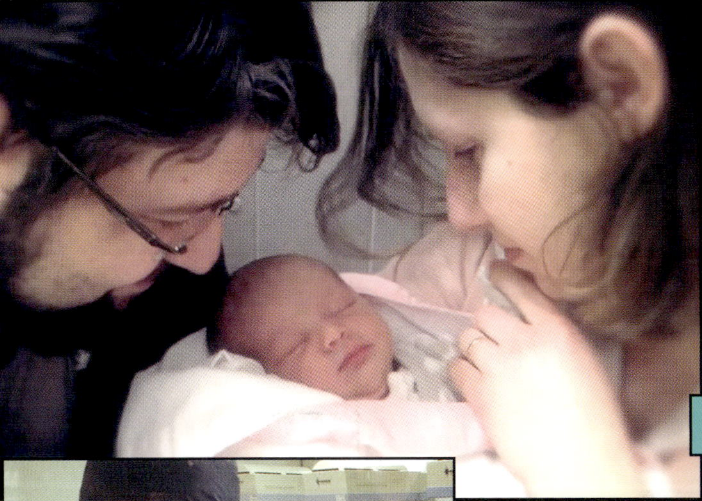

Nasce Gisele, a Piccola.

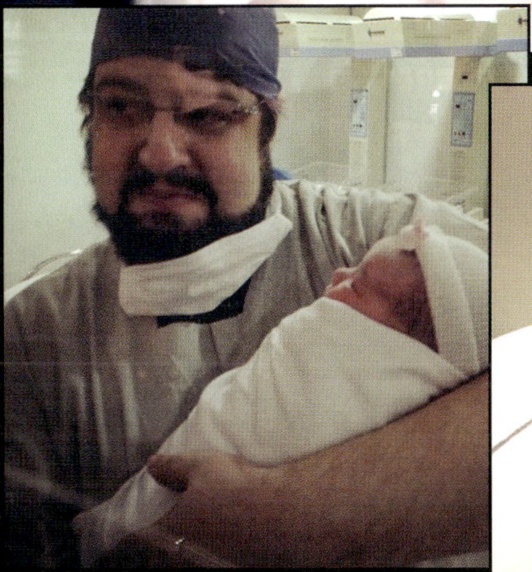

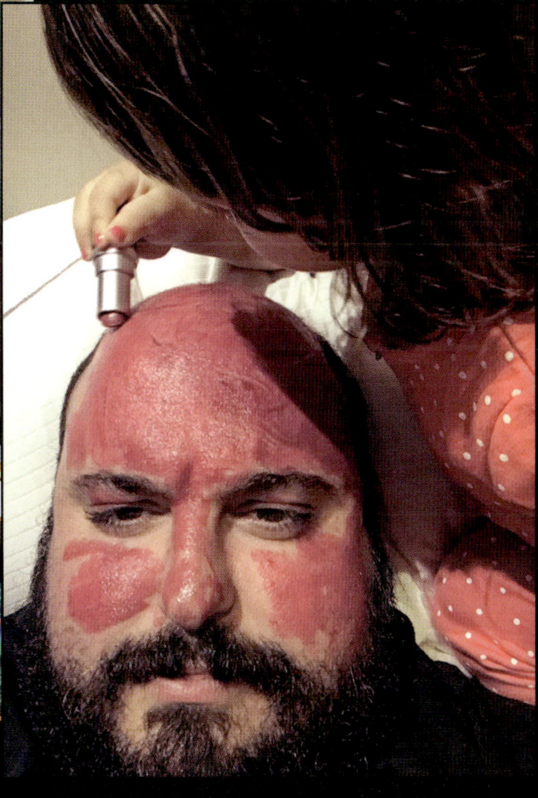

Acima, Pirula e Filipe Figueiredo. Abaixo, Afonso "Tresdê".

Com Load, Dudu Spohr e Cid.

Em 2015, com Leonel Caldela: escatologia, sadismo e churrasco.

Mau Faccio, o número 2. Na foto acima, com Príncipe Vidane.

Alek e Guilherme Camillo, primeira força Tech do Jovem Nerd. MACHIIIINES!

Bastidores do banquete de Ghanor: JP, Rex, Tucano, Leonel Caldela, Deive, Alexandre, Kat Barcelos, Karen Soarele, Sr. K e Carlos Voltor.

A evolução da NerdStore: de um espaço pequeno e apertado em Curitiba...

A icônica rede!

Até finalmente ter um grande estoque...

Que logo já estava lotado!

Logo vieram as propagandas de Black Friday. Teve até um DeLorean!

Com o pessoal do Estúdio 42.

Um Masterclass particular de *vender, vender, vender* com Ciro Bottini.

Cid e o pai do Cid.

Quem comprou? O pai do Cid! Ou será que não?

NerdBunker em São Paulo. Um prédio épico, com pinturas de Tito Ferrara e a galera trabalhando reunida.

Gravando com Kat Barcelos e Jurandir Filho.

Em 2015: férias na Disney, mas sem parar de editar o Nerdcast RPG.

Sala alugada nos EUA para a produção de vídeos, mas devolvida durante a pandemia.

Arena de Robôs na Campus Party, em 2018.

RPG de *A Roda do Tempo*, em 2023.

Soninho na Campus Party, em 2011...

Estande na CCXP 2015.

...E soninho no estande da CCXP (no chão mesmo), após a montagem.

Mais Campus Party de 2018. Após o evento, foram de helicóptero para um hotel fazenda, para dar uma palestra para a equipe do Luiza Labs (muito antes da compra)!

Oscar de Pijama de 2023.

Mesmo em viagens e eventos o trabalho não para.

Gambiarras do trabalho remoto: na foto acima, emprestando wi-fi do supermercado nos EUA; na foto abaixo, improvisando uma caixa acústica.

Mas, às vezes, sobra tempo para se divertir com um RD-D2.

Roberto Sargentelli, o "Jovem Nerd do futuro", falecido em abril de 2016.

Produções Jovem Nerd: HQs, livros, RPGs, hambúrgueres, cervejas.

Abaixo, no estande da Jambô, na CCXP 2022, com as recompensas da campanha *Coleção Cthulhu*.

Equipe da Jambô, responsável por muitas das recompensas das campanhas.

Bastidores da CCXP, com Tácio Schaeppi, Karen Soarele, Guilherme Dei Svaldi, Leonel Caldela, Emília Giuliani e Kat Barcelos.

Abordados no Projac por Fabiula Nascimento e Emilio Dantas.

Participações especiais: dublando Ozob em *Cyberpunk 2077* e figurando em *Sharknado*.

Um passeio por grandes franquias: Trystan Gravelle de *Rings of Power*, Maisie Williams e John Bradley-West, de *Game of Thrones*, e Carrie-Anne Moss e Keanu Reeves, de *Matrix*.

No tapete verde de *Matrix*.

Com as lendas Will Smith e Tom Cruise.

Ao lado de heróis: com Átila Iamarino e Wolverine (Hugh Jackman)...

Valquíria (Tessa Thompson)...

Gimli (John Rhys-Davies) e Rainha Margaery (Natalie Dormer)...

O Hulk original, Lou Ferrigno...

Creed (Michael B. Jordan)...

...E com nossa própria estrela, Selton Mello.

Das grandes produções em áudio...

À animação de *Caverna do Dragão*, premiada em Cannes...

Até o desafio mais épico: o cinema.

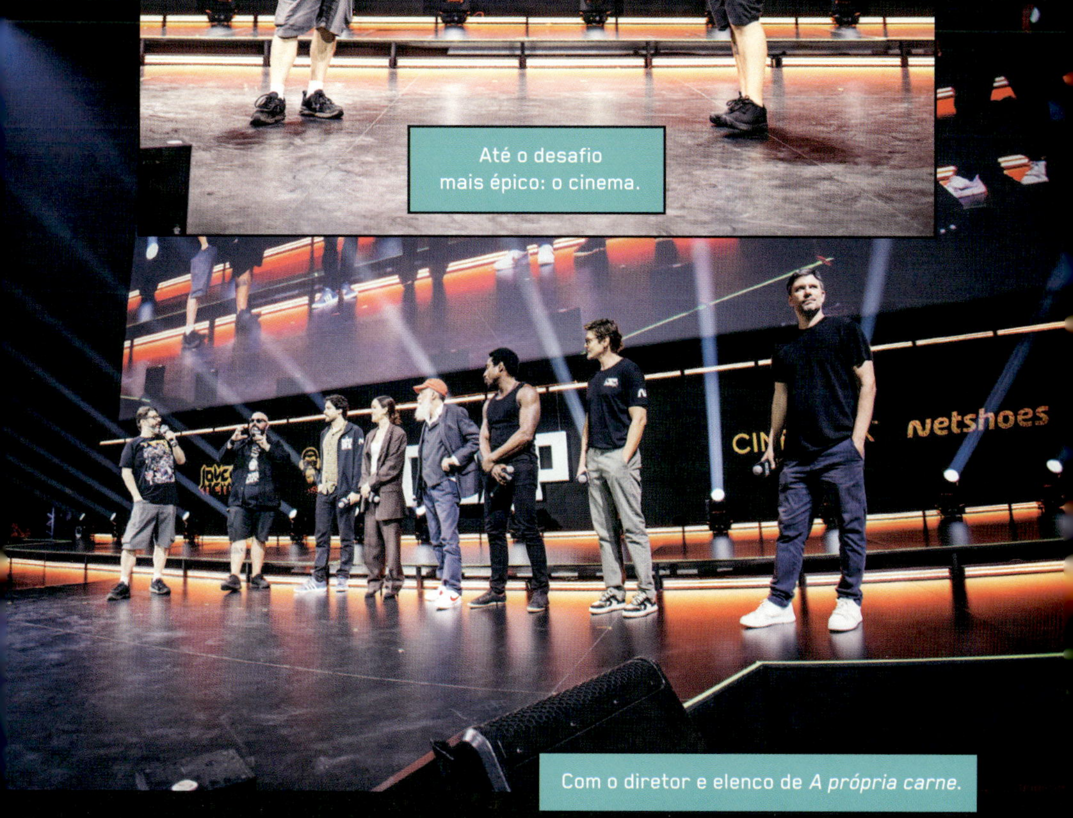

Com o diretor e elenco de *A própria carne*.

Qual será a próxima fronteira?

O Nerdcast potencializou minha paixão pela cultura pop ao longo de muitos anos, sempre de uma forma muito divertida, desde quando eu tinha 17 anos. Obrigada pelas risadas quando tudo parecia ruim, obrigada pelas histórias incríveis contadas através dos RPGs, obrigada pelas pautas divertidas que renderam muitas conversas entre amigos e me fizeram conhecer pessoas incríveis. Obrigada pelas camisetas e livros que uso com tanto carinho. E por acompanhar o programa há 16 anos, posso também agradecer por amadurecerem comigo.

— Amanda Gomes, 35 anos, Rio de Janeiro/RJ.
Acompanha o Jovem Nerd desde 2019.

Epílogo

O... FIM?

O Nerdcast vai acabar no programa 1.000. Foi o que Deive repetiu inúmeras vezes, principalmente a partir do Nerdcast 900, sempre embalado por um "Será?!" malicioso de Alexandre.

No Reddit do Jovem Nerd, com dezenas de milhares de membros, as especulações viraram um gênero próprio e motivo de piada interna. Havia quem cravasse: "Sim, é o fim". Havia quem jurasse: "Não, vai continuar como sempre". Entre lamentações e torcida pelo encerramento, sobrava espaço para todas as facções do *fandom*: os saudosistas da fase mais ácida e improvisada, gravada ao redor de um mesmo microfone desktop cinza, os órfãos de convidados que nunca mais voltaram e os que não engolem certos integrantes mais recentes.

Quando este livro chegar às mãos dos leitores, o mistério já terá caído por terra: sempre foi uma trollagem de Deive, reforçada com gosto por Alexandre. O futuro do Jovem Nerd pode estar em grandes projetos audiovisuais, mas o Nerdcast será a última luz a ser apagada. Não por ser um sucesso comercial ou um veículo de publicidade, mas porque é a cola que mantém unido o grupo de amigos que, juntos, mudaram as próprias vidas — e, de quebra, muito do que estava ao redor.

Alexandre: "Um, dois, três e... peraí... a ordem...
deixa eu ver... pode ser eu, JP, Frederico e Russell."

Esse é o início do Nerdcast 772, de 9 de abril de 2021. Nada de introdução, musiquinha ou efeitos clássicos de abertura — o episódio já começa no meio da conversa. Na chamada, além de Alexandre e Deive, estava o "Time de Elite" do Nerdcast: JP, Sr. K e Tucano. Ao longo do papo, Deive reparou na forma estranha como Tucano havia salvado seu nome no WhatsApp ("dEIVE", com a inicial minúscula e as demais maiúsculas) e cobrou explicações. Tucano garantiu que nunca editou o contato, que sempre esteve assim, e, a partir daí, o episódio se transformou em um passeio por assuntos aleatórios: Alexandre mastigando um pão de queijo, Sr. K começando uma dieta, cozinheiros turcos do Instagram, o carro do pai de Tucano rodando com álcool de farmácia na Rio-Santos, a impressora 3D do Sr. K fabricando um bonequinho de Warhammer para Alexandre, o navio encalhado no Canal de Suez e... macacos fumantes.

Alexandre: "Leo, nem precisa editar essa porra."
Tucano: "Vai ser a grana mais fácil que ele já ganhou na vida."

O plano era gravar um episódio com o mote "Gosto não se discute", explorando as preferências estranhas de cada um. Esse programa até saiu, mas foi o episódio 773. O 772 acabou se tornando o primeiro sem pauta, com a pergunta "Qual é a pauta?" no título, inaugurando um formato que o público do Jovem Nerd logo aprenderia a amar. A energia caótica lembrava os primeiros encontros do "Time de Elite", episódios celebrados pelos fãs antigos e redescobertos como joias escondidas pelos mais novos — histórias de Carnaval, de Ano Novo, de festas juninas, de festinhas infantis, de faculdades feitas e abandonadas, de empregos passados. A mesa de bar virtual dos amigos que, por circunstâncias da vida, passaram a morar longe um do outro, havia forjado o maior podcast do país. Mas, como JP comentou em um desses programas, "todo mundo tem um limite na quantidade de histórias que consegue viver". Em determinado momento, quando os programas se aproximavam perigosamente do milhar, as histórias do Time de Elite passaram a rarear.

Alexandre e Deive conseguiram recuperar o frescor do formato de histórias nostálgicas ao renovar o elenco. Por muito tempo, a mesa contou com Affonso Solano, Beto Estrada e Diogo Braga, do Matando Robôs Gigantes, que atualizaram temas já saturados e criaram novos programas clássicos. Outros amigos, especialistas em áreas como ciência e história, também puxaram cadeira para conversar amenidades e desenterrar memórias. Ainda assim, havia um limite para quantas vezes esses baús podiam ser revirados.

Estaria o formato do Nerdcast, referência máxima para qualquer podcast produzido no Brasil depois de 2006, estagnado?

O "Qual é a pauta?" nasceu por acaso, mas pela mesma necessidade: reencontrar os amigos e saber da vida. Dessa vez, houve uma transição. Eles continuavam morando longe — Alexandre e Deive tinham deixado Curitiba para viver em Orlando, onde também estava JP; Sr. K seguia no Rio; Tucano, em Santos — e os encontros virtuais, antes focados em relembrar o passado, passaram a ser um momento para compartilhar as novidades. A pandemia de Covid-19 tornou esses encontros ainda mais raros e acrescentou uma nova pergunta às conversas, agora pelo Google Meet, não mais pelo Skype: "Está todo mundo bem?".

Surpreendentemente, ainda surgiam histórias inéditas. No episódio 772, o primeiro sem pauta, Tucano relembrou a vez que viajou para participar de um documentário sobre skate, mas acabou passando todo o tempo bebendo e só gravou seu depoimento na estrada, a caminho de casa.

JP: "A história é boa, Tucano. Eu me surpreendo como, a essa altura, você ainda tenha uma história dessas pra contar aqui, cara."
Tucano: "Nunca contei essa, né? Pode crer..."

Mas momentos assim se tornavam cada vez mais raros. A mesa de bar estava se transformando, pouco a pouco, em um banco de praça, um ponto seguro para reencontrar velhos amigos, colocar o papo em dia e deixar a conversa correr solta. Os assuntos, como eles, também haviam amadurecido. Alexandre e Agatha, assim como JP e Francine, eram pais recentes; Tucano e Bárbara logo receberiam gêmeos; Deive e Andreia começavam a lidar com a síndrome do ninho vazio. Sr. K e Priscila, a Ruiva, não tinham filhos, mas cuidavam de Noronha, o cão que também impunha um respeitável distúrbio na rotina.

O "Qual é a pauta?" é o que acontecia fora do ar quando todos estavam conectados para falar sobre um tema qualquer. A novidade foi apertar o REC antes da hora e aproveitar o papo informal como um episódio, com um toque na edição para dar a impressão de que o ouvinte estava sendo convidado para uma conversa privada. Era o mais próximo que os ouvintes conseguiam chegar do círculo íntimo do Jovem Nerd.

Pelo menos, era até este livro sair. E, aqui pelo fim, os fãs vão ter certeza de que ficaram de fora fofocas importantíssimas. Talvez até já tenha um tópico raivoso no subreddit do Jovem Nerd dedicado a ele. Desculpa qualquer coisa. Mas vão ter que admitir que conseguiram confirmar muitas das especulações lançadas. E ainda descobriram coisas de que não faziam a menor ideia. Não custa nada, poxa.

Alexandre e Deive eram muito ativos nas redes sociais quando surgiu o Jovem Nerd e, depois, o Nerdcast. Primeiro no Orkut e depois no Twitter (hoje, X). Em meados da década de 2010, porém, as redes sociais passaram a ser usadas principalmente para divulgar o trabalho e fazer publicidade. A vida pessoal e as opiniões sobre qualquer assunto migraram para espaços mais controlados, como o Nerdcast e o NerdOffice. Parte desse recuo veio com a cultura dos cancelamentos, quando qualquer deslize, real ou interpretado, pode gerar ataques e linchamentos digitais. Somou-se a isso a polarização política, que transformou o debate público em um campo minado, onde qualquer comentário podia explodir sem avisar e levar tudo pelos ares. O ambiente das redes, antes social, tornara-se muitas vezes antissocial, fazendo com que o refúgio seguro da conversa entre amigos passasse a ser ainda mais valioso.

O Twitter original deu origem ao que eles passaram a chamar de "nosso Twitter particular", na prática, um grupo de mensagens batizado de Abacatito, onde vigora um pacto tácito de damas e cavalheiros: nada do que é dito pode sair dali. O nome completo, Abacatito Açucarado na Gengiba, surgiu — e aqui só se revela o que é possível sem provocar crises diplomáticas — depois que uma influenciadora de culinária causou alvoroço ao comparar açúcar e gordura com cocaína. O apelido pegou, resistindo mesmo às mudanças de nome típicas de qualquer grupo de "zap" de amigos. Os integrantes têm, inclusive, dificuldade de encontrar o grupo, com tantas mudanças de nome e de imagem.

Até o fechamento desta edição, o Abacatito atendia por Família Solo e trazia como imagem o casal Rey e Kylo Ren com um filho, a família responsável pela última grande decepção de Star Wars. Continuaremos a tratá-lo por Abacatito, como fazem seus criadores e membros honorários.

O Abacatito nasceu como um espaço democrático para opiniões impopulares e declarações polêmicas, reunindo muito mais gente do que hoje. Com o tempo, passou por uma "limpa", sob o argumento de que só ficaria quem realmente interagisse. Não havia lugar para espectadores silenciosos: para estar ali precisava se expor. Depois do expurgo, restaram os participantes mais vocais do Nerdcast.

O grupo manteve sua função catártica, mas ganhou também um papel prático. É nele que Alexandre e Deive anunciam os temas que pretendem levar ao programa. Quando decidem gravar sobre uma série ou filme, perguntam no Abacatito quem está acompanhando e quem quer participar da gravação. Foi assim, por exemplo, com a série *Ruptura*, da Apple TV+, a última grande obsessão coletiva. A partir das respostas, criam um grupo paralelo para discutir exclusivamente aquele título, evitando spoilers para quem ainda não assistiu. Nessas conversas, identificam quem gostou e quem não gostou, garantindo um elenco equilibrado para evitar tanto o endosso irrestrito quanto o massacre gratuito. Afinal, todo produto cultural se beneficia de uma boa dose de conflito, e o Nerdcast não foge à regra. É muito chato quando todo mundo concorda.

Quando se trata de séries com novas temporadas, como a já mencionada *Ruptura*, esses grupos ficam em hibernação até o retorno. Já séries encerradas, como *Game of Thrones*, têm seus grupos reciclados para abrigar discussões de produções sucessoras, como *A Casa do Dragão*, ou de temática parecida. Também possuem grupos próprios os times de ciência e de história. É uma bagunça muito bem organizada, com quase 20 anos de serviços prestados.

A pedido do autor deste livro, Alexandre e Deive lançaram uma pergunta misteriosa na leitura de e-mails do Nerdcast 989, antes da conversa sobre o novo Superman, de James Gunn: como o programa mudou a sua vida? Muitas das respostas estão reunidas no capítulo especial dedicado aos fãs do Jovem Nerd e várias vieram acompanhadas de mensagens de despedida, caso o boato do fim fosse real. "Não sei se o Nerdcast vai continuar após o episódio mil (e entendo que provavelmente não), mas, se continuar, que seja como o *One Piece*: cercado de bons momentos, aventuras incríveis e companheiros para compartilhar as histórias", escreveu Henrique, 24 anos, de São Paulo. "Confesso que comecei a ficar bastante preocupada com essa história de o Nerdcast chegar ao fim. Mas, infelizmente, compreendo, pois foram anos e anos de muito trabalho", afirmou Jessica, 44 anos, de Jundiaí. "Gostaria de parabenizar pelos mil programas e desejar mais mil, mas, se for verdade a história da aposentadoria, tudo ótimo também. É mais do que merecida e encerraria um dos ciclos mais fantásticos da internet brasileira", disse Marcos, 28 anos, do Rio de Janeiro.

No Nerdcast 905, um "sem pauta", todas as especulações foram discutidas e surgiram algumas ótimas ideias, logo após falarem de karaokê, de trends da internet e de técnicas para comer tremoços. Alexandre relembrou que poucos têm a oportunidade de anunciar o fim das coisas: a maior parte simplesmente acaba sem aviso. Os Beatles, por exemplo, tiveram a oportunidade de gravar seu último álbum juntos entre abril e agosto de 1969 e terminá-lo com uma música chamada "The end" ("O fim"). Foi épico. Por outro lado, os finais das séries *Seinfeld* e *Friends*, também anunciados, foram decepcionantes para a maioria dos fãs. Mas a situação mais comum é terminar tudo sem aviso, como um infarto fulminante.

Alexandre: "O Nerdcast deveria acabar assim: sexta-feira... 'Ué, cadê o Nerdcast?', e a gente não fala nada... sábado, 'Cadê o Nerdcast'... domingo... e aí um dia a galera cansa de perguntar. E o Nerdcast acabou. Um dia, você vai ouvir aquelas risadas no final... e vai ser a última vez."

Mari Mafra sugeriu um último episódio com roteiro épico de Leonel Caldela, e os demais convidados embarcaram no *brainstorm*. Um episódio super aleatório com o craque Ronaldinho Gaúcho de convidado? Um musical, com Fernanda Takai, Skank e Jota Quest, com direito a turnê de despedida, ao vivo, em palcos pelo Brasil? Quem sabe um episódio especial só lendo as especulações do Reddit do Jovem Nerd?

O programa 1.000 "não quer dizer nada", como disse Deive em todos os outros episódios comemorativos. Até porque, no dia em que o episódio 1.000 tiver ido ao ar, já terão sido publicados exatamente 1.411 podcasts, somando especiais, episódios divididos em partes A, B e C e séries patrocinadas. Serão, no total, 60,7 gigabytes de arquivos, 1.934 horas, 26 minutos e 58 segundos de conteúdo — se você desse play do primeiro ao último, ficaria 80 dias seguidos ouvindo — e 1,7 bilhão de downloads. Tudo de graça e (quase) sem falhar uma única sexta-feira. Como disse a fã Jessica, "anos e anos de muito trabalho".

Sim, por muito tempo ainda Alexandre Ottoni e Deive Pazos vão continuar fazendo uma chamada virtual com novos e velhos amigos, conferindo se está tudo bem com cada um e decidindo, com ou sem pauta, como contar a história daquela semana.

Mas... por que? Alexandre e Deive não tinham "zerado a vida"? Bem, sobre isso, podemos entender a vida como um videogame dos anos 1980 — época em que os principais personagens desta história eram crianças. Naqueles games, não existia a possibilidade de "zerar". Quem jogava *Enduro*, *River Raid* ou *Pac-Man* sabia que não havia um fim: o jogo só acelerava, ficando mais difícil a cada fase, até o momento inevitável em que os obstáculos se tornavam intransponíveis. O único jeito de encerrar a história era morrer — o que, claro, pode ser dito sobre a vida.

Existe, porém, nos quadrinhos da mesma década, uma visão sobre encerramentos diferente dos joguinhos de Atari.

Entre 1986 e 1987, a DC Comics publicou *Watchmen*, escrita por Alan Moore e ilustrada por Dave Gibbons. A obra não é só um marco dos quadrinhos, mas da literatura como um todo. Ambientada no crepúsculo da Guerra Fria, quando o medo de um conflito nuclear ainda rondava o planeta, ela levou o gênero dos super-heróis para a era adulta: personagens alquebrados, moralidade ambígua, violência e política entraram definitivamente nas páginas coloridas que antes só contavam aventuras de mocinhos contra vilões.

No capítulo final, depois de executar seu plano de matar três milhões de pessoas em Nova York para acabar com as tensões entre Estados Unidos e União Soviética, e com isso impedir uma guerra nuclear, Adrian Veidt, o Ozymandias, pergunta ao Doutor Manhattan:

"Antes de partir... Eu fiz certo, não? Deu certo no fim?"

Alexandre e Deive acertaram, erraram e aprenderam a reconstruir a própria história. Será que, no fim das contas, acabou tudo bem? Ainda vão precisar de muito tempo para responder. Afinal, como o Doutor Manhattan responde a Ozymandias:

"No fim? Nada acaba, Adrian. Nada nunca acaba."

SOBRE O AUTOR

Rafael de Pino é jornalista e pesquisador com mais de 20 anos de experiência e passagens por diversas redações de jornais e revistas. Foi repórter e colunista da revista *Época*, da Editora Globo, onde escreveu sobre cinema, televisão e literatura e acompanhou de perto a ascensão das primeiras gerações brasileiras de blogueiros, tuiteiros e youtubers, antes mesmo destes serem chamados de "produtores de conteúdo". Desde 2020, dedica-se a projetos de comunicação estratégica em direitos humanos, meio ambiente e democracia.

Você pode segui-lo no Instagram (e em diversas outras redes) em @rafaeldepino.

AGRADECIMENTOS

Obrigado Rosane, Renato, Daniel e Rose por serem esteio. E Gabriela e Matheus, meus nerds favoritos, por serem sentido.

Obrigado Karina, Isabel e Clarissa por nunca saírem do meu lado.

Obrigado Alexandre Ottoni e Deive Pazos pela confiança e pela paciência, e Agatha Ottoni e Andreia Pazos pelo carinho.

Obrigado Guilherme Dei Svaldi, Karen Soarele e Ana Cristina Rodrigues pela generosidade com as minhas palavras e pelas palavras que me emprestaram, e a Victória Cernicchiaro, Dan Ramos, Davide Di Benedetto e todo o time da Jambô pelo apoio. Obrigado, Matheus Vieira, pela parceria na pesquisa.

E obrigado a todos que tiveram a gentileza de conversar comigo e me ajudar a contar essa história: Affonso Solano, Afonso 3D, Alan Dubox, Alexandre Inagaki, Alexandre Luz, Anderson Gaveta, Andres Ramos, Atila Iamarino, Beto Estrada, Caio Boiteux, Carlos Voltor, Diogo Braga, Eduardo Galanternick, Eduardo Spohr, Ernesto Belote, Fabio Yabu, Felipe Kachan, Filipe Figueiredo, Fernando Russell, Fred Carstens, Guilherme Briggs, Guilherme Camillo, Guga Ferrari, Ian Black, Ian SBF, Jazz Rider, João Paulo Miguel, Katiucha Barcelos, Leo Lopes, Leonel Caldela, Maisa Fonseca, Marcela Tavares, Marco Gomes, Marlos Sanuto, Mauricio Faccio, Nick Ellis, Paulo Coelho, Roberto Bindes Jr, Rodrigo Sampaio, Rogério Bonfim, Selton Mello e Yayoi Hatano.

Obrigado,

Rafael de Pino

Para acompanhar as novidades da Jambô e acessar conteúdos gratuitos de RPG, quadrinhos e literatura, visite nosso site e siga nossas redes sociais.

www.jamboeditora.com.br

facebook.com/jamboeditora

x.com/jamboeditora

bsky.app/profile/jamboeditora.com.br

instagram.com/jamboeditora

threads.net/@jamboeditora

youtube.com/jamboeditora

twitch.com/jamboeditora

Para ainda mais conteúdo, acompanhe a Dragão Brasil, a maior revista de cultura nerd do país, e a Revista Tormenta20, com aventuras de RPG para você jogar todos os meses.

www.dragaobrasil.com.br

www.catarse.me/revistatormenta20

Jambô